JN324824

米国の一般否認規定の法定化と
その意義に関する研究

新谷 幹雄 著

中央大学出版部

はじめに

　近年の税務を取り巻く環境は，年々複雑化している。その背景には，経済のグローバル化が加速するなか，人，物，金が租税負担の低い国に集中し，課税権を巡る攻防が激しくなったことによる，といわれている。租税法は，それを立法する国の主権の発動とするのが原則であるので，本来，他国の租税法と比較する類のものではない。しかしながら，富裕層は課税を逃れるために金融資産をタックスヘイブン国へ移し，世界各地に拠点を保有する多国籍企業の多くは，ITの一層の進化により，事業活動をさらにグローバル化して，資本の移動を加速度化して，国際的な租税回避により実効税率の低減を図っている。このような状況下，わが国も，税務の分野における国際比較を考慮に入れた上で，個人及び法人による租税回避にいかに対応していくかが重要視されるようになってきた。

　本書は，わが国が個人及び法人の租税回避に対処するために一般否認規定（General Anti-Avoidance Rule，以下「GAAR」という。）又は個別否認規定を導入する際に参考となり得る，米国の経済的実質の法理（Economic Substance Doctrine，以下「ESD」という。）に関連する事案の判決内容及び「創設規定」としての一般否認規定を研究したものである。その理由としては，まず，先進国の中で日本と同様に実効税率が高く，財政難に直面している米国が，10年以上の歳月を費やして，個人及び法人によるタックスシェルター等を利用した租税回避に対して，数多くの判例により生成された法理であるESD及びそれに係る加算税（penalty）の賦課を2010年に法定化したことがあげられる。次に，わが国は米国と異なる司法の状況下にあるが，米国においてESDがどのように形成されたか，その経緯，及び法定化されたESDの内容を適切に理解することは，わが国が近い将来にGAARを制定する際に参考となるだけではなく，米国に進出している法人にとっても意義があるものと考えたからであ

る。

　第1章では，租税回避の一般的な定義と，租税回避否認の法理としてコモンローから生成された5種類の法理のうち，経済的実質の法理が最も重要な法理として収斂されてきた経緯を述べ，内国歳入法典（以下「IRC」という。）第7701条（o）が，その目的及び内容からタックスシェルターに対抗するための「創設規定」ではないかとの問題提起をしている。

　第2章では，文理解釈を重視した1900年代初頭におけるPinellas Ice事案とCortland Specialty事案での判決内容を検討している。

　第3章では，納税義務者が実行した租税回避に対して，個々の取引の法形式よりも，一連の取引全体から判明した実質に依拠して，当該取引が見せかけ（sham）であると初めて判断したGregory事案での控訴審判決と，その判決を支持した最高裁判決を精査し，さらにChisholm事案，Minnesota Tea事案での判決内容の検討により，同様の法理が取り入れられた判決であったことを確認している。なお，最高裁はMinnesota Tea事案の判決文において，Gregory事案で使用した"disguise"に代えて"sham"という用語を初めて使用し，「その取引の性質を隠すための単なる策略」であると定義した。

　第4章では，Lazarus事案とGilbert事案の判決内容を検討することにより，裁判所が，対象取引の実質を優先した判決を下していることを確認している。さらに，英国の貴族院が，Ramsay事案において先のGilbert事案の控訴院判決を引用して，実質を優先する判決を初めて下したので，英国の租税回避事案への米国判例の影響と英国のGAAR（但し，"General Anti-Abuse Rule"の略語）の導入について，ここで概説している。

　第5章では，Gilbert事案同様に，Ramsay事案の貴族院判決に影響を及ぼしたKnetsch事案，さらにセール・アンド・リースバック取引を利用したFrank Lyon事案等での判決内容を検討して，最高裁の租税回避に対する判断基準が，対象取引が経済的実質（事業の将来の収益性，人的リスクの負担，独立当事者間での交渉等の有無）を有するかに重点を置くようになったことを述べている。

第6章では，Frank Lyon 事案での最高裁判決に関連して，同様の取引形態を利用した Rice's Toyota World 事案での控訴裁判所が，見せかけの取引であったか否かの判断基準には2つの要件，つまり事業目的と経済的実質があり，最高裁がそれらの存否を判定する2段階査定（二分肢テスト）を義務づけた，とする見解を述べている。この見せかけの取引の判断基準（後に「経済的実質の法理」となる。）を巡って，裁判所，裁判官それぞれが異なった見解を持つようになり，Rice's Toyota World 事案と同じリース会社を利用した Shriver 事案，タックスヘイブン国を利用した Georgia Cedar Corp. 事案と ACM 事案では，事業目的が ESD の副次的，補完的な存在に変遷してきたことを述べている。

第7章では，ADR 取引を利用して租税回避を図った IES 事案での控訴裁判所が，2段階査定を義務づけたとの解釈に疑問を呈しつつも，納税義務者が実行した一連の取引には経済的実質及び事業目的があったとの判決を下したこと，及び当該判決の半年後に，同様の租税回避をした Compaq 事案での控訴裁判所が，租税裁判所の判決を覆して納税義務者の主張を容認したことが，ESD を法定化しようと画策していた財務省にかなり影響を及ぼしたのではないかと述べている。さらに，CM Holdings 事案での控訴裁判所が，複雑に仕組まれた COLI VIII の一連の取引に ESD を適用して，利子の控除を否認して加算税の賦課を容認した地方裁判所の判決を支持して，本取引は全体として経済的実質に欠ける，経済的な見せかけであると判断した控訴審判決を，妥当な判断基準に戻した判例であったと本章で述べている。

第8章では，2010年3月30日に成立した 2010 年ヘルスケア及び教育調整法（Health Care and Education Reconciliation Act of 2010）の第1409条（経済的実質の法理及び加算税の法定化）により，米国財務省は，長年の念願であった ESD とそれに関連する加算税の賦課の法定化を実現したが，その成立過程を財務省及び両院合同課税委員会が発行した報告書，説明書等を参考にして，1978年に遡って検討している。財務省は，IRC 第7701条（o）（経済的実質の法理の明確化）の（1）において，ESD が適用される取引の場合，(A) その取引が納税義務者の経済的状況を変え，かつ，(B) その取引が実質的な目的を有して

いるときに限り，その取引は経済的実質を有するものと取扱うと規定し，タックスシェルターに対抗する一般否認規定を創設した。しかしながら，このIRC第7701条（o）（1）の条文を，同条（o）（5）（A）に規定したESD，つまり，取引が経済的実質を有していない又は事業目的を欠いている場合に，その取引に係る租税上の便益が認められないというコモンローのESDを確認しただけであると解するのが一般的である。この見解に対して，著者は，① IRC第7701条（o）に新たに定義した「経済的実質」と，コモンローから生成した「経済的実質の法理」とは，似て非なるものであること，② 同条で定義された「経済的実質を欠いている取引」に対する加算税の条項が新たに制定されたこと，及び③ IRC第7701条（o）と加算税の賦課が遡及適用されずに，2010年3月30日後に実行される取引から適用されることを根拠に，「創設規定」であると結論づけた。

　本書は，著者が2004年4月に中央大学大学院商学研究科博士課程前期課程に入学して，指導教授である矢内一好教授の下で国際税務に関してご指導を受け，さらに2006年4月に同研究科の博士課程後期課程に進学し，引き続き矢内教授のご指導の下で，9年間にわたって米国の租税回避の判例及び一般否認規定の法定化について学術的に研究した成果を博士論文としてまとめたものである。

　前期課程においては，ストック・オプションに係る権利行使益に対する課税が一時所得か給与所得かで長い期間にわたって争われていたが，平成17年（2005年）1月に最高裁が給与所得であると判示した関係から，ストック・オプションに係る所得区分に関心を抱き，「ストック・オプション課税の研究」と題する修士論文を提出した。この研究においては，最高裁判決の対象となった原告が，アプライド　マテリアルズ　ジャパン株式会社の代表取締役社長であっただけではなく，その親会社で，かつ，ストック・オプションを供与している米国アプライド　マテリアル社（Applied Materials, Inc.）の上席副社長（Senior Vice President）として7名いる経営執行役員の一人であることが，同社の年次報告書，SECに提出したForm10-K等の調査により判明したことから，原告

が米国親会社と雇用契約又はこれに類する関係がある兼務役員であると推考できるので，原告が取得した権利行使益は給与所得に該当すると結論づけた．

　後期課程の当初においては，引き続きストック・オプションに係る課税の問題を研究していた．その最初の成果としては，2003年11月に締結された新日米租税条約では，第14条に「給与所得」，第15条に「役員報酬」を規定しているが，従前より"as a member of the board of directors of a company"を単に「役員」と訳出してきた関係上，"director"と"officer"との解釈の相違が生じ，日米両国の「役員」に対する国内法の意義の相違が，課税権に対する異なる解釈により二重課税をもたらす可能性について，2009年に「新日米租税条約における『役員』の意義とその報酬に対する課税権の配分」と題する論文において指摘した（この問題は，2013年1月に日米両国が署名した「所得に対する租税に関する二重課税の回避及び脱税の防止のための日本国政府とアメリカ合衆国政府との間の条約を改正する議定書」の第6条により解消されるものと思われる）．次に，米国のソフトウェア開発会社ザイリンクス社（Xilinx Inc.）が，軽課税国であるアイルランドにR&D設備を有する子会社を設立し，その子会社と締結した無形資産の開発に係る費用分担契約において，ストック・オプションに係る費用を当該契約に含めずに，米国において全額費用計上した事案を検討した．さらに，米国アドビ　システムズ社（Adobe Systems Incorporated）の日本法人アドビシステムズ株式会社が，グループ内の事業再編成という手法により日本及び米国という高課税国からタックスヘイブン国又は軽課税国へその所得を移転するという国際的租税回避事案を，「軽課税国を活用した事業再編」と題する論文にまとめた．

　その後，矢内教授から慶應義塾大学大学院の講義にも参加するようお誘いがあり，そこで著者は，初めて米国の租税回避の判例研究をする機会を得た．この講義中に代表的な租税回避事案の概要と目的，及び2010年のESDの法定化について，受講者各自が発表し，質疑応答したことが，博士論文の基盤をなしている．その最初の成果として著したのが2012年2月の「ミネソタ　ティ社事案の再考」で，本事案の対象取引の目的が，株主を導管として，法人の債務

を返済するというステップ取引であったというのが一般的な判例解釈であるが，1回目の判決において，本事案で実行された組織再編成が税制上，適格であったと最高裁が初めて判示した判例であることを記述した。本事案の論文作成後に，経済的実質の法理を研究する上で最も重要な判例であるGregory事案に関する，国税不服審判所の裁定，控訴裁判所及び最高裁判所の判決の翻訳を試みたのが，「事業目的の原理を確立したとされるGregory事案について」であり，本論文と「初期の米国における租税回避に関する一考察」に加筆・修正したのが，第2章と第3章となっている。さらに，第4章，第5章，及び第6章の基盤となった論文は，「米国判例における租税回避の一考察—経済的実質を有するとされたセール・アンド・リースバック取引事例—」及び「Rice's Toyota World事案における租税回避行為—経済的実質を中心として—」である。

　著者が判例研究をするに当たって，矢内教授が常々，諭した言葉は，「原典に当たれ！特に，米国の判例においては，一連の取引に係る事実認定が重要であるので，その事実関係に留意して取引の本質を探り当てることが肝要だ！」であった。そのために著者は，一次情報である判決文，それも取引の事実関係が最も詳細に記述されている国税不服審判所（後の租税裁判所）から当該事案の争点，判決理由を読み取り，その一連の取引の本質を自分の頭で考えるように心がけた。矢内教授との出会いがなければ，博士論文を作成して申請することもできなかったし，ましてや，このような形で出版することもできなかった。矢内教授に心から感謝申し上げると共に，益々のご活躍をお祈り申し上げたい。

　博士論文については，2014年5月に研究論文の素案を提出し，商学研究科の事前指導・審査委員会の構成メンバーである上野清貴教授（委員長），石川鉄郎教授，酒井克彦教授，及び矢内教授から，同年12月までに開催された5回の事前指導・審査委員会及び学位申請最終報告会において，学位論文として取りまとめるためのご指導と，論理展開の弱い箇所に対して各教授から非常に貴重なご助言を頂いた。このご指導とご助言がなかったならば，本研究論文を

「博士学位請求論文」として期限内に完成させることができなかったであろう。ここに改めて，事前指導・審査委員会の先生方に感謝申し上げる次第である。

　また，博士論文で取り上げた米国の判例の多くは，上述の通り，中央大学の『大学院研究年報』，『論究』，そして中央大学企業研究所の『企業研究』に掲載された論文を加筆・修正したものである。大淵博義名誉教授には，これらの論文の草稿を丹念に読んで頂き，数々の有意義なコメントを頂いた。ここに心からの謝意を表するものである。

　永和監査法人代表社員・会長である齋藤力夫先生には，著者のこれまでの研究に対して実務的観点からコメントを頂いたことに対して，この機会に感謝申し上げる次第である。さらに，博士論文の草稿から学位請求論文に至るまでの数々の作業を援助してくれた妻幸子にも感謝したい。

　博士号を取得することは，著者の長年の夢であった。このように夢を実現できたのも，これまでご指導頂いた先生方，先輩，同僚，家族のお陰であり，今後とも，「求道不止」の精神でより深く，より広く研究を続ける所存である。皆様からのご指導，ご叱責を切望するものである。

　最後に，本書の出版を快く引き受けて戴いた中央大学出版部の小島啓二氏をはじめとして，同出版部の方々に厚くお礼を申し上げたい。

2015 年 9 月

新　谷　幹　雄

目　　次

序　章　問題意識と研究アプローチ………………………………………1

第1章　米国における租税回避否認の法理の沿革………………………7
 1.　租税回避の定義……………………………………………………7
 2.　米国における租税回避否認の法理の概要と展開………………11
 3.　米国の一般否認規定の法定化に対する見解の相違……………22

第2章　文理解釈を重視した判例………………………………………25
 1.　米国の1920年代の税収とその経済的背景………………………25
 2.　Pinellas Ice 事案…………………………………………………28
  (1)　概　要　29
  (2)　事実関係　30
  (3)　各裁判所の判決　32
  (4)　小　括　35
 3.　Cortland Specialty 事案…………………………………………36
  (1)　概　要　36
  (2)　事実関係　37
  (3)　各裁判所の判決　38
  (4)　小　括　40

第3章　事業目的の法理を判断基準とした判例………………………41
 1.　Gregory 事案………………………………………………………41
  (1)　概　要　42
  (2)　事実関係　45

(3)　各裁判所の判決　45

　　　(4)　小　括　54

　2. Chisholm 事案 ……………………………………………………… 57

　　　(1)　概　要　58

　　　(2)　事実関係　59

　　　(3)　各裁判所の判決　59

　　　(4)　小　括　62

　3. Minnesota Tea 事案 ………………………………………………… 62

　　　(1)　概　要　64

　　　(2)　事実関係　65

　　　(3)　1回目の判決（MT社の組織再編成は適格であったか？）　68

　　　(4)　2回目の判決（本事案に係る課税対象となる利得はいくらか？）　73

　　　(5)　小　括　77

第4章　取引の実質を優先した判例 ……………………………………… 81

　1. Lazarus 事案 ………………………………………………………… 81

　　　(1)　概　要　81

　　　(2)　事実関係　83

　　　(3)　各裁判所の判決　85

　　　(4)　小　括　87

　2. Gilbert 事案 ………………………………………………………… 88

　　　(1)　概　要　88

　　　(2)　事実関係　89

　　　(3)　各裁判所の判決　90

　　　(4)　小　括　96

　3. 英国の租税回避事案への米国判例の影響及び英国の GAAR の導入 …… 97

　　　(1)　Westminster 公爵事案（租税法律主義に基づいた判例）　100

　　　(2)　Ramsay 事案（一連の取引の実質を重視した判例）　105

(3)　Ramsay 事案での貴族院判決以降の主な判例　113
　　(4)　GAAR の導入までの沿革　126

第5章　経済的実質を重視した判例 …………………………………… 137
1. Knetsch 事案 ……………………………………………………… 137
　　(1)　概　要　137
　　(2)　事実関係　138
　　(3)　各裁判所の判決　141
　　(4)　小　括　146
2. Keith Owens 事案 ………………………………………………… 148
　　(1)　概　要　148
　　(2)　事実関係　149
　　(3)　関連当事者の税務申告と CIR の処分　153
　　(4)　各裁判所の判決　154
　　(5)　小　括　159
3. Frank Lyon 事案 …………………………………………………… 160
　　(1)　概　要　161
　　(2)　主たる契約締結に係る事実関係　165
　　(3)　各裁判所の判決　166
　　(4)　最高裁判決の内容　171
　　(5)　小　括　176
4. 経済的実質の欠如を理由に租税回避が否認された3事案 ……… 179
　　(1)　Estate of Franklin 事案　179
　　(2)　Hilton 事案　181
　　(3)　Grodt & McKay Realty 事案　185

目　次　xi

第6章　事業目的と経済的実質の2要件を判断基準とした判例 …………………… 189

1. Holladay 事案 ………………………………………………………………… 190
   (1) 概　要　190
   (2) 事実関係　192
   (3) CIR の処分　195
   (4) 各裁判所の判決　195
   (5) 小　括　199
2. Rice's Toyota World 事案 …………………………………………………… 200
   (1) 概　要　201
   (2) 事実関係　202
   (3) 各裁判所の判決　206
   (4) 2段階査定を適用して見せかけの取引とした根拠　208
   (5) 小　括　216
3. Shriver 事案 ……………………………………………………………………… 217
   (1) 概　要　217
   (2) 各裁判所の判決　218
   (3) 小　括　225
4. Cottage Savings Association 事案 ………………………………………… 226
   (1) 概　要　226
   (2) 事実関係　228
   (3) CIR の処分　230
   (4) 各裁判所の判決　231
   (5) 小　括　235
5. Georgia Cedar Corp. 事案 …………………………………………………… 236
   (1) 概　要　237
   (2) 事実関係　238
   (3) 租税裁判所の判決（国側勝訴）　239

(4) 小　括　240
　6. ACM 事案 ……………………………………………………… 241
　　(1) 概　要　241
　　(2) 事実関係　243
　　(3) CIR の処分　250
　　(4) 各裁判所の判決　251
　　(5) 経済的実質と見せかけの取引との関係　259
　　(6) 小　括　264

第7章　経済的実質の法理の判断基準に疑念を抱かせた2つの判例と妥当な判断基準に戻した判例 …………… 269

　1. IES 事案 ……………………………………………………… 269
　　(1) 概　要　270
　　(2) 事実関係　271
　　(3) 各裁判所の判決　275
　　(4) 本控訴裁判所の判決の影響と見せかけの取引に係る判断基準　277
　　(5) IES 事案における事業目的と経済的実質の内容　279
　　(6) 小　括　283
　2. Compaq 事案 ………………………………………………… 284
　　(1) 概　要　284
　　(2) 事実関係　285
　　(3) 各裁判所の判決　289
　　(4) 小　括　294
　3. CM Holdings 事案 …………………………………………… 295
　　(1) 概　要　295
　　(2) COLI VIII の概要　297
　　(3) 事実関係　300
　　(4) 各裁判所の判決　303

(5) 小　括　308

第 8 章　米国の一般否認規定の創設とその意義 …………………… 311
　1. 概　要 ……………………………………………………………… 311
　2. 米国のタックスシェルターに対する目的限定型否認規定の創設と
　　その背景 …………………………………………………………… 315
　　(1) タックスシェルターに対する個別否認規定による対処の限界　315
　　(2) タックスシェルターに対する目的限定型否認規定の創設までの沿革　320
　　(3) タックスシェルターに対する目的限定型否認規定の内容　352
　　(4) 小　括　378

終　章 …………………………………………………………………… 383

　資料１：本書で取り上げた判例一覧（対象課税年度順）……………… 393
　資料２：本書に係る内国歳入法典の条文 ………………………………… 399
　資料３：Enron の仕組み取引による利益と費用 ………………………… 443
　参考文献 ……………………………………………………………………… 445

序　章　問題意識と研究アプローチ

　近年の税務を取り巻く環境は，年々複雑化している。その背景には，経済のグローバル化が加速するなか，人，物，金が租税負担の低い国に集中し，課税権を巡る攻防「タックスウォーズ」[1]が激しくなったことによる，といわれている。租税法は，それを立法する国の主権の発動とするのが原則であるので，本来，他国の租税法と比較する類のものではない。しかしながら，富裕層は課税を逃れるために金融資産をタックスヘイブン国へ移し，多国籍企業も実効税率を低めるためにタックスヘイブン国に人，物，金を配分してきた。その結果，わが国も，税務の分野における国際比較を考慮に入れた上で，国際的な租税回避にいかに対応していくかが重要視されるようになってきた。

　本書では，わが国が国際的な租税回避に対処するために一般否認規定（General Anti-Avoidance Rule，以下「GAAR」という。）又は個別否認規定を導入する際に参考となる，米国の判例の内容及び一般否認規定を具体的に研究する。なぜならば，先進国の中で日本と同様に実効税率が高く，財政難に直面している米国が，個人及び法人によるタックスシェルター等を利用した租税回避に対して，数多くの判例により生成された法理である，経済的実質の法理（Economic Substance Doctrine，以下「ESD」という。）及びそれに係る加算税（penalty）の賦課を，10年以上の歳月を費やして，2010年に法定化したからである。わが国は，米国と異なる司法の状況下にあるが，米国においてESDがどのように形成され，どのような理由によりESDを法定化したか，わが国がGAARを制定する際に検討すべき事項があるか等が本書における検討対象である。

　「旋律（メロディー）が音符の寄せ集め以上であるように，1つの文章が意味するものは，個々の単語の意味以上のものであるかもしれない。何事も，

---

1)　筆者が「タックスウォーズ」という言葉を初めて目にしたのは，2013年6月30日付けの日本経済新聞の朝刊での連載記事である。

全体が明白になる状態のところに、かつ、すべてが集合的に創り出された状態のところに立ち戻る必要がある。」[2]

　この文章は、本書でESDの形成過程を検討するに当たって、最も重要なGregory事案の控訴審判決においてLearned Hand裁判官が執筆したものである。納税義務者が、1928年歳入法典第112条の組織再編成の規定を利用して租税回避をした事案に対して、国税不服審判所は、従前通りに租税法律主義に準拠して当該租税回避を容認する裁定をしたが、第2巡回控訴裁判所は1934年に、たとえ個々の法的手続が合法的であったとしても、その一連の取引は制定法の意図に該当せず、取引全体から考察すると見せかけ（sham）であるとみなして、その租税回避を否認した。

　この判決内容から著者は、上記に引用した文章を次のように解釈した。

　旋律を奏でるには、単に音符を寄せ集めるだけではなく、全体としての流れが必要である。譜面に音符を単純に並べても、旋律を奏でることができるとは限らない。音符を並べ替えて、全体として調和の取れた旋律になっているかを、再三再四、確かめる必要がある。一つ一つの取引が、制定法の文言通りに実行されていたので、取引全体も適正であるとステレオタイプ的に判断するのではなく、それらの取引の事実関係を精査し、必要に応じてそれらを並べ替えた上で、その一連の取引の全体像を把握して、納税義務者が行った取引の目的、その取引の実質を理解しなければ、巧妙で複雑な租税回避事案に対する判断を誤ることになる。

　Gregory事案が法廷で審理されていた頃は、納税義務者が実行した租税回避は比較的容易にその全体像を把握できる事案であったが、1970年頃から市場に出回ったタックスシェルター商品の多くは、租税関係の専門家が課税を逃れることを主目的に取引関係を構築しているので、迂回（迂遠）取引を人為的に

---

2) この有名な文章の原文は以下の通りである。

"The meaning of a sentence may be more than that of the separate words, as a melody is more than the notes, and no degree of particularity can ever obviate recourse to the setting in which all appear, and which all collectively create."

挿入して，その目的を意図的に隠すように企てられている。従って，裁判所が，タックスシェルターを提供した者及びそれを購入して租税回避を図った納税義務者の真の意図が何であったか，その真相を突きとめるためには，自ら事実関係を仔細に検討せざるを得ない。裁判所が適切な判断を下すには，一連の取引を全体として把握して，それぞれの取引段階，つまり交渉から始まってその売買の成立までの取引段階が合理的であったかを検証しなければならない。このようなアプローチが重要であることは，第 5 章で検討する Frank Lyon 事案での最高裁判所が，その判決文の中で次のように明記したことからも判断できる。

　「どのような事案においても，その実質を見極めるためには，どうしてもその事実関係に依存せざるを得ない。本事案のように，セール・アンド・リースバックだからといって，納税義務者が申告した控除が，即座に否認されるべきではない。」[3]

最高裁判所は，本事案の一連の取引を精査した結果，取引が見せかけであることを盾にして租税回避を恣意的に否認しようとした国側の主張に対して，当該取引には経済的実質があることを理由に納税義務者の減価償却の控除を容認した。

このような最高裁判決に鑑みて本書では，一連の取引に係る事実関係が原則として最も詳細に記述されている，国税不服審判所（後の租税裁判所）からその事実関係を日付順に調べた後に，その事案の争点，判決理由を検討することにした。さらに，この研究アプローチを敷衍して，今般の ESD の法定化に至るまでの経緯とその内容を理解するために著者は，財務省，両院合同課税委員会の報告書等を研究した。その結果，2010 年に制定された規定が，コモンローから生成された ESD の単なる確認規定ではなく，タックスシェルターに対抗

---

[3] Frank Lyon Co. v. United States, Supreme Court of the United States, 435 U.S. 561, April 18, 1978, p. 584.
　この最高裁の言葉に従って，本書では極力，判決文に記された事実関係に重点を置いて，それぞれの事案の本質を理解しようと試みている。

するための「創設規定」であると推考するに至った。

なお，各判決文を翻訳するに当たって，"Doctrine"は法理，"Principle"は原則，"Rule"は規定，"Code"は法典，そして"Standard"は基準と訳すことにする。

また，本書で使用する省略語（アルファベット順）は次の通りである。

ABA:	The American Bar Association，米国弁護士協会。
AICPA:	American Institute of Certified Public Accountants，米国公認会計士協会。
CIR:	Commissioner of Internal Revenue，米国の内国歳入局長官[4]，内国歳入庁長官。
CIR:	Commissioners of Inland Revenue，英国の内国歳入庁特別職員。
DOTAS:	Disclosure of Tax Avoidance Scheme，租税回避スキームの開示。
ESD:	Economie Substamce Doctrine，経済的実質の法理。
GAAR:	General Anti-Avoidance Rule，一般否認規定（一般的否認規定，包括的否認規定ともいわれる。）。
	General Anti-Abusive Rule，英国の一般否認規定。
HMRC:	Her Majesty's Revenue and Customs，英国の歳入金融庁。
IRC:	Internal Revenue Code，内国歳入法典。
IRS:	Internal Revenue Service，米国の内国歳入庁。
JCT:	Joint Committee on Taxation，米国の両院合同課税委員会。
MA:	Material Advisor，重要なアドバイザー。
NYSBA:	The New York State Bar Association，ニューヨーク州弁護士協会。

---

4) 1862年，リンカーン大統領は，南北戦争の戦費調達のために所得税を創設するとともに，内国歳入局（the Bureau of Internal Revenue）を設置した。

なお，この官名は，1953年までで，1954年以降は「内国歳入庁長官」へ変更された。矢内一好「米国内国歳入法典482条」（『経理研究』，54号，2011年2月），326ページを参照。

OTSA:　　Office of Tax Shelter Analysis，米国のタックスシェルター分析局。
SAARs:　　Specific Anti-Avoidance Rules，限定的租税回避否認規定。
TAARs:　　Targeted Anti-Avoidance Rules，目的限定型否認規定。

第1章　米国における租税回避否認の法理の沿革

　本章ではまず，コモンローから生成された租税回避の定義を述べると共に，租税回避否認の法理として適用されてきた5種類の法理のうち，経済的実質の法理が最も重要な法理として収斂してきたことを述べる。その上で，2010年に制定された内国歳入法典（Internal Revenue Code，以下「IRC」という。）第7701条（o）は，コモンローから生成された経済的実質の法理を確認した規定であるとする一般的な見解に対して，本規定はその目的及び内容からタックスシェルターに対抗するための「創設規定」であるとの問題提起をする。

1．租税回避の定義

　多国籍企業による「租税回避」という言葉が，①米国のコーヒー店チェーンであるスターバックス社が実効税率の低いスイス，オランダに利益移転して，英国での税負担を意図的に軽減していたという報道，②同じ米国のＩＴ企業であるアップル社がアイルランドに子会社を設立して利益移転しているとして2013年5月に米国議会上院で追求された報道，③これらの事実を踏まえて，2013年6月に英国で開催された主要8ヵ国首脳会議において，各国間の税制の差を利用して過度な租税回避を講じるのを防止するための統一ルールの構築を検討することを決定したという報道（2013年6月15日付けの日本経済新聞），④実際のところ，OECDは2014年9月中旬に，多国籍企業の濫用的な租税回避を防ぐための国際ルールをまとめたという報道，及びアップルに対するアイルランド政府の租税優遇措置がEUの競争法に触れるとの見解を示したという報道（2014年10月1日付けの日本経済新聞）により一般に知られるようになった。

　金子教授は，「租税回避は，一方で，脱税（tax evasion, Steuerhinterziehung）と異なる。脱税が課税要件の充足の事実を全部または一部秘匿する行為である

のに対し，租税回避は，課税要件の充足そのものを回避する行為である。他方，それは，節税（tax saving, Steuerersparung）とも異なる。節税が，租税法規が予定しているところに従って税負担の減少を図る行為であるのに対し，租税回避は，租税法規が予定していない異常な法形式を用いて税負担の減少を図る行為である。もっとも，節税と租税回避の限界は，必ずしも明確でなく，結局は社会通念によってきめざるをえない（租税回避に対しては，後述のように個別的否認規定が設けられることが多い）。租税裁定行為（tax arbitrage）は，状況次第で節税に当たる場合と租税回避に当たる場合とがありうる。」[1] また，矢内教授は「租税回避は，税法が予定している税負担軽減を図る行為である『節税』と課税要件成立の事実の全部又は一部を故意に秘匿して課税を不法に免れる行為である『脱税』とは異なり，その要件として，①通常の取引では用いないような異常な取引形態を選択し，②通常の取引と同様な経済的効果を得て，③その異常な取引により税負担を減少又は排除するような行為，から構成されるものである。」[2]

一方，米国の Avi-Yonah 教授らは，次のように記述している。「租税回避を定義するに当たってはまず，租税債務（tax obligations）を最小限にすることを意図した行動（その合法性は不確かではあるが）である，戦略的租税軽減行為又は積極的租税軽減計画戦略（strategic tax behavior or aggressive tax planning strategies）を定義しなければならない。戦略的租税軽減行為には，3つの範疇（three categories），つまり脱税，租税回避，及び合法的な節税（tax evasion, tax avoidance , and licit tax savings）がある。これらの行為の定義については，学術的に論争されているが，その境界線をどこに引くか（例えば，租税回避が所定の境界線を越えたときに，脱税となる境界線）が明確ではない。不明確さは残るものの，それぞれの用語に浸透している主たる見解をここで述べる。脱税とは，意図的な不法行為（税金の支払いを逃れるために，正に租税法に違反する行為）と総体

---

1) 金子宏著『租税法（第10版）』弘文堂，2005年，128ページ。
2) 矢内一好「租税回避対策に関する日米比較」『企業研究』第22号，2013年3月，58ページ。

的に定義することができる。租税回避とは，租税債務を軽減することを目的とする異常な（しかし，必ずしも違法ではない）行為すべて，と定義することができる。これらの行為は，確かに租税法の文言通りの意味（the letter of the law）には反しないが，明らかに租税法の趣旨（its spirit）に反する行為である。租税回避の典型的な例として，通常の所得を非課税の譲渡所得に仮装転化すること（偽ってすり替えること）が挙げられる。合法的な節税とは，租税法の意義にも，また租税法の趣旨にも反しないで，租税負担の軽減を図った租税行為として一般に認められた慣行（commonly accepted forms of tax behaviors）と定義することができる。この範疇は，『適法な租税計画（legitimate tax planning）』といわれることもある。」[3]

このように租税回避，脱税，節税に対する定義を比較してみると，それぞれ大差のない分類の仕方をしている，と思われる。

米国では，IRC において，課税所得の計算に関する詳細な規定を制定しているので，納税義務者側及び国側双方も原則として，合理的な正確性と予測可能性（reasonable accuracy and predictability）の下で課税所得を計算することができる[4]。しかしながら，本書で検討する多くの判例からしても，租税回避に対する見解が，課税庁側と納税義務者側とでは異なっている。

1934 年の Gregory 事案控訴審判決において Learned Hand 裁判官が，「取引が，たとえ租税を回避したいという願望，又は，納税義務者が選択した取引が租税を回避したい（avoid）（脱税をしたい（evade））という願望からなされたとしても，租税法上認められた範囲内にある限り，その取引は租税法上の特例措置を失うことはない。」[5]と言及したことは有名で，その後の多くの裁判におい

---

[3] Avi-Yonah, Reuven S., Nicola Sartori and Omri Marian, Global Perspectives on Income Taxation Law, (Oxford University Press, 2011), pp. 101-102.

[4] Joint Committee on Taxation, "Description of Revenue Provisions contained in the President's Fiscal Year 2010 Budget Proposal, Part Two: Business Tax Provisions", JCS-3-09, September 2009, p. 34.

[5] Helvering, Commissioner of Internal Revenue, v. Gregory, Circuit Court of Appeals, Second Circuit, 69 F. 2d 809, March 19, 1934, p. 810.

て引用されている。L. Hand 裁判官はさらに続けて,「何人も, 租税を可能な限り低く抑えるように自らの業務を調整することができる。」[6]としていることから判断して, 租税回避 (tax avoidance) の定義には, 租税法上認められていない脱税は除外されるが, 節税 (tax saving) は含まれるようである。但し, その取引には, 租税を軽減する目的以外に, 事業目的と経済的実質の2要件のうち, いずれかを有していなければ, コモンローから生成された ESD により, その取引に係る租税上の便益は否認される可能性がある。要するに, 租税回避には, 容認される租税回避 (節税及び上記2要件のうち, いずれかの要件を満たしている取引) と否認される租税回避 (租税を軽減する目的のみで, 上記2要件を満たしていない取引) とに分けられることになる。

ところが, 本書の中心課題である, 2010年に IRC 第7701条 (o) として法定化された ESD の要件は, 後述するように, コモンローの要件と異なっている。第7701条 (o) では, 取引が連邦所得税上の効果以外に, 経済的状況の変化, かつ, 実質的な目的を有しているときに限り, その取引は経済的実質を有するものとして取り扱われる, と規定している。従って, IRC 第7701条 (o) の2要件は, 納税義務者にとってコモンローの2要件よりも一段と厳しくなっている関係もあって, IRC では, 否認される租税回避として新たな取引を定義している。それが, 経済的実質を欠いている取引 (transaction lacking economic substance or noneconomic substance transaction) である。なお, 経済的実質を欠いている取引と同様に, 否認される租税回避には, 1999年頃に定義づけられた租税回避取引 (tax avoidance transaction) があり, 取引から得られると合理的に予測された税前利益 (取引費用と経費として外国税額を算入した後の現在価値ベースで算定) が, その取引から得られると合理的に予測された租税上の便益の正味額 (つまり, 現在価値ベースで算定して, その取引から生じる税金債務を超える租税上の便益額) と比較して大差ない取引と定義されている。ここでいう租税上の便益とは, 租税の軽減, 非課税, 租税回避若しくは繰り延べ, 又は還付金の

---

6) Ibid., 69F. 2d 809, p. 810.

増額を含むものとするが，議会の目的にかなう，IRC の規定が明白に予定している租税上の便益は否認の対象から除かれると定義している。

2. 米国における租税回避否認の法理の概要と展開

　Gregory 事案での第 2 巡回控訴裁判所が 1934 年に，これまでの租税法律主義から取引の実質を重視する判決を下してから，5 種類の租税回避否認の法理が展開されたが，それらの位置づけをここで概説する。

　これらコモンローから生成された法理は，両院合同課税委員会（Joint Committee on Taxation，以下「JCT」という。）によると，それぞれの法理を明確に区別できるように定義づけされていないため，所定の事実認定に対して適用される法理が，裁判所，内国歳入庁（Internal Revenue Service，以下「IRS」という。），訴訟当事者の立場によって齟齬をきたしてきた。また，それぞれの法理が相互に重なり合っているので，事例によっては，2 つ以上の法理が適用されることもあった。これらの法理は，租税制度の管理・執行の面で重要な役割を果たしてきたが，定義づけが明確でなかったことが一因となって，租税法律主義と場合によっては相容れないこともあった[7]。

　このような法理の中でも，長年にわたって適用されてきたコモンローの法理が，「経済的実質の法理」であり，この法理は，連邦所得税の意図的な軽減以外に，納税義務者の経済的状況に意義のある変化をもたらさない取引から得られた租税上の便益を否認するのに適用されてきたが[8]，1990 年頃から激増した複雑で巧妙なタックスシェルターに対抗するには，個別否認規定だけでは限界があることを財務省は認識し始めた。そこで，財務省は，5 種類の法理の中

---

7) Joint Committee on Taxation, "Description and analysis of present-law tax rules and recent proposals relating to corporate tax shelters", JCX-84-99, November 10, 1999, p. 6.

　Joint Committee on Taxation, op. cit., JCS-3-09, September 2009, p. 34.

8) Ibid., JCS-3-09, p. 34.

で最も客観的で受け入れ易い，この経済的実質の法理を法定化すべく模索することになる。

(1) 見せかけの取引の法理 (sham transaction doctrine)

見せかけの取引とは，立法の趣旨に沿った経済活動に対して与えられる租税上の便益を，実際にはそのような経済活動をすることなしに，その便益を得ることのみを目的とする取引と定義される。

"sham"という言葉自体は，英国では1660年代から1670年代に俗語として発生し[9]，1850年前後においては，学術用語 (a term of art) と異なり，明確な定義なしに「偽りの履行 (sham execution)」「でっちあげ行為 (sham actions)」として適用範囲の広い状況 (a broad range of circumstances) に使われていた。

この「見せかけ (sham)」という用語が，判決文に初めて使用されたのが，本書で経済的実質の法理の根源的判例であるとして，最も重要視している Gregory 事案での控訴審で，L. Hand 裁判官が述べた次の判決文である。

「法的な手続すべては (all the proceedings)，通常の効力を有するにもかかわらず，これらの取引は見せかけ (sham) であるとみなした。」[10]

---

9) Simpson, Edwin and Miranda Stewart, "Sham Transactions", Oxford University Press, 2013, p. 30.

10) Helvering, Commissioner of Internal Revenue, v. Gregory, Circuit Court of Appeals, Second Circuit, 69 F. 2d 809, March 19, 1934, p. 811. 拙稿「事業目的の原理を確立したとされる Gregory 事案について」(『中央大学大学院論究』Vol. 44, No.1, 2013年), 9ページ。

川田教授は最近の論文において，"sham"を「見せかけの取引法理 (show transaction doctrine)」とし，事業目的の法理においては，「同事案において，<u>最高裁の</u> Hand 判事は，組織再編に関する法令上の規定はすべて充足していたものの，<u>取引に事業上の正当な目的を欠いていた (lacked a bonafide business purpose)</u>として特典享受を否認した。」(下線は筆者加筆) と実際の判決文にはない情報を記述している。川田剛「租税回避否認の法理─税法解釈の視点から─」(『国際税務』Vol. 34 No. 7, 2014年7月), 124-125ページ。

控訴裁判所は，関連当事者間で締結した契約自体は有効であるが，本事案の一連の取引は見せかけであるので，租税目的上，その租税回避を否認する判決を下した。

一方，Gregory事案の最高裁判決では，控訴審判決を支持しながらも，"sham"という用語を使用する代わりに"disguise"を用いて，原告が行った組織再編成を「本来の性質を隠すための仮装（disguise）」[11]であった，と判示した。

「見せかけ」を表す用語として，"sham"という用語でほぼ統一されるようになったのは，Minnesota Tea事案での最高裁が，その事案での組織再編成を真正なものとして認めて，Gregory事案のような見せかけ（sham，その取引の性質を隠すための単なる策略）ではないと判示してからである[12]。1960年のKnetsch事案での最高裁判決では，"facades"，"fictions"という類似語を使用しつつも，最高裁判所が初めて"sham transaction（見せかけの取引）"という用語を用いて，当該事案の租税回避を否認した[13]。

その後，Rice's Toyota World事案での租税裁判所が，Frank Lyon事案の最高裁判決を引用して[14]まとめた2段階査定（二分肢テスト）を，同事案の控訴裁判所が支持して，次のような手順で対象取引を査定した[15]。

つまり，見せかけの取引と判断するためには，その一連の取引の中に租税軽

---

11) Gregory v. Helvering, Commissioner of Internal Revenue, Supreme Court of the United States, 293 U.S. 465, January 7, 1935, p. 469. 拙稿，同上論文，12ページ。
　　最高裁判所の判決文では，"sham"という言葉を全く使用せず，この"disguise"という用語を使用しているので，ここでは敢えて「仮装」と訳した。
12) Helvering, Commissioner of Internal Revenue, v. Minnesota Tea Co., Supreme Court of the United States, 296 U.S. 378, p. 385.
13) Knetsch et ux. v. United States, Supreme Court of the United States, 364 U.S. 361, November 14, 1960, p. 369. 第5章脚注10を参照。
14) Rice's Toyota World, Inc. v. Commissioner of Internal Revenue, United States Tax Court, 81 T.C. 184, August 29, 1983, note 17, p. 203.
15) Rice's Toyota World, Inc. v. Commissioner of Internal Revenue, United States Court of Appeals for the Fourth Circuit, 752 F. 2d 89, January 7, 1985, pp. 91-95.

減目的以外に，①その取引が事業目的（利益を獲得できる見込み）を欠いているか否かをまず査定して，②「事業目的を欠いている」と判断した場合には，次に③その取引が経済的実質（利益を獲得する合理的な可能性）も欠いているかを査定し，④「経済的実質も欠いている」ことを確かめなければならない。この手順を踏んだ上で，「本取引は，見せかけの取引である。」と判断されることになる。控訴裁判所は，この手順に従って当該事案を査定したところ，一連の取引が，事業目的に欠けていて，かつ，経済的実質を有していなかったと判明したので，当該取引は見せかけの取引であったと判断して，減価償却及び支払利子（リコース手形に対する支払利子を除く）の控除を否認した。

Rice's Toyota World 事案での控訴裁判所が，課税要件である事業目的と経済的実質の有無を段階的に査定していることから，本書では，"two prong test, two-part test, two stage test" をあえて「2段階査定」と訳しているが，岡村教授が訳した「二分肢テスト」が一般に使用されている。いずれにしても，この査定を実施して，「事業目的に欠けていること」，かつ，「経済的実質を有していないこと」の2要件を満たした場合に，対象取引は見せかけの取引であるという判断基準を当該控訴裁判所は提示した。

しかしながら，その後の司法判断は，対象取引が見せかけの取引ではないと判断する際に，非結合的テスト（disjunctive test，対象取引が，事業目的又は経済的実質のいずれか一方を有しているかを査定すること）を採用するか，結合的テスト（conjunctive test，対象取引が，事業目的及び経済的実質の双方を有しているかを査定すること）を採用するかによって分かれることになり，この不統一性が後述する「経済的実質の法理」の適用に影響することになる。

1989年のKirchman事案での控訴審において，裁判所は，見せかけの取引には2種類の基本形態があることを明確にした[16]。つまり，

---

16) Kenneth P. Kirchman and Budagail S. Kirchman, Leo P. Ayotte and Nancy C. Ayotte v. Commissioner of Internal Revenue, United States Court of Appeals for the Eleventh Circuit, 862 F. 2d 1486, January 11, 1989, p. 1492. 本事案の概要については，第6章の脚注49に記述している。

・事実において見せかけ（shams in fact，書面上では発生していることになっているが，実際には全く実行されていない取引に対して納税義務者が控除を申告する場合をいう。）と，
・実質において見せかけ（shams in substance，取引が実際に発生したが，その取引形式が示すような実質を有していない取引をいう。）
の2つの基本形態である。

　裁判所が「事実において見せかけ」と判断した事案には，Goodstein 事案[17]，ASA 事案[18]がある。
　「実質において見せかけ」とは，第3章で検討する Gregory 事案のように取引自体は実際に発生したが，その取引の法形式が示すような実質がない取引を

　　金子教授は，"sham"を「仮装」と訳され，真実には存在しないと認定される行為を「仮装行為（sham transaction）」として，租税回避の否認ではないとされている（金子宏『租税法［第10版］』弘文堂，2005年，131ページ）。本事案での"sham"の定義を踏まえると，"sham"を「仮装」と訳すよりは「見せかけ」と訳した方が相応しいと思われる。

17) Goodstein v. Commissioner of Internal Revenue, United States Court of Appeals First Circuit, 267 F. 2d 127, May 21, 1959.
　　JCT は，Goodstein 事案を引用して，「例えば，納税義務者が税務上の便益を得るために，財務省発行の中期債券（Treasury notes）を少額の頭金で購入し，その頭金を借り入れるために当該債券を担保とした場合，実際には債券の購入も資金の借入れもなされていなかったことになるので，裁判所は，見せかけの取引の法理を適用して，その税務上の便益を否認することである。」と記述している。Joint Committee on Taxation, op. cit., JCX-84-99, p. 7.

18) ASA Investings v. Commissioner of Internal Revenue, T.C. Memo 1998-305, August 20, 1998.
　　本事案の概要は，次の通りである。納税義務者は，株式の売却により約4億ドルの譲渡所得が見込まれたので，その課税を回避するために外国法人とパートナーシップを組成し，割賦方式で売却できる短期私募債を購入し，数週間後にそれを80%現金，債券20%と交換に売却して多額の利益を出したが，その大半は持分90%の外国法人に配賦した。納税義務者は，翌年そのパートナーシップの過半数持分を取得後，その債券を売却して税務上の損失3億9,600万ドルを発生させた。

いい，Knetsch 事案，Rice's Toyota World 事案，そして Kirchman 事案もこの範疇に入る。

(2) 事業目的の法理 (business purpose doctrine)

事業目的の法理とは，納税義務者が取引を実行するに際して，租税軽減目的以外に利益を獲得できる見込みがあったか，という主観的な分析によって判断される法理である。

Gregory 事案での最高裁判決（控訴審判決ではない）において，「事業目的又は法人の目的を全く持たない活動は (simply an operation having no business or corporate purpose)，その本来の性質を隠すための仮装 (disguise)[19]であって，法人の組織再編成という形態を装うための単なる策略 (mere device) である。」[20]と記述したことに由来する。事業目的は，見せかけの取引の法理，経済的実質の法理の適用を判断する2段階査定（二分肢テスト）の1つの要件（もう1つの要件は経済的実質）であり，法人の取引に適用されるのみならず，個人又はパートナーシップにも適用される。

例えば Rice's Toyota World 事案において，控訴裁判所は，次の理由により事業目的に欠ける取引であったと判断した[21]。納税義務者が中古のコンピュータをパーチャス・アンド・リースバックするに当たり，①当該取引を実行するに際して何ら採算計算をしなかったこと，②当該コンピュータの残存価額に無関心であったこと，③ノンリコース型手形により水増しされた価格を躊躇なく支払ったこと，④加速度減価償却による租税回避にしか関心がなかったこと，そして⑤新製品の上市により，中古コンピュータの市場価格が下落することにあまり関心を示さなかったことを，控訴裁判所はその理由に挙げた。

納税義務者が取引を実行するに当たって，租税上の便益を得ること以外に事業目的に欠けること，かつ，経済的実質を有していなければ，当該取引は見せ

---

19) Gregory, op. cit., 293 U.S. 465, p. 469.
20) Ibid., p. 469.
21) Rice's Toyota World, Inc. op. cit., 752 F. 2d 89, pp. 92-94.

かけの取引であるとみなされて，その租税回避は否認されることになるが，租税回避事案の判例を積み重ねるうちに，事業目的は，どちらかというと経済的実質の法理における副次的，補完的な要件という位置づけになってくる。

(3) 実質優先の法理 (substance over form doctrine)

ある取決めに係る税務上の成果 (tax results of an arrangement) というものは，その取決めにより実行された単なる形式的な手続 (mere formal steps) を評価するのではなく，その根底にある実質に依拠して判断する方が望ましいとするのが，実質優先の法理である[22]。

JCT は，最高裁が債務返済の導管として株主を利用した迂回取引を無視する理由として，「迂回路をたどって得た成果であったとしても，直路を歩んで得た成果と異なる成果をもたらすものではない。」と Minnesota Tea 事案で述べた判決[23]を挙げている。租税法の領域では，形式主義を重んじていたために，納税義務者や裁判所が，実質優先の法理の適用が適切であるかを決定することは困難であるが，最高裁が「租税法の執行者 (administrators of the laws)，及び裁判所は，実質と現実性 (substance and realities) に関心を持っているが，形式的な書類 (formal written documents) には必ずしも拘束されない。」[24]と判示した Lazarus 事案もその例である。

---

22) Joint Committee on Taxation, op. cit., JCX-84-99, p. 19.
23) Minnesota Tea Co. v. Helvering, Commissioner of Internal Revenue, Supreme Court of the United States, 302 U.S. 609, January 17, 1938, p. 613.
　本事案は，その迂回取引から「ステップ取引の法理」，「段階取引法理」の範疇に入るとする学説がある。例えば，松田直樹『租税回避行為の解明　グローバルな視点からの分析と提言』ぎょうせい，2009 年，48 ページ，今村隆「租税回避とは何か」(『税務大学校論叢　40 周年記念論文集』，2008 年 6 月，45 ページ，一高龍司「タックス・シェルターへの米国の規制と我が国への対応可能性」(『ファイナンシャル・レビュー』2006 年 7 月)，72-73 ページ，がある。
24) Commissioner of Internal Revenue, v. F. & R. Lazarus & Co., Supreme Court of the United States, 308 U.S. 252, December 4, 1939, p. 255.
　本事案については，第 4 章にて検討している。

(4) ステップ取引の法理 (step transaction doctrine)

　JCTは，ステップ取引の法理に関して，概略，次のように解説している[25]。

　実質優先の法理の延長線上にあるのが，ステップ取引の法理である。ステップ取引の法理とは，「連続するステップが，形式上は別々の『ステップ』の連続であるが，実質的には一体化されており，相互依存関係にあり，かつ，特定の成果を得ることを目指している場合には，単一の取引として取り扱う。」[26]という考え方である。裁判所がステップ取引の法理を適用するかは，①最終成果テスト (end result test)，②相互依存関係テスト (interdependence test)，そして③拘束力のある約定テスト (binding commitment test) という3つの査定方法に依拠して判断されるようになった。

　最終成果テストとは，連続するステップのそれぞれが，最終的な成果を得る目的で実行されているかを調べることである。

　相互依存関係テストとは，連続するステップのうちの，1つのステップが完了したとしても，残りのステップすべてが完了しない限り，その一連のステップが全く意味をなさないという相互依存関係にあることを立証しようとするものである。

　拘束力のある約定テストとは，最初のステップが実行に移されたときに，残りのステップすべてを完了させることを法的に拘束する約定が存在するかを調べるものである。

　裁判所が，ステップ取引の法理を適用するかを決定する際に重要な決定要因となるのは，①納税義務者の意図と②個々のステップが時間的に近接していること (temporal proximity of the separate steps) の2要因である。もし納税義務者が，連続するステップのうち，最初のステップを実行したときに，それ以降のステップを行う計画又は意向がなかったことを証拠立てることができれば，その一連の取引は，ステップ取引とみなされるべきではない。ステップ取引を

---

25) Joint Committee on Taxation, op. cit., JCX-84-99, pp. 19-21.
26) Robert A. Penrod, ET AL., v. Commissioner of Internal Revenue, United States Tax Court, 88 T.C. 1415, May 27, 1987, p. 1428.

実行する意図が納税義務者になかったことを認めさせるには，それに続くステップが，自己の支配の及ばない外生要因によって引き起こされた，ということを立証することである。最初の取引を実行した後に，それに続くステップを行わなければならない，という法的拘束力のある約定が存在しないことを裏付けるには，連続して実行される取引と取引との時間的間隔が重要な判断手段となる。取引と取引との間隔に相当の時間の経過があれば，ステップ取引の法理が適用されないことになる。

　この法理が当てはまる事例としては，古くは Gregory 事案（納税義務者個人に課される租税を軽減する目的のために，納税義務者が新会社を設立し，支配下にある会社が保有する，含み益のある株式を新会社に現物出資させ，その新会社を数日後に解散させて，その株式を納税義務者が取得した直後に売却した一連の取引)[27]であり，また濫用的タックスシェルターとして有名な IES 事案と Compaq 事案（既に発生した譲渡所得に対する租税を軽減する目的のために，納税義務者は免税業者から ADR を権利確定日に購入し，その権利確定日直後に売却して譲渡損失を人為的に発生させて他の譲渡所得と相殺し，海外で源泉徴収された配当課税に対して外国税額控除を適用した一連の取引）であろう。

　一方，米国の Gilbert 事案，Knetsch 事案等の判例の影響を受けて，英国の厳格な租税法律主義から実質を優先した判決を下した Ramsay 事案での貴族院（第4章で検討する事案）は，対象となった取引が，事前に計画された租税回避スキーム通りにすべての取引が有機的に実行され，最終的には自己相殺取引により利得も損失も発生させないように仕組まれた取引であったと見抜いて，その租税回避を否認した。まさに Ramsay 事案での貴族院の判決理由は，「相互依存関係テスト」に依拠するステップ取引の法理を適用した判例といえる，と思料する。また，White 事案は，最初のステップを実行したときには想定していなかった事象が発生したために，事前に計画されたスキームとは異なる取

---

27) JCT は，実質優先の法理からの変形（variation）としてステップ取引の法理を捉え，その判例として Gregory 事案を挙げている。Joint Committee on Taxation, op. cit., JCS-3-09, pp. 35-36.

引を実行したことを納税義務者が立証して，ステップ取引の法理の適用を免れた事案といえる。

(5) 経済的実質の法理 (economic substance doctrine)

ESDとは，取引が経済的実質を有していない又は事業目的を欠いている場合に，その取引に関する法人・所得税に規定する租税上の便益が認められないというコモンローの法理である。コモンローから生成されたESDでは，経済的実質を欠いている（客観的な要件，利益を獲得する合理的な可能性），事業目的を欠いている（主観的な要件，利益を獲得できる見込み），又はその双方を欠いているかを分析して，この2要件を満たしていればその租税回避は当然に否認されるが，その2要件のうち，経済的実質，又は事業目的のいずれかを有していれば，その租税回避は容認される可能性があることになる[28]。なぜならば，見せかけの取引の法理の項で述べたように，裁判所が対象取引にESDを適用するか否かを判断する際に，結合的テストを採用するか，非結合的テストを採用するか，あるいはこれらとは別の方法を取るかで見解が分かれているからである。

ある裁判では，納税義務者に対して，経済的実質（つまり，客観的な要件）と事業目的（つまり，主観的な要件）の双方の存在を立証しなければならない結合的テストを要求した[29]。

Gregory事案以降，Knetsch事案での最高裁判決を始め，Estate of Frank-

---

28) このような判断基準を提示したのが，Rice's Toyota World事案での租税裁判所の判決文であり，その判決を支持した第4巡回控訴裁判所の判決文である。
 Rice's Toyota World, op. cit., 81 T.C. 184, August 29, 1983, Note 17, p. 203.
 Rice's Toyota World, op. cit., 752 F. 2d 89, January 7, 1985, pp. 91-95.
29) JCTは，その判例として，Pasternak事案（990 F. 2d 893 (6th Cir. 1993)，第8章で概説する）を挙げ，最初に対象取引が経済的実質を有するかを査定し，経済的実質が有ることが判れば，次に納税義務者が，その取引を実行するに当たり，利益の獲得に動機づけられたかを査定するという手続を第8章の脚注113で記述している。JCT, op. cit., JCS-3-09, p. 36.

lin 事案, Hilton 事案での控訴審判決（第5章で検討している）において, 対象取引には経済的実質を有していないことを理由に, その取引から得られる租税上の便益を否認してきた。さらに, JCT は Goldstein 事案[30]での控訴審判決を引用して, 次のように述べている。

「経済的なリスク及び利益の想定額と, その取引から得られる租税上の便益を比較して, それらに余り差がないと事実認定された場合には, 納税義務者がたとえ, その損失リスクを負担し, 多少の利益の想定額を有している（つまり, 当該取引が実際に実行された）と主張しても, ESD を適用することができる[31]。換言すると, 当該取引には, 『予定した租税の軽減以外に, 目

---

[30] Kapel Goldstein and Tillie Goldstein, v. Commissioner of Internal Revenue, 44 T.C. 284, 1965.

Kapel Goldstein and Tillie Goldstein, v. Commissioner of Internal Revenue, United States Court of Appeals for the Second Circuit, 364 F. 2d 734, July 22, 1966, Decided.

本事案の概要は次の通りである。

1958年の下半期において, 納税義務者（Tillie Goldstein で70歳, 彼女の夫 Kapel Goldstein は年金暮らし）は, Irish Sweepstakes ticket（アイルランドの富くじ競馬券）が当たり140万ドルを同年12月に受領した。納税義務者の息子（公認会計士）は, その所得税を軽減する目的のために, 銀行から借入れをして中期債券（利回り1.5％）を購入し, その借入れにかかる利息（利率4％）8万ドルを前払いした。1958年度の所得税の申告において, 第163条（a）の規定に基づき, 当該利息分を控除した。

租税裁判所は, 本融資取引（loan transactions）は真正な債務ではなく, 見せかけ（shams）である事を理由に, その控除を否認した。

控訴裁判所は, 本融資の取決め（loan arrangements）には, 「予定した租税の軽減以外に, 目的, 実質, 又は有用性（purpose, substance, or utility apart from their anticipated tax consequences）もなかった」し, この一連の取引には, 「現実的な経済的利益を獲得できる可能性（any realistic expectation of economic profit）」が全くなかったことを理由に, その控除を否認した。

[31] Ibid., 364 F. 2d 734, pp. 739-740.

控訴裁判所は, 納税義務者にとって, 中期債券を所有することにより多少の利得又は損失の可能性があったにもかかわらず, その控除を否認した。

的,実質,又は有用性(purpose, substance, or utility apart from their anticipated tax consequences)』があったかを判断するために,その経済的リスク及び利益の想定額と,租税上の便益とを天秤に掛ける,ということをESDが求めている。」[32]

しかしながら,①前出のIES事案とCompaq事案の巧妙なタックスシェルターによる租税回避が容認されたこと,②個別否認規定を制定しても,その抜け穴を突いたタックスシェルターが開発・販売されてきたこと,③司法による判断が裁判所によって異なり,判決に統一性がなくなってきたこと等に影響されて,財務省,IRSはESDの法定化に取り組むことになる。

3. 米国の一般否認規定の法定化に対する見解の相違

米国の一般否認規定の法定化については,第8章で詳述するが,連邦議会での10年以上にわたる議論を経て,漸く2010年3月30日にオバマ大統領がHealth Care and Education Reconciliation Act of 2010(2010年ヘルスケア及び教育調整法,法案名:H.R. 4872,以下「2010年法」という。)に署名したことにより実現し,2010年3月30日後に実行された取引から発効することになった。それに伴って,IRC第7701条(o)が,タックスシェルターに対抗する一般否認規定として,次のように新たに制定された。
IRC第7701条(o)の(1)では,
「経済的実質の法理が関連する取引の場合には,

---

[32] Ibid., 364 F. 2d 734, p. 740.
　　ESDに係るこの説明は,別の一連の事実認定への適用に向かない場合もある。例えば,IRSが租税軽減という動機による取引に対して,経済的実質に欠けていると訴えても,裁判所によっては,租税上の見返りだけに動機づけられた納税義務者の主張を認めて,その発生した経済的損失を容認することもある。Cottage Savings v. Commissioner, 499 U.S. 554 (1991) 参照(最高裁は,第1001条(a)の規定に基づき,実質的に異なる貸付債権の交換に伴う損失として容認した。)。

（A）その取引が，（連邦所得税上の効果とは別に）何らかの意義を持って，納税義務者の経済的状況を変え，かつ (and)
（B）納税義務者が，その取引を実行することについて（連邦所得税上の効果とは別に）実質的な目的を有している，
ときに限り，そのような取引は経済的実質を有するもの (having economic substance) として取り扱われる。」（下線は筆者），
と規定されている。

さらに，同条 (o) の (5)(A) では，コモンローから生成された ESD について，次のように規定されている。

「『経済的実質の法理』という用語は，取引が経済的実質を有していない又は (or) 事業目的を欠いている場合に，その取引に関するサブタイトル A（所得税）に規定する租税上の便益が認められない (are not allowable) というコモンローの法理を意味する。」（下線は筆者）

これら2つの規定を盛り込んだ第7701条 (o) に対して，大方の見解は，判例法の中で集積してきた ESD を確認した規定である，と位置づけている[33]。

この見解に対して，筆者は，同条 (o)(1) に下線を引いた「経済的実質を有するもの」と同条 (o)(5)(A) の「経済的実質の法理」とは内容が異なる点，及び「かつ (and)」と「又は (or)」との相違点に着目し，今般の ESD の法定化に関係する JCT の報告書，説明書等を研究した結果，本条は ESD の「確認規定」ではなく，「創設規定」であると推考した。その理由は，本規定が，タックスシェルターを防止することを目的としているので，コモンローから生成された ESD とは異なり，上記要件（A）の経済的状況の変化と（B）実質的な目的を有していることの双方を満たした場合に限り，「経済的実質を有するもの」とみなされ，その租税回避は容認されるからである。但し，取引が，上

---

33) 例えば，岡村忠生教授が，「米国の新しい包括的濫用防止規定について」（『第62回租税研究大会（東京大会）第2日報告2』，2010年9月16日），139ページにて発言している。

記の（A）又は（B）のいずれかの要件に欠ける場合には，コモンローのESDの1要件である「経済的実質を有していない」取引（換言すると，「経済的実質を欠いている取引」となる。）とみなされて，その租税回避は否認されることになる。

　ESDの起源とされる1930年代の判例から最近の判例までを研究した上で，ESDの法定化に関連する財務省，JCTの報告書，説明書等を参照して，この推考が妥当なものであることを裏付けること，及びこのESDと付加税の賦課を法定化したことの意義にはどのようなものがあるかを論究することが本書の研究課題である。

第 2 章　文理解釈を重視した判例

1. 米国の 1920 年代の税収とその経済的背景

　Gregory 事案での課税対象年度は 1928 年度で，当該裁判は 1932 年から 1935 年にかけて審理が行われたが，米国の歳入法典は，この裁判が始まる 20 年ほど前から増税に向けて連続的に改正がなされた改変期であった。その主因は，1914 年 8 月に勃発した第一次世界大戦で，米国は 1917 年 4 月 6 日にドイツへ宣戦布告して参戦したため，その戦費を増税により調達する必要があった。第一次世界大戦が勃発した 1914 年からその停戦（1918 年 11 月 11 日）後の 1919 年までに 5 回にわたって増税が実施された[1]。その戦費調達のために，1917 年から超過利潤税と戦時利得税からなる特別税が新たに賦課された。

　その結果，国の税収総額は戦前の 1913 年度（法人税を含む所得税が恒久税として制定された年度）において，わずか 344 百万ドルであったが，1918 年度にはその 10 倍以上の 3,698 百万ドルにまで伸びた。その後の税収は，1920 年度に急増して 5,407 百万ドルに達するが，1920 年代の減税等の影響により，その税収総額は 1930 年度まで 3,000 百万ドル前後に落ち着く状態となった。その推移を示したのが，次ページの表である。

　この表から判読できることは，税収の推移のみでなく，所得税及び法人税の税収が 1918 年以降 6～7 割も占めていたことである。戦時増税の時期，戦後の好景気による増収増益の時期を通して，個人及び法人がその重税感から，課税逃れに取り組むようになったと推定しても大きな過ちを犯すことにはならないであろう。

---

[1]　この増税の詳細については，矢内一好著『米国税務会計史　確定決算主義再検討の視点から』中央大学出版部，2011 年，93-116 ページを参照している。

表1　1913年度から1930年度までの税収内容及び税率

(単位：百万ドル，%)

課税年度	税収総額	所得税・法人税	構成比率(%)	所得税率(%)	法人税率(%)
1913	344	35	10	所得税：1 付加税：1～6	法人税：1
1918 1918年歳入法典	3,698	2,852	77	所得税：6, 12, 付加税：1～65	法人税：12
1922 1921年歳入法典	3,197	2,086	65	所得税：4～8 付加税：1～50	基本税率：12.5 (これ以前の税率：10)
1924 1924年歳入法典	2,796	1,841	65	所得税：2, 4, 6, 付加税：1～40	基本税率：12.5
1926 1926年歳入法典	2,836	1,974	69	所得税：1.5, 3, 5, 付加税：1～20	(1925暦年) 基本税率：13 (1926暦年以降) 13.5
1928 1928年歳入法典	2,790	2,174	77	所得税：1.5, 3, 5, 付加税：1～20	基本税率：12
1929	2,939	2,331	79	所得税：1.5, 3, 5, 付加税：1～20	基本税率：12
1930 1929年歳入法典	3,040	2,410	79	所得税：0.5, 2, 4 付加税：1～20	基本税率：11

出所）矢内一好，同上書，114ページ，115ページ，135ページの表から一部転写した。歳入法典の改定による税率の変更は，その施行年度に記入した。

　効率的な経営の遂行上，不採算な事業を分割，移転する組織再編成が多く見られるようになり，通常の事業取引による利得と区別して，一定の要件を満たした株式の交換に係る利得を免除する組織再編成の規定が，1918年歳入法典第202条（b）に初めて組み込まれた。その後，「1921年歳入法典，1924年歳入法典を経て次第に整備され，1928年歳入法典において，組織再編成の原則を示す規定としては一応の完成を見たと評価されている。」[2]因みに，1921年歳入法典では第202条であったが，1924年歳入法典では第203条に移行された。

　組織再編成の波に呼応して米国政府は，1921年歳入法典第206条において，

「キャピタルゲインの課税についての特別措置を初めて規定している。同条(a)(6)では，キャピタルゲイン発生の基因となる『資本資産(Capital Asset)』について，納税義務者が2年を超えて保有する財産で，私的使用のための財産又は棚卸資産は除かれている。1921年歳入法典の規定（第206条(b)）は，納税義務者から法人を除くとなっていることから，個人に対する適用である。」[3] キャピタルゲイン純所得の税率は，12.5％であった（同条(c)）。「1924年歳入法典は，純キャピタルロス（Capital Net Loss）を定義して，キャピタルゲインの総額をキャピタルロスと控除額の合計が超える金額とし，個人について純キャピタルロスの他の所得との通算による税額減少について制限を加えたのである（同法第208条(c)）。」[4]

また，「パートナーシップ，遺産財団及び信託における課税に係る規定は，1921年歳入法典から個別の条文として規定されている。パートナーシップ課税のポイントは，パートナーシップ自体が納税主体にならず，パートナーシップの所得をパートナーにパススルーすること」[5] にあるが，そのパートナーシップにおいて生じた損失の取扱いについて，「1928年歳入法典の補則条項Fの第186条及び第187条においては特にパートナーの所得計算上損失控除に制限を加えるという規定はない。」[6] そのために，個人に課される所得税を繰り延べ，租税を回避する目的で，個人が集まってパートナーシップを設立するケースが散見されるようになった（後述のChisholm事案を参照）。特に，富裕層に属する大株主である個人が，法律・会計・税務の専門家等のエキスパート，経営コンサルタントの助言を得て，所得税及び法人税全体の租税の支払いを減少させる行為を実行していたし，その中には，課税減免規定の適用を受けることのみを目的として事業再編成を含む不自然な取引形態により，不当に租税回避を

---

2) 岡村忠生「グレゴリー判決再考」（『税務大学校論叢 40周年記念論文集』2008年6月），88ページ。
3) 矢内一好，前掲書，120-121ページ．
4) 矢内一好，同上書，121ページ．
5) 矢内一好，同上書，123ページ．
6) 矢内一好，同上書，124ページ．

実行した事例が顕在化するようになってきた。

　第一次世界大戦後の株価暴騰によるバブル景気も，1929年10月のニューヨーク株式市場での株価の暴落に端を発した大恐慌により経済が疲弊し，国の税収は年を追って低減し，1933年度にはわずか1,619百万ドルにまで落ち込むことになった[7]。このような大恐慌も，1980年代後半から始まった我が国の不動産バブルも，2008年9月のリーマンショック，2012年に入ってからのユーロ危機も，金融機関の暴走により市場の質が低下し利他性を失った市場で起きた危機といわれている。

　本書で取り上げる1930年前後の米国の下記判例は，第一次大戦後の好景気により経済環境が変化し，それに伴って各種税制が創設，改正を経て確立されていく途上での法解釈を巡って審理されたものである。そのような状況下，1つの判例が他の判例に影響を与え，下級審の判決が覆されるという興味深い事例も検討する。

　Gregory事案を取り扱う前に，租税回避の手段としてGregory事案と同様に組織再編成に係る規定を利用した判例をまず検討する。

2. Pinellas Ice 事案 [8]

　本事案は，現金等価物を対価とする資産の売却は組織再編成の適用の範囲外であるとした事案である。

---

7) 矢内一好，同上書，154ページ。

8) Pinellas Ice & Cold Storage Co., v. Commissioner of Internal Revenue, United States Board of Tax Appeals, 21 B.T.A. 425, November 24, 1930, Promulgated. 国側勝訴。

　Pinellas Ice & Cold Storage Co., v. Commissioner of Internal Revenue, Circuit Court of Appeal, Fifth Circuit, 57 F. 2d 188, March 29, 1932. 国側勝訴。

　Pinellas Ice & Cold Storage Co., v. Commissioner of Internal Revenue, Supreme Court of the United States, 287 U.S. 583, October 10, 1932. (Writ of certiorari granted.)

(1) 概　要

　納税義務者である Pinellas Ice & Cold Storage Co.（フロリダ州ピネラス郡セントピータースバーグ近郊で工業用氷の製造及び販売を事業とする法人。以下「PI 社」という。）は，自社と系列法人 Citizens Ice & Cold Storage Co.（PI 社と同様の事業内容で，実質的に同じ株主，同じ経営陣で組織している法人。以下「CI 社」という。）の双方の資産すべてを，訴外法人である Florida West Coast Ice Co.（フロリダ西海岸製氷会社。以下「FW 社」という。）に現金及び手形との交換で処分した。PI 社は，本取引を組織再編成として取り扱って，受領した手形が FW 社に係る有価証券であったとして 1926 年度の申告をした。

　Commissioner of Internal Revenue（内国歳入局長官，以下「CIR」という。)[9]が，本取引を組織再編成に係る交換ではなく売買であるとして，当該資産の売却により生じた課税所得が 55 万ドル[10]であると更正して，7 万ドル[11]の増額更正処分をした。そこで，PI 社は，国税不服審判所に不服申立てをした。

　従って，本事案の争点は，1926 年度における自社の FW 社への財産移転が 1926 年歳入法典第 203 条 (h)(1) に規定する組織再編成に該当するか，という点にあった。

　Pinellas Ice & Cold Storage Co. v. Commissioner of Internal Revenue, Supreme Court of the United States, 287 U.S. 462, Decided January 9, 1933. 国側勝訴。
　本事案については，上記判決文及び岡村忠生，前掲論文，93-94 ページを参考にしている。
9) 本書の「序章」においても記述したが，リンカーン大統領は 1862 年に，南北戦争の戦費調達のために所得税を創設するとともに，内国歳入局（Bureau of Internal Revenue）を設置した。この官名は，1954 年前までで，1954 年以降は「内国歳入庁長官」へ変更された。矢内一好「米国内国歳入法典 482 条」(『経理研究』, 54 号, 2011 年 2 月), 326 ページを参照。
10) 本書では原則として，すべての金額を四捨五入して「万ドル」単位で表示する。但し，金額が少ない場合には，小数点第 1 位で表示することもある。
11) 1926 暦年以降の法人税基本税率が 13.5％であったことでその増額更正額を確認できる。矢内一好，前掲書，119 ページ。キャピタルゲインの課税は，1921 年歳入法典第 206 条 (b) により納税義務者から法人を除くことになっていた。矢内一好，同上書，121 ページ参照。

(2) 事実関係[12]

1925年1月　PI社は，フロリダ州の法律により設立された。

1926年2月　PI社及びCI社両社のゼネラルマネジャーであるLeon D. Lewis（以下「LL氏」という。）は，この両社の事業の売却及び資産の処分に関して，Fitkin interests（フィットキン企業集団，以下「F集団」という。）[13]に属する持株会社，National Public Service Corporation（公益事業を行う法人。以下「NP社」という。）と交渉を開始した。

1926年9月まで　F集団は，当該両社の事業すべてを同時に獲得することを望んでいたが，両社の全取締役及び全株主は，その財産すべてを処分して，廃業・清算することに懸念を表していた。そこでLL氏は，両社の関係者（特に，PI社の株主15名のうち，株式占有率80％を占める10名の株主兼取締役）と再三再四にわたって交渉を重ねた。その結果，両社の全株主及び全取締役は，その財産の

---

12)「事実関係」については，一連の取引の経緯が記述されている国税不服審判所の判決文を主な資料として日付順に記述した。本書で検討する他の判決文も同様な方法によりまとめた。

13) F集団は，ニューヨークのMr. Abram Edward Fitkin（1878年9月18日に生まれ，1933年3月18日に亡くなった。以下「F氏」という。）によって形成された投資銀行業務，公益事業等を行う企業集団である。この企業集団には，A.E.Fitkin & Co., National Public Service Corporation, United States Engineering Corporation, General Engineering and Management Corporation等の企業が属し1926年時点で米国18州に178の公益事業を運営する一大集団であった。

　1922年10月30日，F氏は，Tide Water Power Companyを通して，フロリダ州ピネラス郡クリアウォーターにあるClearwater Lighting Companyを買収し，当該会社を1922年11月15日にSt. Petersburg Lighting Companyと合併させて，Florida Power Corporationの前身の会社を設立した。

　A.E. Fitkin & Co.は，1923年にNational Public Service Corporation（1923年にヴァージニア州で設立登記）を創立し，F氏が社長に就任した。NP社は，Jersey Central Power and Light Companyを含む，米国8州における用役提供施設の持株会社となった。

移転，解散，資産の株主への分配及び両社の清算に関して内諾した。

1926年10月　NP社の代表者並びにPI社及びCI社の代表者は，両社の財産の移転に対する対価及び契約条件について合意に達した。

1926年11月4日　PI社（CI社も同様）とNP社は，NP社の新設法人にPI社の財産を移転するという契約条件に関して正式に契約書[14]を取り交わした。

1926年12月6日　NP社はFW社を新たに設立した。当該財産の移転前後において，PI社又はCI社の株主は，FW社に対して持分を全く有していなかった。

1926年12月17日　PI社及びCI社を代表してLL氏が，NP社及びF集団の代表者とニューヨークで会談し，現金40万ドルとは別にFW社振出の手形4枚（すべて4ヵ月以内に満期となる手形，合計100万ドル）を受領して当該取引（PI社及びCI社の約99%の財産をFW社に移転）を終了した。

1927年初期　新設されたCitizens Holding Corporation（持株会社。以下「CH

---

[14]　その主な契約内容は，次の通りである（国税不服審判所の判決文の426-427ページを参照。）。
　① 移転する財産は，工場，建物，機械設備，配送システム等を含む不動産，特許権等の資産，現金，売掛債権，及び棚卸資産等で総額140万ドルとする。
　② 決済時期は，1926年12月15日午前11時に，ニューヨーク市ブロードウェイ165に在るA. E. Fitkin & Companyの事務所とする。
　③ 支払条件は，NP社が次の約束手形（年利6%）を振り出して支払うこととする。
　　・1927年1月31日満期の手形　50万ドル
　　・1927年3月1日満期の手形　25万ドル
　　・1927年4月1日満期の手形　額面15万ドル及び10万ドル（PI社が所有していた一部の工場の所有権不備が解決した後に，1927年11月に支払われた。）の手形2枚
　④ 本契約書締結以後10年間，フロリダ州ピネラス郡での製氷及び冷蔵の製造又は販売に直接的又は間接的にも従事しない，という趣旨の合意書にLL氏が署名してNP社に提出した。

社」という。）が，PI 社及び CI 社の財産のうち，F 集団に移転されなかった財産（総額の約 1％）を PI 社の受託者として受領した。
1927 年 1 月 20 日　PI 社及び CI 社が正式に解散され，その資産（FW 社からの受取手形）が清算配当として株主に分配され，清算を終えた。

(3) 各裁判所の判決

イ　国税不服審判所の裁定（国側勝訴）

不服審判所では，Trammell 氏が裁定理由を執筆し，PI 社による FW 社への財産の譲渡が 1926 年歳入法典第 203 条（b）(3)，第 203 条（e），又は第 203 条（e）(1) に規定した組織再編成に係る財産の交換[15]ではなく，現金等価物（短期手形は有価証券ではない）による売買そのものであると裁定した。

ロ　第 5 巡回控訴裁判所の判決（国側勝訴）

控訴裁判所では，Bryan 裁判官，Foster 裁判官，及び Walker 裁判官によって審理され，Foster 裁判官が判決文を執筆した。

PI 社が，手形による財産の交換が新設法人 FW 社の有価証券による交換に該当するということを立証できなかったので，当該取引は売買であり，それによる所得は課税対象であるとする，国税不服審判所の裁定を支持した。その理由として，次の点を挙げている。

① 　PI 社の財産を新設法人に譲渡することに関する 1926 年 11 月 4 日付けの

---

15) 国税不服審判所は，売買と交換は法律上，明確に区分されており，第 203 条（b）(3) 及び第 203 条（e）の規定は，交換についてのみ規定していると述べて，売買については，Williamson 事案（Williamson v. Berry, 8 How. 495, 543）の次の文章を引用している。

「・・・売買には，コモンロー及び衡平法双方において，その法的に明確な意味がある点に当裁判所は注目している。売買とは，常に金銭を介して，財産の所有権を譲渡し，当該所有権が譲渡される，つまり，買い手は購入した品物に対して売り手に支払い，又は支払う約束をする当事者間の契約を意味する。Noy's Max., ch. 42; Shep. Touch., 244.」Pinellas Ice, op. cit., 21 B.T.A. 425, p. 431.

契約書が，紛れもなく単なる売買であって，交換でも組織再編成でもないことを明示している。
② 1926年12月17日のPI社の財産の移転は，取引形態として売買であって，交換ではなかった。

その上で，控訴裁判所は，1926年歳入法典第203条（h）(1) の規定「『組織再編成』という用語は，(A) 吸収合併又は新設合併（a merger or consolidation）[16]（一方の法人による，他方の法人の議決権株式の少なくとも過半数を取得し，かつ，議決権株式以外のあらゆる種類の発行済株式総数の少なくとも過半数を取得すること，又は他方の法人の財産のすべてを実質的に取得することを含む）・・・」に関する解釈を次のように述べている。

「法人に適用されるように，『吸収合併』及び『新設合併』という用語の法律上の意味は，一般に知れ渡っている。その結果は，いずれの事象においても実務的には同じものであるが，次のような差異がある。吸収合併においては，一方の法人が他方の法人を吸収し，他方の法人は解散されるが，一方の法人は存続し続ける。新設合併においては，新しい法人が創立され，統合される法人は消滅する。いずれの事象においても，その結果として存続する法人は，解散した法人が保有していた財産，権利，及び営業権すべて（all the property, rights, and franchises of the dissolved corporations）を取得し，それらの法人の株主は，存続法人の株主となる。Royal Palm Soap Co. v. Seaboard Air Line ry. Co. (C.C.A.) 296 F.446; Bouvier's Law Dictionary (3d Ed.) p. 2202, verbo "merger."

議会が第203条（h）を採択する上で，『吸収合併』及び『新設合併』という用語を通常認められた意義の範囲内で使用するつもりであったに違いない。多種多様に解釈されやすい項目に対し括弧書きしているので（Giving the

---

[16] 原文の "merger" を「合併」，"consolidation" を「統合」と訳すべきかもしれないが，本書では，それぞれを「吸収合併」「新設合併」と訳した。その根拠は，本事案での控訴審判決文がそれぞれの用語の解釈をしているからである。上記の引用文を参照。

matter in parenthesis the most liberal construction), 組織再編成が該当する吸収合併又は新設合併とは，他方の法人の財産すべてを実質的に取得する場合に限っている。第203条（h）（B）は，この点についての議会の意向に関する不確かさを払拭するものである。」[17]

控訴裁判所の「通常認められた意義の範囲内」とした解釈に対して，最高裁判所は次に示すように，狭すぎると述べた。

ハ　最高裁判所の判決（国側勝訴）
　本事案に係る事実認定は，制定法が定義する「組織再編成」の適用の射程範囲内にあることを証明するに至っていない，と最高裁は判断して，原審の判決を容認した。しかし，最高裁が移送命令令状（writ of certiorari）[18]を受理した理由は，第203条（h）（1）（A）に対する原審の解釈が狭すぎることを言及するためであった。つまり，原審の解釈では，既に確立された税務担当者（tax officers）の実践と相反することになり，このまま注釈なしに済ませた場合，混乱を引き起こしかねないと懸念し，次のように解釈すべきであるとした。

　「括弧内の文言は，確かに無視することはできない。吸収合併又は新設合併の性質を帯びている要素を含めることにより，『吸収合併』又は『新設合併』の意義を補足しているが，吸収合併又は新設合併のいずれかの境界を定

---

17)　Pinellas Ice, op.cit., 57 F. 2d 188, p. 190.
18)　岸田氏によると，「請求裁判所に不満な当事者は最高裁判所に上訴することになる。そのためには，移送命令令状（writ of certiorari）の発行を求めなければならない。しかし，これは殆ど発行されない。最高裁判所の規則によれば，移送命令令状に基づく審理は権利の問題ではなくて，健全な司法上の裁量の問題である。それは特別かつ重要な理由が存する場合にのみ与えられるとされている。この令状は殆どが発行されず，従って，事実上，上訴することは期待できないということになる。」岸田貞夫「所得税法の諸問題―合衆国連邦租税法における争訟制度について」（『租税法研究』第3号，1975年9月）180ページ。従って，本事案が司法上，重要な案件であったことが分かる。なお，この用語の訳語には，裁量上訴，事件とも訳されている。

め難く，厳格に明示し得ない状況を包含するために，これらの用語の通常認められた意義以上のものとなっている。しかしながら，一方の法人の資産に対する他方の法人による金銭での単なる購入は，明らかに当該規定の目的外のものであり，吸収合併又は新設合併と何ら類似するものではない。勿論，課税免除（exemption）となるためには，売り手は，現金に相当する短期の手形の所有に係る権利を取得することよりも，買収する会社の事業に係るもっと確実な権利（interest in the affairs of the purchasing company more definite）を取得すべきである，と当裁判所は思料する。このような一般的な見解が，Cortland Specialty 事案においても採用され，広く認められている。この解釈は，課税免除に係る規定の本来の趣旨に沿うものであり，採択された文言すべてに効果を及ぼすものである。」[19]

なお，本引用文の中に，Cortland Specialty 事案の記述があるが，これは，本事案の最高裁判決が1933年1月であったが，Cortland Specialty 事案の控訴審判決（後述の通り，対価として受領した短期手形は組織再編成の適用範囲外との判決を下した。）が1932年7月であったことによる。

(4) 小 括

本事案での判決の意義としては，次の点が挙げられる．

1924年歳入法典前までは，財産の交換から生じた利得はすべて課税対象であったが，組織再編成に係る1928年歳入法典第112条 (i)(1)(A) の基となった，1926年歳入法典第203条 (h)(1)(A) の条文の文言が考察された結果，現金又は短期手形での売買は，当該条文の意図するものではなく，短期手形は有価証券（securities）[20]に該当しないことを明確にした。制定法による課税免除の適用を得るためには，他方の法人に財産を移転した一方の法人は，当該他方の法人の事業に係る権利を取得するか，又は移転した財産に係る所有権を保

---

19) Pinellas Ice, op.cit., 287 U.S. 462, paragraph 32.

有し続けなけなければならない，とする Cortland Specialty 事案の控訴審判決を追認したことに，判例としての意義があると考える。

本事案に係る判決文には，「見せかけ (sham)」という言葉は未だ使用されていない。組織再編成に係る制定法の解釈，特に交換と売買の相違点が争点であった。

3. Cortland Specialty 事案 [21]

本事案は，Pinellas Ice 事案と同様のケースで，事業の継続及び既存の権利の継承が組織再編成の前提条件である，とされた事案である。

(1) 概　要

納税義務者である Cortland Specialty Co.（ニューヨークで石油製品の仕入販売を事業とする法人で，その社長（財務・総務も兼務）である Herbert R. Sargent（以下「HS 氏」という。）と，その秘書を務める妻，Bertha C. Sargent によって，全株式が所有されている法人であった。以下「CS 社」という。）は，CS 社の大半の資産を訴外

---

20) 1933 年証券法では "securities" を「手形，自己株式，社債，無担保社債，債務証書」等と広く定義しているので，本書では，「有価証券」と訳すことにする。歳入法典第 1236 条 (c) においても同様の定義をしている。このように,その定義の中に「手形」を含めていることから，本事案及び次の Cortland Specialty 事案のように租税回避の手段として利用される余地があった，と考える。

21) Cortland Specialty Co. et al. v. Commissioner of Internal Revenue, United States Board of Tax Appeals, 22 B.T.A. 808, March 19, 1931, Promulgated. 国側勝訴。

　　Cortland Specialty Co. et al. v. Commissioner of Internal Revenue, Circuit Court of Appeals, Second Circuit, 60 F. 2d 937, July 29, 1932. 国側勝訴。

　　Cortland Specialty Co. et al. v. Commissioner of Internal Revenue, Supreme Court of United States, 288 U.S. 599, January 16, 1933. (writ of certiorari denied.) 国側勝訴。

　　本事案については，上記判決文及び岡村忠生，前掲論文，94-95 ページを参照している。

法人である Deyo Oil Company（CS 社と同じ事業をニューヨークで営む法人。以下「DO 社」という。）に移転し，その事業を廃止することに合意した。CS 社は，歳入法典第 203 条（h）(1) の適用の射程範囲内にある組織再編成による移転として 1925 課税年度の申告をした。

しかし，CIR は，当該移転が，1926 年歳入法典第 203 条（h）(1)(A) の適用の射程範囲内にある組織再編成に該当しないので，課税対象の売買であったと決定した。そこで，移転した財産の減価償却累計額を 10 万ドル上回る利益があったので，1925 年度の税務申告に対し，合計 1.3 万ドルの増額更正をした。同額の増額更正が，CS 社の当該財産の被移転者である Sargent 夫妻に対しても行われた。

CS 社は国税不服審判所に不服申立てをした。

従って，CS 社の DO 社への移転が，当該移転により発生したかもしれない譲渡益に対する法人所得税を CS 社が支払わずに済むという，1926 年歳入法典第 203 条（h）(1) に規定する組織再編成に該当するのか，あるいは，CS 社による当該移転が，その実現により生じた利益に対して課税される，単なる売上げに相当するか，という点が争われた。

(2) 事実関係

1925 年 9 月 26 日　　CS 社と DO 社間，及び HS 氏と DO 社間で次の件につき，契約が締結された。つまり，CS 社の大半の資産（不動産，リース物件，及び設備並びに販売可能な石油製品，その占める割合は約 91.5%）が総額 24 万ドルで DO 社に移転され，CS 社が 1925 年 10 月 1 日以降，廃業することになり，さらに，HS 氏は DO 社の事業本部長として，これまで通りに CS 社の事業領域を担当することに合意した。

1925 年 10 月 1 日　　DO 社は，当該移転の対価として現金 5 万ドル，同日付の約束手形 6 枚（最長 14 ヵ月）の合計額 16 万ドル[22]，及び販売可能な石油製品分 3 万ドルの総額 24 万ドルを支払っ

た。

1926年6月30日　CS社は，DO社への移転対象となっていない売掛債権，受取手形，及びその他の財産（総額7.8万ドル）をその負債の支払（総額5.6万ドル）に当てるために，清算手続をし，同日に清算した（2.2万ドルが手元に残った。）。

(3) 各裁判所の判決

イ　国税不服審判所の裁定（国側勝訴）

不服審判所では，Morris氏が裁定理由を執筆し，当該移転は，実際のところ，課税対象の売上げであったとする，CIRの決定を支持し，さらに，この移転は歳入法典第203条(h)(1)(A)の適用の射程範囲内にある組織再編成に該当しないという決定も支持した。

組織再編成とは，吸収合併又は新設合併として定義され，新たな法人が組成 (formation of a new corporation) されることになる，と不服審判所は判断した。

ロ　第2巡回控訴裁判所の判決（国側勝訴）

控訴裁判所では，Learned Hand裁判官，Augustus N. Hand裁判官[23]，及びChase裁判官によって審理され，Augustus N. Hand裁判官が本判決文を執筆した。

控訴裁判所は，新たに設立された会社は，解散（消滅）する会社の株主及び債権者の権利 (interests of the stockholders and creditors) を引き継ぐことになるが，CS社は，その移転後に何らの権利も保持せず，歳入法典第203条が要求する買収法人の株式又は有価証券を受領しなかったので組織再編成に該当しな

---

22) DO社が振り出した6枚の手形の金額は，1枚当たり2～3万ドルで，その支払日は，それぞれ1925年12月1日，1926年1月1日，同年3月1日，同年6月1日，同年9月1日及び同年12月1日であった。

23) 本事案の判決文を執筆したAugustus N. Hand裁判官は，L. Hand裁判官の従兄弟にあたり，次に検討するGregory事案もこの両裁判官が審理した。

い，と判示した。従って，控訴裁判所は，CS社による，その大半の資産のDO社への移転は，単なる売買であったので，国税不服審判所の裁定を支持し，CS社に対する増額更正処分も支持した。

控訴裁判所は，その上で，1926年歳入法典第203条の目的について次のように言及した。

① 財産の交換から生じる現実的な利得の認識なしに，事業を遂行する法人形態の変更のみであった場合，当該法人の関連当事者に対して，その所得（profits）に課税しないようにすることが，1926年歳入法典の第203条の目的であると解すべきである。

② 実際には何ら利得を実現しない取引行為である，法人形態の変更のみである場合に，当該法人の利害関係者に対し，その所得に係る課税を繰り延べる[24]，ということが1926年歳入法典第203条の目的であった。

③ 所得に対する課税免除を容認する法人組織の変更であると認める場合，第203条は，再編された法人形態（modified corporate forms）の下での所有の継続性[25]を必須としている（does not disregard the necessity of continuity of interests）。

④ 歳入法典第203条 (b)(3) に規定する「組織再編成」とは，法人がその財産を「株式又は有価証券のみ」と交換する場合を意味する用語である。

⑤ 一方の法人が，他方の法人の過半数の株式を取得した場合が，第203条 (h)(1)(A) に規定する「吸収合併又は新設合併」の特質であり，一方の法人が他方の法人へ資産を移転し，当該移転者又はその株主が，その後直ちに，被移転者の支配下になることが，第203条 (h)(1)(B) に規定する「事業再編成」の特質である。但し，CS社によって事業が展開されていた

---

[24] つまり，現在および将来においても課税されない非課税ではなく，株式及び有価証券が処分される課税年度まで税務上の損益の認識を繰り延べることをいう。秋山真也著『米国M&A法概説』商事法務，2009年，29ページ参照。

[25] 岡村教授は「利益継続性」と訳している。岡村忠生，前掲論文，95ページ。

地域の経営管理者として，HS氏が1年間，DO社に雇用されていたことが，第203条（h）(1)(B) の意味する組織再編成を有効とすることにはならず，CS社又はその株主がDO社の支配下になることにはならないとした。

控訴裁判所は，本事案とほぼ同様の取引であったPinellas Ice事案を引用して，第5巡回控訴裁判所が「吸収合併又は新設合併」に相当しない単なる売買であって，課税免除の対象には全くならない (a mere sale carrying no exemption)，と判示したこと，及びCorbett事案[26]におけるGroner裁判官の意見も同じであった，と述べた。

ハ　最高裁判所の判決（国側勝訴）
第2巡回控訴裁判所の判決に対する移送命令令状を最高裁が却下したので，国側の勝訴が確定した。

(4) 小　括
本事案は，前述のPinellas Ice事案と同じ組織再編成に係る規定の課税免除を享受する要件として，交換，つまり財産の移転法人が買収法人の有価証券又は株式を受領して，その事業が引き継がれることにあり，現金，短期手形をその対価とする場合は単なる売買であるとして，交換と売買の相違を再確認した。控訴裁判所は，組織再編成の特質を明らかにするために，1926年歳入法典の第203条の文言にない目的を言及して，既存の権利の継承，事業の継続性（利益継続性）が必要であるとする法解釈をした。

---

26)　Corbett v. Burnet, 60 App. D.C. 202, 50 F.(2d) 492.

第 3 章　事業目的の法理を判断基準とした判例

1．Gregory 事案[1]

本事案も，前章で扱った Pinellas Ice 事案，Cortland Specialty 事案と同様

---

1) Evelyn F. Gregory, v. Commissioner of Internal Revenue, United States Board of Tax Appeals, 27 B.T.A. 223, December 6, 1932, Promulgated. 納税義務者側勝訴。
　Helvering, Commissioner of Internal Revenue, v. Gregory, Circuit Court of Appeals, Second Circuit, 69 F. 2d 809, March 19, 1934. 国側勝訴。
　Gregory v. Helvering, Commissioner of Internal Revenue, Supreme Court of the United States, 293 U.S. 538, October 8, 1934, Writ of certiorari granted.
　Gregory v. Helvering, Commissioner of Internal Revenue, Supreme Court of the United States, 293 U.S. 465, January 7, 1935, Decided. 国側勝訴。
　本事案を扱った文献として，金子宏「租税法と私法―借用概念及び租税回避について―」(『租税法研究』第 6 号，1978 年)，24 ページ，中里実著『タックスシェルター』有斐閣，2006 年，226-229 ページ，岡村忠生「グレゴリー判決再考―事業目的と段階取引―」(『税務大学校論叢』40 周年記念論文集，2008 年)，83-133 ページ，松田直樹著『租税回避行為の解明―グローバルな視点からの分析と提言』ぎょうせい，2009 年，43-58 ページ，川田剛，ホワイト＆ケース外国法事務弁護士事務所編著者『ケースブック　海外重要租税判例』財経詳報社，2010 年，102-110 ページ，渕圭吾「アメリカにおける租税回避否認法理の意義と機能 (1)」(『学習院大学　法学界雑誌』38 巻 2 号，2003 年 3 月)，91-130 ページ，矢内一好「米国税法における経済的実質原則 (1)」(『商学論纂』第 54 巻第 1・2 合併号，2012 年 12 月)，175-192 ページ，拙稿「初期の米国における租税回避に関する一考察―事業目的の原理に焦点を置いて―」(『中央大学　大学院研究年報』第 42 号，2013 年 2 月)，83-86 ページ等がある。
　なお，拙稿「事業目的の原理を確立したとされる Gregory 事案について」(『中央大学大学院論究』第 44 号，2012 年 3 月)，1-13 ページでは，本事案に係る各判決文の全訳を試みた。
　本事案については，上記の文献及び Gregory 事案での判決文を参考にしている。

に，組織再編成に関わる事案である。しかしながら，これら先例判例と大きく異なる点は，財産の交換か売買かという法解釈の問題ではなく，租税回避する目的のためだけに短期間に新設法人を設立，清算した行為に対する租税上の判断を争点としたことである。

(1) 概　要

納税義務者である Evelyn F. Gregory（以下「EG 夫人」という。）[2]は，United Mortgage Corporation（以下「UM 社」という。）の発行済株式の全株（5,000 株）を所有していた。UM 社の所有資産には，第三者である Monitor Securities Corporation（以下「MS 社」という。）の上場株式 1,000 株[3]も含まれていた。

1928 年において，株価が高騰した MS 社株を巨額の利益を得て売却することも可能ではあったが，もしこの売却が直接実行されたとした場合，UM 社はその売却からもたらされる利得に対して通常の税金（normal tax）を支払う義務が生じることになるであろうし，さらに，EG 夫人がその利益を手に入れることを望むとしたならば，EG 夫人個人に対しても配当所得として付加税（surtax）が課されることになる。これらの税金を極力削減するために[4]，EG 夫人のアドバイザーが次のような計画を考案し，実行された。

まず，EG 夫人はデラウェア州に新会社を設立し，その場しのぎの組織（organized ad hoc）を作って Averill Corporation（以下「AL 社」という。）と名

---

2) EG 夫人は，ニューヨークに住み，「その夫 George D. Gregory は，富豪の銀行家であり篤志家でもあった V. Everit Macy の私設秘書を務め，一代で富を築いたが，1931 年に現在の価値にして約 4 億円の財産を残して死んだ。」岡村忠生，前掲論文，98 ページ。
3) MS 社の当該株式の価値は，その取得価格を上回っていた。EG 夫人の課題は，MS 社の株式を売却して，その売却により受領する現金を占有することであった。Sarry, William C. Warren, Paul, Hugh J. Ault, Federal Income Tax Case Materials Volume II, (The Foundation Press Inc. 1977), p. 635.
4) 法人の利益が配当としての課税を受けずに株主に分配されることをベイル・アウト（bail-out）という。渡辺徹也著『企業組織再編成と課税』弘文堂，2006 年，195 ページを参照。

付けた。さらに，UM社は，AL社が発行する全株式をEG夫人に引き渡すこととするAL社との契約の下で，MS社の全株式（1,000株）をAL社に現物出資した[5]。このようにしてUM社がAL社の全株式を所有してから数日後に，EG夫人はAL社を解散して，MS社の株式を清算配当として受領し，その後すぐに，その株式を売却した。

　EG夫人は，MS社株式のAL社への移転が，1928年歳入法典第112条（i）(1)(B)に規定する「組織再編成」に該当するので，同歳入法典第112条（g）の適用の射程範囲内であり，AL社の株式は，「組織再編成計画に従って分配された」のであるから，EG夫人の利得（gain）を認識する必要はない，と主張した。さらにMS社株式は，EG夫人がAL社の清算配当として単独で受領したものであり，そのような状況であるから，第115条（c）の規定によりMS社株式に対して課税される唯一の者となるので，MS社の株式価値からAL社株式に適切に按分された原価を控除した後の価値に対して課税されることになる，とEG夫人が主張した。このような見解の下，13万ドルの売却価額から6万ドルの按分原価（apportioned cost）[6]を上回る金額7万ドルを正味譲渡所得（又はキャピタルゲイン純所得，capital net gain）[7]として申告した[8]。

5)　「つまりこれは，U社がその保有する資産の一部（M株式）を現物出資して子会社A社を設立し，その際に取得したA株式をU社の株主である納税者に分配するというspin-offである。」渡辺徹也著『企業取引と租税回避：租税回避行為への司法上および立法上の対応』中央経済社，2002年，137ページ。

6)　UM社の資産総額（814,064ドル）に占めるMS社株式の売却価額（133,333ドル）の比率は16.38％となり，この比率にUM社株式の取得価額（350,000ドル）を乗じることにより，按分原価が57,325ドルと算出される。矢内一好，前掲論文，177ページの脚注9を参照。

7)　譲渡所得に対する課税は，1921年歳入法典第206条（a）(6)において規定され，同条（c）において，その税額計算が規定されている。キャピタルゲイン純所得の適用を得るための判断基準は，当該株式を2年超保有したか否かである。AL社の存続期間は，たった6日間であったので，EG夫人のその株式の保有期間は6日間ということになる。もし本事案が組織再編成に該当するとした場合には，UM社の株式の保有期間も加算されることになるので，1921年12月16日までに購入したAL社株式3,300株，所有全株式の66％（3,300株／5,000株）はキャピタルゲイン

この申告に対して，CIR は，MS 社の株式売却により受領した金額が UM 社から EG 夫人に直接分配されたものとみなして，当該金額を EG 夫人に対する配当として課税されなければならないと判断し，EG 夫人の 1928 年度の所得税に対して 1 万ドルの不足額を決定した。その理由として CIR は，AL 社の創立（creation）は実質（実態）を欠いているので（without substance）[9]，その創立は否認されなければならず[10]，さらに EG 夫人及び UM 社双方の目的が租税を回避する目的のみであって，AL 社創立後直ちに解散するという行為は，見え透いた虚構（transparent fiction）であった，と主張した。

　そこで EG 夫人は，CIR の更正処分を取り消させるべく，国税不服審判所に提訴した。

　　純所得の対象となったであろう。矢内一好，前掲書，120-121 ページ参照。
　　　なお，キャピタルゲイン純所得に対する税率は，12.5％であったので，譲渡所得に係る税額は，76,007.88 ドル× 12.5％ = 9,500.985 ドルとなる。矢内一好，前掲論文，177 ページ参照。
8)　「納税者の主張する根拠条文は，現行法では 331 条及び 1001 条である。すなわち，完全清算によって M 株式を分配された株主は，331 条（a）および（b）によって，A 株式との交換において A 社の残余財産（M 株式）を受け取ったとみなされ，取得した財産の時価と，交換した株式の基準価格との差額について，1001 条によるキャピタルゲイン課税を受ける（その結果，334 条（a）によって，基準価格が時価まで引き上げられる），という主張である。」渡辺徹也，『企業取引と租税回避』，138 ページ。
9)　この段階では，「実質（substance）」という用語が用いられていて，1958 年の Knetsch 事案でのカリフォルニア州南部地区地方裁判所の判決から用いられるようになった「経済的実質（economic substance）」はまだ使用されていない。
10)　原文では，"・・・the creation of the Averill corporation was without substance and must therefore be disregarded,・・・"となっている。ここで使用されている"disregard"は，通常，「・・・を無視する，・・・をおろそかにする，・・・を否認する」を意味する言葉として訳されるが，この文章では，「否認する」と訳すことが最も適しているようである。金子宏「租税法と司法──借用概念及び租税回避について──」（『租税法研究』第 6 号，1978 年 10 月），22 ページを参照。

(2) 事実関係

1920 年 10 月 1 日から 1921 年 12 月 16 日まで	EG 夫人は，UM 社の株式 3,300 株を 18 万ドルで購入（1 株当たり 54.54 ドル）した。
1927 年 1 月 12 日から 1928 年 1 月 3 日まで	EG 夫人は，UM 社の株式 1,700 株を 17 万ドルで購入（1 株当たり 100 ドル）した。
1928 年 9 月 18 日	AL 社をデラウェア州の法律に従って設立した。
1928 年 9 月 20 日	UM 社は，MS 社株式 1,000 株を AL 社に移転（現物出資）し，それに対して AL 社が自社の新株を EG 夫人に発行した[11]。
1928 年 9 月 24 日	AL 社が解散，清算されたため，MS 社の株式を含む全資産がその唯一の株主である EG 夫人に分配された[12]。EG 夫人は同日に，受領した MS 社の株式を 13 万ドルで売却した。

(3) 各裁判所の判決

イ　国税不服審判所の裁定[13]（納税義務者側勝訴）

不服審判所では，Sternhagen 氏が裁定理由を執筆し，AL 社の存在を無視することはできないので，EG 夫人への課税は，制定法に従った組織再編成，清算，及び売却を認識した結果の利得又は損失に根拠をおくべきであって，UM 社による EG 夫人へのみなし配当（assumed dividend）を根拠にすべきでは

---

11) 「この取引は，本来，UM 社がその保有する MS 社の株式 1,000 株を現物出資して AL 社を設立し，その際に AL 社が発行した新株を受領した後，その新株を UM 社の唯一の株主である EG 夫人に分配したという過程から成り立つ一連の取引であるが，その途中過程が省略されている会社分割（spin-off, スピンオフ）である。」渡辺徹也，前掲書，137 ページ参照。Cf. Sarry, Warren, Paul, Ault, op. cit., p. 636.

12)　第 112 条（g）の規定により，AL 社株式の EG 夫人への分配は非課税であった。

13)　この国税不服審判所の裁定文については，拙稿，前掲論文「事業目的の原理を確立したとされる Gregory 事案について」，3-5 ページにおいて，その全訳を試みている。

ない，と裁定した。この裁定の理由として，次のような見解を示した。

- たとえ短い存続期間であっても，AL 社は自社の新株を発行し，MS 社の株式を取得して保有したのち，清算時にその株式を分配するという機能 (function) を遂行した。
- たとえ法人が，実質（実体）の創り物 (creatures of substance) であったとしても，法人が法律上，認められている限り，その法人が一時的な租税の減額又はそれとは別の合法的な目的を達成するために考案されたものであろうとなかろうと，その法人を他の多くの法人と区別する理由はない。
- 不正その他それに類する事実もないのに (in the absence of fraud or other compelling circumstance)，CIR が法人化を，ある場合には認め，他の場合には認めない，と判断できる権限を，議会は CIR に与えていない。
- 制定法は極めて入念に起草されているので，その租税政策に関して文言通りの表現 (a literal expression of the taxing policy) により解釈されなければならず[14]，司法が考慮すべきものは，ほんのわずかな余地しか残っていない。

不服審判所は，先例判例を列挙しながら，EG 夫人の一連の取引を否認できないことの根拠を示した。

「その法人を承認したことは，たとえ税額を減らすことが目的であったとしても，規制されるものではないし (Bullen v. Wisconsin, 240 U.S. 625)，その合法的な機能又は諸活動の範囲が規制されるものではない。その存在は債務を逃れることができないし (Nowland Realty Co. v. Commissioner, 47 Fed. (2d) 1018; People v. Williams, 198 N.Y. 54; 91 N.E. 266; 112 West 59th Street

---

14) 一高教授は，この租税法の解釈方法を「文言主義的なアプローチ」と称している。
一高龍司「タックス・シェルターへの米国の規制と我が国への応用可能性」（『フィナンシャル・レビュー』財務省財務総合政策研究所，2006 年 7 月），69 ページ。
　このような文言主義的なアプローチは，英国の Westminster 事案当時の解釈方法と類似している。

Corp., 23 B.T.A. 767），同等の影響力をもって，法人の便益を享受しえる。EG 夫人がその唯一の株主であったということが，その主体性（identity）を損なうことにはならないし（Planters Cotton Oil Co. v. Hopkins, 286 U.S. 332），UM 社の主体性が同様になくなることにはならないし，これを示唆するものではない。その法人が存続していたので，その存続期間の短さだけでは，完璧な法人に劣る（less than a complete entity）ということを意味することにはならない（Regal Shoe Co., 1 B.T.A. 896）。」[15]

ロ 第 2 巡回控訴裁判所の判決[16]（国側勝訴）

AL 社は，その組織の目的（purpose of its organization）が何であったにしても，法人格を有していたし，これら取引により MS 社株式の所有権（title）が移転し，EG 夫人はその譲受人として AL 社の株主となったことは，真実（real）であった，として控訴裁判所は，国税不服審判所の裁定にまずは賛同した。しかしながら，これら一連の取引がいずれか一方の会社又は双方の会社の本来の事業活動（conduct of the business）[17]に何ら関わるものではなかったので，それらの取引が制定法の意図する「組織再編成」に該当せず，たとえ法的な手続すべてが（all the proceedings），通常の効力を有するとしても，これらの取引は見せかけ（sham）[18]であるとみなして，控訴裁判所は，CIR が EG 夫人

---

15) Gregory, op.cit., 27 B.T.A. 223, p. 225.
16) この第 2 巡回控訴裁判所の判決文については，拙稿，前掲論文「事業目的の原理を確立したとされる Gregory 事案について」，6-9 ページにおいて，その全訳を試みている。
17) 本控訴裁判所の判決文で，"business" という用語が使われたのは，この箇所だけである。従って，後述する最高裁判所が言及した事業目的（business purpose）という用語は，本判決文で使用されていない。さらに，最高裁判所が用いた "corporate purpose" という用語も本判決文にはないが，上述の「組織の目的」を「法人の目的」と読み替えることは可能である，と思料する。
18) "sham" という用語が米国の判決文に初めて出現したが，この用語をどう訳すかが，問題である。広辞苑によると，「偽装」とは，「ほかの物とよく似た色や形にして人目をあざむくこと」となる。また，「虚偽」とは，「真実でないこと，また，真実の

に対して決定した更正処分を最終的に容認する判決を下した。

　本事案は，Learned Hand 裁判官，Swan 裁判官，及び Augustus N. Hand 裁判官によって審理された。Swan 裁判官は当初，CIR の主張を認めて「もし税負担軽減目的の法人を否認するような判決をすれば，その行き着く先が分からないと述べ，不服審判所の裁決を容認するように主張した。」[19] この意見に対して，Cortland Specialty 事案の判決文を執筆した A.N. Hand 裁判官は「『なんら事業を行おうとする目的なしに，ただ形式的な資産の移転とそれに続く清算を行うためだけに行われた組織再編成は，全くの無である。Averill はダミーに過ぎない。』と述べ，Averill は偽装（sham）であるから無視すべきであると主張した。」[20] そこで Cortland Specialty 事案も審理した L. Hand 裁判官は，新設された AL 社の存在をまず認めた上で，次のような画期的な論点を含めて，これら相対立する意見を取りまとめた[21]。

　　ように見せかけること，うそ，いつわり，そらごと」となる。しかしながら，控訴審及び最高裁の判決文にもあるとおり，AL 社は法的に有効であるので，「偽装」「虚偽」に相当せず，課税を逃れるための「見せかけ」（本物でないものを本物のように思わせる，うわべをよく見せる，ある物を別の物のように思わせる）又は仮装の方がその訳語として，より適していると思料する。但し，金子教授は，"sham" を「仮装」と訳され，真実には存在しないと認定される行為を「仮装行為（sham transaction）」として，租税回避の否認ではないとされている（金子宏『租税法［第10版］』弘文堂，2005年，131ページ）。しかしながら，米国の判例（例えば，第1章で記述した Kirchman 事案）では，「見せかけ(sham)」には「事実において見せかけ(shams in fact)」と「実質において見せかけ（shams in substance)」があるとしている。この定義からしても，"sham" という用語は，「見せかけ」と訳した方が適切であると思われる。

19)　岡村忠生，前掲論文，101ページ。
20)　岡村忠生，前掲論文，101ページ。
21)　本控訴裁判所の各裁判官が1934年2月26日から27日に交わした内部メモを基に見解を示した岡村教授によると，L. Hand 裁判官が，この相対立する意見をまとめるために，「片手に持った辞書だけを眼中に，法の文言をおおっている明らかな目的には目をつぶってこの条文（112条 (i)(1)(B)）を読むことはできない，と述べ，組織再編成の該当性を否認するアプローチを示した。そして，Evelyn への Averill 株の分配は，組織再編成の一部として行われたものではないから，通常の配当課税

「取引が，たとえ租税を回避したいという願望，又は，納税義務者が選択した取引が租税を回避したい（脱税をしたい）という願望からなされたとしても，租税法（tax law）上認められた範囲内にある限り，その取引は租税法上の特例措置を失うことはないという点について，当裁判所も国税不服審判所及び納税義務者の見解に同意する。何人も，租税を可能な限り低く抑えるように自らの業務を調整する（arrange his affairs）ことができる。最大限の税金を支払わせるような財務省お勧めの雛型を選択する必要もない。いわんや，自らの税金の支払いをわざわざ増額する，という愛国主義的な責務を果たす必要もない」[22]（U.S. v. Isham, 17 Wall. 496, 506, 21 L.Ed. 728[23]），Bullen v. Wis-

---

の対象となり，歳入庁と同じ課税となるとした。」（岡村忠生，前掲論文，101-102ページ。）この件に関して，矢内教授は，「当該高裁判決におけるL.ハンド判事の見解が両判事の調整の所産であるというよりも，同判事自身が，租税回避に対して自身の所見を持っていたという解釈が妥当のように思われる。」（矢内一好，前掲論文「米国税法における経済的実質原則（1）」，187ページの脚注）と述べている。さらに矢内教授は，Gregory事案と類似しているElectrical Securities事案（Electrical Securities Corporation v. Commissioner of Internal Revenue, 92 F. 2d 593 (1937)）でのL. Hand裁判官の判決文でも「同様の判断が示されていることから，文理解釈に固執せずに，その取引実態から判断して制定法の趣旨である事業と関連していないという見解は，L. ハンド判事自身によるものといえるのではなかろうか。」（矢内一好，同上論文，190ページ）と述べている。

22)　原文は以下の通りである。
　"We agree with the Board and the taxpayer that a transaction, otherwise within an exception of the tax law, does not lose its immunity, because it is actuated by a desire to avoid, or, if one choose, to evade, taxation. Any one may so arrange his affairs that his taxes shall be as low as possible; he is not bound to choose that pattern which will best pay the Treasury; there is not even a patriotic duty to increase one's taxes."

23)　United States v. Isham, Supreme Court of the United States, 84 U.S. 496; December 22, 1873, Decided.
　本事案は，印紙税の支払いを合法的に回避するために，支払小切手を複数枚に分割して，印紙税のかからない金額で小切手を振り出した租税回避行為に対して，最高裁が是認した事案である。

consin, 240 U.S. 625, 630, 36 S.Ct. 473, 60 L.Ed. 830)。従って，本事案で行われたことが，第112条 (i)(1)(B) の規定によって意図されたものであったならば，その行為すべてが，所得税を免れるための巧妙なスキームであったとしても（確かにそのようであったが），特段の問題とはならない。とはいうものの，制定法での定義に使われた各用語に関する辞書の定義に諸事実が合致していなくても，議会がそのような取引も射程内にしていた，ということにはならない。国税不服審判所が非常に上手く表現しているように，制定法の表現が入念になるにつれ，その解釈の余地が確かに小さくならざるを得ない。しかし，旋律（メロディー）が音符の寄せ集め以上であるように，1つの文章が意味するものは，個々の単語の意味以上のものであるかもしれない。何事も，全体が明白になる状態のところに，かつ，すべてが集合的に創り出された状態のところに立ち戻る必要がある[24]。当該条文の目的は明白である。様々な事業に従事する者（それが工業，商業，金融，又はその他の業種であって

---

24) この有名な文章の原文は以下の通りである。

"but the meaning of a sentence may be more than that of the separate words, as a melody is more than the notes, and no degree of particularity can ever obviate recourse to the setting in which all appear, and which all collectively create."

岡村教授は，「しかし，文の意味は，それを構成する単語一つ一つの意味には止まらない。それは，メロディーの美しさが，短音の美しさに止まらないのと同じである。そして，どれだけ（ルールが）精緻化されても，全体が見渡せるところ，すべてが一体として創造されたところへの回帰は，決して不必要にはならない。」と訳している。岡村忠生，前掲論文，103ページ。渡辺教授は，「メロディが楽譜以上のものであるのと同じように，条文の意味というのは，これを構成するそれぞれの単語の意味以上のものである」と訳している。渡辺徹也，『企業取引と租税回避』，139ページ。「楽譜」とは，「歌曲または楽曲を一定の記号を用いて記載したもの」（広辞苑）であって，「単語」に対応するのは「音符」の方が適切であろう。矢内教授は，「メロディが音符以上になるように，条文の意味は個々の文言以上となる。」矢内一好，前掲論文，脚注11，170ページ。

また，"sentence"には，「文章」という通常の訳以外に，「判決」「格言」という訳があり，判決文は個々の用語の意味する以上のものである，と粋に「洒落た」のかもしれない。

も）は，好んで，その持株を併合したり，若しくは分割したり，又は，その持株に加えたり，若しくはその持株を減らしたりするものである。そのような取引は，総体的な持分が未だその法人内に留保された状態にあるので，いかなる利益も『実現している』とみなされることはなかった[25]。しかしながら，その再調整（再編成，readjustment）は，現在取りかかっているベンチャー活動と密接に関係している（germane to the conduct of the venture in hand）という根拠に基づいて実施されなければならず，その実行が目に余るような，短期的な出来事（ephemeral incident, egregious to its prosecution）として実施されてはならない，ということが，明らかにその前提となっている。株主への課税を巧妙に回避させることが，法人の『組織再編成』として意図された取引形態ではない。」[26]

つまり，納税義務者の租税回避という動機をその取引の否認の理由とせず，その組織再編成が制定法の意図の範囲内であれば，租税回避目的で設立された法人であってもその私法上の取引等については認める，という従前とは異なる判断をした。

租税法上の特例措置が得られる組織再編成を認める要件として，既存の事業活動との関連性，事業活動の継続性を挙げているが，その判決の根拠には次のような項目がある。

・上院報告書（No. 398）によると，法律変更の目的が「通常の事業取引に支障をきたさないようにするために，組織再編成に伴って行われた交換に

---

25) 原文は次の通りである。

"Such transactions were not to be considered as 'realizing' any profit, because the collective interests still remained in solution."

岡村教授は，「そうした取引は，何らの利益をも『実現』するものではない。なぜなら，総体としての利益がなお，企業組織の中に維持されているからである。」と訳している。岡村忠生，前掲論文，103ページ。また，渕教授は，「このような取引は―集合的利益がまだまとまっていないので―利得を『実現』させないものと考えられる。」と訳している。渕圭吾，前掲論文，120ページ。

26) Gregory, op. cit., 69 F. 2d 809, pp. 810-811.

係る利得に対する課税」を免除することにあった。
- Pinellas Ice 事案及び Cortland Specialty 事案での原告の主張は，文理だけで解釈すると第112条 (i)(1)(A) の文言に該当するが，それらの取引は「吸収合併又は新設合併」に相当せず，単なる売買であった，と両裁判所が判示し，如何なるときでも，取引の目的 (the purpose of a transaction) がその指針 (the guide) であるべきであるとした。

ハ　最高裁判所の判決[27]（国側勝訴）

1928年歳入法典第112条が意図する法人の組織再編成が全く行われなかったと判断して，不服審判所の裁決（EG 夫人に対する所得税の増額更正処分をした CIR の決定を取り消した裁決）を却下した第2巡回控訴裁判所による判決を再審理する上告受理の申立てが認められた。その理由として，EG 夫人の弁護士である Hugh Satterlee が，「組織再編成に係る規定について文理解釈が行われていたのであるが，第2巡回裁判所の判決がこの流れを踏襲しなかったことから革新的 (revolutionary) であった」[28]と述べていたことから，この訴えが最高裁により受理されたようである。

本事案は，Hughes 裁判官，Van Devanter 裁判官，McReynolds 裁判官，Brandeis 裁判官，Sutherland 裁判官，Butler 裁判官，Stone 裁判官，Roberts 裁判官，Cardozo 裁判官の9名の裁判官によって審理され，全員一致で原審を認容した判決を Sutherland 裁判官が執筆した。

最高裁は，本事案に関し，新たに設立された法人 AL 社の存在を認めるものの，AL 社は策略による産物以外の何物でもなく，法人の組織再編成が全く実行されなかったという判断により，納税義務者に対する所得税の過少納付額が適切に査定されたので，控訴裁判所の判決を容認した。

最高裁は「控訴審が否認判決を下した弁明理由に対して，当裁判所がさらに

---

27)　この最高裁の判決文については，拙稿，前掲論文「事業目的の原理を確立したとされる Gregory 事案について」，10-12 ページにおいて，その全訳を試みている。
28)　矢内一好，前掲論文，191 ページ。

補足すべき点は殆どない。」[29]としながらも，次の論点を明示した。
- 第112条 (i)(1)(B) で規定している一方の法人による他方の法人への資産の移転とは，法人の事業に係る「組織再編成計画に従って」（第112条(g)）実施された移転を意味しているので，本事案のような，いずれの法人の事業に何らの関連性を持たない組織再編成計画に基づく，一方の法人による他方の法人への資産の移転を意味するものではない[30]，として事業活動との関連性を組織再編成として適用されるための前提条件とした。
- 事業目的又は法人の目的を全く持たない活動は (Simply an operation having no business or corporate purpose)，その本来の性質を隠すための仮装 (disguise)[31]であって，法人の組織再編成という形態を装うための単なる策略 (mere device) であり，その唯一の目標と成果は，予定された計画（それは，一事業を再編成することでも，その事業の一部を再編成することでもなく，法人の大量の株式を原告に移転するという計画）を遂行することにあった[32]として，事業目的又は法人の目的を持たない活動は「仮装」であると最高裁がここで初めて判示した。

---

29) Gregory, op. cit., 293 U.S. 465, p. 469.
原文は以下の通りである。
"The reasoning of the court below in justification of a negative answer leaves little to be said."
岡村教授は，この文を「これを消極に解した原審の理由付けに，ほとんど付け加えるべきことはない。」と訳している。岡村忠生，前掲論文，105ページ。
30) Ibid., p. 469.
31) Gregory, op. cit., 293 U.S. 465, p. 469.
最高裁判所の判決文では，"sham" という言葉を全く使用せず，この "disguise" という用語を使用しているので，ここでは敢えて「仮装」と訳した。
32) Ibid., p. 469.
この判決文の要旨は，租税回避に係るその後の米国での判例だけでなく，英国の判例（MacNiven（HM Inspector of Taxes）v. Westmoreland Investments Ltd, House of Lords, [2003] 1 AC 311, 8 February 2001, paragraph. 37）にも引用されている。

- 新設法人が遂行すべきことは，当初から予定されていたので，当該法人はそれ以外の機能を果たす必要もなく，その限られた機能が遂行された途端に，その法人は跡形もなく消滅させられた事実を重視した。
- このような状況の下では，事実が何よりの証拠であり，第112条（i）（1）（B）の規定に則って実施されてはいるが，すべての企ては（whole undertaking），法人の組織再編成と見せかけた（masquerading），巧妙かつ常道を外れた移転の形態にほかならず，この見せかけの取引（transaction upon its face）が，明らかに制定法の意図（intent）の適用の範囲外にあるので，租税回避という動機をその考慮から取り除くというルールは，この状況には当てはまらない[33]として，証拠である事実を基に，すべての企てが見せかけの取引であることを見破る必要性を示した。

以上の論点を述べた上で，「このように判決を下さなければ，それは実体よりは（above reality）むしろ巧みな策略を支援する結果となり，本事案に係る制定法の，厳粛なる目的すべてを蔑ろにすることになるであろう。」[34]と判示した。

(4) 小　括

最高裁が記述したように，「事業目的又は法人の目的を持たない活動は仮装である」としたことにより，本判例以降の様々な租税回避に対する判決文に

---

[33] Ibid., p. 470.
[34] 原文は下記の通りである。

"To hold otherwise would be to exalt artifice above reality and to deprive the statutory provision in question of all serious purpose."

岡村教授は，この文を「もしこのように判断しなければ，作り物を真実に優越させ，問題となる制定法規定から，一切の真剣な目的を奪うことになる。」と訳している。岡村忠生，前掲論文，106ページ。松田教授は，「このような判断を下さないことは，実質より形式を優先し，関係する法律の趣旨を埋没させることとなると判示している。」と訳している。松田直樹，前掲書，45ページ。

「事業目的」(但し,控訴裁判所では,この「事業目的という用語を使用していない。」[35]) という用語が繰り返し引用されることになる[36]。

しかしながら,すべての法人はその設立時に何らかの事業目的を登記し,定

---

35) 矢内一好,前掲論文,182ページ。本章の脚注17を参照。

　因みに第2巡回控訴裁判所が,租税回避を否認する理由として「事業目的」という用語を使用したと記述した論文を例示する。まず渡辺教授が,英国の租税回避に関する判例である Westmoreland 判決での Hoffmann 卿が次のように言及した,と記述している。

　Gregory 事案において,「第二巡回控訴裁判所および連邦最高裁判所は,非課税法人分割の規定を解釈するに際し,その要件として,制定法が明文で示していない『事業目的』なるものを要求することで,納税者が意図したベイル・アウト行為(ここでは株式の含み益をキャピタル・ゲイン税率で引き出す行為)を防止した。しかし,Hoffmann 卿は,Gregory 事件の控訴審において,Hand 判事が事業目的原理を提唱したこと,およびそれが連邦最高裁で是認されたという事実をただ示すのみであった。」渡辺徹也「イギリスにおける最近の租税回避事件と Ramsay 原則の動向」(『税法学』第553号,2005年5月),246ページ。(下線は筆者加筆)

　ところが,Hoffmann 卿の判決文の原典のパラグラフ36では,Hand 判事が当該子会社への株式の移転が制定法の非課税の適用範囲外であった,と述べたことを引用しただけであり,次に最高裁の Sutherland 判事が「組織再編成」とは,なんらかの事業目的を有する (having some business purpose),法人の事業の組織再編成を意味する,とそのパラグラフ37で適切に記述しているだけである。MacNiven(HM Inspector of Taxes) v. Westmoreland Investments Ltd, House of Lords, [2001] UKHL 6, [2003] 1 AC 311, 8 February 2001.(下線は筆者加筆)

　さらに,川田教授は最近の論文において,「同事案において,最高裁の Hand 判事は,組織再編に関する法令上の規定はすべて充足していたものの,取引に事業上の正当な目的を欠いていた (lacked a bonafide business purpose) として特典享受を否認した。」(下線は筆者加筆)と実際の判決文にはない情報を記述している。川田剛「租税回避否認の法理—税法解釈の視点から—」(『国際税務』Vol. 34 No. 7, 2014年7月),124-125ページ。

36) Gregory 事案直後の Smith 事案では,「Gregory 事案が,資産の移転に関して,事業目的なしに,租税負担の軽減だけを目的とした租税回避行為を否認した先例判例とみるならば,支配に変更をもたらさない,又は経済的利益 (economic benefits) に何ら影響を及ぼさない取引は,租税の優遇措置の適用外とすることが自然であろう。」と引用された。Higgins, Collector of Internal Revenue, v. Smith, Supreme Court of the United States, 308 U.S. 473, p. 476.

款に記入することになっており（本事案に係る判決文には，AL 社設立時の事業目的が何であったのかを明示していないが），その事業活動に係る取引を行使する際に当然に事業目的がある（たとえその時点で妥当な事業目的がないとしても，何らかの目的を書面上で創出することができる。）ので，果たして制定法の要件を満たしている取引に対し，事業目的の欠如だけで租税軽減のみを目的とする組織再編成であるとして否認することができるのであろうか。

そもそも，最高裁が意味する「事業目的又は法人の目的」とは何であるかの具体的な説明が欠けていたので，「事業目的の法理」という用語が一人歩きし，それ以降の裁判に混乱を引き起こした感もあった[37]。

とはいうものの，本事案の一連の取引に関して，控訴裁判所が「制定法の意図する『組織再編成』に該当せず，たとえ法的な手続すべては，通常の効力を有するとしても，これらの取引は見せかけ」であったと判示したことと，最高裁判所が「事業目的又は法人の目的を全く持たない活動は，その本来の性質を隠すための仮装であって，法人の組織再編成という形態を装うための単なる策略」であったと判示したことが，異なる見解を示したといえなくはない。しかしながら，それぞれの判決文全体を精査すると，両判決文は租税回避に対する同じ方向性の法理を目指していることが解る。

1921 年歳入法典第 202 条 (c)(2) において初めて組織再編成が定義され，

---

[37] 岡村教授は，例えば，Elkhorn 事案（Helvering v. Elkhorn Coal Co., 95 F. 2d 732 (4th Cir.), cert. denied, 305 U.S. 605 (1938)）において，原告法人（旧法人）が，その資産の一部を関連法人に移転し，残りの資産を現物出資して新法人を設立した一連の取引に対して，関連法人への移転には事業目的を認めつつも，新法人への資産移転と一体とみて，資産全体の移転がないことを理由に組織再編成の該当性を否定する判断を下した判例，Lewis 事案（Lewis v. C. I. R., 176 F. 2d 646 (1st Cir. 1949)）において，原告法人は，旧法人がその事業資産のみを出資して設立された法人であるが，旧法人が解散され，新法人株式と流動資産の分配を受けたので，法人完全清算による長期キャピタル・ゲインとして申告したが，「事業目的の法理」ではなく「段階取引の法理」を適用して組織再編成に該当するとした判例を挙げている。岡村忠生，前掲論文，116-124 ページ。

同条（c)(1)において，所定の要件を満たせば課税を繰り延べられるとされてから，組織再編成を利用して租税回避を図る事案が散見されるようになった。そこで控訴裁判所は，「旋律（メロディー）が・・・個々の単語の意味以上のものであるかもしれない」と喩えて，厳密な文理解釈に依拠せず，AL 社を短期間に設立・解散した一連の取引がたとえ法形式を満たす組織再編成であったとしても，その組織再編成が制定法の意図（趣旨）に該当しなかったとした理由として，その取引が株主への課税を軽減させるために，いずれの法人の事業活動に何ら関連のない取引を行うという実質（実態）に欠ける見せかけ（sham）であった，とした。一方，最高裁判所は，一連の取引には事業目的又は法人の目的がないとした理由として，AL 社の設立が MS 社株式を EG 夫人に移転させて，租税を軽減するという目的を成就するためだけの考案物であって，利益を獲得するために組織再編成をするという本来の目的に欠ける見せかけ（masquerade）であった，とした。つまり，AL 社の設立自体が，EG 夫人の租税の軽減という目的を隠すための見せかけであり，そのような導管を設ける一連の取引が迂回取引であり，いい方を変えれば，ステップ取引（step transaction）であったので，租税回避として否認されることになる。

この租税回避否認の判断基準となる見せかけの取引の2つの要件，つまり事業目的の欠如と経済的実質の欠如の素地が，本事案における両裁判所の判決により築かれた，と筆者は推考した。それ故に，Gregory 事案での両裁判所の判決が経済的実質の法理（Economic Substance Doctrine）の「萌芽」[38]とされ，これ以降の判例により ESD がコモンローとして確立されるようになる。本書では，この ESD の確立過程を検討することにする。

2．Chisholm 事案 [39]

本事案は，事業目的の法理に従い事業の継続性が守られたパートナーシップ

---

38) 矢内一好，前掲論文，193 ページ。

は適法であると判示された事案である。

(1) 概　要

納税義務者である George H. Chisholm 及び Harry L. Chisholm 兄弟（以下「CH 兄弟」という。）並びに他 3 人の計 5 人は，Houde Engineering Corporation（ニューヨーク市所在のエンジニアリング会社。G.H. Chisholm が副社長，H.L. Chisholm が財務担当役員。以下「HE 社」という。）の発行済株式の全株式 1,500 株を均等に所有していた。CH 兄弟等は，当該株式の株価が高騰していることもあり，Krauss & Co.（ニューヨーク市所在の Manufacturers & Traders-Peoples Trust Co. の役員からなるパートナーシップ。以下「KC」という。）に対して，全株式の売却に伴う 30 日間のオプション権（その支払期限までに現金払いがあって初めて行使することができる権利）を供与した。CH 兄弟は顧問弁護士の助言を受けて，租税を回避するために保有株式を H.L. & G.H. Chisholm と称するパートナーシップ（事業目的は株式，有価証券等の購入，投資及び仲介業務。以下「CH パートナーシップ」という。）へ移転した。KC に購入委託した Fred B. Cooley（ニューヨーク所在の New York Car Wheel Co. の社長。以下「FC 氏」という。）が当該オプション権を引き受け，CH パートナーシップは期限内に現金を受領した。

CIR は，CH 兄弟の株式の取得原価と売却価格との差額（利得）が，パートナーシップ組成時の株式価値とその売却価格との差額をかなり上回っているので，導管としての役目を果たさせる目的でパートナーシップを組成しただけで

---

39) George H. Chisholm, v. Commissioner of Internal Revenue, and Harry L. Chisholm, v. Commissioner of Internal Revenue, United States Board of Tax Appeals, 29 B.T.A. 1334, February 28, 1934, Promulgated. 国側勝訴。

Chisholm v. Commissioner of Internal Revenue, Circuit Court of Appeals, Second Circuit, 79 F. 2d 14, July 8, 1935. 納税義務者側勝訴。

Commissioner of Internal Revenue v. Chisholm, Supreme Court of the United States, 296 U.S. 641, November 11, 1935. writ of certiorari denied. 納税義務者側勝訴確定。

本事案の内容については，上記裁判所の判決文を基にまとめた。

あり，そのパートナーシップの組成前にオプション権が行使されたのであるから，CH 兄弟が HE 社株式の売却に係る利得を実現したとみなして，CH 兄弟の 1928 年度の税務申告に対して，それぞれ約 6 万ドルの増額更正処分をした。

(2) 事実関係

1926 年前までに	HE 社の発行済株式 1,500 株を CH 兄弟及び他の 3 人がそれぞれ 300 株（取得価額 8,000 ドル）を所有していた。
1926 年 2 月～4 月	CH 兄弟は，彼らが保有している HE 社株式を管理するパートナーシップの組成を話し合っていた。
1928 年 9 月 26 日	5 人の株主は，所有株式を 400 万ドルで売却することにつき，KC（本株式購入先の仲介手数料：3%）にオプション権を供与した。
1928 年 10 月 11 日	KC は，FC 氏が HE 社の株式を購入することで契約を締結した。
1928 年 10 月 20 日	CH 兄弟は，CH パートナーシップを組成する契約を締結した。
1928 年 10 月 22 日	CH 兄弟は所有する 600 株（市場価値 98 万ドル）を出資して CH パートナーシップを設立した（CH パートナーシップは，その後 10 年間，当該出資金を元に通常の株式等を売買する事業を継続した。）。
1928 年 10 月 24 日	CH パートナーシップは，HE 社の株式 600 株の代金としてオプション権を行使した FC 氏振出の小切手 100 万ドルを受領した。

(3) 各裁判所の判決

イ 国税不服審判所の裁定（国側勝訴）

不服審判所では，Arundell 氏が裁定理由を執筆し，CIR の主張通り，パートナーシップは租税を回避するための導管であり，その財産の移転は口実

(subterfuge) であり，その財産の真の所有者が CH 兄弟であるから，すべての所得は CH 兄弟に帰属するとして，CIR の処分を容認した。

ロ　第 2 巡回控訴裁判所の判決（納税義務者側勝訴）

控訴裁判所は，KC が株式のオプション権を行使した時には，CH パートナーシップは既に組成されており，当該株式が既にそのパートナーシップに移転されていたとして，不服審判所の裁定を覆し，更正処分を取り消した。

さらに，CH パートナーシップは，「事業」であったので，CH 兄弟が CH パートナーシップを組成した意図[40]に対する不服審判所の解釈は公正ではなかった，と控訴裁判所は判示した。

ハ　最高裁判所の判決（上告却下，納税義務者側勝訴確定）

最高裁判所は，上告を却下したので，納税義務者の勝訴が確定した。

本事案での控訴審では，Learned Hand 裁判官，Augustus N. Hand 裁判官，及び Chase 裁判官が審理し，Gregory 事案と同じ L. Hand 裁判官が次の論点[41]を基に判決文を執筆した。

（イ）当該オプション権は，株式売却の申し出であって，株式売却契約ではなく，KC がその金額を支払った時，パートナーシップは既に組成されており，当該株式はそのパートナーシップにすでに移転されていた。

（ロ）パートナーがその財産を売却する代わりにパートナーシップに移転した場合，その移転前におけるその財産価値の上昇に対する課税は，その清算まで繰り延べなければならない，と判示した Walbrigde 事案

---

40) CH 兄弟は，税負担の問題とは関係なく，事業を続けることを好まず，旅行をして楽しむことを希望していた。その頃，HE 社の株価が高騰していた。そこで，顧問弁護士に相談したところ，パートナーシップを組成することにより株式の売却時に課せられる税金を繰延べ，場合によっては全額租税回避できるかもしれない，とのアドバイスを得たので，CH 兄弟はパートナーシップを組成することにし，事実，10 月 22 日に組成した。

41) Chisholm, op. cit., 79 F. 2d 14, pp. 15-16.

第 3 章　事業目的の法理を判断基準とした判例　61

　　(Helvering v. Walbridge, 70 F. (2d) 683) を引用した。
(ハ)　CIR は，本事案に Gregory 事案が適用されると主張したことに対し，取引が真正に実行された場合には，たとえ納税義務者が租税を回避したいという動機があったとしても法的義務を負うものではない，という法理の正当性を再確認する[42]と共に，重要視すべきことは，見せかけの取引を無効にし，又は否認すること (one which defeats or contradicts the apparent transaction)[43]であるとした。
(ニ)　Gregory 事案では，法人の創業者が法人を設立するために通常の様式を選択したが，その創業者の目的は，当該裁判所がその目的を見破ったように，単に書面上設立することだけであって，法人の事業活動を継続することではなかった[44]。本事案での目的は，CH 兄弟が多額の資金を元手にパートナーシップとして長続きする事業体を結成すること（事

---

[42] L. Hand 裁判官は，この論点について，次のような喩えを交えて説明している。
　　「検討対象の取引が実際のところ，まず取引として形式上，整っているようであるかが問題となる。しかし，結婚式というものが冗談であるかもしれない。契約というものが他人を騙すためだけになされたのかもしれない。合意というものが担保なしであるかもしれない。そのような場合，その取引は全体として，その外観とは異なってくる。確かに，それを左右するのが常に「意図 (intent)」である。但し，意図と目的の相違点についてここで議論する必要はない。目的とは，試金石（基準，touchstone) である，とみなすことができる。しかしながら，重要視すべき目的とは，見せかけの取引を無効にし，又は否認することであって，見せかけの取引（全部が全部見せかけでないかもしれないが）が達成しようとする租税を逃れるための目的ではない。」Ibid., 79 F. 2d 14, p. 15.

[43] ここでは，「見せかけ」を表すのに，"sham" の代わりに "apparent" を使用している。

[44] もし EG 夫人が AL 社を短期間で清算せずに事業を継続していたとしたら，本来の目的の租税回避ができたかに関し，L. Hand 裁判官は判決文の 15 ページで，次のように述べている。
　　「納税義務者が組織再編成した 2 つの法人を活用して，事業を本当に実行していたならば，その創業者がたとえ別の目的，例えば租税を回避するとか，世間を甦生する (whatever to avoid taxes, or to regenerate the world) という目的を有していても，その創業者は課税を回避できたかもしれない。」

実，10年間継続）であり，CHパートナーシップが共同出資金を保有して投資し，さらに再投資し続けることであったので，Gregory事案とは異なるとした。

(4) 小 括

Gregory事案の判決文を書いたL. Hand裁判官は，その組織再編成事案とは異なるChisholm事案においても事実関係を重視して，見せかけの取引を無効にし，又は否認することであり，その法理には既存の事業を継続して行うことが前提条件であることを明確にした。本事案は，大株主で経営者であるCH兄弟が，脚注40で述べたように租税回避することを目的として，株式売却のオプション権を供与して所有株式を第三者に売却し，その資金を元手にパートナーシップを組成したとしても，その事業を継続して行っていれば，課税を繰り延べることができると判示された事案であった。このようなL. Hand裁判官の判決には，取引全体を具に検討した上で，その一連の取引の真正な目的を引き出そうとする姿勢が窺われる。

このL. Hand裁判官が本事案の租税回避を認めたことを保守的な判決であると批判した意見[45]に対して，矢内教授は「同パートナーシップの行為が事業であると判示していることから，あながちグレゴリー事案とは逆の方向にある判決とはいえない」[46]と述べている。

3. Minnesota Tea 事案[47]

Minnesota Tea事案というと，1938年1月に米国の最高裁裁判所が，その

---

45) Likhovski, Assaf, "The Story of Gregory: How are Tax Avoidance Cases Decided?" including in, Bank Steven A and Stark Kirk J. (ed.) Business Tax Stories, Foundation Press (2005), p. 109.
46) 矢内一好，前掲論文「米国税法における経済的実質原則 (1)」，脚注24。
47) Minnesota Tea事案には，組織再編成の適格性に係る事案と課税対象の利得の金

判決理由の中で，"A given result at the end of a straight path is not made a different result because reached by following a devious path.", 意訳すると「迂回路をたどって得た成果であったとしても，直路を歩んで得た成果と異なる成果をもたらすものではない。」[48] と言及して，租税回避行為に対して米国司

額に係る事案の2つの事案があり，さらにその株主に対する所得税に係る事案も含まれている。わが国の多くの論文は，2回目の判決についてまとめているが，矢内教授は1回目と2回目の判決を簡潔にまとめて紹介している。矢内一好，同上論文，185-186 ページの脚注 20。

Minnesota Tea 事案の詳細については，拙稿「ミネソタ ティ社事案の再考―1928 年歳入法典により組織再編成が認められた判例―」（『中央大学大学院論究』第43号，2012年3月），17-32 ページ。

1回目の判決

Minnesota Tea Company, v. Commissioner of Internal Revenue, E. C. Peterson, v. Commissioner of Internal Revenue, A. F. Peterson, v. Commissioner of Internal Revenue, L. T. Peterson, v. Commissioner of Internal Revenue. United States Board of Tax Appeals, 28 B.T.A. 591, June 30, 1933. 国側勝訴。

Minnesota Tea Co. v. Commissioner of Internal Revenue, Circuit Court of Appeals, Eighth Circuit, 76 F. 2d 797, March 25, 1935. 納税義務者側勝訴。

Helvering, Commissioner of Internal Revenue, v. Minnesota Tea Co., Together with Commissioner of Internal Revenue, v. E. C. Peterson, and Commissioner of Internal Revenue, v. L. T. Peterson, Supreme Court of the United States, 296 U.S. 378, December 16, 1935, decided. 納税義務者側勝訴。

2回目の判決

Minnesota Tea Company, v. Commissioner of Internal Revenue, United States Board of Tax Appeals, 34 B.T.A. 145, March 18, 1936. 納税義務者側勝訴。

Helvering, Commissioner of Internal Revenue, v. Minnesota Tea Co., Circuit Court of Appeals, Eighth Circuit, 89 F. 2d 711, April 7, 1937. 国側勝訴。

Minnesota Tea Co. v. Helvering, Commissioner of Internal Revenue, Supreme Court of the United States, 302 U.S. 609, January 17, 1938, Decided. 国側勝訴。

本事案については，上記裁判所の判決文を基にまとめた。

48) Ibid., 302 U.S. 609, p. 613.
上記の原文では，"because" の前にコンマがないこと，本取引が迂回取引であることを強調していることから，"because" 以下を先に訳した。
同英文に対して，例えば，松田教授は，「真直ぐな道の先にある結果は，曲がっ

法上の観点から対処したことで有名な事案である。本事案に適用された司法上の原理又は法理が,「ステップ取引原理」（松田教授）,「段階取引の法理（step transaction doctrine)」（今村教授),「段階取引法理」（一高教授）であるとされているが, JCT は, 本事案を「実質優先の法理 (substance over form doctrine)」の1例として挙げている[49]。その理由としては, 納税義務者が組織再編成に伴って受領した現金を債権者に直接返済する代わりに, 株主を単に導管 (conduit) として返済したことは, 迂回取引であったと, 法形式よりも実質を重んじる最高裁が判示したことによる。

本事案には, 迂回取引であったとした最高裁判決以外に, 納税義務者が行った組織再編成に対する判決があった。一連の取引が本来の目的のない, 見せかけ (sham) であったとして, その組織再編成が否認された Gregory 事案と異なり, 最高裁判所が, 1928 年歳入法典に規定する「吸収合併又は新設合併」の要件を満たしていることを理由に, 当該組織再編成を容認した最初の判例である。

(1) 概　要

3名の Peterson (E.C. Peterson, A.F. Peterson, 及び L.T. Peterson) が所有する法人, Minnesota Tea Company（以下「MT 社」という。) は, 米国ミネソタ州で小売店として紅茶, 珈琲, 及び食品雑貨類の販売業を営んでいた。1928年7

た道を辿った結果と異なるものではない。」（松田直樹, 前掲書, 48 ページ), 今村教授は,「真直ぐな経路を通ってもたらされる結果は, 遠回りして達成されたからといって異なった結果はもたらさない。」（今村隆, 前掲論文「租税回避とは何か」, 45 ページ), 一高教授は,「直線の道の終わりにある所与の結果は, 迂遠な道に従って到達したからといって異なる結果となるものではない」（一高龍司, 前掲論文, 72 ページ), 矢内教授は,「まっすぐな道の先にある成果は, 曲がった道をたどって到着したものと異なる成果にはならない。」（矢内一好, 同上論文, 197 ページ) と訳している。

49) Joint Committee on Taxation, "Description and analysis of present-law tax rules and recent proposals relating to corporate tax shelters", JCX-84-99, November 10, 1999, p. 19.

月14日に，Peterson Investment Company（投資会社，以下「PI 社」という。）を設立するために，PI 社の全株式と引き換えに，MT 社の不動産，投資等，その他の資産を PI 社に現物出資した。このようにして取得した PI 社の株式は，直ちに，上記株主3名に分配された。MT 社は，1928年8月23日に，その残りの資産すべて[50]を，米国で広範囲に小売店を経営している Grand Union Company（1872年創業のチェーンストアー。以下「GU 社」という。）の無額面普通株式（no-par common stock）18,000 株と表記した議決権付信託証書（voting trust certificates）及び現金43万ドルと交換に，GU 社に譲渡した。MT 社は，GU 社との契約に基づき当該信託証書を留保した。但し，MT 社は，その債務残高11万ドルを弁済することを条件に，取得した現金全額を当該株主に分配した。なお，MT 社は，清算されずに存続し続けた。

　CIR は，MT 社の組織再編成が1928年歳入法典第112条 (i)(1)(A) に則って実行されたことを認めた上で，MT 社が受領した現金は，実際のところ MT 社の債務の弁済に充てられたと想定して，その債務相当額（amount of the assumed debts）11万ドルを課税利得（taxable gain）とみなした（同法典第112条 (d)(2)）。その結果，CIR は，MT 社の1928年1月1日から同年8月24日までの課税対象年度[51]に対する法人所得税過少申告分1万ドルを賦課決定した。なお，CIR は，MT 社の3名の株主に対しても，上記債務相当額を控除した後の現金受領額を課税対象の普通配当（ordinary dividend subject to surtax）とみなして，個人所得税過少申告分を賦課決定した。

(2) 事実関係[52]
1928年6月18日　MT 社の株主総会は，PI 社を設立することを承認した。

---

[50] 国税不服審判所の判決文によると，この資産の法定取得原価は，25万ドルであった。
[51] 1回目の国税不服審判所の判決文（28 B.T.A. 591）の591ページには，Minnesota Tea 自体は，全ての資産の譲渡後でも，存続しているにもかかわらず，なぜ，当該事業年度を短期間にしたのか，その説明がない，と記述している。

1928年7月2日	MT社は，GU社に譲渡する財産（PI社に譲渡する財産を除く）に関するオプション契約をGU社に提示した。
1928年7月6日	両社は上記オプション契約に合意した。
1928年7月14日	MT社は，PI社を設立し，PI社の全株式と引き換えに，MT社の建物，什器備品，不動産等を現物出資した。取得したPI社の株式は，3名の株主に直ちに比例分配された。
1928年8月22日	MT社の株主総会において，① GU社から受領予定の現金を株主に分配すること，② MT社が受領したGU社の株式を1株でも売却しなくて済むようにするために，MT社の債務を株主が弁済することが承認された。
1928年8月23日	MT社は，PI社に譲渡した財産以外の財産（当該資産の取得原価26万ドル）を，GU社の無額面普通株式18,000株と表記した議決権付信託証書（市場価値1株当たり約30ドルとして54万ドルに相当，1年間売却しない条件付）[53]及び現金43万ドル（合計金額：97万ドル）と交換に，GU社に譲渡した。MT社は，その債務残高11万ドルを弁済することを条件に，取得した現金すべてを3名の株主に比例分配した。但し，MT社は，当該信託証書を手許に保管し，その後も解散せずに存続した。

以上の事実関係のうち，取引に関連する事項を図示すると，次のようにな

---

[52] この事実関係については，2回目の控訴裁判所の判決文（89 F. 2d 711）の712ページを基に作成した。

[53] 1回目の控訴裁判所の判決文（76 F. 2d 797）の798ページによると，この無額面普通株式（発行済総株式数は239,726株）の議決権付信託証書は，ニューヨーク証券取引所に上場されている。その市場価値は，1株当たり約30ドルであるので，18,000株は54万ドルに相当し，株式の保有割合は7.5%に相当する。但し，取得したGU社の全株式は，受領してから1年間，売却することができない旨の契約条項がある。

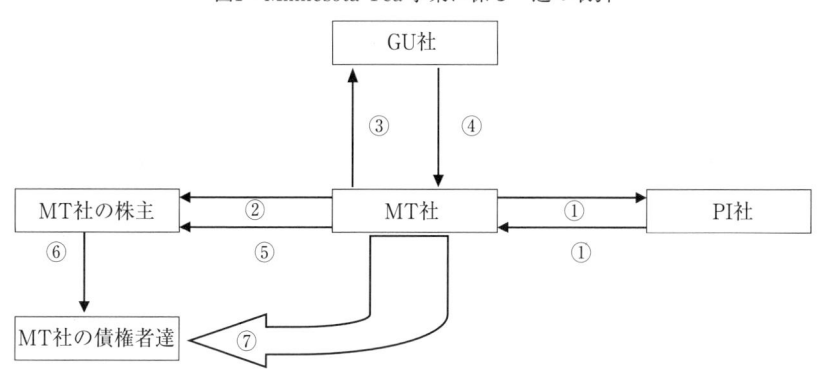

第3章 事業目的の法理を判断基準とした判例　67

図1：Minnesota Tea 事案に係る一連の取引

る。
① 1928年7月14日，MT社の一部資産を現物出資により，PI社を設立し，PI社の全株式を受領。
② 1928年7月14日，受領したPI社の全株式をMT社の株主に比例配分。
③ 1928年8月23日，MT社の残りの資産（取得価格26万ドル）をGU社に譲渡。
④ 1928年8月23日，MT社は，GU社の無額面普通株式18,000株（市価54万ドル，1年間売却しない条件付）及び現金43万ドルを受領。
⑤ 1928年8月23日，MT社は，受領した現金すべてをMT社の債務残高11万ドルを債権者に弁済することを条件に3名の株主に配分。
⑥ MT社の株主は，債権者達にMT社の債務残高11万ドルを弁済。但し，MT社の株主がいつ，いくら弁済したかは不明。
⑦ MT社が，その債務残高11万ドルを直接，債権者達に弁済したと想定した場合。

通常の取引であれば，MT社はその債務を債権者に直接返済するところを，GU社から受領した現金を3名の株主に比例分配した後，その株主に債権者に返済させるという迂回返済（上図の⑦の代わりに，⑤と⑥のステップを介在させた）

が「段階取引の法理」[54]，「ステップ取引原理」[55]であるとされるが，JCT は，「実質優先の法理」の１例としている（本章脚注49）。

(3) １回目の判決（MT 社の組織再編成は適格であったか？）
イ　国税不服審判所の裁決（28 B.T.A. 591）（国側勝訴）

不服審判所では，Gregory 事案と同一人物と思われる Sternhagen 氏が裁定理由を執筆し，Marquette 氏が賛同した。しかしながら，Black 氏と Van Fossan 氏は，当初の CIR の賦課決定と同様，当該組織再編成が適格であった

---

54) 今村教授は，「段階取引の法理」の典型として，Minnesota Tea 事案を次のように紹介している。

「段階取引の法理の典型は，1938 年のミネソタ・ティ事件についての連邦最高裁判決であり，A 社が，B 社に資産を売却するに当たり，C 社を設立して，A 社の株主に C 社の株式を分配して，その後 C 社の資産を B 社に売却したとの事案で，‥‥A 社の株主に対する分配を不必要な段階であるとして，A 社が直接 B 社に譲渡したとして課税した処分を是認したとの事案である。」今村隆，前掲論文，45 ページ。しかしながら，この説明では，債権者への債務の返済が述べられていないので，本事案があたかも C 社の設立にまつわる租税回避と誤解されやすいという見解を筆者は述べた。拙稿，前掲論文，18-19 ページ。また，「その後 C 社の資産を B 社に売却した」という事実はなく，B 社に売却したのは A 社の資産のみであることは，図１により明示されている。

55) 松田教授は，「ステップ取引原理」に関し Minnesota Tea 事案を引用して，次のように述べている。

「本判決では，法人 J が，その株主に対し，法人 J の資産と交換した法人 K の資産を分配し，その代わりに法人 J の負債を引き受けてもらうことは，実質的には，法人 J が資産の交換によって得た利益を株主に分配することなく，負債の支払に当てたことと同様な効果を遠回しに実現したものであるから，組織再編成に伴う利益を株主に分配することなどを条件に課税の対象としないことを定める 1928 年 IRC §112 (d) の適用はない，と判示されたが，本判決で示された『真直ぐな道の先にある結果は，曲がった道を辿った結果と異なるものではない』という見解が，ステップ取引原理の中核を成す考えである。」松田直樹，前掲書，48 ページ。松田教授は，法人 J が組織再編成を活用して，法人 J の負債をその株主によって肩代わりさせる，という複雑な取引形態を簡潔かつ適確に要約されている。

ことを認め，債務相当額である11万ドルを課税所得と判断して，反対意見を述べた。

不服審判所においては，MT社及びCIRの両当事者が，組織再編成は適格に実施されていた，と言及したので，CIRが賦課決定した課税利得の金額に関して，それが適正に決定されたか否かについて争われるはずであった。しかしながら，不服審判所はこの組織再編成の実体に疑問があることを呈した。

不服審判所の見解によると，MT社がGU社の7.5％の株式を留保し，以前からの3名がその株主として解散されずに存続しているので，当該組織再編成は，1928年歳入法典第112条に規定する組織再編成に該当しない。従って，本取引は，GU社への資産の売却であるので，その利得は課税対象である，と不服審判所は解した。その結果，MT社がGU社に譲渡した財産の取得原価である26万ドルと，97万ドルとの差額である71万ドルが課税対象の利得であった，と不服審判所は裁定した。

また，3名の株主に対しては，受領した現金総額から債務返済額を控除した金額，32万ドルを付加税が課される普通配当（ordinary dividend subject to surtax）とみなした。

ロ　第8巡回控訴裁判所の判決（76 F.2d 797）（納税義務者側勝訴）

MT社は，第8巡回控訴裁判所において，主に次の3点に関して疑問を呈した。

① MT社からGU社への資産の譲渡に係る取引が，1928年歳入法典第112条（i）(1)(A)に規定する組織再編成であったか否か。

② 組織再編成が成されたとしても，MT社が受領した現金全部を分配したことが，第112条（d）の適用の射程内であったか否か。

③ 過少申告額を増額するという不服審判所の発意（of its own motion）を受け入れて是認した手続が，不服審判所の権限の範囲内であり，さらに法的に認められるものであるのか否か。

まず上記①に関し，MT社とGU社との間で行われた組織再編成の依拠する条文は，1928年歳入法典第112条 (i)(1)(A) にある「一方の法人によって，・・・他の法人の財産の全てを実質的に取得すること」という，平易で明白な文言で記述されている条文である。この条文は，1921年歳入法典に初めて制定され，その後，1924年，1926年，及び1928年歳入法典においても，引き続き規定されてきたが，当該組織再編成がその規定の射程範囲内にある，と当該控訴裁判所は判断した。さらに，Pinellas Ice 事案と Cortland Specialty 事案を引用して，1928年歳入法典第112条 (i)(1)(A) の基となった，1926年歳入法典第203条 (h)(1)(A) の条文の文言が考察された結果，現金又は短期手形での売買が当該条文の適用射程外であること，引用した2事案が実体としては (in reality) 現金等価物との売買であって，有価証券との交換ではなかったが，本事案の取引がそれらの事案とは異なると結論づけた[56]。

控訴審の判決では，上記②に対する明確なる判断を下していない。この件については，もう1つの控訴審判決 (89 F.2d 711) にて判示している。

上記③に関しては，①の疑問に関して，すでに判示していることから，③の疑問についてここで検討し，決定する必要性を見出せない，と本控訴審において判示した。これは決定ではないが，当該手続は，通常通りであったと思う，と控訴裁判所は言及している[57]。

控訴裁判所はこれらの疑問以外に，MT社がその資産をGU社へ譲渡した後も，解散をせずに存続し続けたが，第112条 (g) の規定により，解散することが組織再編成の適格性において必須条件とされていない，という判断も下した[58]。

以上の通り関連法規を検討した結果，控訴裁判所は，本事案が1928年歳入法典に則った組織再編成を実施していたと判断したので，国税不服審判所の決定を覆した。

---

56) Minnesota Tea, op. cit., 76 F. 2d 797, p. 803.
57) Ibid., 76 F. 2d 797, p. 804.
58) Ibid., 76 F. 2d 797, p. 803.

この控訴審判決は，Sanborn 裁判官，Woodrough 裁判官，及び Booth 裁判官の 3 名が担当し，Booth 裁判官が判決理由を執筆したが，Woodrough 裁判官が，次のような意見により，反対理由を表明している。

　MT 社は，その事業に係る商品在庫，売上債権，及び営業権等を売却して 71 万ドルを上回る利益が得られるように GU 社と交渉してきた。この交渉の結果，GU 社が譲り受けたいと希望する資産（MT 社の建物，什器備品，及び不動産以外の資産）[59]を譲渡することにつき，両当事者はオプション契約を締結し，この契約通りに GU 社にその資産を譲渡した。そこで，この譲渡により得られる利益 71 万ドルに課される税金を回避するために，Gregory 事案と同様に当該取引が，1928 年歳入法典第 112 条に規定する組織再編成として，その利益全額を免除できるように仕組んだものであって，その取引には実質がない。従って，Woodrough 裁判官は，国税不服審判所の裁定を支持する，とした。

　ハ　最高裁裁判所の判決（296 U.S. 378）（納税義務者側勝訴）
　2 名の株主に対する所得税と MT 社に対する法人所得税に係る 3 つの事案について，納税義務者は，所得税の過少申告賦課決定処分に異議を申し立てた。上訴人である歳入局長官は，当該賦課決定に係る取引が，1928 年歳入法典第 112 条（i）(1)(A）に規定する組織再編成ではない旨（納税義務者から不服申立てを受ける以前では，その組織再編成を認めていたが）を主張して，移送命令令状の発行を求めた。

　そこで，最高裁判所は，Hughes 裁判官，Van Devanter 裁判官，McReynolds 裁判官，Brandeis 裁判官，Sutherland 裁判官，Butler 裁判官，Stone 裁判官，Roberts 裁判官，Cardozo 裁判官の 9 名で審理に当たり，McReynolds 裁判官が全員一致した判決理由を執筆した。

　最高裁判所は，法人所得税の過少申告賦課決定処分に係る取引が，1928 年歳入法典に規定する組織再編成であったと判断したので，国税不服審判所の裁

---

59) これらの財産を管理運営させるために，PI 社が設立された，と著者は推考した。

定を覆した控訴審判決を支持した。その裏付けとして，当該裁判記録が真正な事業活動（bona fide business move）であったことを顕示しており，その取引は通常の売買取引ではく（while not a sale），譲渡人であるMT社が，譲受人であるGU社の確定的，かつ実質的な権利（a definite and substantial interest）を獲得した点で，組織再編成の特質（nature of a reorganization）を備えていた，と最高裁は判断し，不服審判所の裁定を覆した。

本事案の一連の取引が歳入法典に規定する組織再編成の特質を備えていることについて，次のように言及している。

（イ）本取引は1928年歳入法典§112 (i)(1)(A) に規定する「組織再編成」に該当し，同規定により何らの課税利得も認識され得ない。同規定によると，「組織再編成」という用語には，吸収合併又は新設合併が含まれる。

（ロ）MT社は，その全資産と交換に，他の法人であるGU社から普通株式18,000株と現金43万ドルを受領した。MT社は，その株式を手許に留保する一方，11万ドルの債務の弁済を引き受けることを条件[60]に，その株主に現金を分配した。

（ハ）1928年歳入法典第112条 (i)(1)(B) は，当該譲渡の後，直ちにMT社又はその株主が譲受人であるGU社に支配されることが「組織再編成」であると定義している点で重要ではあるが，同規定（A）の適用の射程範囲を狭めるものではない（does not narrow the scope of clause (A)）。

（ニ）譲渡人であるMT社の解散（dissolution）が当該規定に準拠する組織再編成にとって必ずしも必須条件とはならない。

（ホ）本歳入法典の規定に関する解釈（construction）は，長年にわたって施行されてきた財務省規則（Treasury Regulations）により裏付けられている

---

60) この株主による債務の弁済が，2回目の裁判で審理されることになる。ここでは，CIRが組織再編成を認めていたが，この債務弁済額を課税対象の利得とみなしていた，と述べるのみに留まった。Minnesota Tea, op. cit., 296 U.S. 378, pp. 381-382.

(be supported)。

　以上は，控訴審の判断を容認した事項であるが，以下は最高裁の見解である。
(ヘ)　第112条 (i)(1)(A) に規定する組織再編成であると認められるためには，譲渡人が取得した，譲受人である法人の事業に係る権利が確定的で，かつ重要であること (definite and material) が必須で，その対価が現金等価物であってはならない。
(ト)　その権利は，譲渡されたものの価値の実質的な部分 (substantial part of the value of the thing transferred) を反映したものでなければならない。
(チ)　その組織再編成が真正なものでなくてはならず，Gregory事案のような見せかけ (sham，その取引の性質を隠すための単なる策略)[61]であれば，当然に，その仮装を否認して (disregarded the mask)，実質に応じた処理をした (dealt with realities)。
(リ)　その対価の大半が現金であったとしても，MT社が譲渡した資産価値に相応する，GU社の事業に係る権利 (interest in the affairs of the transferee) を取得している限り，そのことは容認される。

(4)　2回目の判決（本事案に係る課税対象となる利得はいくらか？）
イ　国税不服審判所の決定 (34 B.T.A. 145)　(納税義務者側勝訴)
　MT社の組織再編成が適格であるとの最高裁の判決により，不服審判所の裁定が覆された。この結果を受けて，不服審判所は，MT社の株主が，その法人

---

61)　原文は，次の通りである。
　　"Gregory v. Helvering, 293 U.S. 465, revealed a sham -- a mere device intended to obscure the character of the transaction." Minnesota Tea Co., op. cit., 296 U.S. 378, p. 385.
　　最高裁判所は，「見せかけ」を意味する用語として，"sham" という用語 (Gregory事案の判決では，"disguise" という用語を使用していた。) をここで初めて使用した。

の債務相当額である11万ドルを弁済したことに関し，これを利得と認識すべきか否かを審理することになった．

　MT社は，適格組織再編成により，その資産と交換に，GU社の株式と現金を受領し，その受領後直ちに，MT社の株主がMT社の債務を弁済することを条件に，取締役会の決議に従って[62]，受領した現金すべてを当該株主に分配した．受領した現金は，当該株主にすべて分配されたとみなされるので，MT社が認識すべき利得はない，と不服審判所は裁定した．

　この国税不服審判所の裁定理由は，1回目の裁定と同様，Sternhagen氏（他に誰が賛同したか記載されていない）が執筆した．しかしながら，Arundell氏はこの裁定に対する反対意見を表明した．この反対意見には，1回目の不服審判所の裁定に反論を言明した，Black氏の他，4名が賛同した．その主たる理由としては，MT社が，その株主を単にその債務の弁済のための導管として利用したに過ぎず，このようにして実現した利得は，1928年歳入法典に規定する組織再編成の条項により課税を逃れられないから，としている．

　ロ　第8巡回控訴裁判所の判決（89 F.2d 711）（国側勝訴）

　控訴裁判所では，Stone裁判官，Gardner裁判官，及びWoodrough裁判官の3名が担当し，Stone裁判官がその判決理由を執筆した．

　控訴裁判所は，1928年歳入法典第112条と照らし合わせて本事案を分析・検討し，次のように纏め上げた[63]．

　①　MT社は，GU社の株式18,000株以外に，現金で43万ドルを受領した．
　②　MT社がその株主に分配しなかった現金は，その交換により実現されたものとみなされて，譲渡所得となる場合に，利得として課税されることになる．
　③　その現金すべてが，株主に分配された場合，MT社では，利得の実現と

---

62) Minnesota Tea, op. cit., 34 B.T.A. 145, p. 145.
63) Minnesota Tea, op. cit., 89 F. 2d 711, p. 713.

はならず，現行法下，個人の所得として課税されることになる。
④　MT社は，GU社から現金を受領することにより，11万ドルに上る債務の弁済に充てられる，というメリットを得た。
⑤　当該株主による債務の弁済は，付帯条件であり，株主への分配はMT社の管理下にあった。
⑥　この弁済は，予定通りに実行された。
⑦　このような支払いは，株主がその分配により自らの便益として実現し得た金額から11万ドル分減額されることになった。
⑧　MT社は，現金を分配せずに手元に一旦留保した後に，その債務の弁済に充てたのと同様の効果を享受した。
⑨　この金額は，株主の利得とはみなされないので，個人に課税することはできない。
⑩　この行為は，弁済に係る本来の流れではなく，MT社による回り道を利用した留保・適用であった。
⑪　MT社の課税所得になる。

控訴裁判所がこのような結論に至ったのは，条文の文言及び議会の記録を検討した結果，組織再編成に係る現金及び／又は（and／or）資産の株主への分配を規定した1928年歳入法典第112条（a）と（b）が，実際には収益からの配当（高めの付加税率が課される）を，キャピタルゲインとして分配されることにより，課税逃れさせないように防止することが，その主たる目的であったと解したからである[64]。以上の論拠により，控訴裁判所は，国税不服審判所の裁定を覆した。

ハ　最高裁判所の判決（302 U.S. 609）（国側勝訴）
Hughes裁判官，McReynolds裁判官，Brandeis裁判官，Sutherland裁判

---

64) Ibid., 89 F. 2d 711, pp. 714-715.

官，Butler 裁判官，Stone 裁判官，Roberts 裁判官，Black 裁判官の8名が本事案の審理を担当し，Sutherland 裁判官が判決理由を執筆した[65]。

　MT 社が組織再編成による交換で受領した現金を，MT 社の債務の弁済に充てることを条件にその株主に渡した現金は，株主への便益の分配というよりは，債権者へ渡すべき資金であったことは明白である，と最高裁判所は判示した。このような迂回過程を経ることにより，MT 社は，その現金をまず分配せずに手許に留めて，その後に，当該債務の弁済に充てるのと同じ効果を得たことになった，と最高裁は判断して，控訴裁判所の判決を支持した。

　この判決文には，本書の序章にも記述した次の有名文（下線箇所）が含まれている。

　GU 社から現金を受領する直前に開催された臨時株主総会（special meeting）における「決議に基づき，株主達は，自分たちへの便益の分配ということではなく，債権者へ引き渡すという制約の下，MT 社から10.6万ドルにのぼる現金を受領し，実際のところ，債権者に引き渡した。控訴裁判所が次のように非常に明確に指摘したように，この迂回過程（roundabout process）を踏むことにより，『MT 社は，現金を分配せずに手元に一旦留保した後，その債務の弁済に充てた』のと同様の効果を MT 社が享受した，と断定されても仕方がない。配当の分配ではなく，債務の弁済が，当初から当該株主らと申し合わせた目標であり（the aim of the understanding），その債務の弁済は，この申し合わせ通りに事を進めて終了した。迂回路をたどって得た成果であったとしても，直路を歩んで得た成果と異なる成果をもたらすものではない（A given result at the end of a straight path is not made a different result because reached by following a devious path.）。株主達へ事前に分配することは，債権者に弁済する上で，意味のない，不必要な過程であり，株主の掌中にして自分たちの意向に沿うように制限した，明らかに人為的な行為であって，これ以上の議論は時間の無駄遣い

---

65) Cardozo 裁判官は，本事案の検討又は決定に全く関与しなかった（took no part in the consideration or decision of this case）。

であろう。本事案に係る当該株主との関係は，単なる導管（conduit）としての関係であった。支配下の原則（controlling principle）[66]というものが，Gregory事案（Gregory v. Helvering, 293 U.S. 465, pp. 469-470）において見出され，この支配下の原則をここで適用しているので，控訴裁判所の判決は，支持される。」
（下線は筆者）

(5) 小　括

　Minnesota Tea事案は，その取引実態から組織再編成に該当するが，MT社がその株主と合意したMT社の債務弁済分だけが利得として課税されることとなった。但し，本事案の取引が組織再編成に該当することは，本訴訟以前において，原告・被告共に認めていたことであり，国税不服審判所の曲解により，本事案に係る法廷闘争が「迂回路」をたどることになった。

　また，本事案は，ステップ取引原理又は段階取引法理の代表的判例と称されるが，取引の真の目的を表面化させないために迂回取引を単に挿入させた，「見せかけの取引」であった。

　本章で検討したように，Minnesota Tea事案はその名言ゆえに，参照判例としては有名ではあるが，その全容はあまり紹介されてこなかった。本章により明らかになった主たる事項は，次の通りである。

　　イ　Gregory事案前後から，組織再編成の適格性が法廷において争われてきたが，本事案の組織再編成が真正な事業活動であり，確定的で，かつ実質的な権利を獲得しているとして，最高裁が是認した最初の判例であった。但し，MT社が組織再編成にかこつけて，債務弁済に係る課税を逃れよう

---

66) この判決で記述されている「支配下の原則（controlling principle）」とは，Gregory事案（新設法人が，現物出資された株式を唯一の株主に移転するためだけに利用された。）及びMinnesota Tea事案（株主に分配された現金の一部は，当該法人の債務を弁済するための資金として制限されていた。）から判断して，当初から予定していた目標を遂行するために，その考案物，資金等が支配・管理されている事象（原則）を表すものと思料した。

と MT 社の株主への分配に含めた弁済額は MT 社の課税所得とされた。

ロ　Gregory 事案と MT 社事案とを比較して大きく異なる点は，MT 社の取引先が GU 社という第三者であったことである。

ハ　Minnesota Tea 事案は，他の論文[67]でいわれている新設法人を利用した組織再編成にまつわる租税回避ではなかった。

ニ　組織再編成に係る制定法化は，1921 年歳入法典が初めての法令であり，その後，1924 年，1926 年，及び 1928 年歳入法典と改正されることによ

---

67)　岡村教授は，本事案を「マッコンバー判決再考」(『税法学』546 号，2001 年) の脚注 57 において，次のように紹介している。

「Helvering v. Minnesota Tea Co., 296 U.S. 378 (1935). (資産の一部を spin-off した後，残った資産を訴外法人に移転し，対価として普通株 18,000 (時価 $712,195.90) を表す議決権付信託証書と $426,852.52 の金銭を受け取り，金銭のみを株主に分配した取引について，買主たる粗菓税法人に対する明確で実質的な利益を売主たる原告は取得しているとして，組織再編を認める。)」(下線部分の用語は，「訴外法人」の誤謬と思われる) しかしながら，本事案の課税利得が $712,195.90 であるべきところ，岡村教授は，この課税所得金額を普通株の時価と誤訳したため，全体的に不明瞭な翻訳となっている。ここで述べている課税利得の詳細については，第 8 巡回控訴裁判所の判決文に次のように記載されている。

「・・・本事案の取引により原告は，254,646.62 ドル (その財産の取得原価) と 966,842.52 ドル (現金 426,842.52 ドルと GU 社の 18,000 株の時価 540,000 ドルとの合計額) との差額により算定された利得を実現した。そして国税不服審判所は，この 712,195.90 ドルに上る利得が課税対象である，と決定した。」Ibid., 76 F. 2d 797, p. 798. 拙稿，前掲論文，18 ページの脚注 5 を参照。

また，本章の脚注 54 で既に言及したように，今村教授は前掲論文の 45 ページに「段階取引の法理の典型は，1938 年のミネソタ・ティ事件についての連邦最高裁判決であり，A 社が，B 社に資産を売却するに当たり，C 社を設立して，A 社の株主に C 社の株式を分配して，その後 C 社の資産を B 社に売却したとの事案」とし，さらに「A 社の株主に対する分配を不必要な段階であるとして，A 社が直接 B 社に譲渡したとして課税した処分を是認したとの事案」と紹介している。しかしながら，「その後 C 社の資産を B 社に売却した」という事実は存在せず，「A 社が直接 B 社に譲渡したとして課税した処分」ではなく，A 社がその債務を直接その債権者に弁済したとみなして，課税処分したのが本事案の核心であった。さらなる詳細については，拙稿，前掲論文，18-19 ページにて記述している。

り，それに伴う利得が課税対象か否かの判断が明確化された。
ホ　最高裁が，「見せかけ」を表すのに"disguise"に代えて"sham"を使用しはじめたこと，支配下の原則（controlling principle）を適用して，一連の取引を全体として検討し，その実質を見破る手法を利用するようにしたことに著書は注目した。なお，"sham"とは，「その取引の性質を隠すための単なる策略」であると最高裁は定義した[68]。

Gregory 事案，Minnesota Tea 事案の取引が実施された時期は，1929 年の世界大恐慌を直前とした，一種のバブル時期であり，景気上昇期における組織再編成を活用して租税回避を狙った事案であった。但し，その手口は，比較的単純なものであった。

---

68) Minnesota Tea Co., op. cit., 296 U.S. 378, p. 385.

第4章　取引の実質を優先した判例

1. Lazarus 事案 [1]

本事案は，セール・アンド・リースバックにより占有している建造物が，融資を受けるための担保であることを理由に，その減価償却の控除が容認された事案である。

(1) 概　要
F. & R. Lazarus & Co.（以下「LC 社」という。）は，1851 年にオハイオ州に設

---

1) The F. and R. Lazarus and Company, v. Commissioner of Internal Revenue, United States Board of Tax Appeals, 32 B.T.A. 633, May 17, 1935, Promulgated. 納税義務者側勝訴。

　Commissioner of Internal Revenue, v. F. & R. Lazarus & Co., United States Court of Appeals for the Sixth Circuit, 101 F. 2d 728, February 16, 1939. 納税義務者側勝訴。

　Helvering, Commissioner of Internal Revenue, v. F. & R. Lazarus & Co., Supreme Court of the United States, 308 U.S. 252, December 4, 1939, Decided. 納税義務者側勝訴。

　本事案の内容については，上記裁判所の判決文を基にまとめた。

　本事案ついては，矢内教授が前掲論文「米国税法における経済的実質原則（1）」の 200 ページで紹介している。また，拙稿「米国判例における租税回避の一考察―経済的実質を有するとされたセール・アンド・リースバック取引事例―」（『企業研究』第 23 号，2013 年 8 月），23-45 ページで検討している。

　なお，本事案には，本章で検討するリースバック取引に係る事案以外にもう 1 件ある。その事案とは，当該納税義務者が慈善団体に金銭を寄付したが，その寄付金が通常の必要経費になるかが争われた事案である。第 6 巡回控訴裁判所は，その寄付金が当該法人の従業員又はその扶養家族に直接便益を与える場合に限り必要経費

立された法人で，同州のコロンバスで最大規模の百貨店を経営していた。LC社は，1928年において，百貨店3棟を所有して事業を行っており，その建造物の総工費は250万ドルであった。最初の2棟は，LC社が完全所有権を有する土地に (on land it owned in fee)[2] 建造されていた。さらに，LC社は，1915年にすでに買取りオプション権付きの99年間賃借契約で占有している土地（2区画あるうちの1区画）に，3棟目の百貨店を1921年に総工費26万ドルを費やして建造した。

LC社は，1928年に同地区にある Huntington National Bank（以下「HN銀行」という。）から融資を受ける際に，所有権のある土地及び建造物，並びに99年間賃借対象となる土地を同行に信託した。と同時に，HN銀行はLC社と，これらすべての物件の99年間における賃貸借期間中における改装，及び所定の価額で買い取れるオプション権付きの賃貸借契約を締結した。

LC社は，1930年度及び1931年度において，この賃貸借契約により占有している3棟の建物に対して耐用年数40年をベースに減価償却費（年間6万ドル）[3] を控除して税務申告した。ところが，減価償却を行う租税法上の権利は，法的権原 (legal title) によることを理由に，CIRはこの控除を否認した。その結果，当該減価償却と共に寄付金（本章の脚注1に記述したように控訴裁判所は，当該寄付金の損金計上を否認した。）の控除を否認して，1930年度に3,000ドル，1931年度に1万ドルの増額更正処分をした。

そこで，LC社は，当該取引が事実，譲渡担保貸付金を保証するための担保であったので，1928年歳入法典 (c. 852, 45 Stat. 791, 799-800) に基づき，移転した財産の使用に伴う消耗，減耗等に対して，減価償却をする権利があるとして，不服審判所に不服申立てをした。

として損金に計上できるとして，本事案に係る寄付金の損金計上を否認した。
2) 完全所有権とは，所有者が所有権に関して最も強力な権限を有する絶対的な不動産権のことである。
3) Lazarus, op. cit., 101 F. 2d 728, p. 729.

(2) 事実関係

1926 年	LC 社は自己所有の財産を担保に，Northwestern Mutual Life Company（以下「NM 保険」という。）から 10 年間の譲渡担保貸付で 170 万ドルを借り入れた。
1928 年上旬	シンシナティ（Cincinnati）にある John Shillito Company の株式を支配目的で購入するために，A. G. Becker & Company に対して 6 ヶ月満期の短期手形を振り出して 150 万ドルを調達した。
1928 年 5 月	LC 社は，流動負債の金額を減らすために，なるべく長期の債務に変更できるような方法，例えば不動産の証券化を策定していた。そこで銀行数行と交渉した結果，コロンバスにある HN 銀行の頭取である B. G. Huntington（以下「BGH 氏」という。）が，抵当証券（mortgage bonds）の発行では地方税が賦課されるので，土地信託証書（land trust certificate）を発行して資金調達する方法を提案した。つまり LC 社が，まず 600 万ドル相当の財産を HN 銀行に移転し，HN 銀行は当該財産を外部に 325 万ドルで売却する代わりに，LC 社にその財産すべてをリースすることにして，HN 銀行は土地信託証書を発行して売却する，という提案であった。 この提案の背景として，HN 銀行は，当該財産を買い取るというよりはむしろ，充分な担保で裏付けられた物件を貸付けることに関心があった。その貸付けを実現するために，HN 銀行は当該土地及び建造物の価値の鑑定を専門家に依頼した。その結果，その取引時点における土地の価値が 345 万ドルで，建造物の価値が 306 万ドルであることが判明した。
1928 年 6 月 1 日	この提案に基づいて両当事者はリースバック契約[4]を締結

した。

この契約に基づき，次の一連の取引が実行され，1928年6月28日に完了した。

LC社は完全所有権を有する土地（2棟分の土地）の不動産権利証書（deed to the parcels of property it held in fee），及び99年間賃借している2ヶ所の土地（3棟目の土地及び別の区画地）の借地権証書（assignments of the title to the two 99-year leases）を受託者であるHN銀行へ引き渡した。と同時にHN銀行は，LC社に対して，所定の価額で買い取ることのできるオプション権付きの賃貸（99年間）を実行し，3,500枚の持分所有権証書（Certificates of Equitable Ownership，額面価格は1,000ドル。）を発行した（但し，HN銀行が万一の償還に備えて250枚を保有）。本取引によりLC社は，HN銀行から316万ドル（325万ドルを割引率3.25%で現在価値を算定した金額）を受領することができたので，NM保険からの譲渡担保ローン170万ドルの返済と短期手形150万ドルの支払いに充てた。

---

4) 国税不服審判所の裁決文の635-636ページに記載された契約内容の概要は次の通りである。
① HN銀行のLC社に対する年間賃貸料は，325万ドルに年5%の利回りをベースに算定して，17.5万ドル（3,500枚×50ドル／枚）とする。
② LC社は，減価償却基金（depreciation fund）を創設し，当該基金が総額260万ドルに達するまでHN銀行へ四半期毎に預け入れる。現金の預け入れ，信託告知により発行された土地信託証書，又は米国債（obligations of the United States）により，LC社の責務が果たされることになる。
③ HN銀行は，預け入れられた金額に対して利息を支払う。
④ LC社は，1933年6月1日から1938年5月31日までの期間においては360.5万ドル，1938年6月1日から1948年5月31日までの期間においては357万ドル，1948年6月1日以降においては353.5万ドルをベースに，それぞれ買取り日までの未払賃借料を加算した金額で当該財産を買い取るオプション権を保有する。

(3) 各裁判所の判決

イ　国税不服審判所の裁定（納税義務者側勝訴）

不服審判所は，本取引に係る証憑書類（evidence）を検証した結果，LC社とHN銀行との間で実行された取引は，事実として担保（in reality a mortgage）であり，この場合，移転した財産に対する減耗等を控除する権利を失わないので減価償却[5]を認めるべきである，と裁定した。なお，この裁定文は，Seawell氏によって執筆された。

ロ　第6巡回控訴裁判所の判決（納税義務者側勝訴）

控訴裁判所の3名の裁判官，Hicks裁判官，Allen裁判官，及びHamilton裁判官が審理し，Hicks裁判官が判決文を執筆した。裁判官全員は，上記裁定理由に次の事実を列挙して，不服審判所の裁定を支持した。

- ・　LC社の永続的な企業活動。
- ・　自社の要望に沿った建造物でその事業を拡販（年間1,200万ドルの総売上高を計上）。
- ・　減債基金により債務を弁済して当該財産に対する権利を再取得する計画を設定。
- ・　先例判例（Neighbors Realty事案，6 Cir., 81 F.2d 173）同様に，当該財産を完全に移転するのではなく，移転した財産に対する減耗を控除する権利を留保。

---

5)　不服審判所の裁定の主文理由には，次の鑑定結果も記載されている。
　「本事案に関して鑑定意見を述べた数人の専門家の証言によると，対象財産の耐用年数は，40年から50年という者もあれば，45年から50年とする者，40年とする者，又は60年とする専門家もいた。これらの証言を参考にして，当該財産には，減価償却目的として50年間の耐用年数がある，と当審所は判断した。減価償却費は，総原価247万ドルをベースに年間2％の償却率で算定することになる。」
Lazarus, op. cit., 32 B.T.A. 633, p. 638.

ハ 最高裁判所の判決 (納税義務者側勝訴)

本事案は, Hughes 裁判官, McReynolds 裁判官, Butler 裁判官, Stone 裁判官, Roberts 裁判官, Black 裁判官, Frankfurter 裁判官, 及び Douglas 裁判官によって審理 (Reed 裁判官は本事案の審理, 判決に参加しなかった。) され[6], Black 裁判官が判決理由を執筆した。

最高裁が移送命令令状 (certiorari) を受理した理由は, City National Bank Building Co. 事案[7]が本事案と「本質的な観点すべてが同一」であるとして, その減価償却を否認するという異なった判決が控訴裁判所により下されたからである, と冒頭で述べている。

最高裁判所は, LC 社と HN 銀行間でのリースバックによる所有権の移転自体はその書面に記載された通りではあるが, 当該賃借が事実, ①そのローンの担保以外の何物でもなかったこと, ②同時に発生した 99 年間のリースバックという賃借は, 当該ローンに対して 5%の支払いを保証するためのものであったこと, ③リースバックに要する減価償却基金が, 48 年 6ヶ月で完済できるように計画した減債基金に相当すること等を明示していると判断した。

また, 不服審判所の事実認定は, 証憑書類によって裏付けられており,「衡平法裁判所 (court of equity)[8]が, 金銭による貸付けに対する保証として差し出された場合, 不動産権利証書を担保として取り扱うという, すでに確立された法理 (established doctrine)」[9]が一般的に認識されてきた, と言及した。

---

6) この 9 名の裁判官のうち, 最初の 6 名 (つまり, Hughes 裁判官, McReynolds 裁判官, Butler 裁判官, Stone 裁判官, Roberts 裁判官, 及び Black 裁判官) は, Gregory 事案及び Minnesota Tea 事案の審理にも参加している。

7) City National Bank Building Co. v. Helvering, Commissioner of Internal Revenue, U.S. Court of Appeals for the District of Columbia, 98 F. 2d 216, April 11, 1938, Decided.

8) 衡平法とは, 英米法でコモンローを補正するために正義と衡平の観点からイギリスの大法官の下で形成された判例法をいう。

9) Peugh v. Davis. Supreme Court of the United States, 96 U.S. 332, October Term, 1877.

以上の結果，不服審判所の裁定は正当であった，と最高裁判所は結論づけた。

(4) 小　括

本事案では，短期負債を減少させて長期負債に転化させるという LC 社の経営方針の下，所有不動産の証券化の手法として，地方税が賦課される抵当証券を発行する代わりに，取引銀行が土地信託証書を発行して売却するという一連の取引が実行された。そこで，LC 社は建造物を担保に銀行から長期の融資を受けて短期負債を返済し，当該建造物をリースバックしたが，果たして LC 社には，その建造物に係る減価償却する権利があるかが争点とされた。最高裁は，当該取引の実質を優先して，LC 社に減価償却する権利が留保されると判示した原審判決を支持した。

本事案で特記すべきことは，Gregory 事案と Minnesota Tea 事案を審理した6名の裁判官を含む9名の最高裁の裁判官が審理し，取引の実質と現実性 (substance and realities) を重視する実質優先主義に関して，Black 裁判官がその判決文において次のように述べたことである。

「租税の領域において，租税法の執行者 (administrators of the laws)，及び裁判所は，実質と現実性 (substance and realities) に関心を持っているのであって，形式的な書類 (formal written documents) には必ずしも拘束されない。」[10]

　　先例判例である本事案は，Samuel A. Peugh が Herry S. Davis からコロンビア特別区にある土地を担保に借り入れた事案で，最高裁は，Peugh に所有権があると判決を下した。

10) Lazarus., op. cit., 308 U.S. 252, p. 255.

2. Gilbert 事案 [11]

本事案は，所得税の分野でよくある租税回避の1つで，納税義務者の支配下にある法人に対して支払った前渡し金 (advances) が，租税目的上，貸付金として取り扱われるかを争点とした事案である。

(1) 概　要
納税義務者 (Benjamin D. Gilbert (以下「BDG 氏」という。) と Madeline Prentice Gilbert (以下「MPG 夫人」という。)) は1948年度において，1946年，1947年，及び1948年にわたって Gilbor, Ind. (以下「G 社」という。) に支払った前渡し金に対して，8万ドルに上る貸倒損失の控除 (bad debt deductions) を含む合同申告書 (joint return) を提出した。

しかし，CIR は，その控除を否認して4.9万ドルの増額更正処分をしたので，納税義務者は不服申立てをした。租税裁判所は審議の結果，CIR の主張を認める判決を下したが，この判決に至る原則 (principles)，基準 (standards) が明確でないと控訴裁判所が判断して，原審に差し戻した。

租税裁判所の再審査の結果を受けて，控訴裁判所は，CIR の更正決定を是認した租税裁判所の判決を支持した。

---

11) Benjamin D. and Madeline Prentice Gilbert, v. Commissioner of Internal Revenue, United States Tax Court, 15 T.C.M. 688. 国側勝訴。

　Benjamin D. and Madeline Prentice Gilbert, v. Commissioner of Internal Revenue, United States Court of Appeals for the Second Circuit, 248 F. 2d 399, September 26, 1957, Decided. 国側勝訴。

　Benjamin D. and Madeline Prentice Gilbert, v. Commissioner of Internal Revenue, United States Court of Appeals for the Second Circuit, 262 F. 2d 512, January 14, 1959, Decided. 国側勝訴。

(2) 事実関係 [12]

1946年6月11日	G社は，BDG氏とBorden（以下「B氏」という。）を発起人としてニューヨーク市にて12万ドルを授権資本（内訳：額面100ドルの優先株式1,000株と額面1ドルの普通株式2万株）とする法人（両者の出資割合は，基本的に50対50）として設立され，取引銀行をCredit Suisse（振出手形の保証人も両当事者）とした。
1946年6月27日	B氏は，G社に4万ドルを拠出したので普通株式4,000株を交付し，資本金0.4万ドル，資本剰余金（capital surplus）3.6万ドルとした。
1946年7月1日	BDG氏が所有していた事業用資産（assets of a business owned by him）等を，G社の取締役が4万ドル（現金0.2万ドルとのれん代3.5万ドルを含む）と評価したので，それと交換でBDG氏は普通株式4,000株を取得した。G社はB氏の場合と同様に，資本金0.4万ドルとし，残りを資本剰余金3.6万ドルに組み入れた。
	普通株式1株が，Richards氏に10ドル（1ドルを資本金，9ドルを資本剰余金）で交付された。
	なお，BDG氏とB氏両氏は，G社の取締役に選出され，BDG氏は，同社の社長としてその事業に積極的に関与した。
1948年末	G社を清算した。
	G社は設立から清算までの期間，他の会社の株式を買収してきた。その資金としてG社は，まずB氏から1.5万ドルの融資を受けた。G社は，さらに必要な資金をその必要に応じて，BDG氏からの借入金（総額3.1万ドル），及び

---

12) この事実関係は，基本的に控訴裁判所の判決文を参照して作成した。

MPG 夫人からの前受金（総額4.8万ドル）により調達した[13]。なお，G 社は，それぞれの金利を 3.5％として，半年毎に支払うことになっていたが，G 社は，清算の直前まで，両氏に対する利子の計上を行っていなかった[14]。

(3) 各裁判所の判決
イ　租税裁判所の判決（国側勝訴）

BDG 氏と MPG 夫人が，閉鎖法人（closely held corporation）に支払った前渡し金に対して，租税裁判所は多くの資料を検証した結果，次のように判示した。

BDG 氏による前渡し金は，実体としては危険負担資本（risk capital）への拠出であって，G 社にとっては真正な債務（bona fide debts）ではなかった。

MPG 夫人の前渡し金は，その法人にとって債務とみなされるが，1939 年内国歳入法典第 23 条 (k)(4) が適用される非事業上の債務（non-business debts）としてのみ控除できる[15]，とした。

ロ　控訴裁判所の判決（原審に差し戻し）

Medina 裁判官，Waterman 裁判官，及び Learned Hand 裁判官の 3 名が審理し，Medina 裁判官が原審に差し戻す判決文を執筆したことに対して，Wa-

---

13) Gilbert, op. cit., 248 F. 2d 399, p. 401.
14) Ibid., 248 F. 2d 399, p. 402.
15) 事業上の貸倒損失は，原則として特定債権償却法を用いて，事業経費として控除することができる。一方，「非事業上の貸倒損失（non business bad debts）とは，個人的な友人に貸した資金の弁済が滞った場合など，納税者の事業取引以外から生じた債権の貸倒損失をいいます（法 166 条 (d)(2)；規則 1-166-5 (b)）。非事業上の貸倒損失控除にあたっては，特定債権償却法を用いて，最終的に債権の税務基準額を下回る回収しか得られなかった場合に，その不足額全体を一括して，短期資本損失（short-term capital loss）として控除することになります（法 166 条 (d)(1)）。」伊藤公哉，前掲書，194-195 ページ。

terman 裁判官は同意したが，Learned Hand 裁判官は反対意見を表明した。
① 判決理由

　控訴裁判所は，納税義務者が法人に支払った前払金が，租税の目的上，貸付金として取り扱われるか，という所得税の分野において繰り返し問題とされてきた事案である，と前置きした後に，Gregory 事案を要約し，その事案での最高裁判決のほぼ全文を引用して，実質を優先する原則が多くの事案に適用されてきた，と言及した。

　そこで，Smith 事案（売上に係る損金を認めるのに必要な実質が欠けていたとされた事案）[16]，Court Holding 事案（租税負担は取引の実質に依拠するとした事案）[17]，Griffiths 事案（租税は名義ではなく実質によるとした事案）[18]等を引用して，「これらの判例により明らかになった原則（principle）は，制定法の文言は，その文脈とその根本的な政策から離れて解釈されるべきではない。」[19]従って，「組織再編成に係る計画すべてが，内国歳入法典に規定する『組織再編成』とはならず，売上すべてが租税の目的上，損金を伴う取引とはならず，そして借入れの形式を踏んでいたとしても，前渡し金すべてが，税務上控除できる負債になるとは限らない」[20]ことを裁判所は判示してきた。

---

16) Higgins, v. Smith, 308 U.S. 473.
17) Commissioner of Internal Revenue, v. Court Holding Co., 324 U.S. 331.
18) Griffiths, v. Helvering, 308 U.S. 355.
19) Gilbert, op. cit., 248 F. 2d 399, p. 404.
　一方，L. Hand 裁判官は，本事案の反対意見の中で，次のように述べている。
　「稀な事案の場合を除き，制定法は，一般的な用語で記述されており，制定法が対象としなければならない事象すべてを明確に記述することにはなっていない。従って，制定法の『解釈』には，その制定法が明示した目的（その目的は時として，その制定法を制定した人の考えを反映していないこともあるが（not present in the minds of those who enacted them））を反映させることが求められる。」Ibid., 248 F. 2d 399, p. 411.
　袴田教授は，この L. Hand 裁判官の意見を引用して，Gregory 事案での法解釈も目的論的解釈から由来している，と述べている。袴田祐二「Gregory 事件判決について（日米比較の視点から）」（『税大ジャーナル』，2014年5月），19ページ。
20) Ibid., 248 F. 2d 399, p. 404.

また，その取引が形式上，租税法に完璧に準拠していても，租税を軽減すること以外に事業活動に密接に関連する目的が全くない場合には，否認されなければならない，とCIRが主張する根拠として，Gregory事案，Minnesota Tea事案，Smith事案，Griffiths事案等の先例判例を再度列挙した。控訴裁判所は，これらの判決に対して，税金を最小限にすることは，法人経営の目標として必ずしも不適切とはいえないが，法人間で行われた取引が見せかけ（sham or masquerade）であると判断されれば，否認されることもあるので，重要なことは納税義務者の目的というよりは，その主張通りに実行されたかにある，との見解を示した。

　Hoyt事案（前渡し金に対して振り出された手形でも，当初から回収し得ないような手形は実質的に贈与（in the nature of gifts）とみなすとした事案）[21]，American Cigar事案（前渡し金でも，返済される見込みのない前渡し金は，実質的に贈与とみなすとした事案）[22]を引用して，いずれの事案も貸倒損失として控除できない，という判決を当控訴裁判所は下してきた，と言及した。

　議会は，利子の受取り又は別な形で合理的に回収できると見込まれた前渡し金が回収不能になった場合の損失と，ベンチャー事業の成功（success of a business venture）に資金を投じて生じた損失に対して，異なった取扱いを定めていた。しかし，本事案の損失は「実質的な経済実体（substantial economic reality）の観点からして，危険負担資本による損失である」[23]ので，その貸倒損失の控除を認めることは，議会の方針を曲解することになる，と控訴裁判所は言及した。

　先例判例及び議会の意向を述べた後に，「租税裁判所が，BDG氏による前渡し金が実際のところ，G社にとって資本金への拠出であって，真正な債務ではなかった，と判断した根本原理（basis）を理解することができない。」[24]

---

21) Hoyt, v. Commissioner, 2 Cir., 145 F. 2d 634.
22) American Cigar Co., v. Commissioner, 2 Cir., 66 F. 2d 425.
23) Gilbert, op. cit., 248 F. 2d 399, p. 407.

「租税裁判所の意見は，その根拠を言及せずに結論だけを述べていたので，その結論に至る上で，どのような適切な基準（appropriate standards）が採用されたのかを判定することができない。」[25]，と控訴裁判所は結論づけた。

② Learned Hand 裁判官の反対意見

L. Hand 裁判官は，上記判決理由に対して，「BDG 氏による G 社への前渡し金が，『真正な債務（bona fide debts）』とはならなかった，と租税裁判所は判示したが，その結論を裏付ける証拠を見出すことができなかったことに対して，私は同意することができない。通常，『真正な債務』という場合には，当該納税義務者とその法人との間で法的に有効な債務を意味するからである。これまでの法理（earlier doctrine）が何であったにしても，法人が破産状態になった場合，その法人の全株式を保有している者からの債務は，第三者等からの債務と同等となる。」[26]と反論を述べた。

つまり，L. Hand 裁判官は，単に先例判例の種々の法理を並べる判決文に代えて，本事案に関連する「法理を適切に述べるべき」[27]であると主張した。例えば「その取引には『実質的な経済実体』を有していたのか，その取引が『実質において，法形式通りに実行されたのか』，その取引が『見せかけ（sham or masquerade）』[28]であったか，又はその取引が『取引の実質に依拠していたのか』」[29]を明確にすべきであって，そのための決定的な事実を精査しなければならない，と述べた。

---

24) Ibid., 248 F. 2d 399, p. 408.
25) Ibid., 248 F. 2d 399, p. 408.
26) Ibid., 248 F. 2d 399, p. 410-411.
27) Ibid., 248 F. 2d 399, p. 412.
28) Hand 裁判官が，ここで「見せかけ」という単語に対して，"sham or masquerade" と言葉を並べたのは，自身が関与した Gregory 事案の控訴審で使用した "sham" が同事案での最高裁が使用した "masquerade" とも言い換えられることを示すためであった，と思料する。
29) Ibid., 248 F. 2d 399, p. 412.

「納税義務者が資本金への拠出ではなく,債務という形で前渡し金とした場合に,その相違が,租税の軽減以外に,その法人に対する納税義務者の受益権 (their beneficial interests in the venture) にかなり影響する,と想定していたか？」[30]

そうであるならば,納税義務者が受益権にかなり影響することを立証する必要がある,と L. Hand 裁判官は述べた。

ハ 租税裁判所の判決（再審：国側勝訴）[31]

租税裁判所は,控訴裁判所の差し戻しを受けて,証拠的事実 (evidentiary facts) の中から控訴裁判所の判決理由に資する主要事実 (ultimate facts) を探求した。

その結果,租税裁判所は BDG 氏の取引に係る次の新たな事実認定を挙げることができたので,BDG 氏の貸倒損失の控除を否認する判決を再び下した。

(1) G 社が株式の発行により受領する資金だけでは,その事業を遂行するのに不十分であったことを事前に了解していた。

---

30) Ibid., 248 F. 2d 399, p. 412.
　この引用文に類似する記述が,L. Hand 裁判官の反対意見の中で次のように述べられている。
　「所得税法 (Income Tax Act) は,納税義務者に対して財務取引をベースに納税義務を課する (imposes liabilities)。当然のことであるが,税金の支払い,それ自体も財務取引である。しかしながら,納税義務者がその税金を減少させること以外に,自らの受益権にあまり影響を与えない取引を実行した場合,所得税法はその取引を無視することになる。なぜならば,所得税法が,課税できる納税義務を逃すようなことは,所得税の本来の目的であるとは思えないからである。」Ibid., 248 F. 2d 399, p. 411.
　この判決文は,実質を優先した判決として有名な,英国の Ramsay 事案での貴族院判決 (Wilberforce 卿の "Judgement-1") においても,Knetsch 事案と共に引用されている。
31) 租税裁判所の判決については,控訴裁判所の再審での判決文を参照して執筆した。Gilbert, v. Commissioner of Internal Revenue, 262 F. 2d 512 (2d Cir. 1959).

(2) 第三者の投資家から担保なしに資金を調達することができなかった。
(3) 前渡し金は，株主の所有割合に沿ってなされた。
(4) 前渡し金には，通常貸し手に対してなされる保障がなかった。
(5) 業務上の義務を履行させる努力を全くしなかった。
(6) BDG 氏には，その事業が成功しない限り，前渡し金の返金を求める根拠がなかった。さらに，
(7) 「実質的な経済実体」からして，BDG 氏による前渡し金は，G 社の事業リスク（risk of the business）に特定されており，危険負担資本に相当した。

ニ　控訴裁判所の判決（再審：国側勝訴）

　Hincks 裁判官，Lumbard 裁判官，及び Moore 裁判官が審理し，Moore 裁判官が判決文を執筆した。

　控訴裁判所は，上述の租税裁判所の新たな事実認定が，「納税義務者が法人に支払った前渡し金が，租税の目的上，貸付金として取り扱われるか」という前回の控訴審で提示した争点を解決するに必要な事実認定であった，と判示した。その上で，本事案に適用できる原則を明示するために，いくつかの先例判例を列挙している[32]。

　法人への前払金が資本への拠出であるか，貸付金であるかは，「つまるところ，納税義務者が貸倒損失の控除を認めさせるような負担を負っている，という事実を立証できるかの問題である。」（Mattiessen, v. Commissioner of Internal Revenue, 2 Cir., 1952, 194 F.2d 659, 661.）　当該取引の形式が左右するのではなく（not controlling），その実質による。Gregory, v. Helvering, 293 U.S. 465, Commissioner of Internal Revenue, v. Court Holding Co., 324 U.S. 331, Broadway Corporation, v. Commissioner of Internal Revenue, 4 T.C. 1158,160 F.2d 885.　貸倒損失とみなされるようにした本事案の損失は，「実質的な経済実体

---

32) Ibid., 262 F. 2d 512, pp. 513-514.

からして，危険負担資本による損失であるので」(248 F.2d 399, 407)，否認された。

当該前渡し金が危険負担資本であったことを裏付ける重要な事実として，BDG氏が短大を卒業した1930年以降の職歴，多くの小規模企業を立ち上げた経歴を挙げた。特に1946年から1948年までの期間に注目すると，BDG氏はG社に多額の資金を注ぎ込んで，G社が小規模企業数社を買収する支援をしてきたが，それらの小規模企業の事業が成功していないので，「貸付金」の利子はおろか，その元本の返済もままならない状態であった。

従って，BDGの前渡し金は，資本拠出であって，1939年内国歳入法典第23条（k）に規定する負債ではなかったとした租税裁判所の判決を支持した。

(4) 小　括

本事案は，Gregory事案と同じ第2巡回控訴裁判所で審理され，L. Hand裁判官が関与した事案であった。

最初の控訴審では，租税裁判所の判決理由とすべき原則が明白でないことを理由に差し戻し，2回目の控訴審において，「実質的な経済実体」からしてBDG氏による前渡し金は，危険負担資本に相当する，とした租税裁判所の判決を支持した。その根拠として，納税義務者の職歴，G社が買収した小規模企業が利益を出せるような経営状況でないこと等をも加味して，ベンチャー事業に投入した前渡し金を回収することが不可能であると判断したことに特色がある事案であった。

今村教授も本事案を紹介している[33]が，G社への"advances"を「前渡し金」（実質的に利子負担も返済義務もない）ではなく「貸付」と訳しているので，本事案の実体を理解することは難しいのでは，と思料する。

6日間という非常に短い期間内に新設法人を設立・清算したGregory事案と異なり，少なくとも3年間という比較的長い期間，前渡し金という形での資金

---

33) 今村隆，前掲論文「租税回避とは何か」，28-30ページ．

提供が，「見せかけの取引」という観点からではなく，その実質的な経済実体を考慮した結果，真正な前渡し金ではないとして，その貸倒損失の控除を否認した点で，意義ある判例であった，と思料する。

3. 英国の租税回避事案への米国判例の影響及び英国の GAAR の導入

既述の通り Gilbert 事案の 1 回目の控訴審判決で L. Hand 裁判官が反対意見を述べたが，その意見は後の米国における判決文で引用されるだけでなく，英国において初めて経済的実質を優先する判決を下した Ramsay 事案[34]でのリーディング・スピーチを行った Wilberforce 卿が，Knetsch 事案と共に，Gilbert 事案を次のように引用している（本章の脚注 30 を参照）。

「Gilbert 事案（(1957) 248 F.2d 399）において，Learned Hand 裁判官（事実認定に対して反対意見を表明した。）は次のように述べた。

『所得税法（Income Tax Act）は，納税義務者に対して財務取引をベースに納税義務を課する。当然のことであるが，税金の支払い，それ自体も財務取引である。しかしながら，納税義務者がその税金を減少させること以外に，自らの受益権にあまり影響を与えない取引を実行した場合，所得税法はその取引を無視することになる。』

---

34) W. T. Ramsay Ltd. v. Inland Revenue Commissioners, House of Lords, [1982] AC 300, 12 March, 1981, Judgment-1.
　米国の判決文は，租税裁判所（地方裁判所又は国税不服審判所），控訴裁判所，及び最高裁判所毎に閲覧できるので，その出所を明確に記述することができる。しかしながら英国の判決文は，個々に閲覧することもできる場合があるが，多くの場合，貴族院の判決文に，控訴院，高等法院の判決文が加わって記述されている。さらに，貴族院と控訴院の判決文には，それぞれの裁判官の意見（Judgment）が記述されているが，ページの記述がない。従って，本書では，判決文の記号に代えて，各裁判所名と裁判官の "Judgment" の番号で出典先を記述することにする。なお，後述する Ensign Tankers 事案あたりから，判決文にパラグラフが付されるようになったので，その場合にはパラグラフを付することにする。

米国の裁判所は，英国の裁判システム[35]とは異なっており，わが国では正確に一線を画することができるとしても，米国の立法権（legislative power）が比較的強いので線引きすることができないのかもしれない。<u>我々が直面している問題から目をそらさせることは，裁判所に自制することを求め過ぎているという確信が，米国の裁判所の判断により，さらに確かなものになってきた</u>[36]。<u>よって私は，本事案に対して租税回避否認の原則（principles）を適用することにする。</u>」[37]（下線は筆者）

このような Wilberforce 卿の並外れた強い決意の下，Gregory 事案の判決から約半世紀を経た 1981 年になって初めて，英国の租税回避に対する判決が，個々の取引の法形式に重点を置いて，制定法の文言を厳格に解釈するという租税法律主義から，事前に計画された一連の取引を全体として判断して，その真実の姿を見抜くという実質優先の原則へとギアチェンジするようになった。つまり，この一大転機となった事案（this watershed case）が Ramsay 事案判決で

---

35) 英国連合王国（イングランド及びウェールズ）の租税に係る裁判制度を概略すると，次のようになる。

納税義務者は，内国歳入庁（Inland Revenue）の更正処分に不服のある場合，特別委員会（Special Commissioners of Income Tax）に不服申立てをする。納税義務者は，その裁定に不服がある場合，高等法院（High Court of Justice）の大法官部（Chancery Division，直接税の場合）又は女王部（Queen's Bench Division，間接税の場合）に提訴することになる。高等法院の判決に不服がある場合は，控訴院（Court of Appeal）に上告することになる。さらに，控訴院の判決に不服がある場合には，貴族院（House of Lords，2009 年 10 月以降は，最高裁判所（Supreme Court））に上告することになる。

36) 原文は次の通りである。

"It is probable that the United States courts do not draw the line precisely where we with our different system, allowing less legislative power to the courts than they claim to exercise, would draw it, but the decisions do at least confirm me in the belief that it would be an excess of judicial abstinence to withdraw from the field now before us. "Ibid., Judgment by-1: Lord Wilberforce.

37) Ibid., Judgment by-1: Lord Wilberforce.

あったといえる[38]。

　英国では，個人等の所得税に対して申告納付制度が導入されたのが1996年から1997年の課税年度[39]以降であり，法人税が本格的に導入されたのが1999年以降である[40]。従って，それまでの期間は，賦課課税制度が採用されていたので，内国歳入庁（Inland Revenue）の関心は，主に脱税や滞納等に向けられていて，「法の規定の抜け穴を利用したり，自己に有利なように解釈するいわゆる『租税回避』に対しては，執行上比較的緩やかな態度をとってきた」[41]ようである。

　本章ではまず，制定法の文言を厳格に解釈したWestminster公爵事案判決を検討した後に，Westminster公爵事案の貴族院判決から46年も経過した1981年に貴族院がRamsay事案に対して国側の主張を認めた判決を検討する。Ramsay事案での控訴院判決を踏まえた貴族院判決において，Wilberforce卿が濫用的な租税回避に対抗するために，新たなアプローチを提唱せざるを得なかった理由も検討することにする。

　その上で，Ramsay事案で示された原則を支持した判例と支持しなかった判例の代表例を概説し，その後に，個別否認規定による対処に限界を認識した英国政府が，2013年に一般否認規定であるGAAR，但し"General Anti-Avoidance Rule"ではなく"General Anti-Abuse Rule"をどのように導入したかの経緯とその特徴について述べることにする。

---

38)　Gatley, Sarah, "Tax avoidance: the current UK approach" The In-House Lawyer, November 8, 2011, p.3.
39)　英国における個人の課税年度は，毎年4月6日から翌年の4月5日までがその計算期間であるので，上記のような表記になる。
40)　矢内一好「英国法人課税小史」（『企業研究』第23号，2013年8月），4ページ。
41)　川田剛，前掲書，225ページ。

(1) Westminster 公爵事案 [42]（租税法律主義に基づいた判例）
イ 概　要

Duke of Westminster（納税義務者で雇用者，以下「W公爵」という。）は1930年に，雇用している人達（ここでは総じて「召使い」という。）に対する給金（remuneration，雇用者の課税所得の計算上，控除できない経費である。）[43]の約6割を控除可能な年金にするために，新たに捺印証書（deed）[44]を取り交わした。当該証書の様式は，必ずしも同一の様式ではないが，概ね次のような内容であった。

W公爵は，召使いが現在の役務を改めて提供したい，あるいは提供し続けた

---

42) Duke of Westminster v. Commissioners of Inland Revenue, High Court of Justice (King's Bench Division), [1936]AC 1, [1935]All ER Rep 259, TLR 467, 19 TC 490, 7 May 1935. 国側勝訴。

Duke of Westminster v. Commissioners of Inland Revenue, Court of Appeal, [1936]AC 1, [1935]All ER Rep 259, TLR 467, 19 TC 490, 7 May 1935. 納税義務者側勝訴。

Inland Revenue Commissioners v Duke of Westminster, House of Lords, [1935] All ER Rep 259, Also reported [1936] AC 1; 104 LJKB 383; 153 LT 223; 51 TLR 467; 79 Sol Jo 362; 19 TC 490, 7 May 1935. 納税義務者側勝訴。

本事案は，渡辺徹也「租税回避否認原則に関する一考察（一） ―最近のイギリス判例を題材として―」（『民商法雑誌』第111巻第1号，1994年9月），65-76ページ，又最近では矢内一好「英国における一般否認規定の導入」（『国際税務』Vol.34 No.2，2014年2月），106-107ページ，及び矢内一好・高橋里枝「英国における租税回避事案と一般否認規定（1）」（『税務事例』Vol.46, No.5，2014年5月），61-62ページで紹介されている。

43) 本書では，召使いの役務提供の対価である給与，賃金等を「給金」と訳すことにする。

44) 「英米契約法において契約が有効に成立するためには，その契約が捺印証書（deed）という厳格な形式を要求される書面によって作成されているか，あるいは，その内容をなす約束がコンシダレイションによって支えられている必要がある。『コンシダレイションとは，約束者がその約束と交換に，受約者から受け取る利益，または受約者が約束者からの約束と交換に，負担する不利益なのである。』」新井正男著『判例の権威 ―イギリス判例法理論の研究』中央大学出版部，1990年，185ページ。

いとしても，その将来における役務の提供に対する給金を得る権利を明確にするために，それぞれの召使いの過去における役務に応じて年金（annuity）を設定することを提案した。つまり，W公爵は，召使いの過去の役務を考慮して，お互いの存命期間中，あるいは7年間，その召使いに週毎に60シリングの給金（召使いによって給金の額は異なる。）を支払う代わりに，給金を週22シリングとし，残りの38シリングは年金として支払うことを提案した。

その召使いは，雇用者のために遂行する仕事に対して支払われる給金の総額（一部は年金）を受領する権利を有し，かつ請求することを当該契約書により保証されるが，召使いのために積み立てた年金（その召使いが引き続き雇用者に役務を提供している場合には，その召使いが受領していた直近の給与又は賃金の金額に至るまでの追加金額があれば，その金額）に対して不満を述べないことを，書面により（by letter）その召使いに説明した。その召使いは本書面の内容に同意し，その契約を受諾した[45]。

W公爵は，1929年から1930年，1930年から1931年，及び1931年から1932年における付加税（Sur-tax）[46]の計算上，本人の総所得（total income）から年金相当額（召使い1人当たり1週間の給金60シリングのうち，38シリング分）を控除できると主張した。

しかしながら，内国歳入庁特別職員（Commissioners of Inland Revenue，以下

---

45) あるケースの雇用契約書では，これまでの役務を考慮して，所定の期間における年収額を当人またはその代理人（相続人）に支払う，と規定されていた。但し，その召使いに対する説明書は何ら作成されなかった。被契約者全員は，この雇用契約書により，その契約期間中に生存し，雇用形態が存続している限り，賃金または給与として受領してきた金額を得られることとされ，たとえ被契約者がその勤務を終えても，その支払いはそのまま実行されなければならない，とされた。Inland Revenue Commissioners v Duke of Westminster, House of Lords, [1935] All ER Rep 259, op. cit., HEADNOTE.
46) 「付加税とは，個人の年間所得が一定額を超えた場合における当該超過所得に対して一定の税率により加算されるものである。」（矢内一好・高橋里枝，前掲論文，61ページ。）

「CIR」という。)[47]は，召使いの役務提供に対する支払いが給金に相当するとして，その控除を否認して付加税の賦課決定をした。W公爵はこの賦課決定に対し不服申立てをした。

ロ　各裁判所の判決
（イ）高等法院の判決（国側勝訴）[48]

　　高等法院は，W公爵の召使いとして引き続き雇用された者に対して，捺印証書に基づいて支払われた金額が，実質において（in substance）賃金又は給与と同類の用役（service ejusdem generic with wages or salaries）[49]を提供し続けることに対する支払いであったので，付加税の計算上，控除が認められる年1回の後払い（annual payments）に相当しない，との判決を下した。

（ロ）控訴院の判決（納税義務者側勝訴）

　控訴院では，Hanworth卿，Slesser裁判官，Romer裁判官，及びFinlay裁判官の4名が審理し，3対1で高等法院の判決を覆して，納税義務者の主張を認める判決を下した。Finlay裁判官のみが反対意見を述べた。

　控訴院の判決理由は，本物の捺印証書であることに疑う余地もなく，そ

---

47) 米国では，"Commissioner of Internal Revenue"と内国歳入庁長官が1名であるが，「英国の内国歳入庁の特別職員であるコミッショナー（Commissioners）は，内国歳入庁の理事会（Board of Inland Revenue）等における国王から任命された複数の有給の公務員のことである。英国の場合は，日本の国税庁長官のように，1名が最高責任者となるのではなく，複数のコミッショナーが任命されている。」矢内一好，前掲論文「英国法人課税小史」，13ページ。
48) 本高等法院の判決については，高等法院，控訴院，及び貴族院の判決文，"INTRODUCTION: 11."を参照した。
49) "ejusdem generic"とは，同類解釈則（具体的な文言の後に一般的な文言のものが掲げられているとき，一般的な文言は前者と同類・同種とみなすべきという解釈原則）のことである。ジーニアス英和辞典より。

の内容は妥当なものであり，1918年所得税法（Income Tax Act, 1918）のすべてのシェジュールの適用の射程範囲内にあるからである，とした[50]。

(ハ) 貴族院の判決（納税義務者側勝訴）[51]

貴族院では，Atkin 卿，Tomlin 卿，Russell 卿，Macmillan 卿，及び Wright 卿の5名が審理し，4対1（Atkin 卿は，1名の召使いの場合を除いて，反対意見を表明）で控訴院の判決を支持した。

本捺印証書の下で，W公爵の召使いに対する支払いは，賃金又は給与の支払いに相当せず，所得税から控除できる年1回の後払いであった。従って，その支払いは付加税の目的に照らして，W公爵の付加税の計算上，控除可能な経費であると判示した。

本事案の判決において Tomlin 卿は，"Judgment-5" で次のように述べた。

「国民は誰でも，関連する法律によって賦課される租税負担を，何もしない場合よりも，自らの業務を調整して（to order his affairs）軽減する権利を有している。その業務を調整して，租税負担を軽減することに成功した場合，その創意工夫が内国歳入庁長官又は他の納税義務者にとって不都合な（好ましくない，unappreciative）ものであったとしても，その者には追徴税を支払う義務はない（he cannot be compelled to pay an increased tax）。この一般的にいわれている『実質』の法理（This so-called doctrine of "the substance"）とは，その者に要求される租税負担額について，その者が法的に請求できないように（not legally claimable）自らの業務を調整したにもかかわらず，その者に支払わせようとする企て以外の何物でもないように，私には思える。」[52]

その上で，本捺印証書は，明らかに真正なものであり，適切な法手続

---

50) 貴族院の判決文の "HEADNOTE" を参照した。
51) 貴族院の判決文を参照した。
52) Inland Revenue Commissioners v Duke of Westminster, House of Lords, op. cit., p. 520.

（proper legal operation）がなされてきた。従って，上訴人が主張する「実質」が適用され，その結果，賦課額が少なくなることを理由に，その捺印証書を無視することはできない，と言及した。

一方，反対意見を述べた Atkin 卿は，"DISSENT BY-1" において「たとえ納税義務者が貧しくて卑しい者であろうと，裕福で崇高な者であろうとも，自身の租税負担額を最も少なくなるようにその財産（capital）と所得をうまく処理する法的な権利を有していることが，認識されなければならない」[53]が，「W公爵が付加税の負担を幾分でも回避するための方策（device）として捺印証書を作ったことは明白で，否定することができない」[54]と判断した。支払われた金額が給金であったというのが，本取引の実質（substance of the transaction）であったとした CIR 及び Finlay 裁判官（控訴院の判決で，反対意見を述べた裁判官）の見解を Atkin 卿は支持した[55]。

(二) 小　括

本事案は，渡辺教授が述べているように，「貴族院は，（仮装行為でない限り）当事者の形成した法律関係こそが取引の真の『実質』であるとした」[56]事案で，租税法律主義に基づいた判決であった。本事案での召使いに対する給金は，明らかに家事費の類であるにもかかわらず，付加税の負担を軽減する目的のためだけに捺印証書を交付して，給金の約6割を年金に置き換えることに納税義務者は成功した。

貴族院が1929年課税年度の本事案に係る判決を下したのが，1935年5月であったが，前記の Gregory 事案は，課税年度が1928年で，最高裁判

---

53) Ibid., p. 511.
54) Ibid., p. 511.
55) Ibid., p. 517.
56) 渡辺徹也，前掲論文，67ページ。

決が 1935 年 1 月と期せずして同じ時期であった。しかしながら、その判決は、全く異なる結果に終わった。英国の裁判所が実質優先の判決を出すのが、次に検討する Ramsay 事案であるので、約半世紀の間、「明確な否認規定がない限り、たとえ租税回避行為があったとしても否認されることはないとした本件判決」[57]が大きく影響することになる。

(2) Ramsay 事案 [58] (一連の取引の実質を重視した判例)
イ　概　要

農業を経営している W. T. Ramsay Ltd. (1961 年 7 月 7 日設立の法人。以下「R 社」という。) は、1973 年 5 月 31 日に終了する事業年度において、その農地をセール・アンド・リースバック取引を実行したことにより譲渡益 (capital profit) 19.3 万ポンドを計上した。その結果、課税所得 (chargeable gains,) が 18.8 万ポンドとなった。R 社は、この譲渡益を相殺するために譲渡損失 (capital loss) を創出することを専門に扱っているコンサルタント会社 Dovercliff Consultants Ltd (以下「D コンサルタント」という。) から、既製の租税回避スキーム (ready-made scheme)[59]を購入した。そのスキームの内容は、まず 2 つの資産を創設して、一方の資産価値を意図的に減少させた後に、その資産を売却

---

57)　川田剛、前掲書、230 ページ。
58)　W T Ramsay Ltd v Inland Revenue Commissioners, High Court of Justice, Chancery Division, [1978] STC 253, 2 March 1978. 納税義務者側勝訴。
　　W T Ramsay Ltd v Inland Revenue Commissioners, Court of Appeal, Civil Division, [1979] STC 582, 24 May 1979. 国側勝訴。
　　W T Ramsay Ltd v Inland Revenue Commissioners, Eilbeck (Inspector of Taxes) v Rawling, House of Lords, [1982] AC 300, 12 March 1981. 国側勝訴。
　　2 つの事案に対して同時に判決が下された上告事案 (co joined appeal) である。両事案とも国側が勝訴したが、本書では Ramsay 事案のみを検討する。
　　本事案は多くの書物、論文で紹介されているが、最近では矢内一好、前掲論文、107-108 ページ、矢内一好・高橋里枝、前掲論文、62-63 ページ等で紹介されている。
59)　購入したスキームについては、高等法院の判決文の "INTRODUCTION" に詳細に記述されている。

して譲渡損失を創出し，他方，その減少分だけ資産価値が高まった資産を売却することにより譲渡益が発生するが，その譲渡益が課税にならない債権によるものとみなされるように仕組んだ事案であった。

ロ　事実関係

1973年2月23日　R社は，Caithmead Ltd.（特別目的法人組織の投資会社（specially incorporated investment company），以下「C社」という。）の発行済株式全株式を18.5万ポンドで取得した。

R社はC社に対して，同日付の書面により2種類の貸付金（two loans，以下「貸付金1」と「貸付金2」とし，それぞれの額面金額は21.9万ポンド，その利率はそれぞれ11％である。）を，その返済期限が30年と31年と異なる期間の貸付金を提案し，C社はその提案を受諾した。

また，C社は次の条件を口頭で受け入れた。

①C社が希望すれば，当該借入金を期限前に返済することができること，②C社が解散する場合には，その期限前にR社に返済する義務があること，③仮にいずれかの借入金を返済期限以前に返済する場合には，その額面金額又は市場価値のいずれか高い方の金額で返済することになること，④2種類の貸付金の利率11％について，R社は1回だけ，貸付金のいずれか一方の貸付金の金利を引き下げる代わりに，他方の貸付金の金利をその分だけ上乗せする権

　また貴族院のWilberforce卿は，そのJUDGMENT-1において次のように述べている。

　R社は，このスキームに沿って租税回避を図った。納税義務者が行うべきことは，そのスキームを考案したDコンサルタントに手数料を支払うこと，相殺したい利得金額を述べること，そして，そのスキーム通りに必要事項を当てはめることだけである。

利を有していること。

口頭で受諾した条件は後日，C社の取締役が用意した公正証書（statutory declaration）[60]によって立証された。

そこでR社は，Slater Walker Ltd（以下「SW銀行」という。）から資金を調達して，C社に総額43.8万ポンドを貸し付けた。

1973年3月2日　R社は貸付金1の金利をゼロに引き下げる代わりに，貸付金2の金利を22％にまで引き上げた。その後に，R社は，Masterdene Finance Ltd（以下「M金融」という。）に貸付金2をその市場価値である39.2万ポンドで売却したので，17.3万ポンドの譲渡益を得た。事が計画通り進み（In due course），貸付金1が額面で返済されたので，R社は，C社株式に対して17.5万ポンドの譲渡損失を計上した。

1973年5月31日に終了する事業年度　貸付金2は，「証券」であると文書で証明された債務ではないので，法人税の算定上，Finance Act of 1965（以下「1965年財政法」という。）シェジュール7，パラグラフ11(1)及び5(3)(b)が適用される「証券による債務（debt on security）」に該当しないと解した。従って，貸付金2の売却により発生した譲渡益17.3万ポンドは，課税対象の利得にはならない，としてR社は申告した。

The Special Commissioners（特別職員，以下「特別職員」という。）は，貸付金2がシェジュール7，パラグラフ5(3)(b)に規定する「転換社債又はそれに類する証券（loan

---

60）"statutory declaration"とは，制定法上の宣言（宣誓の代わりに，下級判事又は宣誓管理官の下で，議会の法に従って行われる宣言のことである）と訳されるが，口頭による受諾が訴訟以前の1973年2月23日に行われていることから，本文の訳としては相応しくないと思う。川田教授は，本用語を「公正証書」と訳しているので，ここでも「公正証書」と訳すことにする。川田剛，前掲書，232ページ。

第4章　取引の実質を優先した判例　107

stock or similar security)」[61]に該当し，その譲渡処分は，パラグラフ11（1）に規定する「証券による債務」に相当するので，その売却から発生した譲渡益は非課税にはならない，と判断した。

ハ　各裁判所の判決
　（イ）高等法院の判決[62]（納税義務者側勝訴）
　　高等法院の Goulding J 裁判官は，伝統的な租税法律主義に則って，次のように判示した。
　　「本取引が，1965年財政法のシェジュール7，パラグラフ5の意味及びその目的の射程範囲内である『証券』（債務者によって発行された文書又は証書で，市場性ある証券を示す，又は市場性ある証券として取り扱われるようにし，必要なときは，株式又はその他の証券に転換できる文書又は証書）でない限り，1965年財政法のパラグラフ11に規定する「証券による債務」に該当しない。C社はR社に対して，当該借入金に係る証券というような証書を何ら発行しなかった。従って，R社による貸付金2は，1965年財政法のパラグラフ11（1）の射程範囲内である『証券による債務』に該当しないので，その売却によりR社に発生した利得に対して，本規定を理由に課税することはできない。」

　（ロ）控訴院の判決[63]（国側勝訴）
　　本控訴院の Scarman 卿，Ormrod 卿，及び Templeman LJJ 卿が審理に

---

61)　川田教授は，この"loan stock"を「・・・債権，株式その他これらに類する証券」として「債権，株式」と訳しているが，本判決文の他の箇所で"a loan stock"とワンワードになっていることからも「転換社債」と訳す方が適切であろう。さもなければ，「債権」も「証券」に含まれることになってしまい，本争点に対する控訴院，貴族院の判決の根拠が不明確になってしまう。川田剛，前掲書，236ページ。
62)　高等法院の判決については，高等法院の判決文（[1978] STC 253）"HEADNOTE"を参照した。

当たり，Templeman 卿が示した"JUDGMENT-1"（但し，この見解はScarman 卿の説得を受けた上での判示である）[64]に賛同を得た上で，次の通り原審を覆す判決を下した。

「貸付金2は，1965年財政法のシェジュール7，パラグラフ11 (1)の射程範囲内である『証券による債務』であった。貸付金2は，転換社債の性質すべてを有しており，債務者側の法人によって提供される文書又は証書（つまり，貸付金証書）に類するものであると証言（つまり，担当取締役がその公正証書を作成したとの証言）されており，証書としての機能を適切に満たしていたので，転換社債に類するものであった。当該公正証書には，市場性ある証券であると表示されており，本貸付金は，必要なときに，株式に転換できるとされていた。従って，貸付金2が1973年3月2日にM社へ譲渡されたことにより生じた利得は，租税債務を免れることができない。」

控訴院がR社の一連の取引の真相を見抜いたのは，R社の提案をC社が口頭で受け入れたとされた供述が事実ではなく，1973年2月23日付けの文書と2種類の貸付金に関する公正証書を入手したことによる。この事実認定を基に，Templeman 卿は判決文（JUDGMENT-1）の冒頭に，この循環論法的策略（circular game，端的にいえば，山手線（環状線）的策略）には，次の4つのルールがある，と演劇（performance）に喩えて，資金が単に巡回していただけであると結論づけた。

① 演劇をする以前に脚本が入念に練られている。

---

63) 控訴院の判決については，控訴院の判決文（[1979] STC 582）"HEADNOTE"及び"JUDGMENT BY-1:Templeman LJ"を参照した。
64) "JUDGMENT BY-2 : Lord Scarman"によると，Templeman 卿は当初，「証券による債務」と通常の貸付金との区別が分かりにくかったようである。従って，「証券による債務」を理解させるために，無担保の転換社債100ポンド，金利10％，償還期間30年とした場合，市場金利が5％に落ちれば，100ポンド以上で売却することができ，譲渡所得を得ることができる。逆に市場金利が15％になれば，譲渡損失を生じることになる，と"JUDGMENT-1"に記述されている。

②　資金と証書が実際に，循環し，交換されている。
③　その演劇の結末には，当該資金が元に戻ってくる。
④　納税義務者が採用した俳優達の演技に対して，公演中に支払った出演料は，その開演当初に既に貯蓄されていたので，彼らの財政状況は，終演時でも同じ状態である。

（ハ）貴族院の判決[65]（国側勝訴）

貴族院のWilberforce卿，Fraser of Tullybelton卿，Russell of Killowen卿，Roskill卿及びBridge of Harwich卿が審理し，次の2つの理由[66]により，全員一致で納税義務者の上告を棄却した。

第1に，納税義務者が租税を回避する目的で多数の単一取引から成るスキーム（scheme comprising a number of separate transactions）を用いた場合，特別職員と裁判所は，そのスキームに組み込まれた個々のステップ又は個々の取引の真実性とか他の点（genuineness or otherwise）を考察するだけに留まらず，そのスキームを全体として考察することができる。つまり，租税法の適用に当たり，個々の取引が司法上，見せかけ（sham）でなかったとしても，複数の取引からなるスキームの場合には，その取引全体を考察することができる。それら複数の取引を多数の独立した取引（independent transactions）とみなすというよりはむしろ，複数の要素が有機的に絡んだ複合取引（composite transaction）[67]とみることにより，利得も損失もいずれも生み出さず，さらに，納税義務者の受益権（beneficial

---

65)　貴族院の判決の判決については，貴族院の判決文（[1982] AC 300）の"HEADNOTE"及び"JUDGMENT BY-1: Lord Wilberforce"の見解を参照している。
66)　W T Ramsay Ltd, op. cit., [1982] AC 300, HEADNOTE.
67)　この"composite transaction"は，通常，「複合取引」と訳せるが，個々の取引だけ見ると，法形式を満たしているが，多くの取引が緊密な関係を持って1つの目的，租税軽減という目的を達成することを的確に表すために，「有機的」という用語を加えて訳した。
　　上記文章は，Gregory事案の控訴審でL. Hand裁判官が「旋律（メロディー）が

interest）に何ら影響を及ぼさなかったことが判明した場合には，その取引は租税の目的上，無効（nullity for tax purposes）とみなすことができる。本事案にこの原則を当てはめると，当事者等の意図及び入手した資料から得られる唯一の結論は，この複数の相関関係のある一連の取引が利得も損失も生み出さなかったということであり，損失をもたらした唯一の取引だけを取り出して，租税の目的上，別扱いにすることは間違いであり，誤った分析である。従って，本スキームは租税の目的上，無効とみなすことができる。

第2に，貸付金2の特徴に絞って考察すると，その条件が償還可能であり，その金利が固定レート（但し1回のみ変更可）という点からして，当該貸付金が，1965年財政法のパラグラフ11（1）に規定する「証券による債務」に該当することが明白であるので，その売却から生じた利得は，譲渡所得税を免れることができない。

Wilberforce 卿は，従前の厳格な租税法律主義に基づく Westminster 公爵判例の法理の限界（limitation of the Duke of Westminster doctrine）[68]を示

音符の寄せ集め以上であるように，1つの文章が意味するものは，個々の単語の意味以上のものであるかもしれない。何事も，全体が明白になる状態のところに，かつ，すべてが集合的に創り出された状態のところに立ち戻る必要である。」と言及したことと相通じるものと思料する。

68) Wiberforce 卿は，その JUDGMENT-1 の中で，従前の4つの原則を列挙している。
　・課税対象項目（subject）は，財政法の明瞭な文言によって課税されるべきであり，「法律上の真義（intendment）」であるとか「衡平法（equity）」によるべきではない。
　・課税対象項目は，その租税債務を減額するために，その業務を調整してもかまわない。
　・証書又は取引（document or transaction）が真正か見せかけか（sham）を判断するには，特別職員による事実認定に依拠する。
　・証書又は取引が真正（genuine）であるということであれば，裁判所は，ある想定を基にした実質（some supposed underlying substance）により，その裏を調べることはできない。

す昨今の事案[69]を参照して，これらの租税回避に対抗するために新たなアプローチ，つまり，財務上何ら変化を及ぼさず，利得も損失も発生させない一連の取引による租税回避スキームを租税法上，否認するアプローチが望まれていると言及した。Wilberforce卿は「租税回避の手法が進歩を遂げ，技術的に改良されているにもかかわらず，裁判所がただ単に立ち止まっていて良いのであろうか。そのような静止状態を保つことは，税収減を放置することになり，その結果，他の納税義務者の権利を侵害し，若しくは議会の混乱を招き，又は（多分に）その双方をもたらすことになる。」[70]と言及した。そこでWilberforce卿は，本節の冒頭で記述した米国の2つの判例，Knetsch事案及びGilbert事案を引用して，本Ramsay事案の租税回避スキームを当てはめて次のような事実認定により画期的な判決を導いた。

① 税務コンサルタントの提案書には，「本スキームは租税回避スキームであって，納税義務者に利益をもたらすような商業的な案件ではない。実際には，本スキームに係る費用が確実に発生する。」と明記されていた。

② 税務コンサルタントによって記述され，特別職員によって認められたように，すべての取引が正に実行され，予定通りに遂行された。

③ 本スキームの特徴は，一旦実行に移したら，すべての手続きが完了するまで中断できない仕組みであった。

④ 一連の取引が，自己相殺取引（self canceling transaction）により利得も損失も発生させないように仕組まれていた。

---

69) Floor v Davis（Inspector of Taxes）[1978] 2 All ER 1079, [1978] Ch 295, [1980] AC 695.
　　Inland Revenue Comrs v Plummr [1979] 3 All ER 775, [1980] AC 896, [1979] STC 793.
　　Chinn v Collins（Inspector of Taxes）[1981] 1 All ER 189, [1981] STC 1.
70) Ramsay, op. cit., Judgment-1: Lord Wilberforce.

⑤　本スキームは，全体として，そのスキームの提供に対する手数料の支払い以外，R社に何らの成果ももたらさなかった。
　⑥　この様々な取引に必要な資金は，本スキームの目的のために使用され，本取引が一巡して完結した時にR社が返済することを条件に，金融機関から借り入れた資金であった。

(ニ) 小　活
　一つ一つのステップを辿ると，損失が発生し，それに見合う利得も発生したと誤った分析結果になるが，本スキームを全体として考察すると，その真の姿が，利得も損失も発生させなかったことにあった，と見出すことができる，と Wilberforce 卿は結論づけた。
　貴族院の Ramsay 事案に対する判決は，英国の租税回避に関する判決に一大転機をもたらしたが，Ramsay 事案の貴族院判決を適用した判決と適用しなかった判決とに分かれる判例がそれ以降の租税回避事案で発生し，Ramsay の法理を公式化する動きとなる。これまでの厳格な租税法律主義では濫用的な租税回避に対抗できないというジレンマは英国のみならず，世界各国が共に抱えている課題であり，その１つの解決策が一般否認規定，GAAR の導入であると認識されるようになる。

(3) Ramsay 事案での貴族院判決以降の主な判例
イ　Ramsay 原則を適用した判決
（イ）Burmah Oil 社事案 [71]

---

71) Inland Revenue Commissioners v Burmah Oil Co Ltd, First Division of the Inner House of the Court of Session as the Court of Exchequer in Scotland, [1980] STC 731, 54 TC 200, 13 November 1980. 納税義務者側勝訴。
　Inland Revenue Commissioners v Burmah Oil Co. Ltd, House of Lords, [1982] STC 30, 3 December 1981. 国側勝訴。
　本事案については，上記裁判所の各判決文，矢内一好，前掲論文，108 ページ，及び矢内一好・髙橋里枝，前掲論文，63-64 ページを参照している。

(a) 本事案の概要

1969年3月6日にBurmah Oil社（グループの親会社，以下「B社」という。）が完全子会社で休眠会社であったH社にBritish Petroleum Co. Ltdの株式を高値で譲渡した。その後，1971年4月23日に同株式の株価が下がった時点で買い戻したことにより，H社は1億5,930万ポンドの債務を負うことになった。B社は，1972年12月12日に別の子会社M社を通してH社に1億5,930万ポンドを貸し付けた後に，H社から同額を返済された。1972年12月12日にB社は，H社の増資を引き受けて払込金1億5,960万ポンドを支払ったので，H社は，M社に1億5,930万ポンドの借入金を返済した。1972年12月19日にH社は解散決議を採択して，1972年12月29日に残余財産である現金30万ポンドを分配して清算を終えた。B社は，1972年12月31日に終了する事業年度において，H社への払込金相当額を損失として法人税の課税所得から控除した。

本事案の争点は，当該損失が1965年財政法第22条に規定する控除可能な損失であったかである。特別委員会は，一連の取引が計画通りに適切に実行され，真正な取引であったとして，B社の主張を認めた。

(b) 各裁判所の判決

スコットランド民事控訴院は，特別委員会の裁定を支持したので，国側は貴族院に上告した。

貴族院においては，Diplock卿，Fraser of Tullybelton卿，Scarman卿，Roskill卿，及びBrandon of Oakbrook卿が審理した。なお，Fraser of Tullybelton卿とRoskill卿は共に，Ramsay事案も審理していた。

B社が実行した租税回避スキームは，この一連の取引が終結するまでの全体を考察すると，1965年財政法が意図する実質的な損失（real loss）を何ら被っていない。従って，貴族院は全員一致で，国側の主張を容認した。

Diplock卿は，Ramsay事案貴族院判決における原則を踏襲したFraser of Tullybelton卿の見解に賛成の意を表した上で，①事前に準備した一連

の取引を設定し，②その一連の取引（資金がB社とその子会社間で循環している循環取引）の中に，税金債務を回避する以外に商業上の目的を全く有しないステップ取引（steps）を挿入した事案であるので，B社がH社に払い込んだ1億5,960万ポンドの評価損（write-off）の計上を否認する旨の判決を下した。

（ロ）Dawson 事案[72]
（a）本事案の概要

Dawson 事案は，Dawson 一家（納税義務者 George Dawson 氏は本事案の訴訟中に亡くなったので，その未亡人及び子息が本事案を継承，以下「D一家」という。）が所有する同族会社2社の株式を非関連会社W社に譲渡するに際して発生する譲渡所得の繰り延べと当該株式の譲渡に係る印紙税を軽減するために，マン島に設立した投資会社G社を介在させるという租税回避スキーム事案である。

国側はD一家がW社に直接，当該株式を譲渡したものとして課税したが，その更正処分に関して争われた事案である。

なお，課税対象年度は，1971-1972年度である。

（b）各裁判所の判決

Ramsay 事案及び Burmah Oil 社事案で表明された租税回避スキームに対する新たなアプローチは，そのスキームを形成するステップ取引が循環取引，自己相殺取引であった場合にのみ適用されるが，本事案はそのよう

---

72) Furniss (Inspector of Taxes) v Dawson, Chancery Division, [1982] STC 267, 53 TC 324, 18 December 1981. 納税義務者側勝訴。
　Furniss (Inspector of Taxes) v Dawson and related appeals, Court of Appeal (Civil Division), [1983] 3 WLR 635, 27 May 1983. 納税義務者側勝訴。
　Furniss (Inspector of Taxes) v Dawson (D. E. R.) House of Lords, [1984] AC 474, 9 February 1984. 国側勝訴。
　本事案ついては，上記裁判所の各判決文，矢内一好，同上論文，108-109ページ，及び矢内一好・高橋里枝，同上論文，64ページを参照している。

なスキームではなく，株式交換合意書及び株式売買合意書が法的に有効であるとして，控訴院（特別委員会及び高等法院も同様の理由）は，納税義務者の主張を容認した。

　しかしながら，貴族院では，Fraser of Tullybelton 卿，Roskill 卿，Bridge of Harwich 卿（これら3名は，Ramsay 事案も審理した。），Scarman 卿，及び Brightman 卿が審理し，全員一致で国側の主張を容認する判決を下した。

　Brightman 卿（JUDGMENT BY-5）は，まず本事案の一連の取引に関する事実認定（当該株式の譲渡に係る法的に必要な手続が予定通りに完璧に実行されたことを含む。）を行った上で，控訴院の指摘通り，Ramsay 事案及び Burmah Oil 社事案のような循環取引又は自己相殺取引ではないが，新たなアプローチを適用できる理論的根拠がある，と述べた。つまり，事前に計画された節税スキーム（pre-planned tax saving scheme）において，①拘束力のある契約ではないが取決め（arrangement which falls short of a binding contract）によって行われた一連の取引（ステップ）と，②各ステップを順次行うように契約で拘束されて行われた一連の取引（ステップ）との間には，実際問題として何ら差異がないので，課税目的上の区別は不要である。本事案の場合，挿入されたステップは，納税義務者から購入する者であり，かつ，W 社へ売却する者として G 社を介入させたことであった。例えそのステップには事業上の効果があったとしても，挿入したステップには，課税の繰り延べ以外の事業目的を全く有していなかった。譲渡所得税（capital gains tax）[73]が導入される以前の1964年に本譲渡が行われていたとしたら，G 社を介入させなかったであろう。従って，Ramsay 原則の公式化には，①事前に準備した一連の取引，つまり「複数の要素が有機的に絡んだ単一取引（single composite transaction）」でなければならない

---

73) 英国の譲渡所得税（キャピタルゲイン税）は，1965年財政法において創設され，第19条から第45条までに規定されている。創設時の譲渡所得税の税率は30％であった。矢内一好著『英国税務会計史』中央大学出版部，2014年，202ページ。

こと，かつ，②その一連の取引の中に，税務上の優遇措置以外に商業（事業）上の目的を有しないステップが挿入されていなければならないこと，という2つの要素（two ingredients）が存在する必要がある。

D一家が実行した一連の取引に関して，国側が上記2つの要素の存在を立証したので，Ramsay 原則が適用されるとした Brightman 卿の意見に全員が賛同した。

Dawson 事案が Ramsay 事案と共に重要な判決であることは，軽課税国で有名なアイルランドが GAAR を導入した 1989 年以降の O'Flynn 事案[74]で，同国の最高裁が Dawson 事案を引用して，納税義務者の 40 以上の一連の取引からなる租税回避を否認した最初の事案であることからも確認できる。因みに，O'Flynn 事案では，その判決文において，Westminster 公爵事案と同時期に実質優先の判決を下した Gregory 事案の控訴審判決を，注目に値する判決である，と評価した[75]。

ロ　Ramsay 原則を適用しなかった判決
（イ）White 事案[76]
　（a）本事案の概要

Stephen White（以下「SW 氏」という）と Brian White（以下「BW 氏」と

---

74)　Revenue Commissioners v O'Flynn Construction Company Limited & ors, [2011] IESC 47, 264/06, Supreme Court, delivered the 14th day of December, 2011.
　　本事案は，Export Sales Relief Scheme（1958 年に制定された輸出販売免除スキームで，輸出用製品の販売を促進する目的で，所定の輸出から得た利益に対する法人税を免除すると共に，その利益を源泉とする配当を受領する株主の所得税も免除する優遇措置）を享受するために，新会社を数社設立して，そのグループ内で自己相殺取引により資金の貸し借りをして，最終的に親会社の株主である Michael O'Flynn と John O'Flynn に非課税の配当金を支払ったことが，GAAR を悪用（misuse）した租税回避スキームである，と最高裁が判示した事案である。

75)　Ibid., paragraph 55.
76)　Craven (Inspector of Taxes) v White, Chancery Division, [1985] 3 All ER 125, 24 May 1985. 納税義務者側勝訴。

いう)(両者を合わせて,以下「納税義務者」という。)は,スーパーマーケットのS. White and Sons (Queensferry) Ltd.(以下「Q社」という。)の全株式を所有していた。納税義務者は1973年以降,当該事業を売却するか合併させるか熟考中であった。1976年に入って,納税義務者はC社と交渉を開始し,計画していた合併を果たす上で持株会社としての役割を果たす会社を,1976年3月までにマン島に設立する可能性を探っていた。

Millor Investments Ltd.(以下「M投資会社」という。)が1976年6月にマン島に設立され,M投資会社は7月19日に,自社の株式と交換にQ社の発行済株式を取得した。その間に,納税義務者は,J社とも交渉をし始めたので,C社との交渉を一時中断して,J社との交渉を優先した。その結果,納税義務者とJ社は1976年8月9日に合意に達し,M投資会社は,Q社の株式を200万ポンド超で売却した。M投資会社の資産は,1977年3月以降,Q社の株式の売却から得られた金額だけであるが,M投資会社はその金額を納税義務者に無利息融資 (interest-free loans) をし,その全資金が1981年10月までの期間,納税義務者に融資されていた。

課税当局は,M投資会社によるJ社への株式の売却が実質的には納税

Craven (Inspector of Taxes) v White, Commissioners of Inland Revenue v Bowater Property Development Limited, Baylis (Inspector of Taxes) v Gregory, Court of Appeal, Civil Division, [1987] 3 All ER 27, 24 March 1987. 納税義務者側勝訴。

Craven (H. M. Inspector of Taxes) v White, Commissioners of Inland Revenue v Bowater Property Development Limited, Baylis (Inspector of Taxes) v Gregory, House of Lords, London, England, 1988 N.R. LEXIS 1629; 103 N.R. 35, July 21, 1988. 納税義務者側勝訴。

Ramsay事案の場合と同様に,3つの事案に対して同時に判決が下された上告事案 (co joined appeal) である。本書では,上記判決文のうち,White事案のみを検討する。また,本貴族院の判決文の頃から,判決文をパラグラフ毎に明示するようになったので,引用,参照する場合には,そのパラグラフを記述する。

本事案については,上記裁判所の各判決文,矢内一好,前掲論文,109ページ,及び矢内一好・高橋里枝「英国における租税回避事案と一般否認規定(2)」(『税務事例』Vol.46, No.6, 2014年6月), 67-68ページを参照している。

義務者によるJ社への株式の売却であり，M投資会社が当該株式に関して受領した現金をその売却対価であるとみなして，納税義務者に対して1976-77年度及び1977-78年度に係る譲渡所得課税を賦課した。

(b) 各裁判所の判決

高等法院及び控訴院（両判決文のHEADNOTEを参照）では，一連の取引が「複数の要素が有機的に絡んだ単一取引」であったとみなしてRamsay原則を適用するためには，最初のステップから最後のステップまで事前に準備した一連の取引通りに踏襲されなければならない，と述べた。しかしながら，1976年7月19日のM投資会社とQ社との株式の交換の時点で，Q社の株式をJ社に売却することは想定していなかったし，その時点ではC社と持株会社を設立するという妥当な商業目的を有していた，という事実を根拠に，高等法院及び控訴院は，国側の主張を認めなかった。

貴族院においては，Keith of Kinkel卿，Templeman卿，Oliver of Aylmerton卿，Goff of Chieveley卿，Jauncey of Tullichettle卿が審理し，3対2で国側の上告は棄却された。

Oliver of Aylmerton卿の見解（Keith of Kinkel卿とJauncey of Tullichettle卿の賛同を得た見解）は，Ramsay事案貴族院判決におけるWilberforce卿の判決文及びDawson事案貴族院判決におけるBrightman卿の判決文を詳細に分析した後に，Dawson事案貴族院判決から得られた次の4つの課税要件を提示した[77]。

① 所定の成果を得るために，一連の取引の中に中間取引（intermediate transaction，介在する取引）を挿入することが，すでに組み込まれていた場合。

② その中間取引には，租税軽減以外の目的を全く有していなかった場合。

---

77) Ibid., Craven (H. M. Inspector of Taxes) v. White, House of Lords, paragraph 81.

③ 事前に計画した事象が，予定した順序通りに行われることはありえないという現実的な想定がなかったので，挿入した中間取引が，その一連の取引から独立した存在であった (as having an independent life) とは考えにくい場合。
④ 事前に準備された事象すべてが実際に実行された場合。

　裁判所は,「複数の要素が有機的に絡んだ単一取引」全体から得られる財務上の成果を把握してから判決を下すことができる。そこで上記の4つの課税要件（Ramsay の法理（Ramsay doctrine）とする）を本事案に当てはめると，本事案での高等法院及び控訴院が下した判決を支持せざるを得ない，と Oliver of Aylmerton 卿は述べた[78]。その決定的な根拠は，高等法院と控訴院が明記した 1976 年 7 月 19 日時点では想定できなかった Q 社株式の J 社への売却及び C 社との持株会社設立の白紙撤回にあった[79]。

　本事案での納税義務者が，状況の変化に応じて臨機応変に実行した経営戦略は，分別のある経営者の選択であった，と思われる。もし本事案が国側の主張通りに租税軽減のみを目的とした租税回避であった，と判示されたならば，租税回避に対する国側の権限が拡大され過ぎて，本来の事業経営に悪影響をもたらすことであろう。以上の観点から，裁判所が「複数の要素が有機的に絡んだ単一取引」全体を 4 つの課税要件に当てはめて租税回避行為を検証するとした貴族院判決は非常に意義のある判決であった，と思料する。

（ロ）Ensign Tankers 事案[80]
　（a）本事案の概要
　　Guinness Mahon（租税回避スキームの開発・販売を得意とするマーチャン

---

78) Ibid., paragraph 82.
79) Ibid., paragraph 155.
80) Ensign Tankers (Leasing) Ltd. v Stokes (Inspector of Taxes), Chancery

ト・バンク，以下「GM銀行」という。）は，納税義務者である英国の会社，Ensign Tankers (Leasing) Ltd.（以下「ET社」という。）と他の英国会社4社（これら5社をまとめて，以下「ET社等」という。）に対して，映画「勝利への脱出（Escape to Victory)」の製作に325万ドルを投資することにより，その映画の配給純収入金額の25％分を回収でき，さらに，その映画の総製作費用相当額を初年度償却 (first year allowance)[81]できる，と助言してこのスキームへの参画を説得した。その租税回避スキームは，17種類の契約書から成り，すべて1980年7月14日付けで締結されていた。

当該スキームの内容は，次のようなものであった。

ET社等は，自らを有限責任パートナー (limited partners)[82]として自己

Division, [1989] 1 WLR 1222, 14 July 1989. 納税義務者側勝訴。

Ensign Tankers (Leasing) Ltd. v Stokes (IOT), Court of Appeal, Civil division, [1991] 1 WLR 341, 30 January 1991. 国側勝訴。

Ensign Tankers (Leasing) Ltd. v. Stokes (Her Majesty's of Taxes, House of Lords, [1992] 1 AC 655; 146 N.R. 16, March 12, 1992. 国側勝訴。但し，納税義務者の持分相当額の償却を認めた。

本事案については，上記裁判所の各判決文，矢内一好，前掲論文，109-110ページ，及び矢内一好・高橋里枝，前掲論文，68ページを参照している。

わが国においても本事案と事実関係が類似する訴訟として，いわゆる「映画フィルム・リース事案」があり，組合を利用した映画フィルム・リースに係る減価償却費の計上が否認された。最高裁判所第三小法廷，平成18年1月24日判決，平成12年（行ヒ）第133号。

81) 1971年財政法第41条（1）には，「(a) 事業に従事する者がその事業目的のために機械又は装置を設置するのに要する資本的支出（capital expenditure on the provision of machinery or plant）を実行し，かつ(b) その資本的支出を実行した結果として，当該機械又は装置が，当該支出を実行した課税年度期間中の一定の間その者に帰属する場合には，・・・下記の第42条により定められた金額をその年度の減価償却費 (allowance)（本規定においては『初年度償却』）として計上することができる。」と規定されている。Ibid., 146 N.R. 16, paragraph 5.

「1980年に商業用映画のマスターネガは，本条の目的上，装置とみなされて，初年度の償却が100％になった。」Ibid., 146 N.R. 16, paragraph 6.

82) 「1907年有限責任パートナーシップ法（Limited Partnerships Act 1907）及び当

資金を拠出し，Lorimar Productions Inc.（米国カリフォルニア州の映画製作会社，以下「LP 社」という。）の子会社 Victory Films Productions Ltd.（以下「VFP 社」という。）を無限責任パートナー（general partner）とする Victory Partnership（以下「V パートナーシップ」という。）を設立し，1980年 7 月 24 日に銀行口座を開設した。

V パートナーシップは，LP 社と共に映画「勝利への脱出」を製作・販売することをその事業目的としていた。ET 社等の投資の狙いは，1971 年財政法第 41 条（1）の規定に基づいて，その映画製作費全額を初年度に償却することにあった。V パートナーシップは，その映画の承認済み製作費予算（既に支出済の 478 万ドルを含めて，総額 1,300 万ドルである。）に対して 325 万ドル（当該予算の 25％相当分，その内，ET 社は自己資金 238 万ドルを拠出。）を拠出することにより，その映画のマスターネガ（master negative of the film，映画の原板）を使用する権利[83]が得られるとする契約を VFP 社と 1980 年 7 月 14 日付けで締結した。LP 社は，その映画の製作を完成させること，V パートナーシップはその承認済み製作費予算額を提供すること，さらに，その制作費が承認済み予算額を超過する場合には，LP 社がその映画を完成するのに要する資金を提供することで両当事者は合意した。つまり，V パートナーシップは，その映画制作費として 325 万ドルを提供し，LP 社は，その予算の残額である 975 万ドル（製作ローン，production loan）を V パートナーシップに融資することとし，さらに，その映画制作費が 1,300 万ドルを超過したときに備えて 100 万ドル（最終ローン，

該パートナーシップ契約書の条項により，有限責任パートナーは，たとえ当該パートナーシップの支払債務がそのパートナーの出資金を超えたとしても，その超過額に対して責任を負う必要はなく，さらに，その有限責任パートナーは，そのパートナーシップの経営に参画する権利も，そのパートナーシップを取り決める権利もなかった。」Ibid., 146 NR. 16, paragraph 9.

83) LP 社は，その著作権の有効期間中，世界各国で映画「勝利への脱出」を配給する独占権を 1 ドルで V パートナーシップに供与した。Ibid., 146 NR. 16, paragraph 10.

completion loan）をVパートナーシップに追加融資することに合意した。

そこでET社等は，1980年7月25日に出資金として325万ドルをVパートナーシップの銀行口座に振り込んだ。その金額は同日のうちに，Chemical Bank（以下「C銀行」という。）にあるLP社の銀行口座に振り込まれた。LP社は1980年7月31日に，153万ドルをVパートナーシップの口座に振り込んだが，その金額は同日のうちにLP社のC銀行口座に振り込まれ，325万ドルと153万ドルとの合計額478万ドルは支出済の制作費に充当された。LP社の当該映画制作費の負担分である1,075万ドルは，必要に応じてVパートナーシップの口座に振り込まれ，同日のうちにLP社のC銀行口座に振り込まれることになっていた。従って，Vパートナーシップの口座には常に預金残がない状態になるように，LP社が管理していた。

この映画の配給純収入（net receipts from the exploitation of the film）の分配に関して，Vパートナーシップは，その収入の25％分が325万ドルに達するまで割り当てられ，残りの75％に相当する分は当面，その製作ローンの返済に割り当てられることで両当事者は合意した。それらの支払後に残った配給純収入金額はすべて，製作ローン及び最終ローンの返済並びにその利息の支払いに充てられることになっていた。LP社が融資する総額1,075万ドルは，ノンリコース型ローンで調達された。そのノンリコース型ローン契約書の条項により，LP社がその債務を負担することになっていたので，Vパートナーシップ及びそのパートナー全員は，製作ローン若しくは最終ローンの返済又は利息等の支払いに関するいかなる債務も負わないことになっていた。

Vパートナーシップは，配給契約書（distribution agreement）及び英国代理店Firrileeとの契約書により，LP社の完全子会社である2社，つまりLorimar Distribution International Inc.（以下「LDI社」という。）とFirrilee Ltd.（以下「F社」という。）を配給会社として映画「勝利への脱出」を世界各国に配給・販売できる独占権を供与した。これら配給会社に

は，この映画を配給し販売するのに要する費用を支払い，その映画の販売から得られた収入から所定の手数料を受領する権利が与えられていた。当該配給会社は，Ｖパートナーシップがその製作ローンと最終ローンとの合計額に当該ローン契約書に記された利率で計算した利息を加えた総額を受領するまで，この映画の販売から得られた配給純収入金額すべてをＶパートナーシップへの支払いに充当するよう指示されていた。その支払いを終えた後に残額がある場合には，当該配給会社は，その純収入金額の75％分を手元に留保し，その25％分をＶパートナーシップに支払うことになっていた。しかしながら，実際の純収入金額は，1,200万ドルにしかならなかったので，その総制作費よりも200万ドル低い結果に終わった。

1980年度においてET社等は，映画制作費全額の1,400万ドルに対して初年度償却を適用して申告した。特別委員会は，ET社等の一連の取引の主たる目的が事業目的ではなく，租税軽減という動機から行われたとして，ET社等の主張を退けた。

従って，本事案の争点は，その初年度償却の適用の可否を巡るものであった。

(b) 各裁判所の判決

高等法院は，取引を実行する主たる動機がたとえ租税軽減であったとしても，取引の本質が変わるものではないし，本事案の取引は，営利目的のない，単なる書面上の取引 (paper transaction) ではない等の理由により，ET社等の主張を容認した。

控訴院は，取引が商業上の取引であったかは，取引全体を検証して，客観的分析をする必要があるが，その唯一の目的が税務上の優遇措置を得ることであるならば，その取引は商業上の取引ではない，として国側の主張を認める判決を下した。

貴族院においては，Keith of Kinkel 卿，Templeman 卿，Goff of Chieveley 卿，Jauncey of Tullichettle 卿（以上4名は White 事案を審理した裁判官），及び Brandon of Oakbrook 卿が審理し，Ｖパートナーシップの

持分25％に相当する325万ドルの初年度償却を認めるとした判決を下した。この判決は，Templeman 卿の意見に全員が賛同した結果である。

Templeman 卿の意見は，次の通りである[84]。

① Ｖパートナーシップは映画を製作し，販売するために325万ドルの資本を拠出した。
② 当該資本拠出は，見せかけ (sham) ではなく，利益又は損失をもたらす可能性のある商業上の取引であった。
③ 325万ドルは実際に支出されたものであるから，Ｖパートナーシップはその支出相当額を初年度償却する権利を有していた。
④ 300万ドルの受領は，実際に受領したものであるから，Ｖパートナーシップの課税対象所得となった。
⑤ 325万ドルの支出は，Ｖパートナーシップによる真正な (real) 支出であって，魔術的な支出 (magical expenditure) ではなかったので，その支出に対して Ramsay 原則は適用されない[85]。従って，調査対象取引が租税回避スキームであるからといって，Ramsay 原則を適用する必要はない[86]。

「本判決のポイントは，ノンリコース・ローンによる資金に対して，原告に負担責任がなかったことに着目して判断したことである。」[87] この貴族院判決は1992年であったが，その7年前の1985年には，後述する米国の Rice's Toyota World 事案において，第4巡回控訴裁判所がノンリコース型手形に対する支払利子の控除を否認し，リコース型手形に対する支払利子のみに経済的実質があるとして，その控除を認める判決を下した。Rice's Toyota World 事案では，コンピュータのリースに係る租税回避で

---

84) Ibid., 146 NR. 16, paragraph 83.
85) Ibid., 146 NR. 16, paragraph 71.
86) Ibid., 146 NR. 16, paragraph 68.
87) 矢内一好，前掲論文，110ページ。

あるから事実関係は異なるが，同様な判決内容であったことに著者は注目した。

(4) GAAR の導入までの沿革
イ　租税回避を巡る司法判断の統一性の欠如と国側の敗訴

1970年以降のタックスシェルター等を利用した巧妙な租税回避が増加したことを受けて，1981年のRamsay事案貴族院判決において，Wilberforce卿が「租税回避の手法が進歩を遂げ，技術的に改良されているにもかかわらず，裁判所がただ単に立ち止まっていて良いのであろうか。」[88]と危機感を募らせて，事前に計画された一連の取引全体から判断して，その租税回避を否認するという新たなアプローチを提示して判決を下した。その画期的な判決以降においても，同一事案に対して高等法院，控訴院，及び貴族院での意見が異なり，司法判断が統一されていない印象を与えていた。その典型的な事案が，前項（3）で検討したBurmah Oil社事案，Dawson事案，及びEnsign Tankers事案であった。さらに，その不統一性は異なる裁判所に基因するものとは限らず，米国の判決同様に，審議する裁判官によって判決理由がかなり影響されたことも明らかになった。

その後，例えば次の判例においても，裁判所によって異なる判決が下される傾向が続くことになる。

① Moodie事案[89]では，1970年度及び1972年度の付加税，及び1973年度から1976年度に至る課税年度の所得税について，節税スキーム（tax-saving scheme）に対して支払われた年金がその課税所得の計算上，控除で

---

88) Ramsay, op. cit., Judgment-1: Lord Wilberforce. 本章の脚注70を参照。
89) Moodie v Inland Revenue Commissioners and another and related appeal, Chancery Division, [1990] 1 WLR 1084, [1990] STC 475, 65 TC 610, 4 May 1990. 国側勝訴。

　　Moodie v Inland Revenue Commissioners and another and related appeal, Court of Appeal (Civil Division), [1991] STC 433, [1991] 1 WLR 930, 65 TC 610, 30 April 1991. 納税義務者側勝訴。

きるかで争われた事案である。高等法院では国側の主張を認めたが，控訴院では覆り，さらに貴族院では，一連の取引が自己相殺取引であるとして，1970年財政法第52条の適用の射程範囲内にある「年金払い又は他の年金払い」による支払い方法ではなかったとして，国側の主張を認めた。

② Westmoreland Investments 社事案[90]の概要は次の通りである。

W社は1970年代にスキーム受託者から借りた資金を使用して種々の投資をして大損をしたので，税務上の確定損失（established tax losses）と多額の負債を有していた。そこで，1988年所得税・法人税法第338条の「利息は支払った時のみに，所得から控除することができる」を根拠に，免税団体（being exempt from tax）であるスキーム受託者から融資を受けて，負債の大半を占める未払利息の支払いに充当し，そのスキーム受託者はその受取利息にかかる源泉税の還付を受けた。W社が支払った利息が同法第338条の規定の適用を受けられるかで争われたが，高等法院では国側の主張を認めたが，控訴院ではW社の主張を認めた。貴族院の Hoffmann 卿は，Ramsay 原則を提唱した Wilberforce 卿が引用した米国の判例である Gregory 事案及び Gilbert 事案を批判した後に[91]，「第338条に規定する利息の『支払い』とは，単に債務の消滅（simple discharge of a debt）を意味する法的な概念である」[92]として国側の主張を棄却し，Ramsay 原則は本事案には適用されない，と述べた。

　Moodie v Inland Revenue Commissioners and another and related appeal, House of Lords, [1993] 2 All ER 49, [1993] 1 WLR 266, [1993] STC 188, 65 TC 610, 11 February 1993. 国側勝訴。

　本事案の内容については，上記判決文と矢内一好・高橋里枝，前掲論文，68-69ページを参照している。

90) MacNiven (HM Inspector of Taxes) v Westmoreland Investments Ltd., House of Lords, [2001] UKHL 6, [2003] 1 AC 311, 8 February 2001. 納税義務者側勝訴。
91) Ibid., paragraph 36.
92) Ibid., HEADNOTE.

この Westmoreland Investments 社事案貴族院判決を発端に，Barclays Mercantile Business Finance 事案[93]，Mayes 事案[94]等の事案において，Ramsay 原則が適用されずに，国側の主張が否認されるようになった。このような状況を受けて，国側は GAAR を導入する検討に入った[95]。

ロ　租税回避スキームの開示（DOTAS）
英国の課税当局は，前述のように巧妙な租税回避スキーム事案に対して Ramsay 原則を適用できずに敗訴することが続き，その租税回避を否認することの難しさを感じるようになってきた。

---

93) Barclays Mercantile Business Finance Ltd., v Mawson (Inspector of Taxes), House of Lord, [2004] UKHL 51, 25 November 2004. 納税義務者側勝訴。
94) Mayes v Revenue and Customs Commissioners, Special Commissioner, [2009] STC (SCD) 181, 15 December 2008. 国側勝訴。

　Mayes v Revenue and Customs Commissioners, Chancery Division, [2009] EWHC 2443 (Ch), [2001] STC 1, 8 October 2009. 納税義務者側勝訴。

　Mayes v Revenue and Customs Commissioners, Court of Appeal, Civil Division, [2011] EWCA Civ 407, 12 April 2011. 納税義務者側勝訴。

　この事案は，納税義務者が 2003 年から 2004 年課税年度において，SHIPS2 として知られている租税回避スキームを利用して，1988 年制定の所得税・法人税 Pt XIII, Ch IIa により認められた対応的な損失控除（deficiency relief，英国に居住する個人に対する高税率の所得税による債務を軽減する措置）を根拠に租税の軽減を図った事案である。特別委員会では国側が勝訴したが，その後で，大法官庁，高等法院では，Ramsay 原則が適用されずに，納税義務者が勝訴した。

　本事案の内容については，上記判決文と矢内一好・高橋里枝，前掲論文，70 ページを参照している。
95) GAAR を英国税制に導入すべきか否かを検討する報告書において，Mayes 事案での判決理由が「英国が GAAR を必要とするか？」という質問に対する回答をもたらした，と記述している。

　The GAAR Study Group, "GAAR STUDY, Reported by Graham Aaronson QC", The National Archives, 11 November 2011, Section 3, 3.23.

　この報告書は，岡直樹「GAAR STUDY：包括型租税回避対抗規定が英国税制に導入されるべきか否かについての検討　アーロンソン報告書（2011 年 11 月 11 日）」（『租税研究』，2013 年 8 月），469-497 ページにて紹介されている。

この状況を背景にして，歳入関税庁（Her Majesty's Revenue and Customs，以下「HMRC」という。）は，2004年財政法第7款（Part 7）に租税回避スキームの開示（Disclosure of Tax Avoidance Schemes，以下「DOTAS」という。）を制定した[96]。DOTAS は，租税回避スキームの利用者とプロモーターがそのスキームを HMRC に早期に通知することを要請するもので，HMRC は，この DOTAS によりそのスキームが引き起こすリスクを評価し，スキームの利用者を特定し，必要に応じて税制改正を申請すること等を講じることができるようになる。従って，DOTAS の機能は，租税回避スキームに関する情報を見出し，引き出すことにある。

　この DOTAS の導入により，「政府は，2004年以降，毎年租税回避の対抗立法を計49行い，120億ポンドを超える租税回避を防止した」[97]ようである。

　DOTAS が導入された2004年は，米国において2004年米国雇用創出法が制定され，タックスシェルターに係る指定取引の開示を強化した年に当たり，英米両国が同時期に同様の施策を講じたことになる。これは，国際タックスシェルター情報センター（Joint International Tax Shelter Information Centre）が，同年に米国，英国，オーストラリア，カナダの課税当局によりワシントンに開設されるに際して，その準備段階において関係各国間でタックスシェルター防止に関する情報交換が行われたものと推測し得る[98]。

ハ　英国での GAAR の導入
（イ）GAAR の概念
　　「OECD をはじめとして多くの国は，増加傾向にある租税回避に関する事案に対する対策に苦慮しているが」[99]，複雑・巧妙な租税回避を個別否

---

[96] DOTAS に関しては，The GAAR Study Group, Ibid., 3.16-3.24, 及び HM Revenue & Customs, "HMRC's GAAR Guidance-Consultation Draft, Part A, Scope of the GAAR Legislation", 11 December 2012 の1.5.3. を参照している。
[97] 矢内一好，前掲論文，112ページ。
[98] 矢内一好，同上論文，112ページ。
[99] 矢内一好「一般否認規定の諸外国の比較（第1回），一般否認規定の各国比較の

認規定だけでは否認できないため，一般否認規定であるGAAR（General Anti-Avoidance Rule 又はGeneral Anti-Abuse Rule）を導入して，そのような租税回避に対抗しようとしている。

Ernst & Young の報告書によると，租税回避に対する否認規定（anti-avoidance rules）は，租税回避に対する個別否認規定以外に，「一般（general）」と「特定（specific）」とに大きく分類することができる。

「GAAR とは，予期した租税回避（perceived avoidance of tax）に対抗するために，国内法にて広義の原則をベースにした規定（broad principles-based rules）である。GAAR は，税上の便益を獲得する以外に商業上の実質又は目的（any commercial substance or purpose）を有しない取引又は取決め（arrangements）であると判断された場合に，その取引に係る租税上の便益の享受を否認することを課税当局に付与する法律上の概念である。」[100]

一方，特定の取引に関して（particular transactions of concern）制定された租税法は，SAARs（Specific Anti-Avoidance Rules, 以下「限定的租税回避否認規定」という。）又はTAARs（Targeted Anti-Avoidance Rules, 以下「目的限定型否認規定」という。）[101] という用語が使用される[102]。

概要」（『税務事例』（vol. 46 No. 4），2014年4月），79ページ。

100) Ernst & Young, GAAR rising, Mapping tax enforcement's evolution, February 2013, p. 2.（http://www.ey.com/Publication/vwLUAssets/GAA_rising/$FILE/GAAR_rising_1%20Feb_2013.pdf#search='GAAR%2CE%26Y'）（2013年12月1日ダウンロード）。

101) 矢内教授は，SAASs を「限定的租税回避否認規定」と訳して，日本の同族会社の行為計算否認規定（法人税法第132条）は，上記の分類からすると，SAAR に近い」（矢内一好，前掲論文，80ページ）としている。一方，「連結納税，組織再編及びPE帰属所得に係る行為計算否認は，TAAR として分類できるものと思われる。」（矢内一好，同上論文，80ページ）としている。本書で検討する米国のESDの法定化は，タックスシェルターの防止等を目的としているので，TAARs に分類されるものと考え，「目的限定型否認規定」（矢内一好「米国税法における経済的実質原則(3)」（『商学論纂』（中央大学）第54巻第5号，2013年3月），557ページ）と訳す

GAARの導入状況は，1900年に導入したニュージーランドから始まり，1977年にドイツ，1988年にカナダ，そして2013年7月に英国も導入したので，導入国数は，2013年末現在で23カ国（米国を除いて）になっている。米国がGAAR導入国から除かれているのは，2010年の経済的実質の法理の法定化は，一般的にGAARではない，といわれているからである。

（ロ）GAAR導入までの沿革

　英国は前述の通り，2013年にGAARを導入したが，その導入までの動向は次の通りである[103]。

① 2008年3月に，英国政府は，租税の簡素化と税収の確保という2つの目標を達成するための租税回避対抗税制を検討し，報告書を公表した[104]。

② 2010年12月に，英国政府は，GAAR（General Anti-Avoidance Rule）を導入すべきかを検討する委員会（The GAAR Study Group）を設置し，その委員長にGraham Aaronson QC[105]（以下「A委員長」という。）を指名した。

③ 2011年11月21日に，A委員長は，一般的な"General Anti-Avoidance Rule"よりも「対象を狭めたGAAR（narrowly focused General Anti-Abuse Rule）」を導入することを政府に勧告する内容の報告書（2011年11月11日付け）を公表した[106]。

④ 2012年度予算において，政府は，人為的かつ濫用的な租税回避ス

ことにする。
102) Ernst & Young, op. cit., p. 2.
103) HM Revenue & Customs, op. cit., 1.1.
104) HM Revenue & Customs, "Simplifying anti-avoidance legislation, A progress report on the anti-avoidance simplification review" 12 March 2008.
105) "QC"は，"Queen's Counsel（勅選法廷弁護士）"の略である。
106) The GAAR Study Group, op. cit., 11 November 2011.

キームをターゲットにしたGAAR（General Anti-Abuse Rule）を導入すべきとする報告書の勧告を受け入れた。
⑤　2012年12月11日に，HMRCは，GAARの説明書を公開した[107]。
⑥　2013年財政法第5款（Part 5 of Finance Act 2013，以下「2013年法」という。）第206条から第215条に，及び細則はシェジュール43にGAARを規定して，2013年7月17日より適用されることになった。

二　英国のGAARの特徴

英国政府は，巧妙な租税回避スキームが明らかになるたびに個別否認規定を制定してきたために，租税法が紛れもなく長ったらしく，複雑怪奇（notoriously long and complex）で，難解なものになってしまった，と言及した[108]。このように租税法が複雑化した状況は，後述する2010年にESDを制定した米国も同じ状況下にあった。そこで，これまでの個別否認規定の穴を埋める対処方法に代えて，より広範囲にわたる一般否認規定であるGAARを導入するための検討委員会を設置したことは，前述の通りである。2013年に制定された英国のGAARは，納税義務者による濫用的な取決めの実行を抑止すること，及びプロモーターにそのような濫用的な取決めを販促させないようにすることを主たる目的としている[109]。このGAARには，次のような特徴がある。

英国のGAARは第1に，A委員長の勧告にあったように，広義の"Anti-Avoidance"に代えて，対象を狭めた"Anti-Abuse"としたことから，濫用的な租税回避スキームに対する対抗措置であることに特徴がある。A委員長は，その理由として，①　広範囲にわたるGAARを導入すれば，賢明で，信頼のお

　　なお，A委員長は，本報告書の基盤になったと思われる報告書，Tax Law Review Committee, "Tax Avoidance"（1997），のChairmanを務めた。
107)　HM Revenue & Customs, HMRC's GAAR Guidance - consultation draft, Part A & B, 11 December 2012.
108)　The GAAR Study Group, op. cit., p. 5.
109)　HM Revenue & Customs, HMRC'S GAAR GUIDANCE, PART B, p. 6.

けるタックスプランニング（sensible and responsible tax planning）を遂行している経営及び個人の能力を損なう危険性があること，② そのようなタックスプランニングに適用されないようにするために，濫用的な取決め（abusive arrangements）[110]に限定した，節度ある規定（moderate rule）を導入する方が，英国の租税制度にとって有益であることを挙げている[111]。実情としては，広範囲にわたる GAAR の導入が，当時の低迷した金融市場，脆弱化した英国経済にさらに追い打ちをかけるのでは，との危惧もあったようである[112]。

その結果，2013 年法第 5 款一般否認規定（Part 5 General Anti-Abuse Rule）が，濫用的な租税上の取決め（tax arrangements that are abusive）から生じる租税上の優遇措置（tax advantages）を無効にすることを目的とし（第 206 条 (1)），本規定の適用を所得税，法人税，譲渡所得税等に限定すること（第 206 条 (3)）になったようである。

上記の「濫用的な租税上の取決め」に関して，「租税上の取決め」とは，あらゆる状況を考慮したときに，租税上の優遇措置を獲得することがその取決めの主たる目的，又は主たる目的のうちの 1 つであるとの結論が合理的であるとされる取決めを意味し（第 207 条 (1)），その取決めが，適用される租税法から鑑みて，妥当な行動計画（reasonable course of action）であるとは到底合理的に判断することができない場合に，その租税上の取決めを「濫用的」である（第 207 条 (2)）としている。また「あらゆる状況を考慮したとき」には，次の項目の検討を含むと規定している（第 207 条 (2)）。

(a) 当該取決めの実質的な成果が，これらの規定が依拠する原則（明示的か黙示的かを問わない）及びこれらの規定の政策目標と矛盾していないか。

(b) その成果を達成するための手段には，二，三の仕組まれた又は異常な

---

110) この "arrangements" という用語には，取決め，取極め，計画，協定，合意等の意味がある。岡国税庁国際課税分析官は，「取極め」と訳している。岡直樹，前掲論文「GAAR STUDY」，471 ページ。

111) The GAAR Study Group, op. cit., paragraph 1.5 & 1.7, p. 3.

112) Ibid., paragraph 1.4, p. 3.

ステップ (one or more contrived or abnormal steps) が含まれているか。
(c) 当該取決めが，これらの規定の抜け穴 (shortcomings) につけ込もうとしているか。

第207条 (4) では，濫用的な租税上の取決めについて具体的な例示をしている。
(a) 租税目的上の所得，利益又は利得の金額 (amount of income, profits or gains for tax purposes) が，経済的な目的の金額よりも著しく少ない金額しかもたらさない取決め。
(b) 租税目的上の控除金額又は損失額が，経済的な目的の金額よりも著しく多い金額をもたらす取決め。
(c) 未払の，かつ，支払う必要のない (has not been, and is unlikely to be, paid) 還付金又は税額控除（外国税を含む）の請求をもたらす取決め。
但し，関連する規定が立法された時点において，そのような成果が想定されていなかったと合理的に推考される場合に限られる。

さらに，「租税上の優遇措置」には，次のようなものが含まれる，と規定している（第208条）。
(a) 租税上の所得控除 (relief) 又はその増額。
(b) 税金の還付又はその増額。
(c) 租税の源泉徴収 (charge to tax) 若しくは租税の賦課の回避又は減少。
(d) 潜在的な租税の賦課の回避。
(e) 税金の支払いの繰り延べ又は税金の還付の前払い。
(f) 租税の控除若しくは予納 (deduct or account for tax) 義務の回避。

「濫用的な租税上の取決め」及び「租税上の優遇措置」の意義は，英語の用語は異なっていても，米国のそれらの意義とおおむね同じである。

GAARの特徴の第2は，シェジュール43に明記されている，納税義務者の保護制度として監視委員会 (Advisory Panel) を設置したことが挙げられる[113]。監視委員会の議長 (first Chair) は，HMRCの特別職員 (Commissioners）が HMRC のメンバー以外から指名した者がその職に就き，その委員会メンバー（HMRC のメンバーを含まない）は議長のアドバイスを受けて，当該特別職員により指名される。監視委員会は，HMRC から独立した立場として，調査対象の取決めが合理的な行為であったかに関する意見を表明することになる。

　また，裁判所又は審判所が GAAR に係る事案について判断する場合には，その租税上の取決めが実行された時点での，監視委員会が承認した GAAR に基づく HMRC のガイドラインを参照しなければならない（第211条）。

　因みに，米国には，このような監視委員会制度はない。

　GAAR の特徴の第3は，既述の通り2004年財政法第7款（Part 7）に制定された DOTAS（租税回避スキームの開示）を挙げることができる。DOTAS は，HMRC が租税回避スキームを評価することを可能にし，必要ある場合には，そのスキームに対抗する個別否認規定を制定するために，租税回避に関する早期の申告を納税義務者に要求している。この DOTAS の導入により，2004年以降，120億ポンドを超える租税回避を防止する成果があった，といわれている[114]。

　英国の DOTAS は，同じ頃に米国で制定されたタックスシェルターに係る指定取引の開示制度と同様の効果をもたらしているようである。

　GAAR の特徴の第4は，GAAR に関連して，租税上の取決めが濫用的である，と立証する責任は，HMRC にある（第211条）。これは，疑わしきは納税義務者の利益とする原則（the appropriate principle is to give the taxpayer the benefit of the doubt）[115]に由来していると思われる。

　この立証責任については，納税義務者に立証責任がある米国と異なる点である。

　GAAR の特徴の第5は，米国と比較して最も大きな相違点であるが，特別

---

113)　Ibid., paragraph 4.20, p. 26.
114)　矢内一好，前掲論文，112ページ。
115)　The GAAR Study Group, op. cit., paragraph 5.23, p. 33.

なペナルティー（加算税）又は特別利率（special penalty on rates of interest）を課さないことである。この件に関して，A委員長は，次のように報告している。

「いくつかの国，例えばオーストラリア，ニュージーランド，米国においては，GAARに抵触する場合に，ペナルティーを課する規定があり，そのような措置は確かに抑制効果を発揮するであろう。」[116)]「しかしながら，そのような規定を制定することは，GAARが意図した，盾（shield）としての役割を離れて，GAARを武器（weapon）として振りかざしたくなるような誘惑をHMRCに与えることになりかねない。従って，税金を徴収するためにGAARを利用して，特別利率又は特別なペナルティー条項を盛り込むことは適当ではない。」[117)]

英国のGAARは，既述の通り，制定されて間もないので，GAARが実際にどのように適用され，また，このGAARが租税回避訴訟の判決に，どのように影響するか不確かな面がある。但し，今般の濫用的な租税回避に限定したGAARの導入過程，監視委員会の設置，DOTASによる申告，特別なペナルティーを賦課しない制度（濫用的な租税上の取決めに対してペナルティーを課さなければ，その抑制力はかなり落ちると思われるが）等は，英国と同様に，租税法律主義を重視しているわが国にとって，非常に参考になるのではないか，と推考している。

---

116) Ibid., paragraph 5.47, p. 39.
117) Ibid., paragraph 5.48, p. 39.

第5章　経済的実質を重視した判例

1. Knetsch 事案[1]

　本事案は，一連の取引が商業上の経済的実質に欠ける「見せかけの取引」であった，として利子控除を否認された事案であり，最高裁判所が初めて「見せかけの取引」という用語を用いて，その租税回避を否認する判決を下した有名な事案である。さらに，本最高裁判決は，第4章の Ramsay 事案で記述したように，英国での同様の租税回避事案にも大きな影響を与えた判例でもある。

(1) 概　要

　納税義務者は，生命保険会社より30年満期の支払据置型年金貯蓄債券 (deferred annuity saving bonds，額面40万ドルで年利2.5%の複利。以下「債券」という。) 10枚を購入した。その購入価格は，400.4万ドルで，0.4万ドルを現金で支払い，残りはその債券を担保にノンリコース型手形（年利3.5%）400万ドルを振り出して借入れをし，1年分の前払利子として14万ドルを現金で支払った。つまり，納税義務者は，年利2.5%の投資をするのに，年利3.5%の借入れをしたので，形式上，毎年4万ドルの損失を被ることになる。さらに，10万ドルの追加融資を受けて前払利子0.3万ドルを支払った。

---

[1] Karl F. Knetsch and Eva Fay Knetsch, v. United States of America, United States District Court for the Southern District of California, Central Division, Civil No. 577-57 WM, November 5, 1958, Decided. 国側勝訴。

　Karl F. Knetsch and Eva Fay Knetsch, v. United States of America, United States Court of Appeals Ninth Circuit, 272 F. 2d 200, November 16, 1959. 国側勝訴。

　Knetsch et ux. v. United States, Supreme Court of the United States, 364 U.S. 361, November 14, 1960, Decided. 国側勝訴。

納税義務者は，1939年内国歳入法典第23条（b）[2]の適用となる1953課税年度の夫婦合同申告書（joint return）において，14.3万ドルの利子を課税所得から控除して申告した。納税義務者は，同様の取引を翌年度にも行って，同様の申告をした。

CIRは，これらの支払利子の控除を否認した。

(2) 事実関係

1953年12月11日　納税義務者（地方裁判所及び控訴裁判所の判決文では，Karl F. Knetsch（当時60歳）と Eva Fay Knetsch の夫妻が本事案に係る契約をしたことになっているが，最高裁判所では Karl F. Knetsch のみになっているので，以下「K氏」という。）は，Sam Houston Life Company（生命保険会社，以下「SH保険」という。）より30年満期の債券（額面40万ドルで年利2.5％。）[3] 10枚を購入した。その購入価格は，400.4万ドルで，

　この判決のタイトル "Knetsch et ux." のラテン語 "et ux." が「及び妻」を意味することから，原告，上告人が Knetsch 夫妻であることが解る。

　本事案も多くの論文で紹介されている。例えば，今村隆，前掲論文「租税回避とは何か」，27-28ページ，渕圭吾，前掲論文「アメリカにおける租税回避否認法理の意義と機能（1）」，122-125ページ，川田剛，前掲書『ケースブック　海外重要租税判例』，116-121ページ，矢内一好,前掲論文「米国税法における経済的実質原則（1）」，194-195ページがある。

2) 1939年内国歳入法典第23条（b）には，「負債に対して当該課税年度に支払った又は発生した利子すべてを控除することができる。」と規定されている。同法典第23条（b）は，1954年内国歳入法典第163条（a）に移行したが，その内容は全く同じである。

3) 本契約に係る上記以外の条項としては，控訴裁判所の判決文 201 ページによると，契約満了時に毎月 43 ドルが支給されること，さらにK氏のオプションとして，満期日を早めること，現金化することがいつでもできる，とされている。より詳細な契約内容は，最高裁判所の判決文の 364 ページに示されており，その概要は，次の通りである。

　本契約期間中において所定額を毎年積み立てた場合には，本契約が満期を迎えた

0.4万ドルを現金で支払い，残りはその債券を担保にノンリコース型手形（年利3.5%）400万ドルを振り出して借入れをし，1年分の前払利子として14万ドルを現金で支払った。

1953年12月16日　現金及び当該借入れの初年度末日である，1954年12月11日時点での現金又は借入れの価値が，その早見表によると410万ドルになっていた。但し，契約条項により1954年12月11日が到来するのを待たずに，K氏はその価値が負債額を超える分の金額，つまり10万ドルまでの金額を借り入れることができた。

そこでK氏は，SH保険にノンリコース型手形（年利3.5%）を振り出して9.9万ドル（10万ドルから0.1万ドルを控除した金額）の追加借入れを行い，その前払利子として0.3万ドルを支払った。

1939年内国歳入法典第23条（b）の適用となる1953課税年度の夫婦合同申告書（joint return）において，Knetsch夫妻は，14.3万ドルの利子を課税所得から控除して申告した。

1954年12月27日　1954年12月11日から始まる第2年度において，K氏は，負債総額409.9万ドルに対する前払利子として14.3万ドル

時（つまりK氏が90歳になった時）以降，毎月9万ドルを年金として受け取れるか，現金又は借入れの価値からその時点での負債総額を控除した差額分（ネットキャッシュバリュー，net cash value）となる少額しか受け取れないことになっている。K氏が，この契約条項を利用して，債券を満期まで保有し，その差額分から0.1万ドルを控除した金額を借り入れ続けた場合，満期時における一時払い年金は，0.1万ドル（現金又は借入れの価値838.8万ドルから負債総額838.7万ドルを控除した金額）となる。但し，この金額を原資として年金を受け取る場合，その年金額は，毎月43ドルしか受け取れないことになる。

この最高裁の判決文により，初めて0.1万ドルに関する取引が顕現された。

を支払った。

1954 年 12 月 30 日　K 氏は，負債総額 409.9 万ドルと 1955 年 12 月 11 日現在の 420.4 万ドルの差額から 0.1 万ドルを控除した金額 10.4 万ドルを SH 保険から現金で受領した。K 氏は，従前の負債総額と前払利子分に，新たな借入れ分 10.4 万ドルに対する前払利子 0.4 万ドルを加算した金額のノンリコース型手形を振り出した。

1954 年内国歳入法典第 163 条（a）の適用となる 1954 年課税年度の夫婦合同申告書において，Knetsch 夫妻は，14.7 万ドル（= 14.3 万ドル + 0.4 万ドル）の利子を課税所得から控除して申告した。

1955 年 12 月 11 日　本契約の第 3 年度を迎え，K 氏の負債総額は 420.3 万ドルになった。

1955 年 12 月 28 日　上記負債総額に対する利子 14.7 万ドルを前払いした。

上記負債総額と 1955 年 12 月 11 日現在の現金又は借入れの価値 430.8 万ドルの差額から 0.1 万ドルを控除した金額 10.4 万ドルを SH 保険から現金で受領した。K 氏は，上記負債総額と前払利子分に，新たな借入れ分 10.4 万ドルに対する前払利子 0.4 万ドルを加算した金額のノンリコース型手形を振り出した。

1955 年課税年度の夫婦合同申告書は，本事案の対象年度ではないが，前払利子を同様に算定して課税所得から 15.1 万ドルの利子を控除して申告した。

1956 年 12 月 27 日　本契約の第 4 年度が 1956 年 12 月 11 日から始まるが，K 氏は本契約を解約した。そこで K 氏は，債券を 1955 年 12 月 11 日現在の現金又は借入れの価値である 430.8 万ドルで譲渡し，この時点での負債総額 430.7 万ドルと相殺して，その差額 0.1 万ドルを受領した。

(3) 各裁判所の判決

イ　カリフォルニア州南部地方裁判所（District Court for the Southern District of California）の判決（国側勝訴）

地方裁判所は，1939年内国歳入法典第23条（b）に規定する，総所得からの当該利子の控除を否認し，さらにK氏が求めた過少申告処分の取り消しをも否認した。

その理由として，本債券購入により多額の節税ができる旨のダイレクトメールをSH保険から受領したK氏の唯一の動機が，利子控除という税務上の便益を享受することであったことを挙げ，さらに，K氏の債券購入の目的が，その購入により利益を獲得するため又は生命保険をかけるためではなかったこと，人的債務（personal liability）が発生しないように仕組んだこと，K氏が支払った金額は実際のところ，利子ではなく，租税節減策に対する対価（purchase price of a tax deduction）であったことを挙げた上で，本取引には商業上の経済的実質が全くない（no commercial economic substance），と裁判所は判断した。

本地方裁判所が，経済的実質（economic substance）の欠如を理由に，K氏が行った租税回避を否認した最初の事案であった。

ロ　第9巡回控訴裁判所の判決（国側勝訴）

控訴裁判所のStephens裁判官とHamlin裁判官及び地方裁判所のLindberg裁判官が審理し，Stephens裁判官が判決文を執筆した。

控訴裁判所は，先例判例として納税者側が勝訴したBond事案（United States v. Bond, 5 Cir., 258 F.2d 577）と国側の主張を認めたWeller事案（Weller v. Commissioner, 3 Cir., 270 F.2d 294）を慎重に検討した結果，地方裁判所の判決を支持した。

ハ　最高裁判所の判決（国側勝訴）

最高裁判所のWarren裁判官，Black裁判官，Frankfurter裁判官，Douglas裁判官，Harlan裁判官，Clark裁判官，Brennan裁判官，Whitaker裁判官，

Stewart 裁判官の 9 名で審理[4]し，Douglas 裁判官，Whitaker 裁判官及び Stewart 裁判官の 3 名は，立法的対処のないことを理由に反対意見を述べた。Brennan 裁判官が判決文を執筆した。

　Brennan 裁判官はまず，前述した事実関係を簡潔に検討し，その争点並びに地方裁判所及び控訴裁判所の判決を要約した。その後に，予審裁判官（trial judge）が du Pont 事案を引用して行った事実認定について，次のように言及した。

　「予審裁判官は，『本取引には，・・・商業上の経済的実質が全くない（no commercial economic substance）』し，当事者達には，K 氏に『SH 保険に対する債務を負わせよう』とする意図がなく，『諸取引のいずれにおいても K 氏の負債は全く創出されておらず』，さらに『本債券の購入では，・・・租税の軽減以外の経済的利得（economic gain）を何ら獲得することができなかったであろう。』と事実認定した。その上で予審裁判官の結論は，du Pont 事案（Deputy v. du Pont, 308 U.S. 488）[5]での当裁判所の判決を踏まえて，『SH 保険

---

[4]　9 名の裁判官のうち，本判決に賛同した Black 裁判官は，Gregory 事案と Minnesota Tea 事案を審理して，Minnesota Tea 事案の判決文を執筆した。また，Frankfurter 裁判官と Douglas 裁判官は，Minnesota Tea 事案の審理に参加していた。

[5]　du Pont（原告である納税義務者，以下「dP 社」という。）は，E.I. du Pont de Nemours and Company（以下「dPN 社」という。）の株式の約 16％を保有する，実質上の株主（beneficial owner）であった。dPN 社は，自社の将来の成功に寄与させるために，その 9 名の新役員に対して，報酬・賞与を与える以外に，dPN 社の株式を 1 人当たり 1,000 株与えることにした。そこで，dPN 社は，dP 社に自社の株式を売って貰うよう要請したが，dP 社には，手持ちの株式がなかったので，ある証券会社から 10 年以内に返却すること，その間の配当金相当額を支払う等を条件として 9,000 株を用立て，dPN 社へ売却した。dPN 社は，当該株式をその役員に無償で与えた。10 年後の 1929 年 10 月，dP 社は，借りた株式を証券会社に返却するために，投資会社から dPN 社の株式を借りて返却した。1931 年に dP 社は，その投資会社に配当金相当額 57 万ドルとその配当に対する連邦所得税 8 万ドルを支払い，その合計額を通常要しかつ必要性ある費用（ordinary and necessary expenses）として申告した。この費用が，控除可能か否かで争われたが，地裁は国側の主張を認める判決を下した。しかし，控訴裁判所は「dPN 社の事業（business

への支払いは，資金の用立て又は支払い猶予に対する補償（compensation for the use or forbearance of money）という形式を踏んではいるが，実質的には（in substance）その通りではない。利子の支払いということに関して，当該取引は見せかけ（sham）であった。』とした。」[6]

次に，K氏とSH保険との取引が1939年内国歳入法典第23条（b）及び1954年内国歳入法典第163条（a）に規定している「負債」を創出したのか，又は，予審裁判官が判断したように，見せかけの取引であったのか，を最高裁は調べ直した。但し，最高裁はGregory事案の判決で言及したことを引用して[7]，地裁が認定した動機づけ，つまり，K氏が10枚の債券を購入した唯一の動機が利子控除を確実にしようとしたことを，その利子控除否認の理由から外した。その上で，最高裁は，次の項目を挙げて，本取引には租税軽減目的以外に実質がない，見せかけであるとの判決を下した[8]。

とは，その財産を維持・増大させることである」と解し，当該役員等はそれに貢献したとして，地裁判決を覆した。この判決に対して，最高裁は，当該費用はdPN社の事業に関係しているのであって，dP社の事業には直接関係しないとして，1928年歳入法典第23条（a）の適用の射程範囲外であることを理由に，地裁の判決を支持した。この最高裁の判決では，"business"を判断基準としたが，"sham"も"economic substance"にも依拠していない。

6) Ibid., 364 U.S. 361, pp. 364-365.
7) 最高裁が引用した箇所は，下記の文章である。
「納税義務者には，法律が許容する方法により，税務対策を何ら打たなければ課税されたであろう税額を減少させる，又はその課税を完全に回避するという法律上の権利が認められていることは，疑いの余地はない。(United States v. Isham, 17 Wall. 496, 506; Superior Oil Co. v. Mississippi, 280 U.S. 390, 395-6; Jones v. Helvering, 63 App. D. C. 204; 71 F. 2d 214, 217) しかしながら，決定すべき問題は（the question for determination），租税上の動機は別にして，実際に行われたことが，制定法が意図したこと（the thing which the statute intended）であったか否かということである。」Gregory v. Helvering, Supreme Court of the United States, 293 U.S. 465, p. 469.
8) この判決は，米国におけるその後の判決に影響を与えたばかりでなく，英国にお

- K氏の年間借入額が毎年，年金額又は保険料の支払いに直結するネットキャッシュバリューから0.1万ドルを控除した分に設定されてきたので，本年金契約は擬制 (fiction) であった。
- Gilbert事案でのL. Hand裁判官の意見を引用して，租税軽減以外に実質というものを何も実現しなかった。
- SH保険が獲得した差額分9.2万ドルは，『借入れ』という見せかけ (facade of "loans") を画策してもらったことに対する手数料 (fee) であった。
- この画策によりKnetsch夫妻は，1953年度及び1954年度において総額23万ドルの租税を免れることになる。

ける租税回避に係る判決が，前章で検討した通り，厳格なる租税法律主義から実質優先，経済的実質へとギアチェンジを図ったRamsay事案においても引用されている (Judgment-1 Lord Wilberforce, [1982] AC 300) ので，ここでその部分の翻訳をする。

「本事案において『実際に行われたこと』を調べてみた結果，K氏が当該2課税年度中にSH保険に支払った金額が294,570ドル（注1）で，『借入れ』という形でSH保険から受領した金額が203,000ドル（注2）であったことが判明した。そこで，K氏は91,570ドルという現金払い差額 (out-of-pocket difference) を何のために支払ったのか，を解明することになる。K氏は形式上，満期時に一時金として現金価値 (cash value) 8,388,000ドルを得るか，年金払いとして毎月90,171ドルを得るか，又は満期以前に死亡した場合，所定の生命保険料を受領できる年金契約を締結したことになる。しかしながら，この契約は，これまで検討してきた通り，擬制 (fiction) であった。というのは，K氏の年間借入額が毎年，年金額又は保険料の支払いに直結するネットキャッシュバリュー (net cash value, 現金又は借入れの価値からその時点での負債総額を控除した差額分) から1,000ドルを控除した分に設定されてきたからである。従って，K氏のSH保険との取引は明らかに，『・・・租税軽減を除くと，納税義務者の受益権にあまり影響を与えなかった。』Gilbert v. Commissioner, 248 F. 2d 399, 411 (反対意見)。なぜならば，K氏が本取引により実現したものは，明らかに租税軽減 (tax deduction) だけであって，実質というものを何も (nothing of substance) 実現しなかったからである。表面上は，K氏が「借り入れた」ことになっているが (What he was ostensibly "lent" back), 実際は，その大半が『利子』の支払いという形式を踏んだ，払い戻し (rebate) に過ぎなかった。SH保険

これに続いて，最高裁は，Knetsch 夫妻の「1954 年内国歳入法典第 264 条を制定した議会はその利子の控除を認めたことになる。というのは，第 264 条 (a)(2) は，一時払いの年金契約を購入する又は保有するための負債を支払った金額の控除を否認しているが，その適用は 1954 年 3 月 1 日後に購入した契約に限られているからである。従って，その取引が利子を支払うべき真実の債務（true obligation）を創出したかどうかに関係なく，議会は，K 氏が SH 保険と継続したこの種の取引で，1954 年以前に支払った金額の控除を認める意図（purpose）があった，と考える。」という主張に対して，先般の Gregory 事案における判決文を引用して[9]，利子控除の否認規定は従前から制定されていたと最高裁は解釈して[10]，1954 年内国歳入法典の遡及適用に当たる，との K 氏の主張を否認した。

が獲得した差額分 91,570 ドルは，『借入れ』という見せかけを設営してもらったことに対する手数料であった。この設営により Knetsch 夫妻は，1953 年度及び 1954 年度において総額 233,297.68 ドル（注 3）の租税を免れることになる。1936 年内国歳入法典第 23 条及び 1954 年内国歳入法典第 163 条 (a) の目的にかなう『負債』を創出した，実質非課税の一時払い年金保険契約（single-premium annuity arrangements with nontax substance）というものがあるかもしれない。しかし，本保険契約は見せかけである（注 4）。」Ibid., 364 U.S. 361, pp. 365-366.

（注 1） 294,570 ドル = 4,000 ドル + 143,465 ドル + 147,105 ドル
（注 2） 203,000 ドル = 104,000 ドル + 99,000 ドル
（注 3） 所得税率は，単純計算で 79％ になる。所得税率の最高税率が 92％ の時に，K 氏に適用される所得税率が 79％ の富裕層であったので，そのような高い租税回避効果を狙ったのであろう。
（注 4） 最高裁は，その脚注 4 において，多少の例外があるが，他の裁判所も，同契約又は同様の契約に対して，見せかけであるとする判決を下していた，と明記している。

9) 「このように判決を下さなければ，それは実体よりは（above reality）むしろ巧みな策略を支援する結果となり，本事案に係る制定法の，厳粛なる目的すべてを蔑ろにすることになるであろう。」Gregory, op.cit. 293 U.S. 465, p. 470.
10) この判決の箇所を翻訳すると，以下の通りになる。
「そこで，議会が第 264 条 (a)(2) により，1954 年以前に実行された見せかけの取引により支払われた金額の控除を認めるつもりであったかを明らかにするため

この最高裁の判決に対して，Douglas裁判官，Whitaker裁判官及びStewart裁判官の3名は，SH保険が現在もテキサス州の法律に基づいて保険事業を行っているので，本件取引自体は見せかけの取引ではない，として反対意見を述べた。

(4) 小 括

第2次世界大戦の資金を調達するために1940年に最高税率75％であった個人に対する付加税が，1946年から91％に上がり，さらに1951年内国歳入法典では個人の税率が22.2％から最高92％までと大幅に引き上げられた[11]。本事案が発生した1953年，1954年頃は，正に重税感が漂っている時代であったので，「一般納税者の多くが初めて所得の課税逃れの方法を模索するようになった。」[12]

最高裁は，納税義務者の租税を軽減したいという動機そのものに関心を向ける代わりに，予審裁判官が指摘した，本取引には商業上の経済的実質（commercial economic substance）が欠けていることを重視し，一連の取引が実質に欠け

に，当裁判所は，その解釈に係る制定法と資料を調べることにする。無駄骨になると思うが（We look in vain.）。

保険契約を購入する又は保有するための負債を支払った金額の控除を否認する規定は，IRCにとって何ら新しいものではない。生命保険又は養老基金契約を除く，すべての年金に適用可能な規定は，1932年から1934年までの制定法に定められていた。議会が，利子を免税所得に割り当てて控除すること（deduction for interest allocable to tax-exempt income）を否認する対策を検討している時に，その規定が追加された。年金の受給額は，年金受給資格者自身が拠出した金額相当額まで総所得から控除された。・・・1954年内国歳入法典は再度，年金の受給額の一部を総所得に組み入れるという改正をした。これらの変遷は，利子を部分的に免税所得に割り当てる課題が，議会の長年にわたる懸案事項であったことの証しとなるものであって，見せかけの取引（sham transactions）とは関係ないことを物語っている。」
Knetsch, op. cit.,364 U.S. 361, pp. 367-369.

11) 矢内一好著『米国税務会計史』中央大学，2011年，158-161ページを参照。
12) 川田剛，前掲書，116ページ。

第5章　経済的実質を重視した判例　147

る「見せかけの取引」であった，と判示した。

- その取引の目的が，K氏が30年後の90歳から年金として毎月9万ドル受給することにあるのではなく，1953年度，1954年度，及び1955年度の租税を軽減することのみを目的としていた。
- そのために，K氏はオプションを利用して，当初より一時払い金を0.1万ドルに設定して，ノンリコース型手形を振り出すことにより控除可能な利子を水増しした上で，契約4年目で解約した。
- 最高裁の判決文の脚注4にあるように，多少の例外があるが，他の裁判所も，同契約又は同様の契約に対して，見せかけであるとする判決を下していた（本章脚注8の（注4）を参照）。

さらに，最高裁は，本件利子控除の否認は従前から制定されているので，1954年内国歳入法典の遡及適用という解釈は当たらないし，そもそも見せかけの取引であったからその租税回避を否認した，という見解を示した。

本事案に係る裁判においては，まだ「経済的実質の法理」について言及されていないが，「経済的実質 (economic substance)」という用語が使用されるようになった。最高裁は，一連の取引を検討した結果，形式よりも経済的実質を重んじて，「見せかけの取引」であると判示した。そこには，本事案に係る地方裁判所及び控訴裁判所では明示されなかった，0.1万ドルという少額の年金しか受け取れないように設定した仕組みから，本取引を見せかけと判断した，と思われる。

最高裁が移送命令令状を受けて，この時点で以上のような判決を下さざるを得なかった最大の理由は，支払据置型年金貯蓄債券を僅かな現金の支払いと，その債券を担保に人的リスクのないノンリコース型手形の振り出しにより購入して，その手形の前払利息分を利子控除するという見せかけの取引であったからである。このような不当な取引を容認すれば，今回のように400万ドルに限らず，4,000万ドルあるいは40億ドルでも，裁定取引を利用することにより，真の経済的損失を余り被ることなく，人為的な損失の創出による租税回避を野

放しにすることになると判断したからである,と思料した。

2. Keith Owens 事案 [13]

　本事案の一連の取引は,原告が100%保有する小規模法人の株式の真正な譲渡ではなく,長期譲渡所得として申告するために,その法人が有する現金を分配できる権利を当該株式取得者へ譲渡した,ステップ取引とみなされた事案である。

(1) 概　要

　ミシガン州デトロイト在住のE. Keith Owens と Sharon E. Owens（以下「O夫妻」という。）は,E. Keith Owens（以下「KO氏」という。）が100%保有していた法人,Mid-Western Investment Corp.（以下「MW社」という。）の株式の譲渡所得に関して,1965年度に合同申告書を提出した。Sharon E. Owens夫人は,この合同申告書を提出したことに係る事案（Docket No. 1988-70）に限っての原告である。よって,ここではKO氏を原告としている。

　また,MW社が投資した畜牛の飼料費の前払い分を,通常要しかつ必要性のある費用（ordinary and necessary expenses, IRC 第162条(a)）として控除して1964年度の申告をした。

---

13) E. Keith Owens, v. Commissioner of Internal Revenue, E. Keith Owens and Sharon E. Owens, v. Commissioner of Internal Revenue, Docket Nos. 1947-70, 1988-70, United States Tax Court, 64 T.C. 1, April 2, 1975, Filed. 国側勝訴。

　E. Keith Owens, v. Commissioner of Internal Revenue, United States Court of Appeals for the Sixth Circuit, 568 F. 2d 1233, December 20, 1977, Decided. 国側勝訴。

　本事案については,矢内教授が前掲論文「米国税法における経済的実質原則(1)」の196-198ページにおいて,2つある争点のうち,最初のMW社株式の譲渡に関連した処理に関する争点を中心に紹介している。本書では,最初の争点と2番目の争点である畜牛への投資に係る費用処理に関しても併せて検討する。

(2) 事実関係

本事案の一連の取引に係る事実関係は，租税裁判所及び控訴裁判所の判決文を基にすると次の通りになる。

1962年12月17日	MW社がミシガン州に設立された。KO氏は，MW社の発起人の1人であり，1965年8月20日までの期間，その発行済株式4,000株すべてを所有する唯一の株主で，かつ，同社の役員としてその経営に従事していた。
1963年11月初旬から1964年4月まで	MW社は，同州の法人 Alexander Hamilton Life Insurance Co. of America（以下「AH生保」という。）の普通株式販売の株式引受人になった。KO氏は，AH生保の発起人の1人でもあり，また最高経営責任者でもあった。AH生保は1963年10月後半において，ミシガン州から自社の資金調達をすることができる仮免許状（preliminary charter）が与えられていたが，この資金調達を成功裏に終えたときに，正式な免許状を得られることになっていた。 MW社は，AH生保の普通株式を1963年に総額69.3万ドル，1964年に総額872.8万ドルも販売することができた。MW社はその販売手数料（1963年に10.4万ドル，1964年に120.5万ドル）が National Bank of Detroit（以下「D銀行」という。）に振り込まれたので，MW社の取引銀行に振り替えた。 KO氏は，MW社が株式引受人として1964年の初めまでに儲けた大半の金額を引き出して，AH生保の株式を購入した。
1964年5月	ミシガン州が，AH生保に正式な免許状を授けたので，AH生保は，生命保険の販売を開始し，初年度に約1億1,800万ドルの保険契約を達成した。

	KO 氏は，AH 生保の最高経営責任者としてその経営活動の全権（例：株式発行業務，保険契約の承認，従業員（代理店を含む）の採用，投資方針の決定，本社の組織編成）を有していたので，その経営で多忙を極めていた。
1964年秋	KO 氏は，AH 生保の経理，事業投資，及びタックス・プランニングの助言並びに MW 社と KO 氏個人の財務状況に係る助言を得るために Lybrand, Ross Bros. & Montgomery のデトロイト・オフィス（現在の Coopers & Lybrand，以下「L 事務所」という。）を訪れ，弁護士で公認会計士の Ralph J. Paonessa（以下「RP 氏」という。）と面談した。そこで，種々の投資話が提供されたが，KO 氏は畜牛への投資に関心を示したので，RP 氏は，Jerome Halperin（L 事務所の税務パートナー，以下「JH 氏」という。）を通して，そのクライアントである Oppenheimer Industries, Inc.（ミズーリ州のカンザス・シティー在住の畜牛業者で，畜牛の不在所有者（absentee owners）の委託を受けて畜牛を購入して飼育し，そして売却までの資金面，税金面も含む一切の管理運営業務も行っている法人，以下「O 畜牛業者」という。）を紹介した。
1964年12月中旬	MW 社は，畜牛の購入・管理運営に係る契約を締結するために O 畜牛業者を代理人として指名し，畜牛の購入・管理運営全般の業務を委託した。O 畜牛業者の指示の下，飼育を委託された業者4社（表2参照）と契約を個々に締結し，飼料費（feed cost）として総額21.3万ドル[14]を前払いした。

---

14) この支払条件は，購入価額の 5%分を契約締結日から10日以内に支払い，残額は手形を振り出すことになっていた。各手形の利率は，年利6.5%とし，各契約の締

第5章　経済的実質を重視した判例　151

表2　飼育業者毎の前払い飼料費　　　　　　（単位：ドル）

飼育業者	契約日	1頭当たりの飼料費	購入した畜牛数	飼料費
A社	1964年12月16日	55	250頭	13,750
B社	1964年12月18日	90	474頭	42,660
C社	1964年12月19日	105	675頭	70,875
D社	1964年12月24日	107	800頭	85,600

出所）本事案に係る租税裁判所の判決文8ページの表を基に，飼料費の項目を加えた。

　　　　　　　　　　MW社は，1964年課税年度の法人所得税の申告書でこ
　　　　　　　　の費用を控除した。
　　　　　　　　　　KO氏はすでに，MW社の資金をAH生保株式への投
　　　　　　　　資資金用に引き出していたので，MW社はKO氏所有
　　　　　　　　の当該株式を担保に，この畜牛事業の資金を借り入れ
　　　　　　　　た。
1965年1月　　　　L事務所が，AH保険の公認会計士として任命されたの
　　　　　　　　で，KO氏は，L事務所の代表者と頻繁に会談を持っ
　　　　　　　　た。L事務所の助言に従って，MW社は1954年内国歳
　　　　　　　　入法典第1371条（a）に規定する小規模法人（small
　　　　　　　　business corporation）を選択した[15]。

結日にその利息を前払いすることとし，4通のうち，3通の手形の満期日は，1965
年6月末まで，もう1通は1965年12月16日までとすることになっていた。
　MW社がこの費用を控除したことに対し，租税裁判所はその控除を否認したが，
控訴裁判所は，その控除を是認する判決を下した。その意味で，当該費用の控除性
が争われた事案ともいえる。
15)　租税裁判所の判決文では，この選択が1965年1月とは明記されていないが，控
　訴裁判所の判決文1235ページに記述されている。当該判決文の脚注1に引用され
　ている同規定によると，小規模法人になるには，内国法人であって，①株主が10
　人を超えないこと，②個人株主に限ること，③株主が非居住者でないこと，④発行
　株式の種類が1種類であること，という要件を満たす法人が選択できることになっ
　ている。その場合，法人所得税の課税関係は発生せず，各株主に分割されて課税さ
　れることになる。

1965年5月	多額の営業純損失（net operating losses）を出し，その損失をなんとか活用したいと願っている，フロリダ州在住の2名，Manuel Santeiro（以下「MS氏」という。）と Enrique Rousseau（以下「ER氏」という。）がいるという情報を，税務パートナーのJH氏がKO氏に提供した。その後にL事務所のJH氏とRP氏は，ER氏とMS氏にMW社の株式の購入の件について打診した[16]。しかし，ER氏とMS氏は，IRSが折りたたみ式法人（Collapsible corporation）[17]とみなす恐れがあるとして固辞したので，MW社が所有する畜牛すべてを売却して利益を獲得するまで，MW社株式の譲渡は延期された。KO氏は，この報告を得て，次の理由を基に，MW社株式の譲渡を決心した。
	イ　担当の公認会計士がその譲渡を勧めた。
	ロ　KO氏はAH保険の事業に忙殺されていたので，MW社の事業活動に専念する時間がなかった。
1965年3月30日から 1965年7月12日まで	MW社が所有していた畜牛すべてを売却し，総額1.0万ドルの純利益を実現した。
1965年7月後半から	RP氏は，フロリダ州パームビーチでMS氏，ER氏等

　　　小規模法人は，IRCのサブチャプターSの特別な規定が適用されることからサブチャプターS法人，又は単にS法人ともいわれる。

16)　租税裁判所の判決文の脚注5によると，KO氏はこの交渉には参加していなかったので，MS氏及びER氏との面識もなかったことが立証されている。

17)　「折りたたみ式法人（collapsible corporation）は，一時利用目的の法人とも呼ばれ，もっぱら資産を建設あるいは製造する目的で設立もしくは利用された法人で，その資産による所得の3分の2以上が法人により実現されるよりも前に，株主により株式が売却等処分された法人をいいます（法341条(b)）。」（伊藤公哉著，前掲書『アメリカ連邦税法（第4版）　所得概念から法人・パートナーシップ・信託まで』，404ページ。)

1965年8月初旬まで	との会議を持ち，①MW社株の譲渡価格及び②その契約に組み入れられるべき補償契約（indemnification agreement）を決議した。
1965年8月20日	KO氏は，自ら所有するMW社の株式4,000株をER氏とMS氏に現金26.3万ドルで譲渡する契約を締結した。MW社の資産には，当座預金が30.0万ドルあるだけで，負債，偶発債務等が全くない状態であったので，ER氏とMS氏がMW社の株主になったとしても，問題を引き起こすような案件は全くない状況であった。 ER氏とMS氏は，当該株式の購入資金26.3万ドルをニューヨーク市にあるBank of Nova Scotia（以下「NS銀行」という。）から借り入れ，その支払いを完了した。その後，KO氏は，MW社株式の代金26.3万ドルを受領した。 ER氏とMS氏は同日に，D銀行にあるMW社の当座預金から30.0万ドルを引き出して，同行の預金残高をゼロにした。 ER氏とMS氏は，MW社が小規模法人として継続できるよう株主の合意を得て，適時に申請した。
1965年8月23日	MW社は，解散を決議し，清算手続きに入った。
1965年9月7日	ER氏とMS氏は，MW社の解散証明書に署名し，1965年12月23日に当該証明書が受理された。

(3) 関連当事者の税務申告とCIRの処分

　本事案において実行された取引の経緯は，前述の通りである。この取引に基づき，KO氏，MW社，MS氏及びER氏等は，1964年及び1965年度において，次のように税務申告をした。

　MW社は，1964年度の飼育費として21.3万ドルを支払い，1964年度の法人

所得税申告書で同額を控除した。

1965年度の税務申告において，MW社は，24.6万ドルの課税所得を申告し，この所得は，ER氏に14.0万ドル，MS氏に10.6万ドルが分配された。

1965年度の合同申告書においてO夫妻は，MW社株式の譲渡により24.7万ドルの長期譲渡所得が発生した旨を申告した。

以上の申告に対して，IRSは，MW社の1965年度の所得24.6万ドルがO夫妻に帰属するので，O夫妻が当該株式の譲渡による長期譲渡所得として申告した金額を調整して，1969年12月30日付けで納税不足通知書を交付した。

IRSはまた，KO氏に対して，1969年12月30日付けで次の納税不足通知書を交付した。

「IRSはさらに，MW社の1964年度の法人所得税不足額10.4万ドルは，MW社の資産の被譲渡人であるMS氏及びER氏両氏の責任であると決定して，1969年12月30日付けで納税不足通知書を交付した。これらの納税不足通知書それぞれには，MW社が『清算され，その資産が1965年8月20日ないしはその頃に移転された』と記述されていた。」[18]

(4) 各裁判所の判決

イ 租税裁判所の判決（国側勝訴）

本事案の判決における争点は，①1965年8月におけるKO氏と株式取得者（ER氏とMS氏の2名）との間の取引が，その取引の目的からして真正な株式の譲渡として取り扱われるべきか（この場合，KO氏は譲渡所得税が課され，株式取得者は小規模法人MW社の株主として1965年課税年度の未分配所得（undistributed income），及びMW社の被譲渡人として1964年課税年度のMW社の所得税不足額に対して課税されることになる），又はこれとは逆に②本取引が，MW社の現金を，本質的に株式取得者への手数料の支払いを含めてKO氏に分配するための単なる「見せかけ（paper cover）」[19]とみなされるべきか（この場合，KO氏は1964年

---

18) E. Keith Owens, op. cit., 64 T.C. 1, p. 11.

及び1965年度に対してIRSが決定したように課税されることになる。）を判断することにある，と租税裁判所は言及した。本事案の場合，KO氏には1965年度に関して，本取引が真正な売却であったのでMW社の株主としての地位を去った，ということを立証する責任がある一方，IRC第6902条（a）の規定[20]により，CIRには1964年度に関して，原告であるKO氏がMW社の資産の被譲渡人であったということを立証する責任がある，と租税裁判所は述べた。

租税裁判所は，まず先例判例（例：Court Holding事案（324 U.S. 331（1945））,Smith事案（308 U.S. 473（1940）），Griffiths事案（308 U.S. 355（1939）））を参照して，「異常な取引（particular transaction）に対する課税は，納税義務者がその取引を特徴づけるように選択した形式（form）により判断するのではなく，その取引の実質（its substance）により判断する」[21]という命題がある一方，Gregory事案の判決で一般に知られている「納税義務者には，法律が許容する方法により，税務対策を何ら打たなければ課税されたであろう税額を減少させる，又はその課税を完全に回避するという法律上の権利が認められていることは，疑いの余地はない。」[22]とする命題もある。この2つの命題の橋渡しとして，「建物というものは，租税軽減のみでは建てられないが，その土台とレンガに経済的実質があれば，租税軽減という経済的又は財務上の誘因をモルタルに塗り込むことができる。」[23]と表現できる，と喩えた上で，租税裁判所はこの一連の取引が経済的実質に欠ける取引であったことを検証した。

---

19) "paper cover"は，本来「紙表紙」と訳すべきであるが，取引の本質を装うために使われていると考えて，敢えて「見せかけ」と訳した。
20) 第6902条（被譲渡人に対する特別適用規定）の（a）（立証責任）には次のように規定されている。
  「租税裁判所で審議する場合，財務長官には，原告が納税義務者の資産の被譲渡人として法的責任があることを明らかにする立証責任があるが，当該納税義務者がその税金に対して法的責任があることを明らかにする責任はない。」
21) E. Keith Owens, op. cit. 64 T.C. 1, p. 14.
22) Gregory v. Helvering, Supreme Court of the United States, 293 U. S. 465, p. 469.
23) W. Lee McLane, Jr., 46 T.C. 140, affd. Per curiam 377 F. 2d 557（9th Cir. 1967）.

① 畜牛すべてを売却した1965年7月12日以降のMW社が実体ある法人であったことを立証できなかったので，株式取得者であるER氏とMS氏へのMW社の売却は独立当事者間の真正な売買ではない，と租税裁判所は判断した。つまり，KO氏の行為は，MW社の現金を，言わば別のズボンを使用することができるにもかかわらず，そのズボンの片方のポケットからもう一方のポケットに単に移動させただけではなかった，ということを反証できなかった。

租税裁判所は，Minnesota Tea事案の最高裁判決文にある「迂回路をたどって得た成果であったとしても，直路を歩んで得た成果と異なる成果をもたらすものではない。」[24]という喩えを引用して，1965年度について，KO氏はMW社の法人利潤（earnings and profits）[25]から分配を受け取ったものとして取り扱うべきである，と判示した。

② 1964年度の主たる支出である前払い飼料費は，諸契約により固定費とされているので，価格変動によるリスクがないし，払い戻し（refund）というのは，飼育業者の死亡，破産という特殊事情により解約する場合にのみMW社に対して支払われる，とKO氏は主張した。しかし，畜牛が所定の体重よりも重たくなった場合には，その飼育業者はMW社からボーナスの支給を受けることになっていて，実際のところ本事案の4契約のう

　　租税裁判所は，この事案の判決文を引用しているが，そこに出てくる「経済的実質」についてはあまり触れていない。

24) Minnesota Tea Co. v. Helvering, Supreme Court of the United States, 302 U.S. 609, January 17, 1938, Decided, p. 613.

25) 伊藤氏は，「法人利潤（E & P）は，当期に法人により稼得された部分である法人当期利潤（current earnings and profits : CEP）と，過去に稼得された当期利潤の蓄積（留保）部分である法人留保利潤（accumulated earnings and profits : AEP）の2種類から構成されています。」（伊藤公哉，前掲書，393ページ）と記述している。また，渡辺教授は，「法人の税法上の配当可能利益」（渡辺徹也著『企業組織再編成と課税』弘文堂，2006年，47ページ）と訳している。法人利潤は，IRC第316条（a）に規定されている。

ち2つの契約飼育業者に対してボーナスが支給され，その逆に，所定の体重に至らなかった場合には，ペナルティーが支払われることになっていた。このような事実及び状況から判断して，租税裁判所は，MW社による前払い飼料費は預け金（deposits）であったので，その支出をした年度の通常要しかつ必要性のある費用として控除することはできない，と判示した。

ロ　控訴裁判所の判決（国側勝訴，但し前払い飼料費の支払時控除を是認）

　KO氏は，1965年8月の株式売却が関連当事者にとって利益があるとの確信の下，独立の第三者間で交渉され，当該株式の移転に関して必要な手続を踏んで行われた真正な取引であった，として上告した。そこで控訴裁判所は規定[26]に則って，KO氏が，制定法の適用範囲内で適法に租税を回避したかを検証した。

　租税負担（incidence of taxation）は，取引の実質に基づいて決定される一方で，KO氏には当該株式の譲渡が真正であったということを立証する責任を有していた。そこでMW社株式の譲渡が単に独立当事者間で交渉された，正式な移転（formal transfer）であったと示すだけでなく，KO氏が真に譲渡したのが株式（つまり，移転されたMW社の株式が偽りなく，事業に係る持分を表す株式）であったということも立証しなければならなかった。KO氏はそれを立証することができなかったばかりか，本事案に係る次の4つの状況を組み合わせた結果，事業に係る持分を譲渡したという可能性がないことが判明した[27]。

　①　MW社には現金以外の資産が全くなかったことからして，清算の準備

---

[26]　租税裁判所の事実認定に対する控訴裁判所での検証基準（standard of review）は，IRC第7482条（a）において，次のように定められている。
　　「控訴裁判所は，・・・陪審員なしに審議された民事訴訟に係る地方裁判所の判決に対して同程度に・・・と同様の方法で，租税裁判所の判決を検証する専属管轄権を有する。」E. Keith Owens, op. cit. 568 F. 2d 1233, p. 1238.

[27]　E. Keith Owens, op. cit. 568 F. 2d 1233, pp. 1239-1340.

は整っており，現金による株主への分配が可能であった。

② MW社の株式が譲渡されたとする頃，MW社は全く事業活動を行っていない（no business），いわば「抜け殻（lifeless shell）」であったので，違法な租税回避スキーム（scheme of illegitimate tax avoidance）における「単なる考案物（nothing more than a contrivance）」[28]として利用するためにMW社を用意した。

③ KO氏は，MW社の唯一の株主であったので，絶対的権限を持っていた。従って，KO氏が自らの株式をER氏とMS氏に形式的に（formally）譲渡したとき，KO氏は当該法人の資産を処分する権限も移転していた。

④ ER氏とMS氏がNS銀行からの借入金を返済する方法として，MW社の事業活動から得た利益から返済する方法もあったが，MW社の株式が譲渡されたとするその日に，両氏はMW社の銀行口座から現金を引き出して返済する方法を選択した。

以上の検証の結果，1965年8月の取引に，ER氏とMS氏の導管としての役割に対する手数料3.7万ドル（当該株式の売買価額とMW社の現金残高との差額）の支払い分も含めた，KO氏への分配であったこと，この現金の移動額は，株式の譲渡額と同額ではなかったこと，さらにMinnesota Tea事案での名言[29]をここで引用したことも含めて，租税裁判所が適切な判断をした，と控訴裁判所は判示した。

要するに，一連の取引は，小規模法人であるMW社の株式の真正な譲渡ではなく，MW社の現金を分配する権利をその株式取得者へ譲渡したのであるから，1965年度の不足税額は原告であるKO氏が負担すべきとする租税裁判

---

28) Gregory, op. cit., 293 U.S. 465, p. 469.
29) E. Keith Owens, op. cit. 568 F. 2d 1233, p. 1240.
   Minnesota Tea事案では，納税義務者が自らの債務の返済分も含めて，その導管としての株主に配当を分配した。この迂回取引が，KO氏の行為に相似しているので，引用された，と考える。

所の判決を控訴裁判所は支持した。

但し，前払い飼料費が通常要しかつ必要性のある費用ではないとして，租税裁判所はその控除性を否認したが，控訴裁判所は，現金主義を適用している法人では，返金されない費用（non-refundable expenses）を支払った年度に損金計上することは適法であるので，KO 氏の主張を認めて租税裁判所の判決を取り消した。この判決が下された主たる事実は，「飼料の未使用によるのではなく，畜牛の販売価格の大幅な下落により，畜牛 1 頭あたり 5 ドルを超える営業純損失が発生した場合に，飼料業者が払い戻しに応じるという事実，及び畜牛の販売価格は，その畜牛の品質だけでなく，牛肉に対する消費者の好みによって決められるという事実」[30]であった。

(5) 小 括

本事案の一連の取引は，原告である KO 氏が専門家のアドバイスを受けて，完全支配下にある MW 社を小規模法人にして，①その所得を 2 名の株式取得者（いずれも多大なる営業純損失を抱えている）の手数料分も含めて分割し，株式取得者が過去の損失とこの所得を通算することにより租税を回避させる一方で，② KO 氏は本来であれば小規模法人の唯一の株主として，その法人の所得すべてが KO 氏個人に帰属されるのを免れるために，MW 社の株式譲渡益を長期譲渡所得として租税の軽減を図った取引であった[31]。

租税裁判所は，Gregory 事案の最高裁判決を引用して，MW 社の「実質の欠如」を問題とし，「経済的実質」という用語が挿入されている W. Lee McLane 事案の控訴審判決を引用しているが，その判決の論拠とするほど明確にしなかった。

控訴審判決では，その「判決に至るまでの経緯（Procedural posture）」において，「KO 氏が保有する MW 社株式の移転は，MW 社の資産を KO 氏自身に分

---

30) Ibid., 568 F. 2d 1233, p. 1245.
31) 矢内一好，前掲論文，198 ページ参照。

配させた，経済的実質に欠ける陽動作戦（diversionary tactic）」と「経済的実質」を明記しているが，その主文では事業の継続性に重点を置いた判決であった，と考える。さらに，控訴裁判所は Minnesota Tea 事案の最高裁判決を引用して，株式取得者への手数料の支払いを隠すためのステップ取引，つまり迂回取引であった，と結論づけた。

しかし，前払い飼料費については，租税裁判所の判決を覆して，現金主義による「通常要しかつ必要性のある費用」である，と控訴裁判所は判示した。

3. Frank Lyon 事案[32]

本事案は，事業実体若しくは法規制の実在により強いられ，又は促されて，経済的実質を有する，多数の関連当事者による真正な取引である場合には，租税の軽減以外の成果があり，意味のないラベルを小包に貼って租税回避のみを目的とするような特性を形成しないので，単にセール・アンド・リースバック取引だからといって，納税義務者が申告した減価償却の控除を，即座に否認すべきではない，と最高裁が判示した事案である。

---

[32] Frank Lyon Company, v. United States of America, United States District Court for the Eastern District of Arkansas, Memorandum, 1975. 納税義務者側勝訴。

Frank Lyon Company, v. United States of America, United States Court of Appeals for the Eighth Circuit, 536 F. 2d 746, May 26, 1976, Decided. 国側勝訴。

Frank Lyon Company, v. United States of America, United States Court of Appeals for the Eighth Circuit, 536 F. 2d 746, August 6, 1976, Filed. 地裁に差し戻し。

Frank Lyon Co. v. United States, Supreme Court of the United States, 435 U.S. 561, April 18, 1978, Decided. 納税義務者側勝訴。

本事案の内容については，上記裁判所の判決文を基にまとめた。

本事案は，多くの書籍，論文で紹介されている。例えば，岡村忠生「税負担回避の意図と二分肢テスト」（『税法学』第 543 号，2000 年 6 月），17-18 ページ，一高

(1) 概　要

　連邦準備制度[33]に加盟していた Worthen Bank & Trust Company（以下「W銀行」という。）は，既存施設に代えて，立地条件の良い場所に銀行業務とテナント業務を兼ね備えたオフィスビルを自行で建設する計画を立てていた。ところが W 銀行は，当時の米国並びに連邦の銀行法及び銀行規則により，その本店及び金融業務施設の建設に要する資金を借入金で調達することを禁止されていた[34]。そこで，W 銀行は，ゴールドマンサックス社（Goldman, Sachs &

　龍司「タックス・シェルターへの米国の規制と我が国への応用可能性」（『フィナンシャル・レビュー』，2005 年 7 月），70 ページ，渕圭吾，前掲論文，127-130 ページ，川田剛，前掲書，131-134 ページ，矢内一好，前掲論文，198-201 ページ，拙稿「米国判例における租税回避の一考察―経済的実質を有するとされたセール・アンド・リースバック取引―」（『企業研究』第 23 号，2013 年 8 月），31-41 ページがある。

[33]　連邦準備局（Board of Governors）の下で 12 の地区の中央銀行である連邦準備銀行を監督する制度で 1913 年に設立された。ジーニアス英和辞典参照。

[34]　W 銀行が銀行法等の規制により資金調達できなかった理由は，最高裁の判決文の 563-564 ページに記述されているので，その箇所を抄訳する。

　　W 銀行は，リトルロックにある既存施設に代えて，銀行業務とテナント業務を兼ね備えたオフィスビルの建設計画を着手し始めた。ほぼ同時期に，W 銀行の競合銀行である Union National Bank of Little Rock（以下「UN 銀行」という。）も，同様のオフィスビルの建設計画を策定していた。そこで，W 銀行と UN 銀行それぞれが，その建設予定地として州議事堂通りに隣接する土地を購入した。銀行業務とテナント業務双方を営む上で，どちらの銀行がいち早くその建設に取りかかって，オフィスビルを完成させるかに，それぞれの銀行の威信がかかっていた。

　　W 銀行は当初，総額 900 万ドルを調達した上で，土地を購入し，オフィスビルと立体駐車場を自ら建設する予定であった。この必要資金 900 万ドルのうち，400 万ドルは無担保債券（debentures）により調達し，残り 500 万ドルは，不動産業を営む 100％子会社から通常型抵当ローン（conventional mortgage loan）を受けて賄えるはずであった。しかしながら，この W 銀行の資金計画は，次の 2 つの致命的な理由により，断念せざるを得なかった。

① 　アーカンソー州の法律により認可された特許銀行として，W 銀行が発行しようとした無担保債券の金利は，アーカンソー州の法律により定められた無担保債券の金利よりも低い金利でなければならなかった。しかしながら，所定の無担保債券の金利では低過ぎるので，その市場性には限界があった。

Company），ユニオン証券（Union Securities & Company）を初めとする金融機関，原告であるFrank Lyon Company（アーカンソー州で，主にWhirlpool[35]とRCA[36]の電気製品を配送する業務を行う法人，（以下「FL社」という。）で，Frank Lyon（以下「L氏」という。）がその筆頭株主であり，取締役会長であった。L氏はまた，W銀行の取締役も兼務していた[37]。）等と独立当事者間ベースでの交渉（arm-length negotiations）を行った[38]。その結果，W銀行はFL社に764万ドルで当

---

② 銀行業務に関連するビルの建設予算額が，一定の金額を超過する場合（例えば，資本金を超過する場合，資本金及び剰余金の合計額の40％を超過する場合）には，アーカンソー州の銀行部門が定めた規則及び連邦準備制度により，規制当局の事前承認を得なければならなかった。そこでW銀行は連邦準備局のスタッフに口頭で打診をしたところ，本建設計画に対する事前承認を得られなかった。

W銀行は以上の経緯により，アーカンソー州及び連邦準備制度の諸規制の要件を満たすような資金計画を策定せざるを得なかった。従って，W銀行は，1967年9月にアーカンソー州の銀行部門と連邦準備制度に対して，自行が建設（すでに同年9月15日に建設着手）した後に，セール・アンド・リースバック契約により自行が使用する計画を提案した。当局との交渉の結果，W銀行が当該契約の15年後にその賃借物件を所定の価額で買い戻すオプション権を取得すること（州銀行部門の要求事項），及びそのオフィスビルが独立の第三者（independent third party）によって所有されること（連邦管理官の要求事項）を条件に承認された。

35) Whirlpoolは，ミシガン州に本社を持つ家庭電化製品の製造販売メーカーである。
36) RCAは，1919年に創立され，1986年まで存続したアメリカのエレクトロニクス（電気機器・半導体）事業を中心とする企業である。
37) W銀行の取締役を兼務しているという事実に対して，L氏がW銀行の第三者であることに疑問を持つ見解（矢内一好，前掲論文，200-201ページの脚注36。岡村忠生，前掲論文，18ページ）もあるが，後述する最高裁の判決（575ページ）では，W銀行が仕組んだ同族的な（familial）取引ではなく，銀行規制に準拠する独立当事者間取引であったとして，その見解を明確に否定した。
38) W銀行は，上述の金融機関，FL社等からの入札内容を吟味した上で，W銀行にとって最も有利な事項を組み込んで入札に応じた投資家に逆提案（counterproposal）をした。FL社はその逆提案を受諾すると共に，W銀行からの指名を確実にするために，賃貸借契約開始からの5年間，賃料料を年間2万ドル減額する旨の提示をした。W銀行は，最終的にFL社を本セール・アンド・リースバック契約の投資家として選出したが，この賃貸料の減額は取り止めることになった。

該ビルを売却する契約をし，さらにセール・アンド・リースバック契約を締結してそのビルを賃借することになった。FL社が，当座の必要資金700万ドルを調達するために，まずFirst National City Bank（以下「FN銀行」という。）から建設資金のつなぎ融資を受けた。その後，FL社は，New York Life Insurance Company（以下「NY保険」という。）から長期固定金利譲渡担保ローン（permanent mortgage financing）714万ドルを得ることができたので，FN銀行からの建設資金700万ドルを返済し，さらに自己資金（不動産所有権投資，equity investment[39]）50万ドルを投入して，そのオフィスビル購入の残金64万ドルを支払った。こうしてFL社は，当該オフィスビルの所有者としてW銀行に，所定の条件（例えば，当該オフィスビルの賃貸料の総額と譲渡担保ローン返済の元利合計額を同額に設定し[40]，所定時期における買戻しオプション権の金額を設定[41]）の下で長期間賃貸することができた。

　　この事実に関して，岡村教授は，「このリース契約を獲得しようとした他の投資家との競争を通じて，より低い賃料として銀行に移転している。」（岡村忠生，同上論文，18ページ）と記述しているが，最高裁の判決文によると，実際に行われたことは，FL社がW銀行から別件の融資を受ける際に，高めの金利を支払うことでその減額分の相殺をしたことになっている。上述の銀行規制がなければW銀行が享受できた減価償却費等の控除という課税の減免規定をFL社に移転したことに間違いは無いが，このような取引は，独立当事者間取引での交渉の結果であったとみなすこともできる，と著者は思料する。

39) 持分への投資，所有権への投資で，本事案の場合，オフィスビルへの投資であるので，「不動産所有権投資」と訳すことにした。

40) 賃貸開始から主契約期間である25年間中，FL社が受け取る当該オフィスビルの賃貸料総額は，1,499万ドルとなる。この賃貸料総額は，同一期間中において，FL社がNY保険から借りた譲渡担保ローン（mortgage loan）の元金714万ドルにの支払利息の合計額を加算した金額と同額である。

41) W銀行は，当該オフィスビルを次の時期に，次の価額で買い戻すオプション権を有する。
　　1980年11月30日（11年後）　633万ドル
　　1984年11月30日（15年後）　543万ドル
　　1989年11月30日（20年後）　419万ドル

W銀行が，その完成したビルを1969年12月より使用し始めたので，FL社は1969年度の連邦所得税の申告上，暦年ベースでの発生主義に基づき，W銀行からの12月分の未収賃貸料を計上した。さらに，NY保険への1ヶ月分の未払利息，オフィスビルの1ヶ月分相当の減価償却費，FN銀行からのつなぎ融資の利子，本取引に関連して発生した法的費用（登記料を含む）等の合計額を控除した。

CIRはFL社の1969年度の税務調査をした結果，FL社は租税目的上，当該オフィスビルの所有者ではなく，経済的実質の観点からW銀行が，当該ビルの真の所有者として留まっている，と判断した。従って，連邦所得税の目的上，このオフィスビルに関連する収益と費用の計上は認められない，としてFL社の当該取引に関連する未収収益及び損金の計上を否認した。

最高裁の判決文（568-569ページ）によると，CIRはさらに，FL社の1969年度の所得として0.2万ドルの未収利子を加算した。この金額は，W銀行が当該オフィスビルを買戻すオプション権を11年後の1980年11月30日に所定の価額で行使したと仮定し，その上でFL社が投入した50万ドルをW銀行に「貸し付けた」とみなして算定した受取利子相当額のうち，その1969年度分を所得に加算した金額であった。換言すると，本セール・アンド・リースバック契約はFL社がW銀行に50万ドルを貸し付けるという一種の金融取引（financing transaction）であり，W銀行がNY保険へ元金と利子を支払うことに代えて，FL社が導管（conduit）としての役割を果たした，とCIRは判断した。その結果，1969年度の所得が申告額よりも49.7万ドル増加することになり，FL社の連邦所得税の不足額は24万ドルと算定された。CIRは，4万ドルの利子税を加算して，不足税額の合計額を28万ドルと決定した。

FL社は取り敢えず，その不足税額を支払った上で，その還付請求をしたが

1994年11月30日（25年後）　215万ドル
　　以上の買戻しオプション権の行使価額は，NY保険からの譲渡担保ローンの未返済残高，FL社の50万ドルの自己資金投入額（investment），及びその投入額を6

却下された。そこでFL社は，地裁に還付請求の訴訟を起こした。

(2) 主たる契約締結に係る事実関係

前述の通り，FL社がW銀行のセール・アンド・リースバック契約[42]の取引相手として選定されたが，その取引経緯は次の通りである。

1967年9月	FL社が，W銀行のセール・アンド・リースバック取引に入札した。
1967年11月	FL社が当該取引の相手先として選定されたので，FN銀行からの建設資金のつなぎ融資，及びNY保険からの譲渡担保ローンの手当てを完了した。
1968年5月1日	FL社とW銀行は，土地賃貸借契約[43]，及びオフィスビル賃貸借契約（オプション権を含む。）[44]を締結した。また，

%複利で計算した金額の合計額とする。

[42] FL社とW銀行とのセール・アンド・リースバック取引に係る契約内容等については，著者の前掲論文の添付書類に掲載しているが，本書では必要最低限の内容を個々の契約毎に注記することにする。

[43] W銀行は当該土地をFL社に2044年11月30日までの76年7ヶ月間貸し付ける。最初の19ヶ月間は建設予定期間とする。FL社のW銀行からの土地の年間賃借料，つまり地代は，最初の26年7ヶ月間を年50ドルとし，その後，1994年12月1日からの5年間を10万ドル，1999年12月1日からの5年間を15万ドル，2004年12月1日からの5年間を20万ドル，2009年12月1日からの25年間を25万ドル，2034年12月1日からの10年間を1万ドルとする。

[44] 主契約期間である1969年12月1日からの25年間，FL社はW銀行へ当該オフィスビルを賃貸する。但し，W銀行には，この賃貸期間を5年毎に8回にわたって延長できるオプション権（延長期間を含めて合計65年間）が付与されている。当該オフィスビルの賃貸期間満了（最大限延長して2034年11月30日まで）から土地の賃借期間満了の2044年11月30日までの間，W銀行が当該オフィスビルを買い戻さない限り，その所有権，使用，及び管理はすべてFL社の掌中にある。W銀行は当該オフィスビルの建設が完成するまでの間，賃借料を支払う義務はない。

賃貸開始からの11年間，つまり1980年11月30日までの期間の賃貸料は年間58万ドルとする。それに続く14年間の賃貸料は年間61万ドルとする。オプション期

	FL 社と NY 保険は，譲渡担保ローン契約[45]を締結した。
1968 年 5 月 14 日	FL 社は，FN 銀行と建設資金融資契約を締結して 700 万ドルを借り入れ，当該オフィスビルの購入資金として W 銀行に随時支払う。
1968 年 5 月 19 日	FL 社と W 銀行は，オフィスビル売買契約を締結した。
1969 年 12 月	FL 社は，オフィスビルが完成したので，自己資金 50 万ドル[46]と NY 保険からの譲渡担保ローン 714 万ドルにより，FN 銀行からの建設資金 700 万ドルを返済すると共に，オフィスビル購入残金の支払いに充当した。

(3) 各裁判所の判決

イ　地方裁判所の判決[47]（納税義務者側勝訴）

アーカンソー州東部地方裁判所（United States District Court for the Eastern District of Arkansas，以下「地裁」という。）は陪審員なしで審議した結果，FL 社が申告した控除を認める旨の判決を下した。

　　間中の賃貸料は，年間 30 万ドルに減額される。
45)　NY 保険はオフィスビルの完成によって FL 社が発行する金額 714 万ドル，利率 6.75％，期間 25 年の担保付き手形（secured note）を購入することに同意した。この契約によって，FL 社が W 銀行に対して，担保付き手形の譲渡担保ローン返済額に等しい賃貸料で，ネット・リースの下での最低 25 年間の解約不能な W 銀行へのオフィスビルを賃貸することを保証した。賃貸開始からの主契約期間中，FL 社は W 銀行からの受取賃貸料と等しい金額である，譲渡担保ローンの元利合計額を四半期毎に支払うことに同意した。
46)　FL 社が実行した，所定の手続を踏んだ上での独立当事者からの融資，そして，この所有権投資としての一部自己資金の投入が，最高裁裁判に大きく影響することになる。
47)　本地裁の判決文は，一般に公開されていないようである。しかし，本事案の最高裁の判決文の 569-570 ページに本地裁判決の要旨が記載されていたので，その文章を基にまとめた。

まず，関連当事者の法的な意向は，その取引を証明する書類の様式及び文言からして，法律に準拠した真正なセール・アンド・リースバック取引を実行することにあった，と地裁は判示した。W 銀行はその賃借料を支払うことによって当該オフィスビルの所有権持分（equity）を保有し続けていた，という CIR の主張を地裁は棄却した。

その主たる根拠として，①当該賃貸借が問題となるのではなく，その賃貸借料（rentals）がその賃貸借期間を通して合理的なものであったかが重要で，さらに独立当事者間ベースで交渉された（negotiated at arm's length）オプション権の価額が，行使される時点における公正な市場価値の推定値を示していたかが重要である，②オプション権と組み合わせた賃貸借料が，NY 保険に返済した元利合計額に等しい金額である，③ W 銀行がオプション権を行使した場合に限って，オフィスビルの所有権持分を獲得することになるが，現実問題として，そのようなオプション権が行使される確率はかなり低かった，④ FL 社は，その取引を実行するに当たり，タックス・シェルターの恩恵を得たいという願望と共に，多角的な事業経営をしたい（the need to diversify）という複合的な動機があった点を列挙した。

ロ　第 8 巡回控訴裁判所の判決（国側勝訴）

控訴裁判所の Bright 裁判官，Henley 裁判官，及び Regan 裁判官（地裁の裁判官）が審理し，Bright 裁判官が判決文を執筆した。控訴裁判所は，FL 社が当該オフィスビルの真の所有者ではなかったので，減価償却等を控除する権利はない，とした CIR の主張を認めて，逆転判決を下した。

この判決後に，控訴人である FL 社は，当控訴裁判所に 50 万ドルの投下資本に係る租税上の取扱い，及びつなぎ融資の利子と登記料等の法的費用の控除性について問い質したが，本件については地裁に差し戻された[48]。

---

48)　Frank Lyon Company, v. United States of America, United States Court of Appeals for the Eighth Circuit, 536 F. 2d 746, August 6, 1976, Filed.

本控訴審において CIR は，租税法上の所有権を「数々の所有権が入った小包 (bundle of sticks)[49]」に喩えて，当該ビルの実効ある所有権が，当事者の合意により W 銀行によって明白に保有し続けられているので，FL 社は，単に『中身のない小包を運ぶ (totes an empty bundle)』役目を果たしただけである，と主張した。

---

49) "bundle of sticks" は，「一束の棒，枝」と訳すのが通常である。その場合，一本の棒であればそれを折るのは比較的簡単であるが，その棒を一束に束ねると，折れ難くなるので「団結」することの重要性を諭すのに喩えられる。しかし，控訴審での判決文を精読すると，"stick" は "interest" を表し，FL 社が "totes an empty bundle" として，「中身のない小包を運ぶ」と解せるので，上記のように「数々の所有権が入った小包」と訳すことにした。控訴審での主文理由を執筆した Bright 裁判官は，次のように記述している。

「関連当事者によって保有されたそれぞれの権利を調べることにより，所有権の問題を審査することにする。コモンローにおいては，財産権は一束の棒に喩えられる。個々の棒は，財産としての対象物 (object of property) の個々の所有権を表している。その小包 (bundles) には通常，『賃貸借』とか『ライセンス』という慣習的な『ラベル』が貼られてきた。取引に関与した当事者間の書面には，それぞれの所有権の配分を明示しないことが多い。そのような場合，別な意図があって，その貼付したラベルを変更する，又は替えるかもしれないが，当該取引を表現するために『賃貸借』と明示したラベルを当該当事者が選ぶという事実は，意図した所有権の分配への信頼できる規準 (reliable guide) になるかもしれない。誰がどの所有権の入った小包を取得したかの決定は，主観的な意図の決定 (determination of subjective intent) を要するので，事前の事実認定 (preliminary finding of fact) を要する。しかしながら，主観的な意図がその所有権の分配に影響する場合を除いて，租税目的上の取引を性格づけることは，ほとんど重要ではない。なぜなら，それぞれの小包の中身が判明したときに初めて，その租税上の性格が，正に，法廷で個別に検討される法律上の問題となるからである。

本事案の場合，当事者全員が，本取引に『セール・アンド・リースバック』というラベルを貼ろうとしていたことを政府側は認めている。しかしながら，当該オフィスビルの実効ある所有権が，当事者の合意により W 銀行によって明白に保有されている。FL 社は本質的に，中身のない小包を運ぶ役目を果たしただけで，租税目的上の『所有者』という用語を，FL 社が保有し続けている中身のない小包に貼ることは道理に反する，と政府側は強く主張している。」Frank Lyon, op. cit., 536 F. 2d 746, p. 751.

第5章 経済的実質を重視した判例 169

控訴裁判所は，以上の CIR の主張に同意すると共に，次の疑念を力説した[50]。なお，括弧内の主張は，納税義務者からの反論である。

① FL 社の不動産所有権投資 50 万ドルとその投資に 6% の複利を加算した金額，及び NY 保険の譲渡担保ローンの未返済残高見積額との合計額に等しい金額で購入できるオプション権を W 銀行に付与するとする本賃貸契約は，FL 社が当該オフィスビルの投資から得られる利益を制限していた（W 銀行がオプション権を行使しなければ，6% 以上のリターンが可能）。

② 当該オプション価額には，起こり得るオフィスビルの価値の高騰又はインフレーションによる上昇が反映されていなかった（当該オプション価額は適正であったことを反証）。

③ 当該オフィスビルが倒壊し収用（destruction and condemnation）されたとき，その裁定額がローンの未返済残高に 50 万ドルを加算した合計額を上回る超過額がある場合，その受領者は，FL 社ではなく，W 銀行となる（この指摘は 1980 年 12 月 1 日以後において正しいことを確認）。

④ 主契約期間中におけるオフィスビルの賃借料の支払総額は，FL 社の譲渡担保ローンの返済額と全く等しい金額（本章脚注 40 を参照）であった（主契約期間で NY 保険からのローンを返済できるようにすることが長期ローン契約において一般的であり，そのローンの返済義務を FL 社が負っているので，単なる導管ではない，と反論）。

⑤ W 銀行は，土地の所有権に加えて，当該オフィスビルを買い戻すオプション権と賃借契約を更新できるオプション権を保有することにより，当該オフィスビルを最終的に処分する権限を保持していた（FL 社には，いつでも他社にそのビルを売却する権利があり，W 銀行がオプション権を行使する可能性が極めて低いことを地裁が確認済である，と反論）。

⑥ W 銀行は，当該オフィスビルの運営とその所有権から生ずるすべての

---

[50] 控訴審での疑念については，本事案に係る最高裁判決文（435 U.S. 561）の 570-572 ページを基にしている。
　　括弧内の FL 社の回答は，同判決文の脚注を基にしている。

利益を享受すると共に，すべての義務を負っていたので，FL 社がその財産の真の所有者であるとした場合に，FL 社に生ずる唯一の経済的な利益 (the only economic advantages) は，当該契約の最初の 11 年間において得られる約 150 万ドルの所得税の節減分だけである（長期契約における W 銀行による利益の享受は一般的であること，FL 社には租税の軽減以外の成果 (tax-independent considerations) があること等について，地裁が既に検証済であること，さらに，税引き後のキャッシュフローが 150 万ドルではなく，たった 31 万ドルであった，として反論）。

控訴裁判所は，既述した Lazarus 事案における取引と「酷似」していた，と結論づけたが，この点については，次の「(4) ロ」において，その本質的な相違を指摘し，「小包の中身」である所有権，FL 社の上記括弧内の反論の根拠等を精査して適正に判断することが「経済的実質」の根幹であることを明示する。

ハ　最高裁判所の判決（納税義務者側勝訴）

最高裁判所の Blackmun, J. 裁判官が執筆した主文理由に，White, J. 裁判官と Stevens, J. 裁判官の 2 名を除く 6 名の裁判官（Burger,C.J. 裁判官，Brennan 裁判官，Stewart 裁判官，Marshall 裁判官，Powell 裁判官，Rehnquist, JJ. 裁判官）が同意して，次のように原判決を破棄した。

「要するに，本事案のように，事業実体若しくは法規制の実在 (business or regulatory realities) により強いられ，又は促されて，経済的実質 (economic substance) を有する，多数の関連当事者による真正な取引である場合には，租税の軽減以外の成果があり，意味のないラベルを小包に貼って (have meaningless labels attached) 租税回避のみを目的とするような特性を形成しないので，政府は，当該関連当事者が遂行した権利と義務の振り分けを尊重すべきである，と当最高裁は判示した。換言すると，貸し手が，貸し手として従前の重要かつ真正な立場を留保している限り，当事者が採用した取引形

態は租税軽減目的であったとみなされる。いずれの事案においても，その実質を見極めるためには，どうしてもその事実関係に依存せざるを得ない (necessarily depend upon its facts)。本事案のように，セール・アンド・リースバック取引だからといって，納税義務者が申告した控除が，即座に否認されるべきではない。」[51]

(4) 最高裁判決の内容

イ　納税義務者の主張を容認

最高裁は，控訴審が審理したのと同じ「小包の中身」をベースに，FL社の主張を下記の通り認めた。

- 当該取引は，FL社が単に，W銀行に資金を貸し付けて (loaned money to the bank)，W銀行からNY保険への譲渡担保ローンの返済に係る導管としての役割を果たす，という見せかけ (sham) であったというよりはむしろ，銀行法及び銀行規則による規制のために，従来の調達方法により建設資金を調達することができないという，W銀行の事情に基因していた。
- 事業実体 (business realities) がその取引の本質を物語っており，租税軽減以外の成果 (tax-independent considerations) があったので，当該取引は見せかけ (sham) ではなかったことを示していた[52]。
- FL社は，銀行・融資業務機関から独立した法人であった。

---

51) Ibid., 435 U.S. 561, pp. 583-584.
　　この判決の文言は，「採用した外形上の法形式に則した経済的意義（成果）を獲得している場合には，その法形式が当事者の真の合理的意思の下で採用された法形式であるから，たとえ，その法形式により租税減免が生じているとしても，その租税負担減少（租税減免・租税回避行為）を理由として，採用した法形式を否認して，実質主義によって租税負担を増加させる他の法形式に引き直すことは許されない。採用した外形上の法形式と実質とに乖離するところはないからである。」（大淵博義著『法人税法解釈の検証と実践的展開』税務経理協会，216ページ）と符合する。
52) Gregory事案では，「組織再編成」というラベルを「小包」に貼ったが，その「小包の中身」には「事業目的」あるいは「事業実体」が全くなかったので，「見せかけ」と判示された事案，と喩えられる。

- FL社は，建設資金及び譲渡担保ローンの返済に対して法的義務を有していた。
- 一般に認められた会計方法によると，当該取引が，所与の慣行に対応した取引形態であった[53]。さらに，
- 端的にいって，本取引の関係当事者の誰もが当該オフィスビルの所有者ではない。しかし，FL社だけが当該オフィスビルに自己資金（capital）を投下した。従って，1954年内国歳入法典第163条（a）の規定による利子のみならず，第167条の規定による減価償却を控除する権利のあるのはFL社だけである[54]。

最高裁は従前より，納税義務者が，経済的重要性（実体）（economic significance）を全く有しない取引に独断的なラベル（arbitrary labels）を貼って改竄する行為を認めてこなかったが，本事案においても，そのような改竄はなかった，と判定した。

この最高裁の判決により，FL社が採用した法形式と実質とに乖離をきたしていなかったので，その租税回避は是認されたことになる。

---

53) 最高裁の判決文III（577-579ページ）において，「一般に認められた会計の方法が，それぞれの契約に対して当事者によって理解され，他の者によってその取引に適用されているように，所定の形式に一致する有意義な性格をその取引に与えた。」とし，銀行法等の規制により「CIRがこの契約の真の実質であると主張する取引形態を実行することはW銀行にとって可能ではなかった。」と記述している。さらに，その判決文の脚注14において，「会計諸基準が1968年以来，大幅に変更され，W銀行とFL社が行う対象取引の開示方法の妥当性は，この新基準の下で検討課題になるであろうことは，当裁判所も認識している。税務会計と財務会計との取扱いが異なる事例が多い，とStandard No. 13が指摘している。さらに，Standard No. 13は，1977年1月1日より前に実行されたリース（FL社-W銀行のリースが該当する）に対しては，1981年1月1日前まで適用されない。確かに，FL社-W銀行のリースが実行された1968年には，Banking Circular No. 95は発行されていない。」と明記している。

54) Ibid., 435 U.S. 561, pp. 580-581.

しかし，この判決に対して，White 裁判官は，控訴審での判決文に記された判決理由を概ね支持し，また，Stevens 裁判官は，次の見解を表明して反対した。

- 本事案の支配に係る問題（controlling issue）は，W 銀行と FL 社との経済的な関係，当該取引を特殊な方法で行おうとする関連当事者の理由づけ等が，かなり不自然であった。さらに，
- 係争中の本事案に係る諸事実，特に W 銀行が有する買戻しオプション権に関して，少なくとも W 銀行がそのオプション権を行使しないと確約するまでは，税務上，FL 社をそのオフィスビルの所有者であるとみるべきではない。

ロ　Frank Lyon 事案と Lazarus 事案との相違点

Frank Lyon 事案での最高裁の判決文，主文理由 II（574-576 ページ）をベースに両事案の相違点をまとめると，次のようになる。

CIR は，第 4 章で検討した Lazarus 事案の最高裁判決に多大なる信頼を置いており，Lazarus 事案と照査して，次の理由により，その先例判例となると主張した。

① 百貨店業を営む Lazarus 社（LC 社）とリースバック取引の受益者（HN 銀行）との間で実行された取引は事実，譲渡担保ローン（mortgage loan）であった。

② たとえ LC 社の財産を移転しても，それは返済を確実なものにするための担保であるとされた判例が，Frank Lyon 事案における W 銀行がそのオフィスビルを FL 社に移転したケースと類似している。

③ よって，Lazarus 事案の LC 社及び Frank Lyon 事案の W 銀行が，移転した財産の減耗等に係る減価償却をする権利を依然として有している。

しかしながら，Lazarus 事案は，Frank Lyon 事案とは区別されるべきであり，その判断が Lazarus 事案によって左右されてはならない，と最高裁は言

及した。なぜならば，Lazarus 事案での取引は，たった2人（多数ではない）の当事者，つまり納税義務者の百貨店と受託銀行との取引であり，この当事者2社間で締結された契約書の実質（substance of the agreement）を具に検討した結果，LC 社が減価償却費を控除できる，と判示したからである。

Lazarus 事案と比較して本事案では，① W 銀行，FL 社，及び金融機関（finance agency）の3社の当事者が関与している，②2社間の単純な契約締結は，法律上，W 銀行にとって可能ではなかった，③非関連法人の投資家達は，W 銀行の選択肢のある投資案件に参加すべく種々提案をしたが，FL 社（W 銀行から独立している）が，その恩恵を勝ち取った，④ W 銀行の取締役会での L 氏の影響力[55]があるにもかかわらず（Despite Frank Lyon's presence on Worthen's board of directors），本取引は，最終的に決着したように，W 銀行によって仕組まれた同族的（familial）な取引ではなく，W 銀行に課された銀行法等の規制という現実によって強いられた取引であった，⑤もし FL 社が参入しなかったならば，他の投資家が選出されて，その行き着く結論は，実質的に（essentially）同じものになったであろう，という点で異なると判示した。

従って，最高裁は，本事案における第三者の存在（presence of the third party）が，Lazarus 事案と明確に識別されるべきものであって，その第三者の介在が W 銀行の支配力（controlling authority）を取り除いた，という見解を述べた。

ハ　最高裁が認めた経済的実質の内容

Frank Lyon 事案での取引が租税回避のみを目的とした取引であるとした CIR の見解，それを是認した控訴審判決及び最高裁判決での反対意見に対して，最高裁はこれらの見解を否認したが，最高裁が依拠した経済的実質，つまり「小包の中身」とは具体的に何かについて，ここで検討する。

CIR の見解の根拠は，主に次の事項であった。

---

55)　L 氏は，社外取締役としての職務に留まっていたのであろう。

- L氏がW銀行の取締役会メンバーであることからするその影響力（presence）。
- FL社の主たる事業である家庭用品の配送業と全く異なる不動産賃貸業への参入。
- オフィスビルの賃貸料とNY保険の譲渡担保ローンの返済金額とが同一金額。
- 当該財産の収用又は倒壊時における支給金（provisions）の受領者に対する懸念。
- W銀行が行使できるオプション権の種類の多さとその影響力の大きさ。
- FL社が当該リース契約期間中に享受できる税務上のメリット（200％定率法）。

確かに，これらの事項の存在からして，最高裁判決に疑問を持つのも当然であるかもしれない。しかしながら，ESDとは，租税軽減のみを目的としない，事業実体のある独立当事者間取引を要件としている。最高裁がその主文理由Ⅳ（581-587ページ）で記述したFL社に係る経済的実質，つまり「小包の中身」には，次の項目がある[56]。

賃借料交渉の過程及びその結果，決着した賃貸期間。入札合戦。FL社の企業規模[57]及びW銀行からの独立性。FL社の本取引の主たる動機がその事業の多角化であったという事実。FL社のみがFN銀行及びNY保険からのロー

---

[56] 最高裁が挙げた項目のうち，W銀行が本取引をせざるを得なかった項目には，例えば，1965年及びそれ以降におけるW銀行とUN銀行との間に存在する競合状況，W銀行の過少資本状態に起因する自行での建設計画実行の不可能な状態，州及び連邦の諸規則による一層の制約，買戻しオプション権を取得すべきとする当局からの要請，当該オフィスビルを独立の第三者から賃借すべきとする制約等がある。

[57] 「FL社の1968年12月31日現在の連結貸借対照表によると，総資産が1,223万ドル（そのうち267万ドルがW銀行のオフィスビル関連への投資総額）で，株主持分は382万ドルであった。」（最高裁判決文の脚注17）。FL社の総資産から判断して，中規模以上の法人であり，少なくとも小規模の同族会社ではない，と判断できる。

ンに対する債務者であること。地裁が判断した賃借料及びオプション価額の妥当性。買戻し価額の実質的な価値。オフィスビル全体の減価償却リスクがFL社にもたらす影響力。FL社が被ることになる、W銀行の（他の銀行が破綻したことによる）債務不履行又は破産リスク。W銀行が25年間の主たる期間を終了した時点でFL社との関係を「断ち切」（"walk away"）りたい、とする現実的なリスク。当該オフィスビルのリースが延長されない場合、FL社が当該ビルの完全所有者になるので、すべてがFL社の選択に託されることになるリスク。本取引全体を通して非同族で秘匿性のない性質（nonfamily and non-private nature）[58]。

以上の通り、最高裁は、当該取引の当事者が、事業の将来の収益性と共に、その事業を行うことに起因するリスクを負う覚悟があるか、独立当事者間で事業交渉をした事実等が存在しているか、という経済的実質を判断基準に依拠したようである。

(5) 小 括

Frank Lyon 事案は、最高裁判決が、1978 年に当該取引には「経済的実質」があるので、いわゆる「租税回避のみを目的とする取引」ではないと判示した事例である。

しかしながら、後述する Rice's Toyota World 事案での控訴審判決において、「ある取引が租税の目的上、見せかけであるかを判断するのに、Frank Lyon 事案での最高裁判決（453 U.S. 561）が、2 段階査定（二分肢テスト）[59]を要

---

58) 「従って、租税の優遇措置を得るために実際に取引形式を取り繕い、その措置を享受できないときは、別の取引形式を実行する、という他の多くの事例と、本事例とは異なる。Sun Oil Co. v. Commissioner, 562 F. 2d 258（CA3 1977）。Sun Oil 事案とは、取得した土地にかかる費用を減価償却する代わりに、賃借料を控除することにより、納税義務者が損金計上できるという、納税義務者と免税トラスト（tax-exempt trust）との間でなされたセール・アンド・リースバック事例である。」（最高裁判決文の脚注 18 から引用。）

59) ここで用いられている "two-pronged inquiry" 以外に "two pronged test, two part

求している (to mandate a two-pronged inquiry)，と（Rice's Toyota World 事案での）租税裁判所が解釈した。取引を見せかけであると取り扱うためには，その取引を開始するに当たり，納税義務者が租税上の便益を享受する以外の事業目的によって全く動機づけられていないこと，かつ，その取引には，合理的な利益を獲得できる可能性が全く存在しないので，経済的実質が全く欠けていたことを裁判所が認定しなければならない。」[60]（括弧内は筆者加筆）と述べて，Rice's Toyota World 事案での租税裁判所の見解を支持した。

そこで，ESD の本質をより具体的に把握するために，最高裁がその根拠として列挙した「小包の中身」である事実を，「事業目的」と「経済的実質」を有しているかという2段階査定の要件に仮に当てはめてみることにする。

① その事業目的として，例えば，銀行規制により取引相手である W 銀行がセール・アンド・リースバック取引を選択せざるを得なかった事情と FL 社がその事業を多角化したいという事業戦略とが合致し，独立当事者間での入札で競り勝ったという事実。
② その経済的実質として，例えば，50万ドルの自己資金の投資に係るリスクを上回る，第三者とのセール・アンド・リースバック取引から得られる長期的な利益の可能性を見込んでいたという事実。

従って，岡本教授が，「この取引を行った主観的な目的の1つ（おそらくもっとも重要な目的）に税負担軽減があったことは疑いない」し，「客観的にも，取引によって税負担が軽減されたことは間違いない」として，「規制がなければ銀行が享受していた租税上の利益（減価償却控除等）が，リースバック取引を通

---

test, two step test" が後の裁判において使用されているが，岡村教授が訳した「二分肢テスト」が一般的に使用されている。岡村忠生，前掲論文「税負担回避の意図と二分肢テスト」，21ページ。しかしながら，Rice's Toyota World 事案において，見せかけの取引であるかの査定が，段階的に行われていることから，本章，第6章，及び第7章では「2段階査定」と訳すことにする。

60) Rice's Toyota World, Inc. v. Commissioner of Internal Revenue, United States Court of Appeals for the Fourth Circuit, 752 F. 2d 89, January 7, 1985, p. 91.

して原告に移転したのである。」[61]と決めつけたことは，最高裁が例示した事実認定から判断して，適切な見解ではないと思料する。

つまり Frank Lyon 事案では，セール・アンド・リースバック取引と記載されたラベルの「小包の中身」を精査したところ，人的リスクを負う自己資金50万ドルを投下したことが，「経済的実質」の要件を満たすと最高裁が判断し，FL 社が採用した法形式とその経済的実質が乖離をきたしていなかったことが判明した。この経済的実質を重視した判決により，国側が見せかけの取引を盾にして租税回避を恣意的に否認する決定を防ぐことができることを示唆している。その意味で最高裁が本事案において言及した次の言葉に重みがある。

「どのような事案においても，その実質を見極めるためには，どうしてもその事実関係に依存せざるを得ない。本事案のように，セール・アンド・リースバックだからといって，納税義務者が申告した控除が，即座に否認されるべきではない。」[62]

Gregory 事案においては，組織再編成による優遇措置を享受するために新設法人を創立し，僅か6日間で当該法人を清算するという取引であった。つまり，組織再編成と記載したラベルを「小包」に貼付したが，その「小包の中身」である事実を精査したところ，その新設法人には事業を行おうとする「事業目的」がなく，かつ，「事業実体」に欠ける「空の小包」の状態であった，と喩えることができる。

この Frank Lyon 事案の後に，同様の取引で減価償却の控除には経済的実質がないと判決された，有名な Rice's Toyota World 事案については後述する。

---

61) 岡村忠生，前掲論文，18ページ。
62) Frank Lyon, op. cit., 435 U.S. 561, p. 584.
　　この最高裁の言葉に従って，本書では極力，判決文に記された事実関係に重点を置いて，それぞれの事案の本質を理解しようと試みている。

4. 経済的実質の欠如を理由に租税回避が否認された3事案

　Frank Lyon 事案におけるセール・アンド・リースバック取引には，経済的実質があるとして，本取引により発生した減価償却の控除，及び利子の控除が最高裁により是認された。しかし，1960年頃からセール・アンド・リースバック取引による減価償却の控除，ノンリコース型手形の利用により水増しされた取得価額の減価償却の控除等が頻発してきたが，それらの取引は経済的実質に欠けるとして，その租税回避が否認された3つの代表的な判例を検討する。

(1) Estate of Franklin 事案 [63]
イ　概　要
　Charles T. Franklin（以下「CF氏」という。）は，7名のドクターと組んで，Twenty-Fourth Property Associates という limited partnership（有限組合，以下「組合」という。）を設立した。組合は，1968年11月15日に Wayne L. Romney と Joan E. Romney（以下「売り主」という。）が所有するアリゾナのモーテル，Thunderbird Inn に対して，セール・アンド・リースバック契約を締結した。売り主は，そのモーテルを122.4万ドルで組合に売却することに同意したので，組合はノンリコース型手形 [64] を振り出し，前払利子として7.5万ド

---

63) Estate of Charles T. Franklin v. Commissioner of Internal Revenue, United States Tax Court, 64 T.C. 752, July 30, 1975. 国側勝訴。
　　Estate of Charles T. Franklin v. Commissioner of Internal Revenue, United States court of Appeals for the Ninth Circuit, 544 F. 2d 1045, November 1, 1976. 国側勝訴。
　　但し，CF氏が亡くなったので，Southern California First National Bank が遺言執行者（executor）となり，Margaret A. Franklin が相続人として原告になっている。
　　本事案の内容については，第9巡回控訴裁判所の判決文を基に記述している。
　　本事案については，川田剛，前掲書，192-195ページに紹介されている。
64) ノンリコース型手形とは，手形振出人が保有する特定の資産（責任財産）から生

ルを支払った。組合は約10年間，所定の金額を毎月支払い，10年後にその債務残高97.5万ドルを一括して支払うことになっていた。

CF氏等は，組合によって取得されたモーテルに係る支払利子と減価償却のそれぞれの分担分を控除して1968年度の申告をした。

しかし，CIRは，モーテルの取得が見せかけ（sham）であった，又はパートナーシップが1979年1月15日にモーテル及びその関連施設を取得できるオプション権の購入が，この一連の取引の本質であったので，それらの控除は認められない，として更正処分した。

ロ　各裁判所の判決

（イ）租税裁判所（国側勝訴）

本取引が，1979年に行使可能なオプション権の購入と考えられるので，CF氏等の控除を否認する，という判決を下した。

（ロ）第9巡回控訴裁判所の判決（国側勝訴）

組合が購入したモーテルの価額がその市場価値とほぼ同等であったことを裏付ける証拠をCF氏等が呈示しなかったので，控訴裁判所は，独自の調査により当該モーテルの公正な市場価値が66万ドル前後しかないことを突きとめた[65]。従って，一括払いの支払期限が到来する以前

ずるキャッシュフローのみを原資に債務履行がなされる手形をいう。「ノンリコース」とは，その資産以外に債権の取り立てが及ばない（非遡及である）という意味である。

例えば，ある投資家が不動産を購入する場合に，その一部を自己資金で賄い，残りの部分を銀行（貸し主）からのノンリコース債務で購入したとする。その投資家の経済的リスクは，投下した自己資金に限定され，ノンリコース債務の未返済額はそのリスク対象にはならない。その投資家が債務不履行になった場合には，当該銀行はその不動産を換価処分できるが，その投資家の他の資産からノンリコースによる貸付分を回収することはできない。「したがって，投資家の経済的リスクは，不動産に対する当人の株式投資に限定される。」川田剛，前掲書，111ページ。

に，当該モーテルの市場価値が高騰して初めて当該債務の経済的な有意性（economic significance）を有することになるので，CF 氏等の債務額は 1954 年内国歳入法典第 167 条（a）が規定する真正なものではなかった（not genuine），と控訴裁判所は判示した。

（ハ）小　括

　本事案により明確になった主たる事項は，①減価償却が，資産への直接投資を根拠としていること，②資産に対する真正な投資額を示していないノンリコース型手形の「水増し分」は，減価償却算定上の取得価額に含めないこと，さらに，③その手形に係る支払利子は，控除対象にはならないこと，である。

　このノンリコース型手形の「水増し分」に対する取扱いが，後述の Rice's Toyota World 事案に大きな影響を与えた。

(2) Hilton 事案[66]

イ　概　要

1964 年 12 月に，大規模な百貨店チェーン Broadway（譲渡人で賃借人，以下「B 百貨店」という。）は，カリフォルニア州に新たに大型店舗 3 店（Bakersfield, San Bernardino 及び Sacramento の 3 店舗であるが，本事案に関係するのは，1967 年 2 月に竣工した Bakersfield 店のみである。）を自己資金で建設する計画を策定し，

---

65) 当該控訴裁判所の判決文の脚注 4 を参照。
66) Carol W. Hilton, et at., v. Commissioner of Internal Revenue, Untilnited States Tax Court, 74 T.C. 305, May 19, 1980, Filed. 国側勝訴。
　Carol W. Hilton, et at., v. Commissioner of Internal Revenue, United States Court of Appeals for the Ninth Circuit, 671 F. 2d 316, March 8, 1982. 国側勝訴。
　原告は，Carol W. Hilton, Theodore E. Marvis, Phyllis H. Marvis 等から構成されている。
　本事案の内容については，当該両裁判所の判決文を基に記述している。
　なお，本事案については，川田剛，前掲書，205-209 ページに紹介されている。

Bakersfield の店舗用の土地を取得した。と同時に，B 百貨店は，これら3店舗をセール・アンド・リースバックするために，ニューヨーク所在の株式仲買会社である Wood, Struthers & Winthrop（以下「W 仲買会社」という。）と交渉を開始した。W 仲買会社は 1965 年 3 月 11 日付けで，その結果を覚書という様式で作成した。

上記覚書に基づき，W 仲買会社は 1967 年 1 月 17 日に，投資会社 Fourth Cavendish（特別目的会社，譲受人で賃貸人，以下「FC 投資会社」という。）を設立した。B 百貨店は，これら 3 店舗を FC 投資会社に売却して借り受けるというセール・アンド・リースバック契約を 1967 年 12 月に締結した。当該 3 店舗の売買総額は，960 万ドル（この内，Bakersfield 店の売買価額は，314 万ドル）であった。FC 投資会社は，担保付き債券を保険会社 5 社に販売して，その購入資金を調達した。

B 百貨店は，Bakersfield 店を改装できるオプション権付きで，主契約期間 30 年間（さらに 68 年間更新可能），年間賃借料 20 万ドル[67]とするリースバック契約を FC 投資会社と締結した。この賃借料は，FC 投資会社又はその譲受人の返済負担を軽くするために[68]，元金の 90％分を 30 年間で償却すると想定して算定した元利合計額及びその他関連費用の合計額に相当する金額とした。従って，この賃借料は，相場よりもかなり低い賃料であった。さらに，FC 投資会社がその購入資金を完済する 30 年経過後の賃借料は，更新毎に徐々に減額されることになっていた[69]。この賃貸は B 百貨店，FC 投資会社及び保険会社の 3 社間ネットリース（triple net lease）といわれるもので，受け取った賃貸料はそのまま保険会社に渡された。

当該セール・アンド・リースバック契約が発効した 1967 年 12 月頃に，FC

---

67) つまり，当該売買価額に所定率 6.33％を乗じた金額（198,603.75 ＝ 3,137,500 ドル × 6.33％）とした。Ibid., 74 T.C. 305, p. 325.
68) Ibid., 74 T.C. 305, p. 344.
69) 第 1 回目の更新期間 23 年間の所定率は，6.33％から 1.5％に，さらに第 2 回目の更新期間 23 年間及び第 3 回目の更新期間 22 年間は，1％に変更される。

投資会社は Bakersfield 店の財産に係る持分（interest）を，新たに設立されたジェネラル・パートナーシップ Medway（general partnership，以下「M パートナーシップ」という。）に譲渡した。M パートナーシップは，W 仲買会社のパートナーである Cushman と MacGill の 2 名によって，それぞれ 50％と 1％所有され，残り 49％分は 14th P.A.（Jack R. Young & Associated，（以下「JRYA」という。）がジェネラル・パートナーのリミテッド・パートナーシップ）に譲渡された。この 14th P.A. のリミテッド・パートナーとして，本事案の原告である Carol W. Hilton を始めとする数名（以下「H 氏等」という。）がその構成員であった。14th P.A. の損益はすべて，H 氏等に配賦された。

JRYA は 1969 年に，37th P.A. を設立し，そのジェネラル・パートナーとなった。Cushman は，1969 年 10 月 15 日以降にリミテッド・パートナーシップ Grenada（Cushman がジェネラル・パートナーで，37th P.A. がリミテッド・パートナー）を設立し，Cushman が所有する M パートナーシップの持分 51％のうち，49％分を Grenada に譲渡した。37th P.A. の大半のリミテッド・パートナーも，H 氏等の構成員によって占められていた。

その結果，H 氏等は，14th P.A. と 37th P.A. という 2 つのパートナーシップを通して，B 百貨店の持分を所有することになった。そこで，H 氏等は，セール・アンド・リースバック取引に係る投資から生じたパートナーシップの損失の配賦負担分を 1969 年度及び 1970 年度の課税所得から控除して申告した。

CIR は，本取引から生じたパートナーシップの損失の配賦負担分を H 氏等の個人の所得から控除したことに対し，経済的実質に欠けているとして，その控除を否認した。

よって本事案の争点は，パートナーがパートナーシップを通して配賦された支払利子と減価償却を損失として控除できるかという点である。

ロ　各裁判所の判決

(イ) 租税裁判所の判決（国側勝訴）

租税裁判所は，本事案と Frank Lyon 事案とを次のように比較・分析

した結果[70]，この一連の取引は見せかけの取引であるとして，その租税回避を否認した。

つまり，Frank Lyon 事案が，租税回避のみを目的とせずに，①事業実体に促されて，②経済的実質を伴う，③多数の関係者による真正な取引であったのに比べて，H氏等は，これらの事項を立証できなかった。当該パートナーシップは，賃借人による保険会社への債務の返済を中継する導管の役割を果しただけであるので，そのパートナーは，減価償却の根拠となり得る財産への「投資」をしていなかった。H氏等が実行した投資は，控除が認められるような真正な取引に相当しない，セール・アンド・リースバックに対してなされたので，H氏等は当該パートナーシップの減価償却と支払利子によって生じた損失の配賦負担分を控除することはできない，と租税裁判所は判示した。

(ロ) 第9巡回控訴裁判所の判決（国側勝訴）

控訴裁判所は，Ely 裁判官，Hug 裁判官，及び Alarcon 裁判官が審理し，①H氏等の経済分析に「致命的な欠陥」があったこと，②一連の取引が見せかけの取引であったことを確認した上で，租税裁判所の判決を支持した。

ハ 小 括

パートナーシップの構成員は，連邦所得税の課税所得の計算上，パートナーシップへの投資から生じた損失の配賦負担分を課税所得から控除することができる。その優遇措置を得るためには，その取引に租税軽減目的以外の経済的実質がなければならない。しかしながら，本取引には Frank Lyon 事案に比して，次のような経済的実質が欠けていることから，その租税回避行為が否認された。

---

70) Carol W. Hilton, op. cit., 74 T.C. 305, p. 364.

・本賃貸料は，相場よりもかなり低い金額であったので，利益獲得の現実性がない。
・本事案でのＨ氏等は，Ｂ百貨店の建物に対して何ら投資をしていない。
・本賃貸契約期間の賃貸料では，Ｂ百貨店の債務総額の90％分しか回収できない。

パートナーシップを利用した一連の取引に対しても，法形式だけでなく，経済的実質の有無が重要視されるようになってきた。

(3) Grodt & McKay Realty 事案[71]
イ　概　要

Grodt & McKay Realty, Inc.（以下「G&M不動産」という。）は，アイオワ州Des Moinesに本拠地を置いて，主として不動産を販売している会社である。1976年において，Paul O. Grodt（以下「G氏」という。）は，G&M不動産の唯一の株主であり，社長でもあった。1977年にG氏は，G&M不動産の発行済株式の80％保有者となり，残り20％は，相続人の便宜を図って，自身が設立した信託に移した。

1976年12月8日にT.R. Land & Cattle Co., Inc.（以下「畜牛業者」という。）は，牧畜プログラム（cattle-breeding program）への投資を呼び込むための私募債募集要項（private placement memorandum）を発行した。その要項には，畜牛35単位を1単位（畜牛5頭）当たり3万ドルで販売する大規模な牧畜プログラムを創設するという趣旨が詳述されていた。さらに，その畜牛に関する全ての管理業務が，畜牛業者に委託されること，当該購入価額のうち，2.85万ドルまでを牧畜事業から得られた利益で支払う旨を約する手形を本プログラム購入者が振り出すことを，畜牛業者は要求していた。購入者と畜牛業者との契約に係

---

71) Grodt & McKay Realty, Inc. v. Commissioner of Internal Revenue, United States Tax Court, 77 T.C. 1221, December 7, 1981, Filed. 国側勝訴。
　　本事案の内容については，租税裁判所の判決文を基に記述した。

る基本証書（basic instruments）には，「販売契約」，「管理運営契約」，「約束手形」及び「担保契約（security agreement）」が含まれていた。

1976年12月9日にG&M不動産は，1単位当たり3万ドルの本プログラムを2単位購入すべく，必要書類に署名した。本事案と同時並行で審理されているDavis Equipment（以下「DE社」という。）は，3万ドルで1単位を購入した[72]。

G&M不動産の購入価額6万ドルは，販売契約が最終的に履行された時に現金で0.2万ドルを支払い，残額5.8万ドルをノンリコース型手形で支払うことで合意した。ここで注意すべき点は，当該管理運営契約により畜牛業者がその事業を適切に遂行しようがすまいが，G&M不動産がノンリコース型手形に対する債務を負っていたことである。また，G&M不動産は，取引開始からの3年間，所定の利子及び管理費を現金で支払った。しかし，G&M不動産は，当該畜牛に係る所有，支配，又は統治する権利を取得していなかった。

G&M不動産は畜牛の所有権に基づいて，投資に係る税額控除及び減価償却の控除をして1976年度及び1977年度の申告をしたが，CIRは，それらの控除を否認して更正処分した。

よって本事案の争点は，①G&M不動産が畜牛を購入したとされる一連の取引が，真正な売買であったか，又は見せかけの取引であったか，②G&M不動産の牧畜事業活動が利益獲得を目指していたか，③畜牛を購入するのに使用したノンリコース型手形の額面金額に関連して，(a)減価償却控除及び投資減税の目的上，その資産の取得価額への算入を禁ずること，及びこの取引から生じた支払利子の控除を禁ずることが，不明確であったか，さらに(b)G&M不動産には，CIRが認めた金額を超える管理手数料を損金として計上することができるか，であった。

---

[72] DE社も同じ取引，同じ判決になるので，ここでは省略する。
David Equipment Corporation v. Commissioner of Internal Revenue, United States Tax Court, 77 T.C. 121, December 7, 1981, Filed. 国側勝訴。

ロ　租税裁判所の判決（国側勝訴）

　租税裁判所は，G&M 不動産が畜牛業者と実行した一連の取引は，連邦税の目的上の売買 (sale)[73] に相当せず，畜牛業者との一連の取引から得られる利益として，G&M 不動産が真に期待するものは，切望してやまない税務上の優遇措置 (hoped-for tax benefits) を得ることだけにあった，と判断した。

　その根拠の1つとして，G&M 不動産は単純計算で，畜牛1頭当たり0.6万ドルで購入したわけだが，租税裁判所は，その公正な市場価値が高くてもその10分の1の600ドル程度しかないという情報を得た。従って，本事案に係る一連の取引（0.2万ドルの現金払いも含む）は，商業的，法的，かつ経済的実質に欠ける (devoid of commercial, legal and economic substance)，見せかけであったと判断し，CIR の更正決定を全面的に支持した。

ハ　小　括

　租税裁判所は，本事案の一連の取引を分析した結果，次の2点を明示した[74]。

・本事案には，経済的利益を得るという現実的な可能性がなく (not any

---

[73]　租税裁判所は，先例判例を参照しつつ，次のように「売買」を定義している。
　「『売買』という用語は，連邦所得税の目的上，通常の意味を持つものであって，金銭又は金銭を支払う約束により，財産を移転することと一般に定義されている。Commissioner v. Brown, 380 U.S. 563, 570-571 (1965). G&M 不動産と畜牛業者との取引が売買であるか否かは，その所有権に帰属する便益と負担 (benefits and burdens of ownership) が畜牛業者から G&M 不動産へ移転されたか否かによって決定されなければならない。これは事実に関わる案件であり，関連する諸事実及び諸状況を考慮し，契約書に依拠して (as evidenced by the written agreement) 当事者間の意図を読み取った上で，この事実を確かめなければならない。Haggard v. Commissioner, 24 T.C. 1124, 1129 (1955), affd. 241 F. 2d 288 (9th Cir. 1956).」Ibid., 77 T.C. 1221, p. 1237. この定義に加えて，裁判所がこれまで考慮してきた決定要素をまとめている。(Ibid., 77 T.C. 1221, pp. 1237-1238. 岡村忠生，前掲論文，18-19ページを参照。) 租税裁判所は，この決定要素を基に，畜牛業者が G&M 不動産に畜牛を「販売」しなかった，と結論づけた。

[74]　Ibid., 77 T.C. 1221, p. 1224.

realistic possibility of economic reward），単に租税上の優遇措置のみを求めていたことが表面化した。
- ノンリコース型手形の額面全額が支払われるまで，牧畜事業活動から得られる利益が現実問題としてG&M不動産の掌中に全く入らないということは，その契約書を検討しただけでも明らかである。

このような判断を基にして，租税裁判所は，本事案の取引が連邦所得税の目的上，「売買」に相当しない，との判決を下した。

さらに，G氏は，経験あるビジネスマンであるにもかかわらず，本取引においては，事業上の実質に欠ける行動をとった。要するに，G&M不動産は，畜牛業者から送付された各種資料を細心の注意をもって検討せずに契約を締結したので，この事業を成功させようとの気概に欠けていたともいえるが，G氏が決算対策のために租税軽減を図ろうと，安易に課税逃れ商品を購入したのではないか，と推考する。なぜならば，本事案の実質的な取引すべては，1976年度の決算月である1976年12月に行われているからである。

本事案は，租税回避として否認されたGregory事案を始めとする多くの事案と同様に，租税回避のみを目的として，短期間に仕組んだ取引事案で，この経営者の行動は，正に次章で検討するRice's Toyota World事案の経営者と共通するところがある。

第 6 章　事業目的と経済的実質の 2 要件を判断基準 とした判例

　1970 年頃からタックスシェルター，それもパートナーシップを利用した租税回避事案が米国で頻発するようになってきた。その原因の 1 つとして挙げられるのが，パススルー課税である。法人が事業を行う場合，通常，その事業から発生した所得に対してまず法人所得税が課され，次に，その課税済利益が個人株主に配当として分配されたときに個人所得税が課されるので，配当の二重課税が発生することになる。ところが，パススルー課税が適用されるパートナーシップ形態で事業を行う場合には，そのパススルー事業体に法人税を課させる代わりに，各パートナーに個人所得税を課させるように納税義務者が選択することができるので，配当の二重課税の発生を回避することができることになる。さらに，その事業体に損失が発生したときには，その損失は各パートナーに配分され，給与所得，事業所得等と相殺して個人の所得税額を軽減することもできる。このパススルー課税の特徴を組み入れたタックスシェルターが税務専門家，金融機関等により開発・上市されることになる。「特に，1986 年の税制改正により，1987 年以降の個人所得税率が引き下げられ，法人税の最高税率を下回ることとなったため，事業体課税を受ける法人を選択する税務上のメリットが薄れ，パススルー課税の適用を選択する納税者の増加を加速させたとされる。」[1]

　第 5 章では，一連の取引が見せかけであるか否かを判断するのに主に経済的実質を重視し，その取引に経済的実質が欠けているので，租税回避を否認した判例を検討してきた。それらの判例のうち，Frank Lyon 事案での最高裁判決に関連して，Rice's Toyota World 事案での控訴裁判所が，見せかけの取引で

---

1)　経済産業省経済産業政策局企業行動課著『平成 23 年度　諸外国の法人課税改革に関する調査　調査報告書』，2004 年 3 月，9 ページ。

あったか否かの判断基準には2つの要件，事業目的と経済的実質があり，最高裁がそれらの存否を判定する2段階査定（2分肢テスト）を義務づけた，とする見解を表明した。この見せかけの取引の判定を巡って，裁判所，裁判官それぞれが異なった見解を持つようになり，租税回避に関する判決に影響を及ぼすことになる。

1. Holladay 事案[2]

本事案は，拠出者ではあるが，唯一の拠出者ではない原告に，発生した損失すべてを配分すると定めたパートナーシップ契約に基づく一連の取引が，経済的実質に欠ける見せかけの取引であり，妥当な事業目的に欠ける取引であった，と判示された事案である。

(1) 概　要

原告である納税義務者（フロリダ州在住の Durand A. Holladay と Blanche F. Holladay の夫妻は合同申告書を提出しているが，Blanche F. Holladay はその申告書に署名をするだけであるので，ここでは原告を Durand A. Holladay とする。以下「H 氏」という。）[3]は，Kings Creek Joint Venture[4]（以下「KC パートナーシップ」という。）

---

[2] Durand A. Holladay and Blanche F. Holladay v. Commissioner of Internal Revenue, United States Tax Court, 72 T.C. 571, June 25, 1979, Filed.　国側勝訴。
　　Durand A. Holladay and Blanche F. Holladay v. Commissioner of Internal Revenue, United States Court of Appeals, Fifth Circuit. Unit B, 649 F. 2d 1176, July 9, 1981.　国側勝訴。
　　本事案は，矢内一好「米国税制における経済的実質原則 (2)」（『商学論纂』第54巻第3・4合併号，2012年12月），536-538ページにて紹介されている。
[3] 租税裁判所の判決文575ページによると，H 氏は，弁護士として1949年から1962年まで従事し，1962年からは，他の3人と共に，初期の不動産投資信託（real estate investment trusts, いわゆる "REIT" といわれている。）業務を行う Continental Mortgage Investors（以下「CMI」という。）を結成するのに尽力し，1967年まで，CMI の法務顧問として勤めた。H 氏は1967年に，Continental Advisors（CMI

に参画して，不動産開発プロジェクトに従事することになった。このパートナーシップの原契約では，利益又は損失が出た場合，各パートナーの出資割合に応じて均等に配分されることになっていたが，当該パートナーシップの修正契約によると，1974年までに発生した損失すべてがH氏に配分されることになっていた。

そこで，CIRは，IRC第704条の規定により，対象課税年度の1970年から1973年までに発生したパートナーシップの損失合計額234万ドルをH氏に配分するのではなく，その出資割合に応じた半分の損失にすべきであるとして更正処分した。

よって，パートナーシップ契約に基づいて損失すべてをH氏へ配分したことが，当該規定の射程範囲に当たる真正な配分（bona fide allocations）であったかを争点とするものである。

の投資アドバイザー，融資管理，経理業務を担当，以下「Cアドバイザー」という。）の社長に就任した。CMIは1970年までに，その融資総額が3億ドルに上り，担保付き融資の一部は，KCプロジェクトと同様のプロジェクトへの融資であった。その面からも，H氏はこの種の建設プロジェクトに精通していたし，経験豊かであった，といえる。Dumare Enterprises Inc.（H氏が全株所有している事業法人。以下「D法人」という。）は，Cアドバイザーに対して20％の持分があり，H氏の収入の大半はD法人からの分配金で占められている。

H氏はまた，Diversified Mortgage Investorsを結成するのに尽力し，常任理事（managing trustee）に着任すると共に，DM投資家のアドバイザーであるDiversified Advisorsの社長も兼務していた。H氏の年収は，100万ドルを超えていた。

4）租税裁判所の判決文では，"Joint Venture"と記述されているが，「内国歳入法典の適用上，この事業体は，パートナーシップとして扱われることから」（矢内一好，前掲論文，536ページ），ここでも「パートナーシップ」とする。

なお，1954年財務省規則§1.761-1（a）（パートナーシップ）には，「『パートナーシップ』という用語には，IRCが意図する法人，信託，又は財団ではないもので，事業活動，金融活動（financial operation），もしくは投機的活動を直接又は間接的に行うシンジケート，グループ，プール，ジョイント・ベンチャー，又はその他の法人格なき団体を含む。」と規定されている。

(2) 事実関係

本事案に係る事実関係は，租税裁判所の判決文 (573-576 ページ) を基にまとめた。

1968 年 10 月 18 日	Charles I. Babcock, Jr. (以下「B氏」という) は，フロリダ州に Kings Creek Apartment (以下「KCアパート」という。) の建設用地として 17.5 エーカーの土地, Kings Creek land (以下「K土地」という) を購入し，その購入金額 59.9 万ドルの 90％分を約束手形で支払った。
	B氏は，この土地を Babcock Co. (B氏の個人的な投資会社，以下「B投資会社」という。) に同日譲渡し，購入金額の 10％分の頭金と諸経費を受領した。B投資会社が購入したK土地の取得価額は，金利，不動産税及びその他の費用を資本的支出としたため 63.2 万ドルとなった。
	B投資会社は 3 次にわたる 200 棟毎の KC アパートを Babcock Builders, Inc. (B氏の建設会社，以下「B建設会社」という。) に建設させる計画を策定していた。
1969 年後半	B建設会社は KC アパート用に下水道，道路等のインフラ費用 20.2 万ドルを費やして設置した。
	B建設会社は，600 棟のアパートと付帯設備の建設を 1969 年 12 月から開始し，1971 年 8 月に竣工する建設計画を作成した。B建設会社は，この長期計画を遂行するに当たり，その資金を調達するために第三者の投資家を募る一方，建物の建設と管理業務に従事していた。
	B氏は，KC プロジェクトを開発するためのパートナーシップに係る経済性分析を策定した。この分析では，本プロジェクトに係る費用，収益，投資回収を見積もった。その分析の結果，本プロジェクト開始から数年間にかけて税務上の損失が発生する，という予測に着目し

た。そこで主だった保険会社からのモーゲージ・ファイナンス，及び特定の個人からのエクイティ・ファイナンスを受けるべく交渉してきたが，残念ながら不成功に終わった。

1970年2月　　B氏は本プロジェクトの経済性分析をH氏に提示した。そこでH氏は，本プロジェクトの周辺調査，賃貸状況等を調べると共に，公認会計士 Charles Hogue（以下「CH会計士」という。）に当該経済性分析の検証を依頼した。CH会計士は，①個人所有会社の問題を回避するために，D法人ではなくH氏自身が本パートナーシップに参画すること，②当該パートナーシップに対する責務を果たすと，H氏が建設期間中に用立てた借入金の利子を控除できること，さらに③B氏の減価償却の計算を検証することを助言した。

1970年6月1日　パートナーシップとしてKCプロジェクトをどのように進めるかの数々の交渉を経て，パートナーシップ契約[5]がB投資会社とH氏によって履行された（was executed）[6]。但し，控訴裁判所の判決文の1,178ページ

---

[5] B投資会社とK氏は，本パートナーシップに係る原契約（original agreement）を1970年6月1日に履行した。この原契約では，パートナーシップの事業目的，拠出金（B投資会社は資本勘定にある約27.5万ドルの土地の持分，H氏は75万ドルの現金），H氏からの100万ドルを限度とする劣後ローン等以外に，「IV. 損失及び利益の分配（Distribution of Losses and of Profits）」として次のように定められていた。
　「所得税の目的上，B投資会社がパートナーシップに拠出した財産の調整税務基準額が，その財産の公正な市場価値とかなり相違することに当事者は了解している。従って，H氏は1970年，1971年，1972年，1973年及び1974年に発生したパートナーシップの損失すべてを引き受ける。当該損失は，連邦所得税の目的のために最終的に決定されるものとする。」（op.cit., 649 F. 2d 1176, APPENDIX A, p. 1181. 但し，修正契約では，「所得税の目的上，・・・当事者は了解している。」という文章

	によると，当該契約書は1970年7月1日に署名されたが，後日修正され，その署名日は1971年4月15日に変更された。
1970年7月1日	各パートナーは，当該プロジェクトの半分の所有者，つまり，B投資会社は持分75万ドルの半分の所有者となり，H氏は当該土地の半分の所有者となった。
1970年9月9日から1971年11月2日まで	H氏は，KCパートナーシップに対して総額87.5万ドルの劣後ローン（subordinated loan）を貸し付けた。H氏による拠出金及び貸付金は，H氏がD法人を経由してFirst National Bank of Miami（以下「FN銀行」とい

が削除された。)

　さらに原契約では，初めて現金を分配できるようになったときに，まずB投資会社とH氏（劣後ローンを含む）から調達したパートナーシップの債務を返済し，その後の現金すべては，B投資会社とH氏へ均等に割り当てられる，と定められていた。

　この返済に関して，1971年4月15日付けの修正契約（amended agreement）では，現金の分配は，①毎年，最初の10万ドルはH氏とB投資会社とで均等に分割，②分配可能な現金残額のうち，15万ドルは，資本的支出の払い戻しの一部としてB投資会社に配分，③H氏からの劣後ローンは3年間据置後，5年間にわたって返済，④パートナーからのその他の借入金残高を返済，さらに，⑤その他の収入（例：KCアパートからの賃貸収入，パートナーが共同で所有した資産を売却して稼得した収入金額）による現金残高は均等に分割される，ということを含めて数カ所修正された。

　この修正契約の中でとりわけ重要な修正は，①1974年までの，パートナーシップの利益及び損失（財産の売却又はその他の処分による利得又は損失を除く）すべては，H氏に配分され，②H氏に配分されなかった1974年までの利益又は損失は，均等に分配され，さらに，③1975年1月1日以後の利益及び損失すべては，均等に分配される，と定めた「4. 利益及び損失の配分（Allocation of Profits and Losses）」であった。

　以上のように，ほぼ均等な経済的便益の分割にもかかわらず，当該パートナーシップ契約では，租税申告目的上，1970年から1974年までの課税年度に発生した損失すべてをK氏に配分するように意図されていた。

6) Holladay, op.cit. 72 T.C. 571, p. 576.

う。）から担保なしに借り入れたものであり[7]，この資金はB投資会社がすでに本プロジェクトのために使われた費用の立て替え分の返済に充てられた。H氏は，本プロジェクトのために総額997万ドルを金融機関から借り入れられるように支援した。

1973年12月31日現在　劣後ローンの残高は60.5万ドル（27万ドルだけ返済された）であった。

1970年12月31日から1973年12月31日までの課税年度に発生したKCパートナーシップの課税上の損失すべてがH氏に配分されたので，H氏は，各課税年度に配分された損失額（1970年度に37.3万ドル，1971年度に97.1万ドル，1972年度に61.7万ドル，1973年度に37.9万ドルで，合計234万ドル）を申告した。

(3) CIRの処分

CIRは，H氏への損失の配分が，KCパートナーシップの経済的利益と損失のH氏への分配についての持分（distributive share of economic profits and losses）と何ら関連性を有していなかったので，当該配分がIRC第704条に規定する真正な配分ではない，と判断した。さらに，CIRは経済的利益がほぼ均等に分割されていたので，H氏は連邦所得税の目的上，そのパートナーシップの損失の半分だけを申告する権利があるとして，不足総額58.9万ドルの更正処分をした。

他方，この配分はH氏とB投資会社との間で合意されたものであり，この配分は当初のパートナーシップ契約の規定通りに一貫して用いられてきた，とH氏は主張した。

(4) 各裁判所の判決

イ　租税裁判所の判決（国側勝訴）

---

7)　FN銀行は，D法人が莫大な現金収入があることを知っていたからである。Ibid. 72 T.C. 571, p. 580.

本事案は，Dawson 裁判官，Tannenwald 裁判官，Simpson 裁判官，及び Fay 裁判官の4名で審理された。Dawson 裁判官が執筆した判決理由に対して，Tannenwald 裁判官と Simpson 裁判官が賛成意見を表明したが，Fay 裁判官は反対意見を表明した。

　租税裁判所は，ＫＣパートナーシップの調査対象課税年度における損失額の半分の額を認識することを是認する，との判決を下した。その理由として，原告であるＫ氏の租税上の損失配分（tax loss allocation）が，ＫＣパートナーシップの経済的利益及び損失の予定持分率（proposed sharing）を正確に反映していなかったので，その配分は経済的実質（economic substance）に欠けており，連邦税の課税目的上，無効（ineffective）であった，と判断した。

　この判断の根拠として租税裁判所は，先例判例である Kresser 事案[8]を引用して，「要するに，連邦税の租税目的上，真正であるべきパートナーシップの最終の所得又は損失の配分とするために（for allocations of partnership bottom-line income or loss），その配分は，パートナーがその利益と損失を割り当てることに同意した経済的基準（economic basis upon which the partners have agreed to share the profits and losses）を正確に反映したものでなければならない。」[9]とし，「Kresser 事案の場合のように，意図された配分が連邦税の租税目的上，真正でないという事実認定があって初めて，経済的実質が欠けているということができる。」[10]

ロ　第5巡回控訴裁判所の判決（国側勝訴）

　本事案は，Hill 裁判官，Frank M. Johnson, Jr. 裁判官，及び Scott 地裁裁判官の3名で審理され，Johnson 裁判官が判決理由を執筆した。

　控訴審においてＨ氏は，修正契約が独立当事者間取引を反映したものであり，見せかけの取引ではなかったので，Kresser 事案（54 T.C. 1621 (1970)）の

---

[8]　Kresser v. Commissioner, 54 T.C. 1621, 1970.
[9]　Holladay, op.cit., 72 T.C. 571, p. 587.
[10]　Ibid. 72 T.C. 571, p. 589.

ように見せかけの事案を先例判例として参照して，IRC第704条（b）(2)の一般的な租税回避規準（general tax avoidance standard）を適用した租税裁判所の判決は誤っている，と主張した[11]。

一方，「H氏に損失を配分するという唯一の事業目的が，自ら発生させていない損失を申告することにより，税務上の便益を享受することである（H氏もこの便益の享受がKCパートナーシップに参画する誘因であったと認めていた。）ので，KCパートナーシップの配分は見せかけであった，とCIRは主張した。さらに，第704条が，パートナーシップが実際に便益を享受する，又は損失を負担する，ということを考慮せずに利益及び損失の配分を認めるという，実質よりも形式を重んじるようなことはない（dose not exalt form over substance），とCIRは強調した。」[12]

このような双方の主張に対して，控訴裁判所は，そのパートナーが唯一の拠出者である場合には，いかなる損失に対しても経済的負担を負うことになり，そのパートナーに損失のすべてを配分することが適正となるが，H氏は「唯一の拠出者（sole contributing partner）」ではなかった，として租税裁判所の判決を全員一致で支持した。

その判決理由として控訴裁判所は，この一連の取引が次のように事業目的と経済的実質を欠いた見せかけの取引であった，と判示した[13]。

- H氏が，パートナーシップ設立前のB氏と異なり「唯一の拠出者」ではなく，その半分の所有者であったこと，87.5万ドルを拠出（出資）する代わりに劣後ローンを選択したこと（当該債券が回収不能になった場合には，損金計上することができる。）から，H氏は租税の軽減のみを目的としていた。
- H氏への損失の配分は，H氏又はB氏がパートナーシップに投入した，もしくはパートナーシップから分配される現金との関連性がないので，この配分は，経済的効果（economic effect）に欠けていた。

---

11) Holladay, op. cit., 649 F. 2d 1176, p. 1179.
12) Ibid. 649 F. 2d 1176, p. 1179.
13) Ibid. 649 F. 2d 1176, pp. 1179-1180.

・　損失の配分に関する規定は，一連の取引の流れを見極めた上で（within the context of the entire transaction）判断されなければならない。パートナーシップを設立した当初の数年間は，多額の減価償却を負担することとなり，その分，損失を計上することが確実となる。つまり，1974年までの損失すべてをH氏に配分することによって，H氏は税務上の便益を単独で享受することができる。ところが，KCアパート・プロジェクトが利益を出せるようになる1975年以降の利益及び損失は，H氏とB投資会社とに均等に分配されることになる。従って，KCパートナーシップの損失すべてをH氏に配分することは，経済的実質に欠けており，その配分は，IRC第704条（a）の規定の適用において，明らかに見せかけ（sham）であった[14]。IRC第704条（b）(2)に規定する租税の回避に係る査定は，明らかに本事案に適用できない。この一連の取引すべてを検証すると，唯一の拠出者ではなかったH氏に租税上の便益すべてを配分するパートナーシップ契約は，妥当な事業目的（valid business purpose）を欠いており，連邦税の目的上，無効（ineffective for federal tax purposes）である。従ってH氏は，1971年から1974年までの課税年度に係る損失の50％分だけを申告できる，とする租税裁判所の判決を控訴裁判所は容認した。

　つまり，本事案が経済的実質に欠ける，見せかけの取引であったので，IRC第704条（パートナーへの分配の持分率）の（a）のパートナーシップ契約の効果において「所得，利得，損失，損金，控除，又は税額控除のパートナーへの分配の持分率は，本セクションで規定する場合を除き，当該パートナーシップ契約により決定されるものとする」[15]規定は適用されず，さらに，同条の（b）(2)「上記の項目に対するパートナーへの分配の持分率を定めたパートナーシップ契約の規定の主たる目的が，本サブタイトルによって課される租税の回避

---

14)　控訴裁判所は，この判断の先例判例として，Gregory事案，Knetsch事案の最高裁判決を挙げている。Ibid. 649 F. 2d 1176, p. 1180.
15)　「この条文は，1976年10月4日に成立した税制改革法（Tax Reform Act of 1976, Pub Law 94-455）により，sectionという規定が現行と同じchapterに改正さ

又は脱税（avoidance or evasion of any tax imposed by this subtitle）[16]にある場合」に当たるので「課税所得又は損失の当該パートナーシップへの分配の持分率に従って決定される」としたのである。まさに,「この事案では,この規定に該当しないという租税法律主義によるアプローチをせずに,経済的実質の欠如というコモンローによる判定に基づいて判決を下している。」[17]

(5) 小 括

本事案は,B投資会社が投資目的用に土地を取得して,600棟のアパートを建設・賃貸管理することを事業目的とするパートナーシップをH氏（原告）と共に1970年7月に設立したが,その修正契約では,設立から5年間の損失すべてをH氏に配分されるように定めていた。

しかし,「一連の取引すべて」を検証した結果,拠出者ではあるが,唯一の拠出者ではないH氏に損失すべてを配分すると定めたパートナーシップ契約に基づく取引は,経済的実質に欠ける見せかけの取引であり,「妥当な」事業目的に欠ける取引であるので,IRC第704条（a）の適用の範囲外であると,控訴裁判所は判示した。

ここで控訴裁判所が,なぜ「妥当な」を意味する"valid"という用語を敢えて"business purpose"の前に置いたのかというと,租税裁判所の判決文"II. Business Purpose."において,「本パートナーシップの事業目的は,投資目的のために,用地及びその他の動産,不動産を取得,所有,・・・」として,既に書面上の「事業目的」があったからである,と推考した。Gregory事案での最高裁判決において触れたように,「事業目的」の意味に曖昧さがあったが,

---

れたのである。」矢内一好,前掲論文,537ページの脚注12。

16) 「この条文は,1976年10月4日に成立した税制改革法（Tax Reform Act of 1976, Pub Law 94-455）により改正され,『租税回避又は租税のほ脱』という文言が削除されて,パートナーへの配分が実質的な経済的効果を持たない場合にパートナーの持分（interest）に応じて分配額が決定されることを規定している。」矢内一好,同上論文,537ページの脚注13。

17) 矢内一好,同上論文,538ページ。

それが単なる名目的な目的を意味するのではなく，実質を伴う事業目的でなければならないことを明確にしたことに本判決の意義がある。

本事案は，まさに「ESDの2要件が初めて揃った事案ということもできるのである。」[18] 実行された取引を租税法の目的上，租税回避として否認するためには，個々の取引の形式を検討するだけに留まらず，その一連の取引全体を丹念に検討して，その取引に事業目的及び経済的実質の双方が欠如しているという事実を認定して初めて，その租税回避を否認できることを本判決が明示した。

2. Rice's Toyota World 事案[19]

本事案の控訴裁判所では，2段階査定を用いて分析した結果，見せかけの取引であったことが判明したので，ノンリコース型手形とリコース型手形により支払われた設備の減価償却の控除，及びノンリコース型手形に係る支払利子の控除を否認した租税裁判所の判決を容認した。しかしながら，本取引がたとえ，租税回避という動機から実行されたことであったとしても，経済的実質を有する取引部分がある場合には，それを無視することはできないとして，同控訴裁判所が，リコース型手形に係る支払利子の控除に対する否認を取り消すと

---

18) 矢内一好，前掲論文，538ページ。
19) Rice's Toyota World, Inc. v. Commissioner of Internal Revenue, United States Tax Court, 81 T.C. 184, August 29, 1983, Filed. 国側勝訴。
　Rice's Toyota World, Inc. v. Commissioner of Internal Revenue, United States Court of Appeals for the Fourth Circuit, 752 F. 2d 89, January 7, 1985, Decided.
　一部を除き国側勝訴。
　本事案の内容については，上記裁判所の判決文を基にまとめた。
　本事案については，例えば，岡本忠生，前掲論文「税負担回避の意図と二分肢テスト」，20-22ページ，一高龍司，前掲論文，71-72ページ，川田剛，前掲書，126-130ページ，矢内一好，前掲論文，538-540ページ，拙稿「Rice's Toyota World 事案における租税回避行為—経済的実質を中心として—」（『企業研究』第24号，2014年2月），236-260ページ，がある。

いう画期的な判決を下した事案でもある。

(1) 概　要

　Rice's Toyota World, Inc.（旧 Rice Auto Sales, Inc., 以下「R社」という。）は，ノースカロライナ州 Greensboro を本拠地とする法人で，発生主義により6月30日に決算を行っている。R社は新車及び中古車の販売をその事業としていた。R社は，トヨタ自動車の米国南東地域における最初のディーラーである。R社の創業者で社長であり，かつ，唯一の株主である，Garson L. Rice（以下「GLR氏」という。）は，当初，中古車の営業マンであったが，トヨタ自動車を綿密に調査・研究した結果，トヨタが米国での拡販に成功すると予測した。そこで，GLR氏は，他社に先駆けてトヨタと交渉を開始し，R社が米国南部でのトヨタ車の販売を一手に引き受ける契約を締結することに成功した。この経営能力のあるGLR氏は，1970年代後半には，年間総売上高1,400万ドルを超える優良企業にR社を育て上げた。

　R社は，売り手である Finalco, Inc.（コンピュータのリース会社で年間売上高は1億ドル。以下「F社」という。）[20]から中古のコンピュータを145.5万ドルで購入し，その代金の支払いとしてリコース型手形4枚とノンリコース型手形2枚を振り出した。R社は，その購入後直ちに，F社に同コンピュータをリースバックした。

　R社は，1976年度，1977年度及び1978年度において手形での決済を理由に，減価償却と手形に係る支払利子を控除して税務申告をした。

　CIRは，パーチャス・アンド・リースバック取引が租税目的上，見せかけの取引であることを理由に，その取引に関連する支払利子及び減価償却の控除を

---

20)　この Finalco Inc. は，次に検討する Shriver 事案においてもバローズ社のコンピュータを用いて，セール・アンド・リースバック取引を行っている。F社を始めとするリース会社は，1970年代になって，この種のビジネスを手広く扱っていた。Shriver 事案の判決文にも明記されたように，同様の租税訴訟が8件あった。本章の脚注46にその判例を掲示している。

否認した。

(2) 事実関係

1976年の5月末から6月初旬　GLR氏は，F社の代表者とは1976年6月まで面識がなかったにもかかわらず，6年も経過したIBMのコンピュータSystem 370/155（以下「中古コンピュータ」という。）を購入してリースするという，パーチャス・アンド・リースバック契約を1976年2月27日付けで締結した（つまり，契約日を遡及して締結したことになる。）。その購入価額は145.5万ドルで，その頭金（cash down-payment）25万ドル分をリコース型手形（recourse note，額面6.25万ドルの手形4枚，満期日はそれぞれ，1976年，1977年，1978年，及び1979年の6月末日，金利8％）[21]で振り出す以外に，IBMのメイン装置とその周辺装置の支払い分として，105.8万ドル分と14.7万ドル分のノンリコース型手形（non-recourse note，金利12％）2枚を96ヶ月（8年間）の分割払いで振り出した。F社は，中古コンピュータをR社から8年間リースバックし，毎月その賃借料をR社に支払うことにした。R社の賃貸収入からノンリコース型手形の返済額を控除した金額は，表3に示す通り年間1万ドルであるが，この金額がR社にキャッシュフローをもたらすことになった。本取引と同時に，当初の5年間については，

---

[21] リコース型手形とは，手形振出人が債務不履行に陥った場合あるいはその恐れがある場合に，その手形の所持者は，当該手形振出人，その保証人，又はその手形の裏書人に対して，当該債務の履行ないしは支払いを請求することができる。従って，リコース型手形の場合には，ノンリコース型手形と異なり，手形振出人がその債務不履行のリスクを負う，つまり人的責任を負うことになるので，その取引には「経済的実質」がある，と第4巡回控訴裁判所が判断したと思料する。そのリスクの相違が，金利の相違（ノンリコース型手形の金利は，4％ポイントも高い12％）になって表れている。

表3　調査対象事業年度の本取引に係る予想損益計算書及び予想節税額（単位：ドル）

キャッシュフロー	1975年度（注1）	1976年度（注1）	1977年度（注1）
賃貸料収入	0	213,101	213,101
ノンリコース型手形の返済額	0	203,101	203,101
R社へのキャッシュフロー	0	10,000	10,000
損益計算	1975年度	1976年度	1977年度
賃貸収入	0	213,101	213,101
ノンリコース型手形に対する支払利子	0	(83,774)（注2）	(82,514)（注2）
購入したコンピュータの減価償却費	(218,284)（注2）	(371,083)（注2）	(259,758)（注2）
損益	(218,284)	(241,756)	(129,171)
節税額	109,142	120,878	64,586

出所　本事案の租税裁判所判決文187ページの「事実認定（Findings of Fact）」で示されている2種類の表を基に著者が作成した。注書きは著者が加筆した。

（注1）各事業年度は，7月1日から6月30日までである。従って，1975年度は1975年7月1日から1976年6月30日の期間である。

（注2）R社は，当該調査対象事業年度3年間のノンリコース型手形（額面金額：120.5万ドル）に対する支払利子及び中古コンピュータの減価償却費を控除して申告したが，否認された。

F社のユーザーであるOwens-Illinoisに継続して転貸することになっていた。

F社への8年間のリース契約期間中に，中古コンピュータ設備が売却されても，R社には，その収入を共有する権利がないが[22]，F社とのリース契約を終了した場合には，R社は，その収入のうち，70％分を得る権利を有することになっていた。F社は，残りの30％分の収入を得ることができ，その中古コンピュータ設備を再度転貸するか売却するかの決定権

---

22) Rice's Toyota, op. cit., 81 T.C. 184, p. 186.
「リースに関する覚書（leasing memorandum）」に記述されている。

をも依然として有していた。

本リースを実行する前に，F社は，本リースに係る初期投資額の大小によって異なる，3つの代表的な取引例を記した書類をR社に送付した。その数日後，F社は，R社が選択した投資規模に基づく取引例による説明書（placement memorandum）を送付した。その説明書には，当該取引を選択した場合の8年間の予想損益計算書が記載されていた。当該調査対象事業年度に係る情報は次の通りであった。

つまり，本取引を実行することにより，R社は支払利子の控除と共に，加速度減価償却による減価償却を控除することができるので，取引開始後数年間は，多額の租税上の損失（タックス・ロス）を計上できる，とその説明書に記載されていた。その数年後からは，加速度減価償却によりその減価償却費の金額自体が減少するので，租税上の所得が発生することになる。支払利子には，上記のノンリコース型手形以外に，頭金の支払いに充てた手形に対する利子（表4を参照。）として，1976年度に1.5万ドル，1977年度に1万ドルが控除額として見込まれた。

F社の説明書に関して，R社の会計担当者Neil M. Clegg（以下「C氏」という。）は，本取引はいわゆる「タックスシェルター」ではなく，最初の4年間の加速度償却による「課税の繰延（tax deferral）」であって，これによりその期間の税金の支払いを削減できる，とGLR氏に報告した。但し，本取引を実行するか否かの鍵は，残存価額の金額がそれ相応に存在することが前提である，という補足説明をしていた。

1976年6月17日F社の顧問弁護士であるStephen Eastman氏はGLR氏に，本取引による経済的効果は，25万ドルの投資により毎年，1万ドルのキャッシュフローが得られること（表3の「R社への

表4 頭金支払いに係るリコース型手形の返済予定額　　（単位：ドル）

返済期日	1976年6月30日	1977年6月30日	1978年6月30日	1979年6月30日	合計額
手形返済額	62,500	62,500	62,500	62,500	250,000
支払利子額	0	15,000 (注3)	10,000 (注3)	5,000 (注3)	30,000 (注3)
合計額	62,500	77,500	72,500	67,500	280,000

出所）本事案の租税裁判所判決文192ページの「事実認定（Findings of Fact）」で示されている表を基に著者が作成した。注書きは著者が加筆した。

(注3) R社には，ノンリコース型手形に対する支払利子以外に，本表に示した通りに頭金の支払いのために振り出されたリコース型手形（額面金額：25万ドル）に対する支払利子がある。租税裁判所は，本リコース型手形に対する支払利子全額の控除を否認したが，控訴裁判所は，その利子のうち，経済的実質を有する部分に対する利子だけを控除できる，と判示した。ここに，経済的実質に対する考え方の特質がある。

キャッシュフロー」を参照。），つまり，税引き後利回りが4％に相当する，と説明した。Eastman氏はさらに，25万ドルの投資のうち，最悪でも8万ドルを回収できるし，同じ性能を有するIBMの新機種の表示価格（list price）は現在約250万ドルであるので，この表示価格の10～20％を残存価額とすると，投資額を上回るリターンがある，と述べていた。

F社はこの協議の後で，設備のリースに関する覚書を含むリース契約に関する書類一式をR社に送付した。この覚書には，①本リースバック取引は，「本取引以外の収入源から莫大な課税所得が見込まれる法人のみに適した」取引であること，②リース期間終了時での当該設備の残存価額を0ドルと想定した場合，25万ドルの投資に対して，取引開始から5年間の減価償却費と支払利子の控除合計額を78万ドル（投資に対する比率は，1：3.128）と見積もっていることが記述されていた。さらに本覚書には，残存価額の見積（projection of residual value）は「不確定」であることが言い添えてあったが，GLR氏は，記述された残存価額及び注意事項に関する

情報を一瞥しただけで,余り注意を払わなかった[23]。GLR氏はまた,当該設備の残存価額に関して,独立の専門機関(例えば,Stanford Research Institute (SRI))からの査定を受けようともしなかった。本取引実行の決定は,あくまでも,彼の直感力,対人への信頼感,交渉相手の実績,履歴及び評判からなされていた。

(3) 各裁判所の判決
イ　租税裁判所の判決[24](国側勝訴)

本事案の争点は,原告であるR社の,コンピュータ設備に係るパーチャス・アンド・リースバック取引が,租税目的上,見せかけの取引であるとして否認されるべき取引であったか否か,であった。

租税裁判所は,R社が当該取引を実行する動機,及び当該取引の経済的な実現性(economic realities)を主体に検討した。その結果,①当該取引が租税回避以外の目的,つまり事業目的という動機から実行されたものではなく(not motivated by a business purpose),②経済的実質(つまり,利益を獲得するという現実的な可能性(realistic hope of profit))というものも全くない(devoid of economic substance)ので,連邦所得税の目的上,無視されるべきものであった(should have been disregarded),と租税裁判所は判示した。

租税裁判所は,下記の通り,事業上の取引(business transaction)と見せかけの取引とを峻別するための査定方法を使って,本取引は見せかけの取引である,と判断した。

「事業上の取引であるためには,まず事業目的又は経済的な目標という最

---

[23]　当該残存価額がIBMの新製品の上市により,相当の影響を受けることの重要性を余り考慮していなかったことからも,GLR氏が租税回避をすることしか眼中になかったと容易に推考できる。

[24]　Rice's Toyota, op. cit., 81 T.C. 184.
　　本判決文1ページの"OVERVIEW"を中心にまとめた。

低限の要件（minimum threshold of a business purpose or economic objective）を満たさなければならない。本事案において，R社がパーチャス・アンド・リースバックを実行するに当たり，事業目的という要件を満たしていなかった。次の段階は，客観的査定である，経済的実質を有する取引であるかを調べることであった。そこで，その取引には租税の軽減を得ること以外に経済的実質があったかを確かめるために，分別ある実業家（prudent businessman）であったかという観点から，その取引を分析した。換言すると，その取引には，『利益を獲得するという現実的な可能性』があったか，ということになる（Dunlap v. Commissioner, 74 T.C. 1377 (1980).）。当裁判所は経済的実質を見出すことができなかった。」[25]

ロ　控訴裁判所の判決（一部を除き国側勝訴）

本事案は，Hall裁判官，Phillips裁判官，及びSprouse裁判官の3名で審理され，Phillips裁判官が判決理由を執筆した。

控訴裁判所は，その審理において，中古コンピュータの残存価額の見積に焦点を置いて，本取引が見せかけの取引であったとする租税裁判所の判決内容を検討した。その結果，R社の本取引は，見せかけの取引であるので，ノンリコース型手形とリコース型手形により支払われた設備の減価償却の控除，及びノンリコース型手形に係る支払利子の控除を否認した租税裁判所の判決を支持した。しかしながら，本取引が，たとえ租税回避という動機から実行されたことであったとしても，経済的実質を有する取引部分がある場合には，それを無視することはできないので，リコース型手形による支払利子の控除に対する否認を取り消す，と控訴裁判所は判示した[26]。

つまり，たとえ当該取引が見せかけの取引であったとしても，その取引のうちの「人的責任（personal liability）」を負うリコース型手形に関連する支払利子

---

25) Ibid., 81 T.C. 184, pp. 209-210.
26) Rice's Toyota, op. cit., 752 F. 2d 89, p. 96.

には，経済的実質がある，と判断された結果である。

(4) 2段階査定を適用して見せかけの取引とした根拠

Rice's Toyota World 事案は，前述の Lazarus 事案，Frank Lyon 事案，Estate of Franklin 事案等と同様に，リースバック契約を用いて税負担の軽減を目指した取引であった。しかし先例判例と異なって，本事案の租税回避が一部の支払利子の控除を除いて否認されたので，次の点を重点に置いて，その理由について検討する。

- 本事案を見せかけの取引と判断した事業目的及び経済的実質の欠如とはどのようなものであったか。
- 見せかけの取引と判断するための事業目的と経済的実質との関係はどのようなものであったか。
- 控訴裁判所が租税裁判所の判決を覆して，なぜリコース型手形から生じた利子の控除を是認したのか。

イ　見せかけの取引と判断した事業目的及び経済的実質の内容
　（イ）事業目的の欠如

事業目的の有無は単に，R 社がその取引を実行する動機として，税負担を軽減する目的以外の目的があったかによって判断される。控訴裁判所は，租税裁判所からの資金調達契約書等の資料を基に，R 社の本パーチャス・アンド・リースバック契約締結の唯一の動機が，リース期間初期にもたらされる加速度減価償却による多額の減価償却費を利用して，税務上の損失を得ることにあったことを突き止めた。

- R 社は，F 社とのパーチャス・アンド・リースバック取引により利益を獲得できる見込みがあるかの採算計算を全く実行していなかった[27]。
- R 社は，事業目的を遂行する上で最も重要な要素であるコンピュータの残存価額（売却するにしても，又は再々リースするにしても）に

無関心であった[28]。

- R社が中古コンピュータを購入するに際し，水増しされた価額を躊躇なく支払ったことは，事業目的に欠如した取引であることを示す致命的な証拠となった[29]。
- R社の関心事は，F社のパンフレットに記述された加速度減価償却により創出された「架空の所得（phantom income）」に対する課税をいかに回避するかにあった[30]。

---

[27] 「R社はリコース型手形の元金及び支払利子という形式を踏んで，F社に28万ドルを支払う義務を負い，事実，その金額を支払った。・・・よって，本取引により利益が出るか否かは，詰まるところ，再々リース又は売却することができるか否かにかかっていた。なぜならば，F社が当該コンピュータを転貸して相応の収入が見込まれない限り，F社には，リースバック契約上，その賃借料を支払う義務がないからである。それに付け加えて，F社が再々リース又は売却取引をまとめると，F社が，当該リースバック契約により「マーケティング料」として，その金額の30％を受領することになっていた。つまり，R社が本投資により利益を創出するためには，これまで以上の金額で再々リース又は売却しなければならないことになる。」Ibid., 752 F. 2d 89, p. 92.

[28] 「R社の経営者は，コンピュータについて何ら知識を持っていなかったので，F社の販売担当者が作成した残存価額の見込額を鵜呑みにしていた。残存価額を推計する専門家ではない，とF社の代表者が告白したにもかかわらず，R社は，専門機関の査定報告書を提出することをその代表者に依頼しなかった。当該取引には利益獲得の可能性がありそうだった，とR社の会計担当者が説明していたが，本取引を予定通り実行できた場合に多額の税額控除を得られる可能性がある，と記述した書類以外，何も残されていなかった。」Ibid., 752 F. 2d 89, p. 92.

[29] 「R社が，水増しされた価額，つまり，中古コンピュータの市場価額が既に下落している状況にあって，F社がごく最近130万ドルで購入した設備に対して146万ドルも支払ったということが致命的な証拠である。・・・R社が当該コンピュータを水増しされた価額で購入し，その購入資金を主としてノンリコース型手形を振り出して支払ったということは，租税裁判所の次のような推定が正しいことを明示している。つまり，R社は，当初予定された通りに当該取引を継続する代わりに，ノンリコース型手形の残高があるときに当該取引を中途で，取り止めようとしていた。Estate of Franklin v. Commissioner, 544 F. 2d 1045, 1048-49 (9th Cir. 1976).」Ibid., 752 F. 2d 89, p. 93.

・IBMの革新的な製品の上市が，確かに中古コンピュータの市場価値を大幅に下落させたが，R社はその下落を警告するレポートを既に所持していた[31]。

　控訴裁判所は，これら5項目により，R社には租税上の優遇措置を得ること以外に利益を獲得できる見込み，つまり事業目的がなかった，と判断した。

（ロ）経済的実質の欠如

　前述の通り，本事案の取引が見せかけの取引であるかを判断するための第1段階において，事業目的に欠けていることが判明した。次の段階は，本取引のうちに経済的実質が存在していたか否かを判断しなければならない。もし，本取引には「利益を獲得する合理的な可能性」がない，と判断されると，本取引は見せかけの取引と判定されることになる

---

30) 「R社がF社のレポートの中で最も関心を寄せたことは，そのリースバック契約の後半の時機には架空の所得が課税対象となるので，結局のところ，その優遇措置自体には限度がある，と警告していたことである。特に，R社は，投資初期の段階で加速度減価償却により大半の減価償却控除額を計上したとしても，その後半の期間では，償却資産の残高が少なくなるのでその控除額は徐々に少額となり，その結果，架空の所得が創出されることになる。・・・しかし，租税裁判所が正に看破したように，R社は架空の所得というものがそのような性質を有していると認識していたので，その架空の所得を計上して税金を支払うことのないようにするために，この取引自体を途中で取り止めようとしていたようである。Rice's Toyota, 81 T.C. 184, at 208; see also Estate of Franklin, 544 F. 2d 1045, at 1048（その納税義務者がノンリコース型手形の債務だけを負っている状態で，そのノンリコース型手形の額面を支払っても，水増しされた購入価額のために何ら持分を形成することはない。それ故に，納税義務者は，当該取引を取り止めても，『将来において持分を獲得する機会を失うだけである』）。」Ibid., 752 F. 2d 89, p. 93.

31) 「利益獲得可能性がなくなった真の原因は，中古コンピュータ購入後にIBMが革新的な新製品を上市したことにあるのであって，そのような展開は予測できなかった，とR社は主張して，租税裁判所の判決に反論した。確かに，中古コンピュータを購入した後にIBMが革新的な新製品を上市したことにより，中古品市場に壊滅的なダメージを与えることになったが，R社は，この中古品市場の激変を警告するレポートを既に所持していた。」Ibid., 752 F. 2d 89, p. 94.

(既述の通り，本事案の租税裁判所の判決文にその査定方法が示された。)。そこで，控訴裁判所は，本取引の経済的実質の存在を見極めるために，その客観的な決定因子である契約期間満了時の残存価額を次のように検討した。

- R社が契約期間満了時において利益を獲得するためには，その時点での残存価額が約28.6万ドル[32]以上でなければならないが，その可能性は皆無に等しい。
- IBMの新製品の上市も加味すると，R社のコンピュータの期間満了時の残存価額が，専門機関のSRI報告書の予想値である15万ドル[33]を上回ることはない。

これらの項目により，本取引には，Estate of Franklin 事案及び Hilton 事案と同様に，経済的実質に欠ける取引であることが判明した。

以上の結果，R社には，主観的な事業目的が欠如しており，かつ，本取引には，客観的な経済的実質が欠如しているので，R社の取引は見せかけの取引であることが判明した。よって，控訴裁判所は，租税裁判所の判決を支持することになった。

---

[32] F社へのマーケッティング料（30％）を支払った残りの70％で20万ドルを除した金額。
「F社がR社に対して8年間という全契約期間（これは全く不確定であるが）に渡って年間1万ドルを支払ったとして，さらにR社の投下資金の経過年数による価値を無視するとしても，R社が利益を獲得するには，残存価額が20万ドルにならなければならない。R社にはコンピュータ市場での実務経験がないことからして，F社がR社に代わって中古コンピュータを再リース，又は売却することになると，R社はその売上収入の70％しか受け取ることができないので，利益を獲得するためには，その時点での残存価額が約28.6万ドル以上でなければならない。」Ibid., 752 F. 2d 89, p. 94.
[33] 「R社の70％という持分を考慮すると，1984年時点における，その持分に対応する残存価額は10.5万ドルとなるであろう。」Rice's Toyota, op. cit., 81 T.C. 184, p. 205.

ロ　見せかけの取引と判断するための事業目的と経済的実質との関係（2段階査定）

この「見せかけの取引」と判断するための基準として，事業目的と経済的実質の有無を査定する2段階査定（two prong test）[34]がある。この2段階査定の解釈・適用には，見せかけの取引でないとされるために，非結合的査定（2要素のうち，事業目的又は経済的実質のいずれか一方があるか否かを査定すること）を採用するか，結合的査定（2要件があるかを査定すること）にするかに分かれている[35]。しかし，本書では，本事案の租税裁判所の判決文[36]にある，脚注17を引用して，その関係を述べることにする。

「Frank Lyon 事案において，政府は，見せかけと主張したが，最高裁は，当該取引に十分な事業目的（sufficient business purpose）を見出せるので，その主張を退けた。ひとたび事業目的が立証されれば，その取引は『見せか

---

34)　本事案の控訴審での判決文には，"two prong test" という用語が使用されているので，「二分股テスト」と訳すのが一般的であるが，次に検討する Shriver 事案では "two-part test" が使用されている。さらに，ここでの査定の仕方が2要素を段階的に査定しているので，後に "two stage test" が使用されるようになる。従って，本章及び第7章では「2段階査定」と訳すことにする。

35)　この判断基準については，岡村忠生，前掲論文，20-26ページ，松田直樹著『租税回避行為の解明―グローバルな視点からの分析と提言』ぎょうせい，2009年，58-71ページ，Keinan, Yoram, "The Many Faces of the Economic Substance's Two-Prong Test: Time for Reconciliation?" Journal of Law & Business, November 26, 2004, pp. 11-30 に記述されている。

36)　租税裁判所は，R 社が再三にわたって，本取引には「事業目的」があった，と強調したが，証拠書類を検証した上で，その主張を否認した。しかしながら，租税裁判所はこれをもって「見せかけの取引」であったと断定せずに，たとえ，その取引には事業目的が欠けていても，「当該投資の客観的分析により，その取引の形式には経済的利益を獲得する現実的な可能性（realistic opportunity for economic profit）があることを立証できれば，その取引は見せかけとはみなされない。脚注17。この判断を行うために，当事者が貼付したラベルの小包の中身を検証し，本事案を取り巻く事実及び状況を含めて考察しなければならない。」（Rice's Toyota, op. cit. 81 T.C. 184, p. 203.）と述べている。これは正に，既に検討した Frank Lyon 事案で取り上げた，「小包の中身」を重視する見解である。

け』の取引として分類されるべきではない。しかしながら，全く事業目的がない，と事実認定されても，見せかけの取引であることの決定的な証拠 (conclusive evidence) とはならない。その取引に僅かでも経済的実質 (some modicum of economic substance) があるならば，その取引はやはり正当な取引となる。Grodt & McKay Realty, Inc. v. Commissioner, at 1243 参照。（この手続を踏んだが，本事案の取引には経済的実質がないことが判明した。）

　その逆に，納税義務者が，その取引に利益獲得の見込みがあった，と判断を誤って実行してしまった場合もあるので，経済的実質に欠ける取引であっても，必ずしも見せかけの取引とはならない。但し，当該納税義務者が租税軽減のみを目的に取引を実行したという事実認定がされた場合には，その取引に本当に利益を獲得する見込みがあったかを判断するために，その取引は，客観的な経済分析 (objective economic analysis) の対象となる。」[37]（括弧内の日本語は著者が加筆）

この租税裁判所の解釈に関して，本事案の控訴裁判所は，次のように賛同の意見を表明している。

　「ある取引が，租税目的上，見せかけであるかを判断するために2段階査定を義務づけている (mandate a two-pronged inquiry)[38]，と租税裁判所は，Frank Lyon 事案の最高裁判決（Frank Lyon Co. v. United States, 435 U.S. 561, 55L. ed. 2d 550, 98 S. Ct. 1291 (1978)）から解釈した。ある取引を見せかけであるとみなすためには (to treat a transaction as a sham)，納税義務者が取引を実行する際に，税務上の便益を得ること以外に，事業目的から何ら動機づけられていないこと，かつ，利益を獲得できる合理的な可能性が全く存在しないので，その取引には経済的実質を何ら有していないことを裁判所は見抜かなければならない。Rice's Toyota 81 T.C. at 209; Hilton v. Commissioner,

---

37) Rice's Toyota, op. cit., 81 T.C. 184, p. 203.
38) "mandate" の訳には，義務づける，命令する，要求する，指示する等があるが，後に検討する Shriver 事案，IES 事案での2段階査定に対する批判を考慮して，ここでは「義務づける」と訳すことにする。

74 T.C. 305, 349-50 (1980) を参照，671 F.2d 316 (9th Cir. 1982) で全員一致で確定 (aff'd per curiam)。ある取引が租税回避という成果だけを目的として取引が実行されていない限り，その取引が見せかけであるとみなすことができない，というような査定を行うことが，Frank Lyon 事案における最高裁の義務づけを適切に実行することになる，と当裁判所は認める。435 U.S. at 583-84 を参照。」[39]

控訴裁判所は前述の通り，正に脚注 17 に記載されている手順で見せかけの取引であるか否かを査定した。つまり，見せかけの取引と判断するためには，①その取引が事業目的を欠いているか否かをまず査定して，②「欠いている」と判断した場合には，次に③その取引が経済的実質も欠いているかを査定し，④経済的実質も「欠いている」と判断されて初めて，「本取引は，見せかけの取引である」と判断されることになる。

この手順を図示すると，次のようになる。

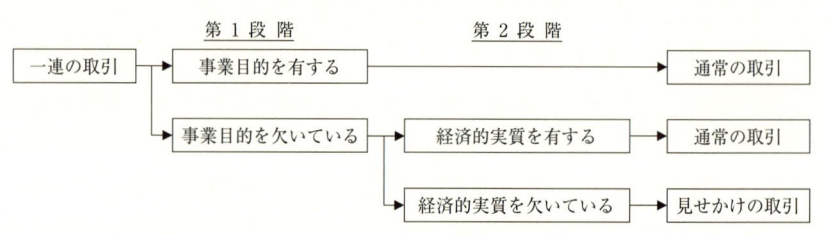

図 2：2 段階査定による見せかけの取引の判定

```
                 第 1 段 階              第 2 段 階
                ┌──────────────┐                        ┌──────────┐
  ┌────────┐   │事業目的を有する│ ──────────────────→  │通常の取引│
  │一連の取引│──┤              │                        └──────────┘
  └────────┘   │事業目的を      │   ┌──────────────┐   ┌──────────┐
                │欠いている      │──→│経済的実質を有する│→│通常の取引│
                └──────────────┘   └──────────────┘   └──────────┘
                                      ┌──────────────┐   ┌────────────┐
                                      │経済的実質を    │→│見せかけの取引│
                                      │欠いている      │   └────────────┘
                                      └──────────────┘
```

注）但し，一連の取引が見せかけの取引とみなされても，本事案のように経済的実質を有する取引については，租税の優遇措置を享受できる可能性もある。

ところが，当初の計画に反して利益を得られなかったという取引も，実際の事業活動で散見するところである。この場合には，納税義務者は客観的な経済分析を実行して，本取引に経済的実質が有ることを立証しなければならない。

---

39) Rice's Toyota, op. cit., 752 F. 2d 89, pp. 91-92.

ハ　リコース型手形から生じた利子の控除を是認した理由

このように前述の脚注17を分析した結果，事業目的と経済的実質との関係は，経済的実質がいわば租税回避否認の「決定因子」であって，事業目的は，「副次的」な存在である[40]，と著者は解釈した。この解釈の裏付けは，控訴裁判所が本事案において，リコース型手形に関連する支払利子の控除を下記の通りに是認したことに依拠する。

「Frank Lyon事案判決により，取引を実行する動機が，たとえ租税を回避することであったとしても，その取引に経済的実質があるならば，裁判所はその取引を無視することはできない（may not ignore）。435 U.S. at 583-84 を参照。さらに，IRC第163条は，納税義務者が購入した品目に基づく分割払いの支払利子に対して，なんら控除制限していない。R社は租税軽減目的のためにリコース型手形で資産を購入したのではなかったし，リコース型手形分がその償却資産の減価償却の控除のベースにならない（may not base）ので，リコース型手形は，その支払利子を控除することができる真正な債務（genuine debt）である。」[41]

このリコース型手形に係る支払利子には経済的実質があったとした判決に対して，一高教授は「recourse債務の利子控除の許容は，利益の合理的可能性のみでは説明し難い部分がある。」[42]と述べているが，「利益の合理的可能性」とは所謂「経済的実質」を意味するので，この見解には疑問を呈さざるを得ない。つまり，この利子控除の部分は，取引全体が見せかけであったとしても，それと切り離して，人的責任を負うリコース型手形の利子には，経済的実質がある通常の事業取引として処理されるべきである，と著者は考えたからであ

---

40)　この解釈については，矢内教授が既に「経済的実質を重視し，事業目的は副次的な要素として暗示しているのである。」と述べている。矢内一好，前掲論文，539ページ。

41)　Rice's Toyota, op. cit., 752 F. 2d 89, p. 96.
　　Frank Lyon事案に関する引用箇所は，「第5章3.（3）ハ　最高裁判所の判決」において記述している。

42)　一高龍司，前掲論文，72ページ。

る。

　このように，見せかけの取引の判断基準として，裁判所が主観的な事業目的よりも客観的な経済的実質を重視するようになったのは，納税義務者の権利を守る意識が高まってきたからである，と考える。さもなければCIRの権限が強くなりすぎて，公正な事業活動の妨げになり得る，と裁判所が判断したのではないか，と推考する。

(5) 小　括

　本書において，租税回避の初期の判例であるGregory事案から始めて，セール・アンド・リースバックに係るLazarus事案，Frank Lyon事案，Estate of Franklin事案，Hilton事案等の先例判例を検討して，租税回避の否認理由を探索した。さらにRice's Toyota World事案での租税裁判所及び控訴裁判所の判決文を詳細に検討した結果，納税義務者が実行した一連の取引が「見せかけの取引」であるか否かを査定するために「2段階査定」を用いて，当該取引の中に，租税軽減目的以外に事業目的（利益を獲得できる見込み）及び経済的実質（利益を獲得する合理的な可能性）が有るか否かを事実に基づいて，次の手順で確認した上で，判決を下したことが判明した。

　納税義務者が実行した一連の取引が「見せかけの取引」であると判断するためには，①その取引が事業目的を欠いているか否かをまず査定して，②「欠いている」と判断した場合には，次に③その取引が経済的実質も欠いているかを査定し，④経済的実質も「欠いている」と判断されて初めて，「本取引は，見せかけの取引である」と判断されることになる。但し，当初の計画に反して利益を得られなかったという取引でも，納税義務者が本取引に経済的実質が有ることを立証できれば，見せかけの取引とみなされないことになる。また，その一連の取引が，たとえ見せかけの取引であるとみなされても，経済的実質を有する取引については，租税の優遇措置を享受する権利がある。

　このように見せかけの取引の判断基準として，裁判所が主観的な事業目的よりも客観的な経済的実質を重視するようになったのは，納税義務者の権利を守

る意識が高まったからである,と考える。しかし,その後の事案において,一連の取引が「見せかけの取引」であるか否かを査定するために「2段階査定」を義務づける必要はないのではないか,とする批判的な見解を呈する裁判官もおり,司法の判断には統一性がないのでは,という疑念が沸き上がってきた。

3. Shriver 事案 [43]

本事案は,Rice's Toyota World 事案と同じリース会社 F 社が,同様のセール・アンド・リースバック取引による租税回避スキームを提案して実行された事案であるが,2段階査定の適用の義務づけに疑問を呈した判例である。

(1) 概　要

原告である James A. Shriver（以下「JS 氏」という。）は,サウスダコタ州ウォータータウン在住の66歳で,自動車部品販売店の経営に従事していた。JS 氏は1980年の秋に,会計担当者である Albert Schweiss（McGladrey Hendrickson & Company に所属する公認会計士,以下「AS 氏」という。）に会って,租税を軽減するためにどのような投資をしたらよいかの相談をした。AS 氏は,コンピュータ設備への投資可能性を述べて,その投資から経済的利益（economic profit）を獲得するには,エンドユーザーへのリース契約に係る残存価額をどのように見積もるかが最も肝要であると,その採算分析を例示して説明した。

---

[43] James A. Shriver v. Commissioner of Internal Revenue, United States Tax Court, T.C. Memo 1987-627, December 30, 1987. 国側勝訴。
　　James A. Shriver v. Commissioner of Internal Revenue, United States Court of Appeals for the Eight Circuit, 899 F. 2d 724, March 28, 1990, Filed. 国側勝訴。
　　本 Shriver 事案の内容については,上記租税裁判所と第8巡回控訴裁判所の判決文を基にまとめた。
　　本事案については,拙稿「外国税額控除を利用した租税回避に関する米国判例—IES Industries Inc 事案における経済的実質原則に焦点をおいて—」（『中央大学大学院論究』第45号,2014年2月）,8-14ページにて紹介している。

その分析に関してAS氏は，エンドユーザーが会計処理目的でコンピュータを使用した場合の残存価額の方が，テレコミュニケーション目的で使用する場合の残存価額よりも高くなる傾向にあるという，その業界に詳しい専門家から得た情報を JS 氏に提言した。その後に，AS 氏は，Pacific Telephone and Telegraph Company（以下「PTT 社」という。）に接触した結果，PTT 社がコンピュータを会計処理目的で使用することが判明したので，その旨を JS 氏に報告した。JS 氏は，AS 氏の報告を全面的に信頼して，当該リース取引を実行する決断を下した。

　本取引内容はかなり複雑な取引であったが，次のように簡潔にまとめることができる。最初に JS 氏が，コンピュータ設備（バローズ B 7800 システムの周辺機器）を PTT 社にリースすることを条件に Lease Pro, Inc. から購入し，次に JS 氏は，Finalco, Inc.（以下「F 社」という。）に当該設備をリースする，という一連の取引を 1981 年 2 月 24 日に行うことであった。ところが本リース取引の実体は，F 社へのリースバック取引であった。なぜならば，F 社は，当該設備を事前に Lease Pro, Inc へ売却していたからである。

　JS 氏が，コンピュータ設備のセール・アンド・リースバック取引の減価償却に関して，不適切な税額控除（tax deductions）をしたとして更正処分をした CIR に対して，JS 氏は租税裁判所に提訴した。その過少申告額は，1980 年度に 2.4 万ドル，1981 年度に 3.1 万ドルであった。

(2) 各裁判所の判決
　イ　租税裁判所の判決（国側勝訴）
　JS 氏は，この一連の取引が見せかけでない，と主張した。しかし，租税裁判所は，本事案に係る取引が見せかけであったと判断して，その主張を棄却した。その理由として JS 氏は，その投資に関する主観的な事業目的を立証できなかったし，その取引には経済的実質があることを証明する証憑書類がないので，租税軽減目的以外に利益を獲得できる現実的な可能性がない，と租税裁判所は判示した。

その具体的な例示として，事業目的の欠如に関しては，①JS氏は，この投資に関して専らAS氏に依存していた，②AS氏の情報は，欠陥だらけであった[44]，さらに③JS氏が本投資を行う動機に関する証拠が，ほとんど「自己の利益のみを追求すること (self-serving)」を示すものであった，という点を挙げた。

また，経済的実質の欠如に関しては，リース会社として同じF社が関与したRice's Toyota World事案と同様に①残存価額の見積りを高く設定していた，②購入価額が市場価値よりも水増しされていた，③新製品B7850の上市を考慮していなかった，という点を挙げた。

この判決の背景として，1970年に入ってからタックスシェルター，いわゆる課税逃れ商品を利用した租税回避が横行していたので，通常の商取引を妨害せずに，租税の軽減のみを目的とした見せかけの取引を適切に判断するための基準，いわゆる2段階査定が適用されるようになってきた。本租税裁判所でも，「昨今のコンピュータ設備を利用したセール・アンド・リースバック取引に関する判例でみられるように，事業目的と経済的実質の存否の査定は，本来，事実認定に基づいている。」[45]として，8つの判例[46]を挙げている。その代

---

44) 「AS氏とMillerの分析では，PTT社のリース契約更新時におけるリース料が現行の70%相当になると想定して算定されていた。つまり，その金額が8万ドルになると想定していた。しかしながら，現行のエンドユーザーに対するリース料は，僅か年間7.9万ドルだけであって，さらに更新時の1985年6月26日から1986年6月26日までの1年間は無料とするオプションがエンドユーザーに付与されていた。」Shriver, op. cit., T.C. Memo 1987-627, pp. 10-11. この件に関しては，控訴裁判所もその判決文の脚注3に記載している。Shriver, op. cit., 899 F. 2d 724, p. 726.

45) Shriver, op.cit., T.C. Memo 1987-627, p. 30.

46) Torres v. Commissioner, 88 T.C. 702 (1987), Bussing v. Commissioner, 88 T.C. 449 (1987), supplemental opinion 89 T.C. (Nov. 24, 1987), Gefen v. Commissioner, 87 T.C. 1471 (1986), Mukerji v. Commissioner, 87 T.C. 926, 968 (1986), James v. Commissioner, 87 T.C. 905 (1986), Coleman v. Commissioner, 87 T.C. 178 (1986), affd. Per curiam 833 F. 2d 303 (3d Cir. 1987), Estate of Thomas v. Commissioner, 84 T.C. 412, 432 (1985), Rice's Toyota World, Inc. v. Commissioner, 81 T. C. 184 (1983).

表的な判例は，第4巡回控訴裁判所が1985年1月にほぼ国側勝訴の判決を下した Rice's Toyota World 事案である。「ある取引が有効か無効かを正確に線引きすることは，例外なく難しいことである。Rice's Toyota World Inc. v. Commissioner, 81T.C. at 197. この点からも，当該取引が経済的実質に欠ける租税回避スキームであるとした国側の処分が単なる推定であって，過ちであると立証する責務を納税義務者は負わなければならない。Welch v. Helvering, 290 U.S. 111 (1933) ; Rule 142 (a).」[47] しかしながら，証憑書類を精査した結果，当該取引には，事業目的からの動機づけが全くなく，経済的実質も欠如しているので，連邦所得税の目的上，その行為を否認すべきである，と租税裁判所は判示した。

ロ　第8巡回控訴裁判所の判決（国側勝訴）

本事案は，Fagg 裁判官，Henley 裁判官，及び Beam 裁判官の3名で審理され，Henley 裁判官が判決理由を執筆した。

控訴裁判所は，その判決文の"OVERVIEW"において，本事案の取引は見せかけの取引であり，本取引には租税軽減目的以外の目的がなく，経済的利益を獲得できる可能性もない（without potential for economic profit）ので，租税目的上，否認されるべきである，と判断した。さらに，JS氏が，租税を回避するために本取引を実行したことにも留意した。従って，控訴裁判所は租税裁判所の判決を全面的に容認した。

控訴裁判所は，租税裁判所の判決には賛成したものの，「Rice's Toyota World 事案に適用された2段階査定が，Frank Lyon 事案での見せかけの取引分析によって義務づけられる」[48] という点に疑問を投げかけた。つまり，租税裁判所がたとえ2段階査定を本事案に適用しなかったとしても，その取引に経済的実質（利益を獲得できる現実的な可能性）が欠如していることを明確にしさえすれば，それだけで当該判決を容認するのに十分ではないか，との疑問を呈

---

47) Shriver, op. cit., T.C. Memo 1987-627, pp. 30-31.
48) Shriver, op. cit., 899 F. 2d 724, p. 726.

したのである。控訴裁判所の意見では、見せかけの取引を判別する方法として、2段階査定の重要性を認識しているものの、先例判例を参照しつつ、その取引の経済的実質のみでその判断ができると述べている。その意見は、見せかけの取引による租税回避に対するこれまでの判例を適確に記述しているので、かなり長文になるが、ここで引用する。

「第一に、Frank Lyon 事案が2段階査定（two-part analysis）を義務づけるようなことをいっているとは判断できない。2段階査定が Frank Lyon 事案に当てはまる、と Rice's Toyota World 事案が決めつけているようであるが、第4巡回控訴裁判所の判決が、そのような査定が不可欠であると判示したとは思えない。Rice's Toyota World, 752 F.2d at 92.（『ある取引が租税回避という見返りだけを目的として取引が実行されていない限り、その取引が見せかけであるとみなすことができない、というような査定を行うことが、Frank Lyon 事案における最高裁の義務づけ（mandate）を適切に実行することになる、と当控訴裁判所は認める。』）この文言の意味することは、2段階査定が役に立つといってはいるが、その査定が唯一の査定又は分析であるとは断言していない。第4巡回控訴裁判所は実際のところ、この2段階査定の適用を厳格に義務づけしているわけではない。Friedman v. Commissioner, 869 F.2d 785, 792（4th Cir. 1989）（租税裁判所は、Rice's Toyota World 事案のように『厳密な査定（exact test）』をしたわけではないが、見せかけの取引であるとする租税裁判所の事実認定に関して、十分な証拠があった、と判示した。）Frank Lyon 事案又は Rice's Toyota World 事案のいずれにおいても、その厳格性を求めていない、と当裁判所は解する。

当裁判所はまた、第11巡回控訴裁判所が2段階査定を厳格に適用することについて躊躇していたことに注目している。Kirchman, 862 F.2d at 1492.（租税上の控除を創出することをその唯一の目的（function）とする一連の取引は、その納税義務者の動機に関係なく（regardless of the motive of the taxpayer）、実質的に見せかけ（substantive shams）であることが明白である）[49]。Sochin v. Commissioner, 843 F.2d 351, 354（9th Cir.）（『当裁判所は、厳格なる2段階査定を明確

49) Kirchman 事案は，控訴裁判所の判決文に基づいて要約すると，次のようになる。
　納税義務者である Kirchman と Ayotte（以下「K氏等」という。）は，1975 年から 1980 年までの期間，ロンドン金属取引所（London Metals Exchange）の商品先物オプション取引（commodity option and futures transactions）に携わった。この商品先物取引の多くは，オプション・ストラドル取引（option straddle transaction）という形態でなされた。
　K氏等は，この2年物の商品先物取引で発生した損失をその初年度に，IRC 第 165 条 (c) (2) に規定する通常の損失（ordinary losses）として控除した。K氏等は，初年度に計上した多額の損失の大半を，2年目に発生した譲渡所得で相殺した。CIR は，本取引が見せかけの取引であった，と決定してその控除を否認した。租税裁判所も，CIR の決定を容認した。第 11 巡回控訴裁判所（Johnson 裁判官，Clark 裁判官，及び Zloch 裁判官が審理に当たり，Johnson 裁判官が判決文を執筆した。）も，租税裁判所の判決を支持した。オプション・ストラドル取引とオプション・ヘッジ取引の唯一の目的は，初年度に通常の損失をまず創出し，その翌年に相殺される譲渡所得を得るための投資をすることによって，打ち合わせ通りの租税の軽減（pre-arranged tax results）が達成できるように仕組んでいたので，本事案での控除は否認されるべきである，と控訴裁判所は判決を下した。
　本事案の控訴裁判所の判決が，その後の判例で引用されるのは，見せかけの取引には2種類の基本形態，つまり，事実において見せかけ（shams in fact, 書面上では発生していることになっているが，実際には全く実行されていない取引に対して納税義務者が控除を申告する場合をいう。）と実質において見せかけ（shams in substance, 取引が実際に発生したが，その取引形式が示すような実質を有していない取引をいう。）という形態があることを明記したこと，控訴裁判所が本取引には租税軽減の目的以外に事業目的に欠けていると判示したにもかかわらず，下記のように，事業目的の査定の必要性がないと言及したことによる。
　「勿論，取引を実行する際に，納税義務者が抱いていた利益獲得目的水準の査定（the evaluation of the level of profit motive possessed by a taxpayer）は，納税義務者の主観的動機又は意図についての査定（inquiry）を必要とする。しかしながら，ある取引が実質的に見せかけであるかの分析は，取引の本質がその取引の形式に表されているかに焦点を当てる。つまり，納税義務者の主観的な意図の分析を必ずしも必要としない。裁判所が一旦，見せかけであると判断したならば，さらにその意図を査定する必要はない。」Ibid., 862 F. 2d 1486, p. 1492.
　岡村教授によると，「かつてアメリカでは，ロンドン金属取引所の先物やオプションを用いたストラドル取引が横行し，歳入庁が 1400 人を超える納税者から総額約 6,100 万ドルの不足税額を請求した事件」があったようである。岡村忠生，前掲論文，28 ページ。

にする・・・意向はない。その代わりに，事業目的と経済的実質の考察が，本裁判所の見せかけに対する伝統的な分析の応用を考える上で，より正確な要素となるだけである。つまり，その取引が，所得税の計算上，損失を作り出すこと以外に現実的な経済効果（any practical economic effects）を有しているか，にある」）。Rose v. Commissioner, 868 F.2d 851, 854（6th Cir. 1989）（『「普及型タックスシェルター（generic tax shelter）」向けの査定又は2段階の主観的／客観的分析により特徴づけられたとしても，査定すべき重要な点（the essential inquiry）は，租税上の経済的損失を創出すること以外に（other than the creation of economic tax losses）現実的な経済効果がその取引にあったか，である。』）[50]

---

50) Rose事案は，租税裁判所と第6巡回控訴裁判所の判決文に基づいて要約すると，次のようになる。

ケンタッキー州に居住するRose夫妻（原告，以下「R夫妻」という。）は，1979年12月26日，芸術品の複製セット2点を取得した。R夫妻は，1980年11月に，アートギャラリーを開設し，さらに，1981年2月頃にもう1店舗を開設する投資をした。R夫妻は，1983年になって，両ギャラリーの所有権を処分し，1979年度の所得税申告書スケジュールCにおいて，複製事業による所得はゼロであるが，減価償却費は12.6万ドルであった，と申告した。R夫妻は，さらに，11万ドルが本複製セットに帰属するので，投資税額控除（investment tax credit）を申し出た。R夫妻は，1979年度の課税所得として46万ドル超を申告した。R夫妻は，1980年度の夫婦合算での所得税申告のスケジュールCを添付して，複製事業活動を報告した。R夫妻は，34.2万ドルの減価償却費，7.6万ドルの支払利子，及びその他費用の合計額を申告した。1980年度の様式3468において，投資税額控除を申告したが，その内，5.5万ドルは1980年6月に取得した複製セットに帰属するものであった。R夫妻は，1980年度の課税所得として，55万ドル超を申告した。IRSは，複製セットに関連する1979年度及び1980年度における，スケジュールCに記載された損失と投資に係る税額控除すべてを否認した。

租税裁判所は，R夫妻が申告した，投資税額控除又はアート作品の複製事業に関連する負債のうち，リコース型手形に対して実際に支払った利子以外の控除を否認した（Rice's Toyota World事案に倣って，リコース型手形の利子を人的債務とみなして控除を認めた，と思料する）更正処分を支持した。また，控訴裁判所は，R夫妻による複製品セットの購入が，所得税上の損失を創出すること以外に現実的な経済効果をもたらさない，見せかけの取引であったと立証されたので，租税裁判所の判決を是認した。

さらに，Cherin 事案（Cherin v. Commissioner, 89 T.C. 986, 993 (1987)）[51]で租税裁判所は，次のように述べている。(『当裁判所はこれまで，単に個人の利益目標（individual's profit objective）を提示しただけで，租税目的上，経済的実質に欠ける取引を承認するような判決をしてこなかった。』)[52]上述したことすべてを考慮した結果，本事案の取引が見せかけであり，それ故に租税目的上，控除できるように創出した損失を否認した租税裁判所の判決に誤りがあったとは思えない。従って，当裁判所は，租税裁判所の判決を全面的に支持する。」[53]

　　　租税裁判所は，その判決文の中で，「普及型タックスシェルター」基準というものを持ち出したが，控訴裁判所は，普及型タックスシェルター査定というものを認めなかった。矢内一好，前掲論文，542 ページを参照。
51)　納税義務者である Cherin 氏が 1975 年に 65 歳になると定年で多額の退職金を得るので，畜牛業者に投資をしたと見せかけて，租税回避を図った事案で，その取引には経済的実質がない，として否認された。これと同様の取引で租税回避が否認された事案が，Grodt & McKay Realty. 事案（United States Tax Court, 77 T.C. 1221, December 7, 1981，第 5 章 4（3）に記述している。）である。
52)　本事案の判決文では，この文章に続けて個人と法人の取引動機に対する相違及び「利益を獲得できる現実的な可能性」の意味を明確にしている。
　　「商取引（business transaction）における経済的実質と個人投資家の投資意図，投資目的，又は投資の動機とは，時に同等とみなされるが，それは違う。商取引には本来，経済的実質，つまり利益を獲得できる現実的な可能性がなければならない（James v. Commissioner, 87 T.C. at 924.）。『利益を獲得できる現実的な可能性』という語句は，その取引は利益を生み出さなければならないとか，それに類する取引は通常，利益をもたらす（profitable），ということを意味していない。Abramson 事案（映画制作への投資目的としてパートナーシップを創設して，その事業費分担分の損金計上を是認した判例。86 T.C. 360 (1986).）において事実認定したように，映画制作で成功する確率は，10 本のうち，たった 1 本であり，また，石油の試掘で成功する確率は，かなり低い。従って，分別のあるビジネスマン（reasonable businessman）が投資を行うと想定して，その取引がそれぞれの業界に当てはまる基準に従って綿密に計画された場合には，その利益を獲得できる現実的な可能性は適正に判断される。個人が商取引を行おうとする意図，又は目的は，個々の納税義務者の主観的な心情について，法廷で斟酌される。」Ibid.,89 T.C. 986, pp. 992-994.
53)　Shriver, op. cit., 899 F. 2d 724, p. 727.

(3) 小　括

　Shriver 事案では，Rice's Toyota World 事案と同じリース会社が提供したコンピュータのリースバック取引による租税回避スキームを納税義務者が実行した。しかしながら，租税を軽減する目的以外の事業目的に欠けていること，さらに，経済的実質も欠けていることを理由に，その一連の取引は見せかけの取引であったとして，その投資に係る減価償却の控除が否認された。

　当該控訴裁判所は，見せかけの取引を判別する方法として，2段階査定の重要性を認識しているものの，多くの先例判例が示すように，2段階査定を厳格に適用する必要はなく，その取引が経済的実質を欠いていれば，納税義務者が行った租税回避を否認できるし，事実，そのようにしてきた，という見解を述べた。

　確かに，本事案で引用した先例判例は「経済的実質に欠けている」として，その租税回避を否認してきた。それらの判決は，「経済的実質の欠如」が，一連の取引を見せかけの取引であると判断するための「決定因子」であることを示した，と考える。CIR が，納税義務者の行った一連の取引の中に，「経済的実質」が欠けている，と客観的に立証することは至難の業である。従って，Frank Lyon 事案，Rice's Toyota World 事案での判決が，租税回避を否認するに際して，CIR の恣意性を排除するための査定プロセスを課した，と思料する。その意味からすると，「事業目的の欠如」の査定は，副次的な査定となるが，納税義務者が，その一連の取引の中に，「事業目的」，つまり，租税を軽減する目的以外の目的があったことを立証するだけで，その租税回避が是認されることになる。

　ところが，この2段階査定が義務づけられたものか否かを巡る議論が，次の章で検討する IES 事案と Compaq Computer 事案で行われることになる。

4. Cottage Savings Association 事案[54]

(1) 概　要

　Cottage Savings Association（納税義務者，以下「CSA」という。）は，オハイオ州シンシナティ市にて1883年に創立されて以来，一般人から貯蓄を募り，集まったお金を居住用及び商業用不動産を担保に貸し付ける業務を行う貯蓄組合であった。CSAは，オハイオ州免許の相互貯蓄組合（State-chartered mutual savings association）として，Federal Home Loan Bank Board（連邦ホームローン銀行委員会，以下「FHLBB」という。）[55]による規制の下，連邦によって保証された貯蓄貸付組合（savings and loan association）であった。そのためにCSAには，FHLBBが採択した会計原則と，一般に規制目的会計原則（regulatory accounting principles, 以下「RAP」という。）[56]と呼ばれる規則に準拠してその財政状態を年2回財務報告する義務があった。また，CSAは，調査対象課税年度

---

[54] Cottage Savings Association, v. Commissioner of Internal Revenue, United States Tax Court, 90 T.C. 372, March 14, 1988, Filed.　納税義務者側勝訴。

　Cottage Savings Association, v. Commissioner of Internal Revenue, United States Court of Appeals for the Sixth Circuit, 890 F. 2d 848, December 4, 1989, Decided.　国側勝訴。

　Cottage Savings Association, v. Commissioner of Internal Revenue, Supreme Court of the United States, 499 U.S. 554, April 17, 1991, Decided.　納税義務者側勝訴。

　本事案の最高裁判決については，一高龍司教授が前掲論文「タックス・シェルターへの米国の規制とわが国への応用可能性」，脚注97にて紹介し，矢内一好教授が「米国税制における経済的実質原則（2）」『商学論纂（中央大学）第54巻第3・4合併号，2012年12月，529-555ページ，にて詳述している。

[55] 最高裁の判決文の脚注1によると，議会はFHLBBを1989年に廃止した。

[56] 法制による資本必要額に対応させるべく，低い純資産の貯蓄貸付組合を支援するために，1980年にFederal Home Loan Bank Boardによって認定された会計原則であるが，1989年のFinancial Institutions Reform, Recovery and Enforcement Actにより廃止された。

の1974年から1980年までの期間に限らず，他の事業年度においても，暦年ベースで税務申告をし，全般として発生主義を採用してきた。

CSAは従前より，一般人から預かった貯蓄の金利よりも高い金利で貸し付けて，その利鞘で利益を得てきた。しかし1970年代後半から市場金利が上昇し，1980年にはその影響を受けて，資金が高利回り商品に流れたので，CSAの貯蓄額及び貸付債権額は減少傾向にあった。これまで貯蓄貸付機関は，貸付債権を固定金利で融資してきたが，金利の上昇に伴って，その貸付債権一覧表の市場価値（market values of existing fixed-interest loan portfolios）がその簿価（book value）よりもかなり下回わる状況に陥っていた。そこでCSAは，市場金利の変動に合わせるようにするために，固定金利に変えて調整金利を導入しようしたが，融資件数及び融資金額共に減少するだけであった。また，利鞘の原資であったFHLBBからの資金調達が金利上昇のために難しくなり，資金不足に直面するようになった。

一方，CSAを始めとする同業の貯蓄貸付機関は，FHLBB規則が要求する純資産価値基準（net worth requirement）をクリアーしなければならなかったが，その基準改正が1980年11月17日より発効されることになっていた。そこでCSAは，既存の貸付債権に係る権利（loan participations）を売却し，その売却により発生した損失をRAPに準拠して純資産価値から控除することにより，その基準をクリアーする方策を思考せざるを得なかった。

この基準改正が発効される前の1980年6月27日に，FHLBBの審査監督局の理事（Director of the Office of Examination and Supervision）が抵当権付き貸付債権の互恵的売却（reciprocal loan sales）に関する適切な会計処理を通知する目的で指令R-49（Memorandum R-49）を発した。実質的に同一の抵当権付き貸付債権の互恵的売却（reciprocal sales of substantially identical mortgage loans）に関して，その市場価値と簿価との差額から生じた損失は報告を要しない，というのがR-49の内容であった。この「実質的に同一」とみなされるためには，戸建て住居の抵当権（single-family residential mortgages）が付いていること，契約が同様のタイプであること，その返済期間と金利が同じであること等を含む

10 の要件を満たす必要があった。

(2) 事実関係[57]

1980 年 10 月	Frank Milostan & Associates（納税義務者の法定監査，税務申告書の作成及び収益性向上のためのコンサルタント業務を委託された会計事務所。以下「FM 事務所」という。）の Frank Milostan（以下「FM 氏」という。）は，テキサス州ヒューストンでの金融関係のセミナーに参加し，貸付債権の互恵的売却の概念を習得した。
1980 年 11 月 6 日	FM 事務所が「金融機関のための 1980 年度税務戦略」と称するセミナーを開催したので，CSA の理事長 William C. Kordis（以下「WK 氏」という。）等はそのセミナーに参加し，連邦所得税の還付を得る方法の指導を受けた。
1980 年 11 月 10 日	CSA の取締役会は，FM 氏等の説明を受けた後に，指令 R-49 の要件を満たす貸付債権の互恵的売却を第三者である金融機関と実行する議案を採択した。その主な内容は，①指令 R-49 に準拠する財務報告の目的上，この互恵的売却による利得又は損失を報告しないが，②連邦所得税の目的上，売却対象の貸付債権一覧表の簿価と，その売却日時点で購入する貸付債権一覧表の市場価値との差額に相当する損失を申告することであった。
1980 年 12 月 31 日	CSA が保有する貸付債権 252 件，簿価 767 万ドルの 90% 分の権利（90% participation）[58] 691 万ドルをその市場価値

---

57) この事実関係は主に租税裁判所の判決文 "Transactions in Issue" を参考にしている。

58) 本事案の取引に係る当事者は，貸付債権に係る権利の 90% を譲渡することのメリットとして，①貸付先である債務者とこれまでと同様の関係を継続することができること，②売却先に対して抵当権に係る書類を引き渡す必要がないこと等が挙げられる。租税裁判所の判決文の 381 ページを参照。

第6章　事業目的と経済的実質の2要件を判断基準とした判例　229

446万ドル[59]で次の貯蓄貸付組合（savings and loan association）に売却した。

同州シンシナティ市にある First Financial Savings Association（以下「FFS組合」という。）に188件の貸付債権を総額343万ドルで，Rosemont Savings Association（以下「RS組合」という。）に8件の貸付債権を総額10万ドルで，Kenwood Savings & Loan Association（以下「KSL組合」という。）に12件の貸付債権を総額27万ドルで，さらにポーツマス市にある Civic Savings Association（以下「CS組合」という。）に残り44件の貸付債権を総額66万ドルで売却した。

と同時にCSAは，上記4組合の合計305件の貸付債権に係る90％分の権利を総額446万ドルで購入した。その内訳は，FFS組合の240件の貸付債権を総額343万ドルで，RS組合の8件の貸付債権を10万ドルで，KSL組合の12件の貸付債権を総額27万ドルで，さらにCS組合の45件の貸付債権を総額66万ドルで購入した。

CSAと本事案の取引相手である，これら4貯蓄組合は，第三者であるので，当然のこと，それぞれの組合の経営事項はそれぞれの取締役会により決議されている。

また，売却又は購入対象の貸付債権に係る権利すべては，債務者を異にし，抵当権も異にし，戸建て住居（そのほとんどがシンシナティ市のハイウェイ I-275 沿いにある）も異にしている[60]。

---

59) 1980年12月31日に実行された取引それぞれは，その時点での市場価値をベースに行われた。その公正な市場価値を計算する際に使用した，その時点での金利は，14.863％であった。CSAが売却した貸付債権はその売却以前に，その市場価値が下落していた。

(3) CIR の処分

CIR による処分の発端は，CSA の 1974 年から 1980 年までの課税年度に対して，総額 68 万ドルに上る連邦法人税の過少申告賦課決定処分であった。しかし CSA との協議の結果，CSA の貸付債権の 90％分の権利と他の貯蓄貸付組合の貸付債権の 90％分の権利とを相互に売買することから発生する損失の実現を認めるか否かを決定することになった。

CSA は，連邦所得税の申告目的上，損失を発生させるために，第三者である 4 つの貯蓄貸付組合と貸付債権の互恵的売却を実行した。CSA は，税務申告上，損失を認識したが，一般会計原則または規制目的会計原則のいずれによっても損失を認識する必要がなかった。CSA によって購入された貸付債権は，CSA が当初保有していた貸付債権と比べて，その種類又はその規模いずれにおいても実質的に異なる (differ materially either in kind or extent)[61] ものではないことを理由に，CIR は，当該交換が事実上，「洗替売買（wash sales）」[62]であることを根拠に，IRC 第 1001 条[63]の規定に準拠して CSA の 1980 年度における 245 万ドルの損失の控除を否認した。

---

60) 租税裁判所の判決文の 382 ページを参照。

61) 矢内教授は，"materially different" を「著しい相違」と訳さずに，「種類を異にする」と訳している。その理由として，「本事案における取引は，わが国の法人税法に規定する交換資産の圧縮記帳における要件の 1 つである，『取得資産が譲渡資産と種類を同じくする資産』の反対解釈で，この場合は，譲渡損益を認識するのであるから，『種類を異にする資産』という訳を使用する」（矢内一好，前掲論文 553 ページ）としている。本判決文でも，"in kind or extent" とあるので，正にこの訳に従うことにする。

62) リーダーズ英和辞典では，仮装 [なれあい] 売買，偽装売却，節税取引という訳を挙げ，「値下がり損 (capital loss) を伴った株式売却だが前後 30 日以内に同一またはほとんど同一の株の購入があるもの；この場合売却は偽装とみなされ，値下がり損は国税庁 (Internal Revenue Service) による承認を受けられない。」と定義している。金子教授は，個別的否認規定の 1 例として，「洗替売買」と訳出して，「これは，その有価証券が現在は値下がりしていても将来値上りする可能性のある場合や，その有価証券を所有することがその発行法人の支配を維持するために必要な場合などに，行われることが多く，要するにロスを生み出すためにのみ行われる売買

(4) 各裁判所の判決

イ　租税裁判所（納税義務者側勝訴）

租税裁判所は，納税義務者を支持する判決を下した。

「1980年12月31日付けの取引が，交換であって売買ではなく，この一連の取引が租税軽減だけを動機とした取引であって，多額の営業純損失を繰り戻す（generating substantial net operating loss carrybacks）ことにより，これまで支払った税金の還付を受けること以外になんら事業目的（no business purpose）を有していなかった，というCIRの主張を租税裁判所は認めた。」[64] この事業目的

である。これに対処するため，内国歳入法典の1091条は，有価証券の譲渡によりロスが生じた場合において，その譲渡の前後1ヶ月以内に実質的に同一の有価証券を取得し，又は取得する契約を締結したときは，そのロスの控除は認められない旨を定めている。これは，譲渡の効果を租税の面で否認している例である。」と記述している。金子宏，前掲論文「租税法と私法―借用概念及び租税回避について―」，『租税法研究』，第6号，1978年10月，25ページ。

63) IRC第1001条（利得又は損失の金額の決定と利得又は損失の発生（recognition））(a) 利得又は損失の計算では，次のように規定している。

「財産の売却又は財産の他の処分から生じた利得（The gain from the sale or other disposition of property）とは，利得の決定に関する第1011条で規定された調整税務基準額（adjusted basis）を上回って実現した金額の超過分をいい，財産の売却又は財産の他の処分から生じた損失とは，損失の決定に関する第1011条で規定された調整税務基準額が，実現した金額を上回った，その超過分をいう。」

矢内教授が指摘しているように，本規定には確かに「種類を異にする」という文言はないが，次に示す財務省規則の交換では「種類もしくは規模において実質的に異なる」ことを要件としている。矢内一好，前掲論文，553ページ。

財務省規則第1001-1条（利得又は損失の計算）(a) 一般規則では，次のように規定している。

「財産の現金での売却（conversion of property into cash），又は種類もしくは規模において実質的に異なる（differing materially either in kind or in extent）他の財産との交換により生じた利得又は損失は，サブタイトルAで定める場合を除き，所得として又は被った損失として取り扱われる。」

この財務省規則の「種類もしくは規模において実質的に異なる」という文言が控訴審で問題とされる。

64) Cottage Savings Association, op. cit., 90 T.C. 372, p. 385.

の欠乏に関して，租税裁判所は次のように述べている。

「本事案の交換は租税軽減だけを動機としていた。貸付債権に係る権利は，様々な経営理由により頻繁に売買されるが，本事案の貸付債権に係る権利を売買して相殺した目的は，CSA（取引相手の組合も同様の状況であったようだ）の税金債務（tax liabilities）を減少させることだけであった。しかし，この債務の減少目的と，CSA が申告した控除とは，本事案の状況からして致命的なものとはならない（例えば，この目的が最後の手段（conclusive）となるような状況であるかについて，IRC 第183条（a）及び第165条（c）(2) を参照。）が，細心の注意を払って取引記録を精査する必要があると要請している。
 (Joseph E. Widener, Trust No. 5 v. Commissioner, 80 T.C. 304, 310 (1983).)」[65]

CSA と取引相手の組合は，取引対象となる貸付債権が，指令 R-49 で定められた基準を満たし，さらに，貸付債権に係る権利に対する市場価値の合計額が現実的なものになるようにするために，その一覧表を綿密に選別するための協議を重ねた。租税裁判所は，一連の取引は真正であり，CSA が貸付債権の売却により実質的な損失を被っているので，CSA はその損失を控除することができる[66]，と判示した。また，CSA によって取得された抵当権付き貸付債権は，CSA によって売却された貸付債権の内容と実質的に異なっており，当該貸付債権に係る原証券（underlying securities）及びその債務者が，個々に異なることから，その貸付債権に係る権利は現金や株券のように代替可能なものではなかった，と租税裁判所は判示した。

ロ　控訴裁判所の判決（国側勝訴）

---

65)　Ibid., 90 T.C. 372, p. 388.
　　本判決文の脚注10において，「本事案の場合，税務目的上，1980年12月31日まで未実現であったが，CSA はすでに，経済的損失を被っていた。一連の取引は，租税目的上も，その損失を1980年12月31日に実現化しただけであった。」と記述している。

66)　要するに，この判決は，一連の取引が事業目的には欠けるが，経済的実質があるので，見せかけの取引ではない，という2段階査定に基づいている，と思料する。

第 6 章　事業目的と経済的実質の 2 要件を判断基準とした判例　233

　Pierce Lively 上級裁判官，Harry W. Wellford 裁判官，及び Allen E. Norris 裁判官の 3 名が審議し，Pierce Lively 上級裁判官が判決文を執筆した[67]。

　控訴裁判所は，CSA は 1980 年度に，なんらの損失も被っていないとして，下級審の判決を覆した。

　本事案の決め手は，売却した財産と購入した財産との間に実質的な相違がない（lack of a material difference）ことである。CSA の「互恵的売却」は，形式上，移転した抵当権付き貸付債権の市場価値からの下落額を固定して同一の債権額を作り出した。CSA は，交換により実質的に同一の滞留債権を一括して（a pool of substantially identical mortgage loans）受け取っただけで，CSA の帳簿にその下落を記帳していないので，「申告した損失分までも悪化（poorer to the extent of the loss claimed）」していなかった。本事案の取引全体を考察すると，この「互恵的売却」を行った後も，CSA の経済的状況には何ら影響を及ぼさなかった。このような状況では，被った損失が全くないことになるので，控除することはできない。損失は，IRC によって特別に認められなければ，控除することはできないのであって，IRC 第 165 条 (a)[68] は，その課税年度に実際に被った損失だけを控除できると規定している。

　ハ　最高裁判所の判決（納税義務者側勝訴）

　J. Marshall 裁判官，C.J. Rehnquist 裁判官，Stevens 裁判官，O'Connor 裁判官，Scalia 裁判官，Kennedy 裁判官の意見に対して，JJ. Souter 裁判官が賛同したが，J. Blackmun 裁判官が反対意見を表明し，その意見に J. White 裁判官が賛同した。なお，最高裁判所の判決理由は，J. Marshall 裁判官が執筆した。

　CSA は，金利の上昇に伴って，低利の長期貸付債権の保有から生じた税務上控除可能な損失（245 万ドル）を 1980 年度に計上するために，他の貯蓄貸付

---

67)　控訴裁判所の判決文は，その "CONCLUSION" を基本としてまとめた。
68)　第 165 条 (a) には，「課税年度中に被った損失のうち，保険等で補填されていない損失は，所得控除として計上することができる。」と規定している。

組合と抵当権の付いた貸付債権に係る権利の持分 (participation interests) を FHLBB の R-49 に準拠して交換した。内国歳入庁は，この損失の控除を否認した。租税裁判所はこの控除を認めたが，控訴裁判所は取り消した。移送命令令状を受け，最高裁判所は，これらの抵当権 (mortgages) が異なる抵当権設定者 (mortgagors) になっていたこと，これら抵当権が異なる不動産によって担保されていたことから，当該貸付債権は，法律上，全く異なった権利であることからして，実質的に異なっているものと判断した。従って，当該持分の交換の結果，CSA は IRC 第 1001 条に規定する損失を認識することができる。当該取引が完了し，真正であった (was completed and bona fide) ので，IRC 第 165 条 (a) の目的上，損失が実際に発生した，と最高裁は判示した。よって，最高裁は，控訴裁判所の判決を覆し，本事案を差し戻した。

　最高裁判所は本判決において，Macomber 事案 (Eisner v. Macomber, 252 U.S. 189, 207-212 (1920)，同一法人からの株式配当は総所得に該当しない，とした最高裁判決) の場合と，Phellis 事案 (United States v. Phellis, 257 U.S. 156, 173 (1921)) 及び Marr 事案 (Marr v. United States, 268 U.S. 536, 540-542 (1925)) (ある州で設立された法人は，別の州で設立された法人とは「異なる権利と法的権限」を有するので，Phellis 事案と Marr 事案での納税義務者は，この一連の取引により，これまで保有していたものと「実質的に異なる」財産を取得した，とした最高裁判決)[69] と対比して，Weiss 事案 (Weiss v. Stearn, 265 U.S. 242, 253-254 (1924)，原初の法人とその後継法人共にオハイオ州にて設立されたことを理由に，その租税回避を否認した最高裁判決) 等の先例判例を引用して，「実質的に異なる」という文言の意義を述べた。また，異なる法人から発行された株式，又は同一の法人であっても「異なる権利と法的権限」が与えられる株式の場合には，実質的に異なる株式ということになる[70]。

　このような理解の下，IRC 第 1001 条に関して「CSA と他の貯蓄貸付組合とが交換した貸付債権に係る権利は，異なる債務者 (obligors) への貸付債権で，

---

69) Cottage Savings Association, op. cit., 499 U.S. 554, p. 564.
70) Ibid., 499 U.S. 554, p. 565.

異なる家屋により担保されているので，交換された権利は，法的にも全く異なった権利を保有したことになる。従って，CSA は，この交換の時点でその損失を実現した，と当裁判所は結論を下した。」[71]

　もう 1 つの争点である IRC 第 165 条（a）の適用に関して，この一連の取引には「経済的実質」が欠けているので当該損失は真正でない，と Smith 事案（Higgins v. Smith, 308 U.S. 473（1939））を論拠に主張する CIR に対して，最高裁はその判決文 568 ページにおいて，本事案との相違点を次のように言及して，CSA が計上した損失は，当該規定の適用範囲内である，と反論した。

- 納税義務者である Smith 氏（以下「S 氏」という。）が，その法人の唯一の株主であったので，実質的に有価証券の売却による損失を被っていなかった。
- S 氏の取引が独立当事者間で行われていなかったこと，及び S 氏が 100％保有する法人にその有価証券に係る便益を保留していることから，当該損失は真正でなかった。
- CSA が行った一連の取引が独立当事者間での取引ではなかったとする主張も，CSA が 4 つの貯蓄貸付組合と交換した貸付債権に係る権利を事実上，保有し続けている，という主張も全く出されなかったので，Smith 事案を引き合いに出すのは不適切である。

(5) 小　括

　本事案は，租税裁判所の判決文に明示されているように，ESD の 1 つの要件である「事業目的」に関して，一連の取引により利益を獲得するというより

---

71) Ibid., 499 U.S. 554, p. 566.
　　一高龍司教授は，「歳入庁長官は，1001 条（a）の解釈基準である『重要な相違（materially different）』があるかどうかは，譲渡資産と取得資産とが経済的実質において相違することを要すること」を主張したが，最高裁がその主張に対して「特に判断を示さず」としている。一高龍司，前掲論文，脚注 97，75 ページ。しかし，上述のように，先例判例を引用して，本事案は，「実質的に異なる」交換であった，と最高裁が判示しているので，この指摘は当てはまらない，と思料する。

は経済状況の悪化による多額の営業純損失を顕在化させて税金を繰り戻すという，租税軽減のみを目的するものであったので，確かに「事業目的」に欠ける取引であった。

　本取引に関するもう1つの要件である「経済的実質」が欠如するようであれば，「見せかけの取引」とみなされて，その租税回避は否認されることになる。しかしながら，租税裁判所及び最高裁判所が判示したように，本事案は，租税軽減のために取引を仕組んで人為的に損失を創出したのではなく，1970年代後半より上昇した金利の影響を受けた貸付債権の含み損を互恵的売却により実現させた取引であった。この取引は，指令R-49に規定する交換取引を独立当事者間で実行して，純資産価値基準をクリアーするための真正な取引であり，お互いに交換された貸付債権の中身は，「実質的に異なる」債権であったので「経済的実質」を備えている，と判断された。従って，その損失はIRC第165条（a）及び第1001条（a）が適用されて，1980年度の控除が最高裁によって容認された事案であった。

5. Georgia Cedar Corp. 事案[72]

　本事案の一連の取引形態には，真実の経済的実質を反映していないこと，及びステップ取引の法理が適用可能であることを認めると共に，さらに，本取引には事業目的が全くなかったとして，その支払利子の控除が否認された事案である。

---

72) Georgia Cedar Corporation v. Commissioner of Internal Revenue, United States Tax Court, 55 T.C.M. 853 (1988), T.C. Memo 1988-213, Filed May 12, 1988. 国側勝訴。
　　本事案の内容については，上記の租税裁判所の判決文及び矢内教授の前掲論文の543-544ページを基にまとめた。

(1) 概　要

　原告である Georgia Cedar Corporation（以下「GC 社」という。）の本社は，本事案の提訴時，イリノイ州シカゴに所在していた。GC 社と Georgia Cypress Corporation（以下「CC 社」という。）の両法人は，デラウェア州にて設立された法人であり，ジョージア州で事業を行う認可を得て，同州にて農場経営用財産（farm properties）を所有し，その運営を Northern Trust Company に委託していた。GC 社と CC 社の発行済株式の全株式は，ケイマン諸島の法律により設立された外国法人である Cedarhold, Ltd.（以下「C 親会社」という。）によって所有されていたので，両法人ともに C 親会社の傘下にあった。

　1980 年 1 月 2 日前まで，GC 社には収益があり，無借金という健全な財務状態であったが，一方の CC 社は，その負債の利子を支払う程の収入もない状態であった（had revenues insufficient to service its debt）。

　そこで GC 社の余剰資金を利用して CC 社の資金需要を補填するために，1980 年 1 月 2 日に C 親会社はまず，CC 社に Demand Note（要求払い約束手形。以下「D 手形」という。）[73]を移転した（transferred）。次に，D 手形を受領した CC 社が同日に，GC 社に同手形を移転し，GC 社から Promissory Note（通常の約束手形。以下「P 手形」という。）を受け取った。その年末に，GC 社は，C 親会社に対して配当を分配する代わりに D 手形を渡した[74]。

　GC 社は，P 手形の額面の返済及び利子の支払いを適時に実施し，その利子負担分を控除して申告した。また，GC 社は，1980 年課税年度において，C 親会社への D 手形の分配に対する連邦源泉税を支払った。

　CIR は，1985 年 12 月 19 日に GC 社宛の過少申告通知書[75]2 通を発行した。CIR は，1 通目の過少申告通知書において，CC 社による GC 社への D 手形の

---

73) 所定の返済期間がない，又は返済期間が定められていない貸付をいう。貸し手の要求により，資金が回収される。実質的には，資本の拠出と同じ。
74) このような仕組みを実行することにより，関連当事者間では，結局のところ，資金を何ら移動させることなく，所期の目的を達成することができることになる。
75) いわゆる 90 日レターというものである。

譲渡とみなして，GC 社が P 手形に関連して申告した利子控除を否認して，1981 年度 0.6 万ドル，1982 年度 1.0 万ドル，及び 1983 年度 0.9 万ドルの過少申告額を決定した。さらに CIR は，2 通目の過少申告通知書において，GC 社による CC 社への支払いを，第 1442 条に規定する源泉徴収を要する外国法人へ支払った配当とみなし（つまり，C 親会社による CC 社への資本拠出（capital contribution）とみなした。）[76]，1981 年度，1982 年度，及び 1983 年度に係る源泉徴収税の過少申告額を決定した。

本件について正式に提出された訴状では，1 通目の過少申告通知書に係る決定を争点とし，2 通目の過少申告通知書に係る決定を争点にしなかった。

(2) 事実関係

上記「(1) 概要」において，本事案の取引内容及び争点を記述したので，ここでは，一連の取引経緯を日付順に簡潔に示すことにする。

1980 年 1 月 2 日　　C 親会社は，CC 社に対して，D 手形（額面 26.8 万ドル，金利 8%）を移転した。

　　　　　　　　　同日に CC 社は，受領した D 手形を GC 社に移転し，その対価として P 手形[77]（額面 26.8 万ドルで，最低 60 万ドルの公正な市場価値のある GC 社保有の農場によって支払い保証[78]がなされ，毎年 1.34 万ドルと 8% の利子を含めて 20 回払いで返済される。）を受領した。

1980 年 12 月 31 日　GC 社は，C 親会社に対して，D 手形を移転した。

　　　　　　　　　GC 社，CC 社，及び C 親会社の 3 社は，これ以降も，C

---

[76]　一般に「隠れた利益処分」といわれている。
[77]　本判決文の脚注 1 によると，D 手形の移動に関して，GC 社と CC 社との間では，何ら商談することもなく，同一の法律事務所が両当事者の代理人となった（were represented by the same law firm）。
[78]　本判決文の脚注 2 によると，P 手形の支払いを保証する証書は，その農場が 1980 年 11 月 18 日まで所在していた地域の役所（the Country）に申請されていなかった。

親会社による CC 社への資本拠出，P 手形という対価を得ての CC 社による GC 社への譲渡，及び GC 社による C 親会社への配当の分配（dividend distribution）という目的を遂行するために，この D 手形を常態的に利用していた (have consistently treated)[79]。

(3) 租税裁判所の判決（国側勝訴）

CIR は，GC 社の利子の控除を否認するために，ESD とステップ取引の法理が適用されるべきであると主張した。

この主張に対して，租税裁判所は，「ステップ取引の法理が適用可能であること」(55.T.C.M. 855) を認め，「一連の取引形態が取引の真実の経済的実質 (true economic substance) を反映していないこと」(55.T.C.M. 855)，さらに，本取引には事業目的が全くなかったので，ESD により GC 社には支払利子を控除する権利がない，との判決を下した。

租税裁判所はこの判決を下す上で，次の具体的理由を列挙した。

① ステップ取引の法理の適用可

　GC 社による，CC 社からの D 手形の購入と，GC 社による，C 親会社への D 手形の分配という行為が，C 親会社が CC 社に対して D 手形による資本拠出を装うために予め画策された計画ではなかったことを，GC 社は立証できなかった。(Minnesota Tea Co. v. Helvering, 302 U.S. 609, 613 (1938) を参照。)

② 経済的実質の欠如

・CC 社と GC 社の両社は，D 手形の譲渡に関して何ら商談を持たなかった。

・CC 社と GC 社の両社は，同一の法律事務所を代理人とした。

・D 手形は，表面上，GC 社が P 手形を CC 社に振り出して交換したかに見られるが，その交換によって，法的権利も義務も予定通り相殺されて，

---

79) Georgia Cedar, op. cit., T.C. Memo 1988-213, p. 3.

D手形が跡形もなく消え去った。(Gregory v. Helvering, 293 U.S. 465 (1935)を参照。)
③　事業目的の欠如
・　この一連の取引では，真実の債務（true indebtedness）が全く発生せず，現金の遣り取りが全くなく，GC社によるCC社への資金の移動が単に，CC社のキャッシュフロー難を緩和する，という事業目的を満たすためだけであった。
・　しかしながら，関連当事者間で巧みに実行された迂回ルート（circuitous route engineered by the corporations）による事業目的は，単に，GC社に対して利子の控除を可能にさせて租税軽減目的（tax purpose）を達成させることにあった。

(4)　小　括
　本事案は，タックスヘイブンとして有名なケイマン諸島に設立された法人，C親会社の傘下にあるGC社（原告）の潤沢な資金を活用するために，同じ傘下で資金難に窮しているCC社に対して，C親会社が資本拠出する代わりに，D手形を振り出し，GC社がそのD手形と交換にP手形をCC社に振り出してD手形を受領し，その年度末にGC社が配当の代わりにD手形をC親会社に渡すという一連の取引により，GC社がP手形に係る利子を控除し，C親会社が負担すべき配当課税を回避しようとした，典型的なステップ取引事案であった。
　租税裁判所は，その判決理由において，Gregory事案及びMinnesota Tea事案を参照して，一連の取引が真実の「経済的実質」を反映しておらず，さらに，裁判所が諸資料を検証した結果，当該取引には「事業目的」もないので，CIRが主張したESDを認めて，当該利子の控除を否認したとの見解を明記した。
　租税裁判所は，公表されている判決理由では「見せかけ」という用語を全く使用せず，さらに，2段階査定についても全く触れていないが，「事業目的」

に欠け，かつ「経済的実質」にも欠けているので，その取引による利子の控除を否認するとした，本来の ESD に沿った判決を下した，と思料する。

6．ACM 事案[80]

最高裁判所が，本事案の取引に対して，見せかけの取引に対する経済的分析の客観的側面と主観的側面の双方を検証した結果，原告の一連の取引には，租税目的の観点から，十分な経済的実質を有しないと判断し，たとえ該当条文に事業目的要件が明示されていなくても，ただ単に他の所得と相殺する目的のために，人為的に債務を発生させて多額の利子を計上してもその利子を控除する権利はない，との判決を下した事案である。

(1) 概　要

Colgate-Palmolive Company（世界的なコンシューマープロダクトの会社，以下「CP 社」という。）は，1988 年度に 1 億 474 万ドルの長期譲渡所得（その大半は，

---

[80]　ACM Partnership, Southampton-Hamilton Company, Tax Masters Partner v. Commissioner of Internal Revenue, United States Tax Court, T.C. Memo 1997-115, 73 T.C.M. (CCH) 2189, March 5, 1997, Filed. 国側勝訴。

ACM Partnership, Southampton-Hamilton Company, Tax Masters Partner v. Commissioner of Internal Revenue, United States Court of Appeals for the Third Circuit, 157 F. 3d 231, October 13, 1998, Filed. 国側勝訴。

In the Supreme Court of the United States, October Term, 1998, No. 98-1106, ACM Partnership, Petitioner, Commissioner of Internal Revenue on Petition for a writ of Certiorari to the United States Court of Appeals for the Third Circuit.

ACM Partnership v. Commissioner of Internal Revenue, Supreme Court of the United States, 526 U.S. 1017, March 22, 1999, Decided. "Petition for writ of certiorari to the United States Court of Appeals for the Third Circuit denied." 最高裁が，上告を却下したので，国側の勝訴が確定した。

本事案については，渕圭吾，前掲論文，105-113 ページ，一高龍司，前掲論文，74-75 ページ，川田剛，前掲書，210-213 ページ，矢内一好，前掲論文，544-551 ページ等で紹介されている。

CP社の完全子会社であった，Kendall Companyの売却により発生。）を計上した。1989年5月に，投資会社であるMerrill Lynch（メリルリンチ，以下「ML社」という。）の代表者はCP社に接触し，CP社の1988年度の税務申告書に記載された譲渡所得に対する連邦所得税を回避するために，法律事務所のアドバイスを受けて，次のように名目上の損失（paper loss）を創出させる巧妙なスキームを提案した。

イ　CP社とML社がそれぞれの子会社をまず設立し，それらの子会社と米国の課税権が及ばない外国法人と共同でパートナーシップを設立する。但し，そのパートナーシップの設立当初のほとんどの持分は外国法人によって占められることとする。

ロ　そのパートナーシップは1981年財務省暫定規則（Temp. Treas. Reg.）§15a. 453-1（c）[81]（3）（i）が定める基準価額比例回収ルール（ratable basis

---

81) Temp. Treas. Reg. §15a. 453-1（c）
　本規定は，「不確定払い販売（contingent payment sales）」に関する割賦販売の取扱いについて規定している。「不確定払い販売」とは，資産の販売又はその他の処分が発生したときに，その販売価格総額（aggregate selling price）が，課税年度終了時までに決定されない取引をいう。販売契約書に販売価格総額の最高限度額（maximum aggregate selling price）を規定していないが，当該支払いを受ける期間が規定されている場合，本暫定規則では，通常，当該販売資産の基準額の均等額（equal portion of its basis in the sale property）を，その支払いを受けるそれぞれの課税年度に配分することを販売業者に要求している。当該販売業者は，不確定払い販売に関し，課税年度毎に当該課税年度に受領した支払額がその課税年度に配分された基準額の均等額を上回る金額をその所得として算定する。
82) この用語は，比例基準価額回収ルール，比例按分回収ルールとも訳される。
　基準価額比例回収ルールとは，IRC第453条の分割方法に定める財産の不確定条件付割賦販売に適用される税務会計上のルールである。不確定条件付割賦販売とは，1年以上の期間にわたって計上する販売取引で，その販売時点では販売価格が未だ確定されていない取引をいう。基準価額比例回収ルールによれば，不確定条件付割賦販売業者は，その取引期間にわたってその財産の基準価額を回収することができる。
83) 川田教授は，「条件付連続償還債売却」と訳している。川田剛，前掲書，211ページ。

recovery rule)[82]による不確定条件付割賦販売（contingent installment sale, 以下「CINS」という。）[83]を実行できるようにして短期の私募債を購入し，短期間のうちにその私募債を売却し，その大半を現金で受け取り，残額分は償還期間は定まっているが販売価格が不確定な負債金融商品（debt instruments whose yield over a fixed period of time was not ascertainable）を受け取ることにする。

ハ　パートナーシップは初年度に，受領した現金が回収された基準価額を上回る分を名目上の利得として申告し，その利得の大半を外国法人に配分するようにする。

ニ　その外国法人の持分がパートナーシップに数年後に償還されるようにし，CP社とその子会社がその持分を買い取って，その持分比率を99％以上になるようにする。

ホ　パートナーシップは，手持ちの負債金融商品（その基準価額が市場価値を大幅に上回っている）を処分して名目上の損失を計上し，その損失の99％以上をCP社とその子会社に配分するようにする。CP社は，配分された損失を1988年度に繰り戻して多額の譲渡所得と相殺するようにする。

CP社は，基準価額比例回収ルールを巧みに利用することにより，名目上の損失を創出して1988年度の譲渡所得を繰り戻すという一連の取引を1989年秋口から実行して，連結連邦所得税の申告書を数年度にわたって提出した。

(2) 事実関係

ACM事案に係る一連の取引の経緯については，主に第3巡回控訴裁判所の判決文"B. The Partnership"及び"C. The Transactions"を基に日付順にまとめた。

1989年9月下旬から 1989年10月初旬まで	CP社とML社は，それぞれの会社が子会社を設立して，Algemene Bank Nederland, N.V.（オランダの大手金融機関の1つ，以下「A銀行」という。）の外国法人とパートナーシップを設立すること，各子会社のパート

	ナーシップでの役割等を取り決めた。
1989年10月24日	CP社は，Southampton-Hamilton Company（ACM's tax matters partner，CP社の完全子会社，以下「SH社」という。）を，デラウェア州の法律に準拠して設立した。
1989年10月25日	A銀行は，タックスヘイブンとして有名なオランダ領アンティル諸島の法律に準拠したKannex Corporation N.V.（A銀行が支配する外国法人，以下「K社」という。）を設立した。
1989年10月27日	ML社は，MLCS, Inc.（MLの関連会社であるMerrill Lynch Capital Servicesの完全子会社，以下「MLCS」という。）を，デラウェア州の法律に準拠して設立した。
1989年10月末	ML社は，設立予定のパートナーシップが私募債を東京銀行（以下「BOT」という。）とフランス海外商業銀行（Banque Francaise du Commerce Exterieure，以下「BFCE」という。）の両行に売却する件に付き，両行と交渉をした[84]。
1989年11月2日	K社，SH社及びMLCSは，オフショアにパートナーシップ ACM（オランダ領アンティル諸島Curacaoをその事業の主たる所在地とする法人。ML社のスワップ・グループにより，1989年から1990年にかけて1年以上かけて設立された11あるパートナーシップのうちの1つ。提訴時点での主たる事業所は，デラウェア州ウィルミントン。以下「ACM」という。）を設立し，その出資金総額2億500万ドルの内訳[85]は，K社が1億6,940万ドル（82.6%），SH社が3,500万ドル（17.1%），そしてMLCSが

---

84) ACM, op.cit., 157 F. 3d 231, p. 240.
85) ACM, op.cit., T.C. Memo 1997-115, p. 35.

60万ドル（0.3％）であった。

ACMは，A銀行ニューヨーク支店の預金口座に出資金2億500万ドル（年利8.75％）を預け入れた。

1989年11月3日　　ACMはその預金を引き出し，利子が変動金利（当初8.78％）で月毎に支払われる5年物のシティコープ債（Citicorp Notes，以下「私募債」という。）を10枚，額面総額2億500万ドルで購入した。

1989年11月27日　　ACMは，額面1億7,500万ドルの私募債をBOT（1億2,500万ドル）とBFCE（5,000万ドル）に売却し，1億4,000万ドル（80％分）を現金で，残り3,500万ドル（20％）を両行からのLIBOR債（LIBOR Notes，そのうち，BOT分が2,500万ドル，BFCE分が1,000万ドル）8枚を取得した[86]。ACMが取得したLIBOR債は，想定元本（notional principal amount）[87] 9,780万ドルをベースに，1990年3月1日から四半期毎に20回（つまり5年間）支払われることになっていた。

1989年度（1989年11月30日に終了）のACMの申告

ACMは，IRC第453条（b）に規定する「割賦販売（installment sale）」と，財務省暫定規則（Temp. Treas. Reg.）§15a. 453-1（c）に規定する「不確定条件付支払い方式による販売（contingent payment sale）」として私募債の販売を取り扱った。これによりACMは，

---

86) この私募債の取得価額は1億7,550万ドル（額面1億7,500万ドル＋支払利子50万ドル）であるが，本取引の売買手数料（transaction costs for arranging the sale）109万ドルが差し引かれたので，ACMは1億7,441万ドルを受領したことになる。ACM, op. cit., 157 F. 3d 231, p. 240.

87) 想定元本とは，保有元本（amount owed）を示すものではなく，デリバティブ取引で実際に受け渡しする金額がいくらとなるかを算出するために想定する元本を意味する。Ibid., 157 F. 3d 231, p. 240.

1989年での一連の取引により1億1,075万ドルの課税所得，つまり私募債の売却（1億4,000万ドル）からその回収分（2,925万ドル）[88]を差し引いた金額を申告した。この課税所得は，その所有持分によって各パートナーに配分された。つまり，外国法人であるK社には9,152万ドル（米国で全く課税されない利得），SH社には1,891万ドル，及びMLCSには32万ドルが配分された。

この私募債を売却した直後に，ACMは，LIBOR債の想定元本を1億4,630万ドルと算定した。この金額のうち，4,184万ドルは，BFCEから購入したLIBOR債によるものであった。

1989年12月12日　　ACMはこのLIBOR債を，SH社からの出資金の一部返還（4.3%相当分）の対価として割り当てた[89]。

1989年12月22日　　SH社は，このLIBOR債を総額941万ドルでSparekassen SDS（デンマークの大手銀行，以下「S銀行」という。）に売却し，3,243万ドルの譲渡損失が発

---

88) 基準価額比例回収ルールにより，租税目的上，その合計課税対象金額の6分の1に相当する2,925万ドル（（額面1億7,500万ドル＋支払利子50万ドル）× 1/6）が回収されたことになる。シティコープ債が5年物であるにもかかわらず，ここでは，6年物を意味する「1/6」を使っている。その理由としてACMは，「不確定条件付販売価格契約により，支払いが行われる最大期間」が6年間になる，と報告した。なぜならば，その私募債を売却した3日後の1989年11月30日に終了する課税年度には，ACMは四半期毎に支払われる利子を受領しなかったが，ACMが現金1億4,000万ドルを受領して処分した年度を含めると，6年間になるからである。この点については，控訴審判決文の脚注26を参照した。このような巧みな企ては，ACMの利得を多めにする効果を狙ったものと思料する。

89) ACM, op. cit., October term, 1998, No. 98-1106, Statement 2.
　　このSH社の持分の減少は，租税裁判所の判決文65ページから算出した。

90) ACM, op.cit., T.C. Memo 1997-115, p. 58.

生したので，配分された課税所得 1,891 万ドルと相殺した[90]。

1989 年度（1989 年 12 月 31 日に終了）の CP 社の連結申告

CP 社は，SH 社への ACM の課税所得の分担分である 1,891 万ドルと，SH 社による BFCE の LIBOR 債の売却から生じた譲渡損失 3,243 万ドル（4,184 万ドルから 941 万ドルを差し引いた金額）[91]を計上した。従って，CP 社は，正味譲渡損失 1,352 万ドルを連結申告した。

1991 年 6 月 25 日　　CP 社は，K 社の ACM に対する持分のうち，38.31％分を 8,590 万ドルで購入した。SH 社も，K 社の ACM に対する持分のうち，6.69％分を 1,500 万ドルで購入した。

1991 年 11 月 27 日　　ACM は，K 社の ACM に対する残りの持分 43.04％を 1 億 78 万ドルで購入した[92]。この時点で，CP 社と SH 社は，ACM の 99.4％の持分を所有した。

1991 年 12 月 17 日　　ACM は，手許残の BOT の LIBOR 債（9,596 万ドル，金利は 8.5％から 5.7％に下落）を 1,096 万ドルで BFCE に売却した。

---

91) この具体的な計算過程は，本事案に係る第 3 巡回控訴裁判所の判決文 243 ページに記述されている。

92) 租税裁判所の判決文 68-69 ページによると，K 社の持分の購入資金（償還資金）は ACM の手持ちの現金と私募債の運用益により調達された，と記述されている。さらに，1991 年 12 月 5 日に開催された第 12 パートナーシップ会議において，CP 社と SH 社の両社の保有割合は，ACM の 99.4％に達した，とみなした。

ところで，K 社の残りの持分が，43.04％とされているが，上述された持分の変動（41.93％＝82.63％＋4.3％－38.31％－6.69％）との差が 1.11％ポイント生じている。租税裁判所の判決文 68 ページによると，この差は，LIBOR 債の取得価額と市場価値との評価差額を，契約条項により K 社の持分に反映させたことにより発生した，と記述されている。

1991年度（1991年12月31日に終了）のACMの申告

　　　　　　　ACMは，8,500万ドルに上る譲渡損失（LIBOR債の売却収入1,096万ドルと手許残のLIBOR債の想定元本である9,596万ドルとの差額）を計上した。この譲渡損失の金額のうち，580万ドル[93]は，利率が5.7％に下った影響を受けて，3ヶ月物のBOTのLIBOR債の市場価値が下落したことにより発生したものである[94]。

1991年度（1991年12月31日に終了）のCP社の連結申告

　　　　　　　CP社は，ACMが申告した譲渡損失の99.4％分である8,454万ドルを譲渡損失として申告した。CP社は，当該損失を1988年度に繰り戻すために1988年度の修正申告書を提出した（法人の譲渡損失は，当時の税制によると，3年間の繰戻し，5年間の繰越しが認められていた。従って，1991年が1988年分の損失を繰戻す最終年度であった。）。ML社によって仕組まれた本取引によりCP社が申告した税務上の損失合計は，9,806万ドル（1989年度の正味譲渡損失1,352万ドルに8,454万ドルを加算）となった。この損失以外にCP社がこの一連の取引から実際に被った投資損失は約542万ドルであった[95]。

　以上の一連の取引のうち，1989年度分の取引だけを図示すると次ページのようになる。

① 1989年10月24日　CP社はSH社を設立。
② 1989年10月25日　A銀行は，オランダ領アンティル諸島にK社を設立。

---

93) ACM, op. cit., 157 F. 3d 231, p. 244.
　　この譲渡損失が，控訴審において経済的実質を有する損失として是認されることになる。
94) Ibid., 157 F. 3d 231, p. 242.
95) ACM, op.cit., T.C. Memo 1997-115, p. 71.

第6章　事業目的と経済的実質の2要件を判断基準とした判例　249

図3：ACM事案（1988年の子会社売却による譲渡所得の租税回避スキームのうち，1989年度分のみ）

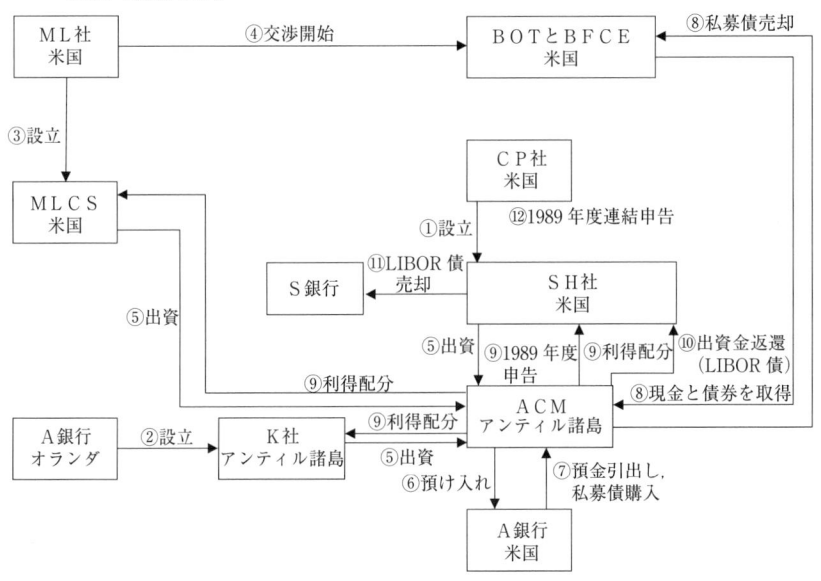

```
ML社          ④交渉開始        BOTとBFCE      ⑧私募債売却
米国   ───────────────→   米国
  │                                              │
③設立                                            │
  ↓                                              │
MLCS              CP社                            │
米国              米国                            │
                   │   ⑫1989年度連結申告         │
                ①設立                            │
                S銀行  ⑪LIBOR債売却              │
                       ←──────    SH社          │
                                   米国          │
                                                 │
  ⑤出資      ⑤出資  ⑨1989年度  ⑨利得配分  ⑩出資金返還
              申告                          (LIBOR債)
  ⑨利得配分                              ⑧現金と債券を取得
                        ACM
A銀行    ②設立    K社      アンティル諸島
オランダ  ────→ アンティル諸島
                    ⑤出資     ⑦預金引出し，
                    ⑥預け入れ  私募債購入
                         ↓
                       A銀行
                       米国
```

③ 1989年10月27日　ML社は，MLCSを設立。

④ 1989年10月末　　ML社は，BOT及びBFCEと私募債を売却することについて交渉を開始。

⑤ 1989年11月2日　K社，SH社，及びMLCSは，ACMをアンティル諸島に設立。ACMへの出資金総額2億500万ドルの持分比率は，K社が82.6％，SH社が17.1％，及びMLCSが0.3％。

⑥ 1989年11月2日　ACMは，A銀行ニューヨーク支店の預金口座に出資金2億500万ドル（利率年8.72％）を預け入れ。

⑦ 1989年11月3日　ACMは，A銀行の預金全額を引き出して，私募債を購入。

⑧ 1989年11月27日　ACMは，私募債1億7,500万ドルをBOT（1億2,500万ドル）とBFCE（5,000万ドル）に売却し，1億4,000万ド

ルを現金で，残りの 3,500 万ドル分は LIBOR 債を両行から取得。
⑨ 1989 年 11 月 30 日　ACM は，1989 年度に 1 億 1,075 万ドルの利得を申告し，持分に応じて K 社（9,152 万ドル，非課税），SH 社（1,891 万ドル），及び MLCS（32 万ドル）に配分。
⑩ 1989 年 12 月 12 日　ACM は，SH 社からの出資金の一部返還として LIBOR 債（評価額 4,180 万ドル）を割当て。
⑪ 1989 年 12 月 22 日　SH 社は，この LIBOR 債を総額 940 万ドルで S 銀行に売却し，3,240 万ドルの譲渡損失を計上し，配分された利得と相殺。
⑫ 1989 年 12 月 31 日　CP 社は，SH 社の利得 1,891 万ドルから譲渡損失 3,240 万ドルを差し引いた正味譲渡損失 1,349 万ドルを連結申告。

(3) CIR の処分

　CIR は 1993 年 3 月 12 日に，ACM に対して Notice of Final Partnership Administrative Adjustment（最終的なパートナーシップ管理調整通知書）を発効して，1989 年 11 月の私募債売却による 1 億 1,075 万ドルの課税所得を考慮外とすること（eliminating），1989 年 12 月に分配した BFCE の LIBOR 債に対する ACM の税務基準額を再決定すること，及び 1991 年度に ACM が申告した 8,500 万ドルの譲渡損失の控除を否認すること（disallowing）を通知した[96]。ACM の一連の取引が見せかけの取引であり，現実的な利益を獲得できる可能性なしに，単に租税を軽減するという目的のために企てられたものである，と決定した。

　ACM の税務関係のパートナーである SH 社は 1993 年 5 月 24 日に，CIR の更正処分に対して租税裁判所に提訴した。

---

96) ACM, op. cit., 157 F. 3d 231, p. 244.

(4) 各裁判所の判決

イ　租税裁判所（国側勝訴）

租税裁判所の Laro 裁判官が判決理由を執筆した。

ACM は，一連の取引が CINS に係る規定の要件をすべて満たしており，その規定に準拠して財産の交換に伴う譲渡所得及び譲渡損失が計上された，と主張した。しかしながら，租税裁判所は，1981 年財務省暫定規則（Temp. Treas. Reg.）§15a. 453-1（c）に準拠して設立されたパートナーシップの投資戦略には，経済的実質が全くなく，そのパートナーシップは単に租税回避するための手段であったとして，CIR の更正処分を認める判決を下した。

また，ACM は，リスク管理，裁定取引及びその他の重要な事業戦略を果たす役割を担っている，と主張したが，租税裁判所は次のように述べて，その主張を退けた。

「本事案は，本来の CINS 売買という経済活動から生じた損失ではなく，納税義務者が租税法を巧みに操作し，濫用して人為的に創出した損失を利用しようとしたものであった。納税義務者には，経済的実質に欠けた取引から生じた架空の損失（phantom loss）[97]を認めさせる権利はない。

CINS 取引が経済的実質を有するかどうかを査定する際に，営業経費を削減することにより達成される業績の改善（improvement in financial performance achieved by cutting operating expenses）と税金を減少させることから得られる業績の改善との間には，たとえ差異があったとしても，事業上，それ程重要な差異はないように思われる。しかしながら，その意図した一連の取引には，租税の軽減のみによって達成された経済的便益と明確に峻別できる経済的実質（economic substance separate and distinct）を有していることを租税法は要求している。納税義務者が租税を軽減する目的以外に，経済的目的

---

[97] "phantom loss" は，幻の損失，仮装損失，疑似損失，架空の損失，見せかけの損失とも訳されているが，ここでは，「架空の損失」（矢内一好，前掲論文，550 ページ）と訳すことにする。架空の損失とは，IRC に規定する譲渡損ではなく，課税逃れ商品等を通じて人為的に捏造された損失を意味する。

に全く資さない一連の取引によって、議会が想定していない税務上の便益を請求する (seeks to claim tax benefits, unintended by Congress) ときは、経済的実質の法理が適用されることになり、司法上の後押しも得られることになる。(a judicial is warranted)。Yosha v. Commissioner, 861 F.2d 494, 498-499 (7th Cir. 1988), affg. Glass v. Commissioner, 87 T.C. 1087 (1986); see also Estate of Thomas v. Commissioner, 84 T.C. 412, 432-433 (1985), and the cases cited therein.」[98]

租税裁判所は、その判決理由（OPINION）「2. 経済的実質」という項目の中で、Gregory事案の最高裁判決[99]を引用して、国民は租税法が許す限り、その課税を低くする権利を最高裁は認識しているが、その権利は絶対的なものではない、と明記し、次のように記述している。

「『租税上の動機は別にして、実際に行われたことが、当該制定法が意図したこと (the thing which the statute intended) であったか否かということである』ので、連邦所得税の目的上、IRCの文理上の要件を満たした組織再編成でも尊重されない（否認される）こともある、と最高裁は判示した。当該取引は、『事業目的又は法人の目的を全く』有してなく、『その本来の性質を隠すための仮装 (disguise) であって、法人の組織再編成という形態を装うための単なる仕掛け (a mere device)』であったことを、最高裁は力説した。

最高裁が『事業目的』の法理 (doctrine of "business purpose") を初めて述べてからの60年間、各裁判所は、租税制度の規範の中に一般の信頼性を保つことの重要性を考慮しつつ、許容し得るタックスプランニングと租税の濫用との境界線を引いて、数々の異議申立てに対して、この法理を適用してき

---

98) ACM T.C. Memo 1997-115, pp. 103-104.
　　この判決理由が控訴裁判所の判決の根底をなしている。この判決理由で先例判例として挙げられている、Yosha事案とは、オプション戦略の一種であるストラドル取引を利用した租税回避で、「利益獲得のために実行されない取引」は経済的実質に欠けた取引である、としてその損失の控除を否認した事案である。

99) Gregory, 293 U.S. 465.

た。」[100]

　この判例の引用に対して，ACM は，第 453 条が特定の事業目的を要請していないし，LIBOR 債により利益を獲得できる見込み及び現実的な利益を獲得できる可能性もあった，と主張して反論した[101]。しかし，租税裁判所は，その項目の中で Knetsch 事案（Knetsch 事案での裁判においては，例えば Gregory 事案を適用して，利子の控除を否認した。その理由として，当該裁判所は，「納税義務者が本取引により実現したものは，明らかに租税軽減だけであって，実質というものを何も実現しなかった。」(366 ページ) と述べた。Knetsch v. United States, 364 U.S. 361 (1960))，Frank Lyon 事案（経済的実質は，あらゆる取引の必要条件である，と最高裁は述べた。Frank Lyon 事案での裁判において，「関連当事者が採用した特殊な形式よりも，取引の客観的な経済実体 (objective economic realities of a transaction) を注視してきた。」(573 ページ) と述べ，さらに，「事業実体若しくは法規制の実在により強いられ，・・・租税回避のみを目的とするような特性を形成しない」(583-584 ページ) ので，政府は，当該関連当事者が遂行した権利と義務の振り分けを尊重すべきである，と最高裁は述べた。Frank Lyon Co. v. United States, 435 U.S. 561 (1978))，Goldstein 事案（この融資の取り決めには，「予定した租税の軽減以外に，目的も実質も有用性もなかった」し，この一連の取引には，「現実的な経済的利益を獲得できる可能性」が全くなかった」(740 ページ) と，第 2 巡回控訴裁判所は述べた。Goldstein v. Commissioner, 364 F.2d 734 (2d Cir. 1966)) 等での裁判所の明言と本事案の事実認定を詳述した。その上で，租税裁判所は，事業目的の欠如について明言していないが，経済的実質の欠如（現実的な利益を獲得できる可能性のなかったことの根拠として，例えば，ACM は予定通りに，私募債を 24 日間保有しただけで約 120 万ドルの受取利子を享受し得たにもかかわらず，CP 社の取り分（SH 社を通しての）は，その利子の 17%（約 20 万ドル）[102]と，その取引費用に比して極端に低い金額しか得られない仕組みであったこと）を重視し，その一連の取引から発生した譲渡損失は，「架空の

---

100) ACM, op. cit., T.C. Memo 1997-115, p. 105.
101) Ibid. T.C. Memo 1997-115, pp. 114-116.
102) Ibid. T.C. Memo 1997-115, p. 128.

損失（phantom losses）」と特徴づけられるという見解を示した。
　つまり，本取引の各段階は，予め計画されており，その段取りは，取引を実行するかなり以前より開始されていたからである，とした。その具体的な段取りとしては，
- ML 社は，ACM の設立交渉をするかなり以前に，当私募債を購入するための交渉をすでに開始していたこと，
- ML 社は，その私募債の購入以前に，その売却処分についても交渉していたこと，
- ML 社は，ACM が LIBOR 債を取得する以前に，その一部を売却するための条件を S 銀行と詰めていたこと，
- その私募債の販売が，本章の脚注88で説明したように，ACM の課税初年度である1989年度が終了する直前に実行されるように仕組むことにより，5年物を6年物にすることができること，
- BFCE の LIBOR 債の分配と販売が CP 社の1989年度終了前に実行されるように仕組むことにより，SH 社による私募債の売却益の取り分を CP 社の連結連邦所得税の申告において相殺することができる，さらに，
- K 社の持分が1991年の秋までに ACM に売却されることにより，CP 社はその課税上の損失を1988年度に繰り戻すことができる等[103]

が挙げられる。
　1997年3月5日の租税裁判所の判決後，ACM は，LIBOR 債に係る損失のうち，約600万ドルの経済的な実損（actual economic losses）の控除を認めるように提案したが，租税裁判所は1997年6月12日に却下した。

　ロ　控訴裁判所の判決（一部を除き国側勝訴）
　本事案の裁判官は，Greenberg 裁判官，Alito 裁判官，McKee 裁判官の3名で，Greenberg 裁判官が主文理由を執筆したが，McKee 裁判官だけが租税法

---

103) Ibid. T.C. Memo 1997-115, pp. 164-165.

律主義を強調して，次のように反対意見を述べた。

　「ACM が私募債を売却して現金と LIBOR 債を受領した取引は，『不確定条件付割賦販売規則及び基準価額比例回収ルールのそれぞれの要件を満たしている』(Maj. Op. at 28) にもかかわらず，経済的実質と見せかけの取引の分析をこの一連の取引に同時に行うという多数意見は，IRC 第 1001 条の明白な文言及び最高裁の先例判例を無視している。当裁判所は，『経済的実質』の分析を適用すべきでない事案に導入した。従って，私は慎んで異議を申し立てる。」[104]

McKee 裁判官が以上のような反論を述べたが，控訴裁判所としては，最終的に租税裁判所が ESD を適用して CINS から生じた譲渡所得及び損失を考慮から外したことを支持した。その上で控訴裁判所は，本来の CINS 売買という経済活動から生じたものでない「架空の損失」のみを創出して租税軽減を図った私募債から LIBOR 債への交換取引には，「租税の減額のみによって達成された経済的便益と明確に峻別できる経済的実質に欠けていたので，ACM には，その取引から生じた架空の損失を認めさせる権利はない，と判示した。控訴裁判所は，CINS 取引の現実的な経済的成果に関する客観的な分析と ACM が意図した目的に関する主観的な分析の双方により，租税裁判所の判決が裏付けられた，と判示した。但し，租税裁判所が否認した損失のうち，ACM が LIBOR 債の所有により発生した経済的実損（actual economic losses）に係る控除を認めるとして，控訴裁判所は租税裁判所の判決を覆した。」[105]

以上の判決に至るまでの論拠として，控訴裁判所は，Gregory 事案を初めとする多くの先例判例を引用して，見せかけの取引に関する経済的分析の客観的側面と主観的側面を述べた後に，本取引における経済的実損の控除を認める理由[106]について次のように言及している。なお，経済的実質と見せかけの取引

---

104) ACM, op. cit., 157 F. 3d 231, p. 263.
105) Ibid., 157 F. 3d 231, "OVERVIEW".
106) 本控訴審判決文の "III. DISCUSSION B. Actual Economic Losses" を基にまとめた。

との関係については，本書の中核をなすものであることから，ACM 事案に係る最高裁判決を述べた後に，詳述することにする。

ACM が申告した租税上の損失である 850 万ドル全額を控除する権利がないのであれば，割賦販売会計に基因しない損失で，かつ本事案における取引のうち，真の経済状況を反映した損失の部分である，約 600 万ドルを控除する権利がある，と ACM は主張した。租税裁判所はこの主張を退けて，その損失全額を最終的に否認した。

しかし，たとえ本事案の不確定条件付割賦販売には経済的実質を有していなかったとしても，ACM による LIBOR 債の所有は経済的実質を有していたという事実を租税裁判所が失念しているし，租税裁判所が，その所有からもたらされた損失の控除を認めないで，その債券の所有から生じた所得の計上を認めることは，税務上の取扱いに矛盾がある，と ACM は強く主張した。控訴裁判所はこの主張を是認し，その根拠として次の先例判例を引用した。

- Seykota 事案[107]，Arrowhead Mountain Getaway 事案[108]等の判決では，取引の経費と所得の双方を認めるか，いずれも否認するかというやり方で，ESD を適用してきた。従って，控訴裁判所は，LIBOR 債からの約 230 万ドルの受取利子に対して支払った税額をなんら調整しないで，LIBOR 債の所有により発生した経済的な実損だけを含めた上で，その損失すべての控除を否認した租税裁判所の判決を取り消した。
- Wexler 事案[109]において，裁判所は，「所定の状況において，見せかけの取引には，経済的に多額であるので，分離して控除できる利子債務を引き起こす要因というものがある」(Wexler, 31 F.3d at 127) と判示した。そ

---

107) Seykota v. Commissioner, T.C. Memo 1991-541, 1991 Tax Ct. Memo LEXIS 589, 62 T.C.M. (CCH) 1116, 1118 (1991).
108) Arrowhead Mountain Getaway, Ltd. v. Commissioner, 1995 Tax Ct. Memo LEXIS 47, 69 T.C.M. (CCH) 1805, 1822, 1995 T. C. Memo 54 (1995).
109) United States of America, v. Victan Wexler, Untied States Count of Appeals for the Third Circuit, 31 F. 3d 117, July 14, 1994 Filed.

の分離可能な経済的な実損というのが，本事案における BOT の LIBOR 債の売却による損失に相当する，と ACM は主張した。しかし CIR は，Wexler 事案と異なって，本事案には租税軽減以外の目的を有している可能性がないので，LIBOR 債の売却による損失を控除することはできない，と主張した。これら双方の主張に対して，控訴裁判所は Rice's Toyota World 事案（752 F.2d at 95-96）を引用して，納税義務者が行った取引は，「主観的な事業目的に欠け，かつ，客観的な経済的実質も欠けた」見せかけの取引であったので，その取引により発生した減価償却及び利子の控除を否認したが，リコース型手形を振り出したことにより生じた利子は，その取引のうち分離可能な部分であり，当該利子を控除するのに十分な経済的実質を有している，と控訴裁判所は判示した。ACM による LIBOR 債の所有に伴って発生した経済的な実損は，経済的に多額であり，本取引の見せかけという側面から分離できるものである。

以上のことを考慮した結果，ACM の一連の取引は，見せかけの取引であったとしても，「分離可能な，経済的に多額な」損失として，控除できる損失である，と控訴裁判所は判断した。従って，控訴裁判所は，この経済的な実損の控除を否認した点に限って，租税裁判所の判決を取り消した。

ハ　最高裁判所の判決（国側勝訴）

最高裁判所は，控訴裁判所の判決を全面的に支持して，「納税義務者の意図的な割賦販売から生じた譲渡損失は否認されるべきである，と控訴裁判所は適切に判決を下した。控訴裁判所の決定は，最高裁判所又は他の控訴裁判所の決定と矛盾するものではない。従って，さらなる審議を要しない。」[110]と記述し，その「ARGUMENT」に次のように明記している。

「税務会計は，『会計年度中において一定の事業活動から生じた正味所得（net income from operations of a given business）を正確に決定する必要がある』

---

110) ACM, op.cit., October Term, 1998, ARGUMENT.

(Massey Motors v. United States, 364 U.S. 92, 106（1960））とする観点から，一般に，財産の販売又はその処分により発生した利得又は損失は，その取引が実行された年度に報告されるべきであると，IRC 第 1001 条が規定している。しかしながら，IRC 第 453 条は，納税義務者が『割賦販売』（その財産の処分が発生した年度の終了後に，少なくとも初回分の支払いが受領されることを条件とする財産の処分）により発生した所得に対して割賦基準を選択することを認める例外規定を設けた。・・・1980 年の前までは，割賦販売により『利得』を得た納税義務者のみが割賦基準による会計処理を利用することができた。その取引から損失を出した納税義務者は，割賦基準による損失を申告することはできなかった。Martin v. Commissioner, 61 F.2d 942（2d Cir. 1932）．・・・1980 年において，『その販売価格が不確定条件付であったとしても，納税義務者が，割賦基準の下で延払条件付販売から稼得した利得を申告することを認めるべきである』(S. Rep. No. 1000, 96th Cong., 2d Sess. 23（1980-2 C.B. 484. 506））と議会は採決した。・・・財務省規則の関連規定がかなり以前より明確にしてきたように，『真正な損失のみが控除可能である。単なる形式ではなく，実質のみが，控除可能な損失であるかを判定する基準となる。』財務省規則 §1.165-1（b）．」[111]

「納税義務者が申告した巨額の名目上の損失には，経済的実質がないので，否認されるべきであると判断した控訴裁判所は単に，既に確立された連邦の租税法の原則（well-established principles of federal tax law）を本事案の複雑に仕組んだ諸事実に適用しただけであった。裁判所は，制定法を巧みに工夫して，その抜け道を見つけ出し，議会が全く意図していない租税上の便益を創出するという経済的実質に欠ける一連の取引が否認されるべきであることを，かなり以前より明確にしてきた。」[112]

---

111) Ibid., October Term, 1998, ARGUMENT 1. a.
　　この文章の始めにある「一定の事業活動」という表現から，取引には「事業目的」が内在されている，と考えられるかもしれない。

その先例判例として，Gregory事案（293 U.S. 465）Minnesota Tea Co. 事案（302 U.S. 509）Griffiths事案（308 U.S. 355）Court Holding事案（324 U.S. 331）Knetsh事案（364 U.S. 361）を挙げている。さらに，Cottage Saving事案での損失は，人為的な名目上の損失ではなく，IRC第1001条（a）の規定の適用範囲内である「種類を異にする（materially different）」[113]財産の交換によって生じた経済的な実損であった。ところが，本事案の一連の取引は，見せかけの取引であり，経済的実質に欠け，「真正な損失」を生み出していないので，納税義務者が主張する損失の控除は否認されるべきである，とする控訴審判決を最高裁は支持した。

(5) 経済的実質と見せかけの取引との関係

控訴裁判所は，既述の通り，本事案に係る一連の取引の現実的な経済的成果に関する客観的な分析とACMが意図した目的に関する主観的な分析の双方により，ESDの2要件である経済的実質と事業目的の双方が欠如しているので見せかけの取引であったと判断し，CINS取引により人為的に創出された架空の損失と別の株式譲渡から生じた所得を否認した租税裁判所の判決を支持した。そこで，控訴裁判所が行った分析の概略をここで検討することにする。

控訴裁判所は，まずGregory事案での最高裁判決を引用して，納税義務者が実施した組織再編成計画は，「第112条（i）(1)(B)の規定に則って実施されてはいるが，全体として行われたことは，実際のところ法人の組織再編成と見せかけた，巧妙かつ常道を外れた移転の形態にほかならない。」[114]ので，制定法の意図の範囲外であり，その形式によって判断してはならない，とした。この教えに従って，「見せかけの取引の法理（sham transaction doctrine）に基づけば，裁判所及び内国歳入庁長官はその取引の形式に囚われることなく（look beyond the form of a transaction），その取引に関連して発生した費用又は損失が

---

112) Ibid., October Term, 1998, ARGUMENT 2.
113) 矢内一好，前掲論文，553ページ。
114) Gregory, 293 U.S. 465, p. 268..

IRCの規定により控除できるかをその実質に照らして判断することが要請されている。例えその取引の形式が，IRCに規定する控除の要件を満たしていたとても，当該取引は，その形式が表示するような，事実に基づく実質又は経済的実質（factual or economic substance that form represents）を欠いているので，当該取引に関連して発生した費用又は損失は控除することができない。」[115]というKirchman事案での控訴審判決を引用し，さらに，その形式に囚われないので，「経済的実質のない（devoid of economic substance）」取引は租税の目的上，無視されるべきであり，「控除可能な損失の根拠（basis for a deductible loss）とはならないであろう。」[116]と言及した。

但し，Compaq事案の頃に軽視された「事業目的」もESDの要件として考慮すべきであることについて，控訴裁判所が先例判例を引用して明確にしているので，ここに引用する。

「これらの法理・原則を適用するには，裁判所は，一連の取引を『全体として，さらに，それぞれの取引段階，つまり交渉から始まって売買の成立までの段階が適切であるか』を検証しなければならない[117]。Weller v. Commissioner, 270 F.2d 294, 297 (3d Cir. 1959)；accord Commissioner v. Court Holding Co., 324 U.S. 331, 334, 65 S. Ct. 707, 708, 89 L. 981 (1945). 納税義務者が行った一連の取引が租税目的の観点からして十分な経済的実質を有して

---

115) ACM, op. cit., 157 F. 3d 231, p. 247.
　　 Kenneth P. Kirchman and Budagail S. Kirchman, Leo P. Ayotte and Nancy C. Ayotte v. Commissioner of Internal Revenue, United States Court of Appeals for the Eleventh Circuit, 862 F. 2d 1486, January 11, 1989, p. 1490.
116) Ibid. 157 F. 3d 231, p. 247. Charles S. Lerman and Barbara Lerman v. Commissioner of Internal Revenue, United States Court of Appeals for the Third Circuit, 939 F. 2d 44, July 17, 1991, Filed, p. 45.
117) 原文は次の通りである。
　　 "In applying these principles, we must view the transactions "as a whole, and each step, from the commencement of negotiations to the consummation of the sale, is relevant."

いたかの査定は,『一連の取引の客観的な経済的実質』とその一連の取引の背後にある『主観的な事業動機』の双方(both the "objective economic substance of the transactions" and the "subjective business motivation" behind them)を調べることから始まる。Casebeer v. Commissioner, 909 F.2d 1360, 1363 (9th Cir. 1990); accord Lerman, 939 F.2d at 53-54 (見せかけの取引とは,『租税上の控除を創出する以外に,なんらの事業目的も経済的成果も有しない』取引と定義されてきたことに留意すること,及び納税義務者には,『事実において何もないと認められた場合,損金を申告する』権利がないと判断すること。)しかしながら,この経済的な見せかけに関する査定の異なる側面は,『厳密な2段階分析(rigid two-step analysis)』という別々の要件からなるというよりは,当該取引による租税の軽減とは別に,税務目的の観点から,その取引が十分な実質を有しているかどうかの分析をそれぞれが特徴づける関連要素ということができる[118]。Casebeer, 909 F.2d at 1363; accord James v. Commissioner, 899 F.2d 905, 908-09 (10th Cir. 1990); Rose v. Commissioner, 868 F.2d 851, 854 (6th Cir. 1989).」[119]

そこで控訴裁判所は,改めてACMの見せかけの取引に対する経済的分析の客観的側面と主観的側面の双方(both the objective aspects of the economic sham analysis and the subjective aspects of the economic sham analysis)を検証した結果,ACMの一連の取引には,租税目的の観点から,十分な経済的実質を有していなかった,とした租税裁判所の判決を支持することになった。

---

118) 原文は次の通りである。

"However, these distinct aspects of the economic sham inquiry do not constitute discrete prongs of a "rigid two-step analysis," but rather represent related factors both of which inform the analysis of whether the transaction had sufficient substance, apart from its tax consequences, to be respected for tax purposes."

　この控訴審の判決文では,"rigid two-step analysis"として,"two-step"を使用して,見せかけの取引を段階的に査定することを明示している。

119) ACM, op. cit., 157 F. 3d 231, p. 247.

(a) 見せかけの取引に対する経済的分析の客観的側面 (Objective Aspects of the Economic Sham Analysis)

控訴裁判所は Cottage Saving 事案における最高裁の判決文[120]を参照して,「納税義務者が控除を容認される損失とは, その取引の『単なる形式ではなく, 実質 (substance and not mere form)』から判断して,『真正な (bona fide)』損失である場合に限る」[121], と言及した。その上で,「本 ACM 事案の不確定条件付割賦販売取引では, 真の経済的損失 (actual economic losses) を被っていないどころか, 本取引以前に CP 社が申告した税務上の利得を正に相殺する目的で, ACM がその私募債を取得価格と同じ価格で売却した。このような税務上の損失は, 税務会計手法による産物 (artifact of tax accounting methods) であって, 真の経済的損失に相当するものではないので, IRC により控除できる『真正な』損失となるものではない」[122], と言明した。

控訴裁判所が上記の判断を下す基盤となった取引は, ①1989 年 11 月 3 日に私募債の購入に 1 億 7,500 万ドルを投じ, ②その 1 週間後の 11 月 10 日に売却の諸条件を既に合意した上で, ③その 24 日後に同私募債を購入価額と同額で売却して譲渡損失を創出し, ④他の源泉による譲渡所得と相殺した一連の取引であった。経済的に重要な長期の投資から生じた Cottage Saving 事案の経済的損失と異なり, 本事案の取引は, ACM にとって合理的な税前利益を生み出す可能性もなく, 何らの経済的成果をもたらさなかったので, 経済的実質に欠ける取引であった, と控訴裁判所は判断し, 租税裁判所の判決を支持した[123]。

(b) 見せかけの取引に対する経済的分析の主観的側面 (Subjective Aspects of

---

120) Cottage Saving Association v. Commissioner of Internal Revenue, Supreme Court of the United States, 499 U.S. 554, April 17, 1991, Decided.
121) ACM, op. cit., 157 F. 3d 231, p. 252.
122) Ibid., 157 F. 3d 231, p. 252.
123) Ibid., 157 F. 3d 231, pp. 249-252.

the Economic Sham Analysis)

　ACM は，Gregory 事案での事業目的の精査が組織再編成計画の規定に準拠しているか，という判断基準で行われているのに対して，本事案のように，財産の販売または交換による利得又は損失（IRC 第1001条）及び割賦販売の取扱い（IRC 第453条）に係る関連条文が，特定の事業目的又は利益を獲得しようとする動機を要求していない場合において，その取引の目的及び期待される利益性を考慮している点で，租税裁判所は誤っている，という内容の主張をした[124]。

　しかしながら控訴裁判所は，この ACM の主張に対して租税裁判所が，事業目的又は利益を獲得しようとする動機が条項により求められていない本事案のような場合には，経済的実質に左右される，と判断したことを評価して，ACM の主張を否認した[125]。その理由として引用した先例判例は，Goldstein 事案[126]と Wexler 事案[127]で，次のように述べている[128]。

- IRC 第163条（a）は「負債に対して，課税年度中に支払った，又は発生した利子すべてを控除することができる。」と規定しているが，事業目的又は利益を獲得する動機を要するとは明示していない。しかし Goldstein 事案での租税裁判所は，「この大まかな文言は，控除可能な利子が事業目的に資するとか，その利子が通常必要なものであるとか，又は妥当なものであるとか」を要求していないが，「利子控除という租税上の便益を得たいという納税義務者の欲望以外に実質又は目的が全くない」（Id. at 741-42）取引に対してはその控除を認めない，と判断した。よって

---

124) Ibid., 157 F. 3d 231, p. 253.
125) Ibid., 157 F. 3d 231, p. 253.
126) Kapel Goldstein and Tillie Goldstein, v. Commissioner of Internal Revenue, United States Court of Appeals for the Second Circuit, 364 F. 2d 734, July 22, 1966, Decided.
127) Victor Wexler, op. cit., 31 F. 3d 117, pp. 253-254.
128) ACM, op. cit., 157 F. 3d 231, p. 253.

本事案の租税裁判所は，ACM が，ただ単に他の所得と相殺する目的の下，多額の利子を税務上控除できるような債務を発生させたのであるから，たとえその支払利子が第三者との取引によって発生したとしても，ACM には，その利子を控除する権利はない，との判決を下した。

・　Wexler 事案において，IRC 第 163 条（a）「負債に対して，課税年度中に支払った，又は発生した利子すべてを控除することができる。」としてその控除を大まかに認める文言ではあるが，その利子が，「経済的利益の獲得見込み及び租税上の控除額を上回るような目的なしに，実行された」(Wexler, 31 F.3d 117, at 123-24) 取引から発生した場合，その利子を控除することはできない，と第 3 巡回控訴裁判所は判示した。該当する制定法の文言が，「事業目的要件を全く明示していない」としても，その利子支払額は，「当該取引に租税回避以外の目的が全くない場合，控除することができない」(Id. at 124) ということを裁判所は力説した。従って，ACM が本取引の基には事業目的及び利益を獲得しようとする動機があったので租税裁判所の判決が私法上，誤っていたと主張しても，そこには何ら実体 (merit) がない，と控訴裁判所は判断した。

　以上の通り，ESD と見せかけの取引との関係を詳細に渡って，適切に分析を行ったのは，この第 3 巡回控訴裁判所が最初であろう。この判決は，1998 年 10 月に確定されたにもかかわらず，その 3 年後の 2001 年に IES 事案及び Compaq 事案での控訴裁判所が，この先例判例の成果を覆した，と思われる判決を下すことになる。

(6) 小　括

　最高裁がこのような判決をする際に重要視した判決文の 1 つが，本事案に係る租税裁判所の次の判決理由であった，と思われる。

　「納税義務者の販売に係る会計処理方法が，『所得を明確に反映』していない，と内国歳入庁長官 (Commissioner) が判断した場合，それに代わる方法

(alternate method) を命じることができる (IRC 第446条 (b))。通常，内国歳入庁長官は，会計処理方法が所得を明確に反映しているかを判断する上で，かなり広い裁量権を有している。」[129]

この判決理由，並びに連邦政府 (Federal Government) が本事案の訴訟費用として200万ドルも注ぎ込んだこと及び同様のタックスシェルター事案訴訟が多発したこと[130]が，ESD を制定法化する提案に大きな影響を与えたと思料する[131]。

本事案に係る判決で注目される点は，下記の4点であろう。

イ　タックスシェルターによる租税回避に対しては，個々の取引が法形式を満たしているかによってその行為を是認するか否認するかを判断するのではなく，一連の取引を全体からみて判断する。その取引がたとえ独立当事者間取引であったとしても，本事案のように取引すべてを仕組んで架空の損失を創出しているので，その行為は否認されるのが自然である。

ロ　IRC 第163条 (a) の規定によれば，「負債に対して，課税年度中に支払った，又は発生した利子すべてを控除することができる」が，Wexler 事案を引用して，たとえその条文に事業目的要件を全く明示していない場合でも，その取引に租税回避以外の目的が全くない場合，その利子を控除することができないことを明確にした。

ハ　租税裁判所の判決文には，「1. 不確定条件付割賦販売の仕組み」と「2. 経済的実質」しかないこと，控訴裁判所の判決文には，「III. A. 経済的実質と見せかけの取引の法理」[132]しかないこと，さらに最高裁判所の却下理由が経済的実質についてのみ記述していることから，ESD のもう1つの

---

129) ACM, op. cit., T.C. Memo 1997-115, pp. 99-100.
130) Department of the Treasury, "The Problem of Corporate Tax Shelters Discussion, Analysis and Legislative Proposals", July 1999, Executive Summary v.
131) Joint Committee on Taxation, "Appendix II to JCX-82-99: Description and analysis of present-law tax rules and recent proposals relating to corporate tax shelters," JCX-84-99, November 10, 1999, p. 5.
132) ACM, op.cit., 157 F. 3d 231, 245-261.

事業目的の検討がないようにみられる。しかし，その場合であっても，「税法における条理として，特定の事業目的或いは利益獲得動機があることを暗示している」[133]ことを確認した。事業目的はどちらかというと，ESD の副次的，補完的な要件になってきたようである[134]。

ニ　一連の取引が見せかけの取引であったとしても，その取引のなかに，経済的実質を有する「分離可能な，経済的に多額な」実損は，Rice's Toyota World 事案同様にその損失を控除できる，ということを再確認した。

ACM 事案での控訴審判決，その判決を支持した最高裁により，納税義務者

この判決文の 247-248 ページにかけて，見せかけの取引であるか否かを判定する査定について記述されているので，その箇所を引用する。

「これまで明確になった見せかけの取引の経済的査定の側面では，『厳格な2段階分析』という別々の分肢からなるのではなく，当該取引が租税の軽減以外に，十分なる実質を有しているかの分析をする際に，2つの要素が相互に関連しあっている。Casebeer, 909 F. 2d at 1363; accord James v. Commissioner, 899 F. 2d 905, 908-09（10th Cir. 1990）；Rose v. Commissioner, 868 F. 2d 851, 854（6th Cir. 1989）．この理由を根拠に，ACM の取引の現実的な経済的成果の客観的分析と計画した目的の主観的分析が，租税裁判所の決定，つまり，ACM の一連の取引には，税法上の目的を守るべき十分なる経済的実質を有していなかった，という決定を支持することになる。」

133）矢内一好，前掲論文，551 ページ。
134）この見解の正しさは，2010 年 3 月に IRC 第 7701 条（o）（経済的実質の法理の明確化等）として法定化する際に，本 ACM 事案の租税裁判所の 104 ページに記述されている下記の文言を引用していることからも判断できる。

「しかしながら，その意図した一連の取引には，租税の軽減のみによって達成された経済的便益と明確に峻別できる経済的実質（economic substance separate and distinct）を有していることを租税法は要求している。納税義務者が租税を軽減する目的以外に，経済的目的に全く資さない（no economic purpose）一連の取引によって，議会が想定していない税務上の便益を請求する（seeks to claim tax benefits, unintended by Congress）ときは，経済的実質の法理が適用されることになり，司法上の後押しも得られることになる（a judicial is warranted）。」(Joint Committee on Taxation, "Technical Explanation of the Revenue Provisions of the "Reconciliation Act of 2010," as amended, in combination with the "Patient Protection and Affordable Care Act"（JCX-18-10）, March 21, 2010, p. 143.)

が実行したタックスヘイブンを組み込んだ，複雑な租税回避取引を否認するための判断基準，見せかけの取引を利用した，ESD がほぼ確立された，と考えられる。

第7章 経済的実質の法理の判断基準に疑念を抱かせた2つの判例と妥当な判断基準に戻した判例

1. IES事案[1]

配当落ちのADRを利用して租税回避を図ったIES事案に対して、地方裁判所は、Rice's Toyota World事案で要求された2段階査定を適用もせず、さらに事業目的及び経済的実質を何ら例示せずに「見せかけの取引」であった、と判示した。この判決を批判した第8巡回控訴裁判所は、2段階査定を義務づけたとの解釈に疑問を呈しつつ、納税義務者が行った一連の取引には、同様の取引形態を実行したCompaq事案と異なり、経済的実質及び事業目的があっ

---

1) IES Industries, Inc., vs. United States of America, No. C97-206, United States District Court for the Northern District of Iowa, Cedar Rapids Division, 1999 U.S. Dist. LEXIS 22610, September 22, 1999, Decided. 国側勝訴。

IES Industries, Inc., and Subsidiaries v. United States of America, United States Court of Appeals for the Eight Circuit, 253 F. 3d 350, June 14, 2001, Filed. 納税義務者側勝訴。

IES Industries, Inc., vs. United States of America, No. C97-206, United States District Court for the Northern District of Iowa, Cedar Rapids Division, 2002 U.S. Dist. LEXIS 15897, July 22, 2002, Decided. 納税義務者側勝訴。

本事案については、上記アイオワ州北部地区地方裁判所及び第6巡回控訴裁判所の判決文を基にまとめた。

本事案に関する参考文献には、例えば、松田直樹、前掲書、61-62ページ、Peter J. Connors, "IES Industries Revisited" Tax Management Memorandum, 2001, pp. 1-16、拙稿「外国税額控除を利用した租税回避に関する米国判例―IES Industries Inc.事案における経済的実質原則に焦点をおいて―」(『中央大学大学院論究』第45号、2014年3月)、1-18ページがある。

たと断言して，納税義務者の租税回避を是認する判決を下した。この控訴審判決は，Compaq 事案の控訴審判決に直ちに影響することになった。

(1) 概　要

　IES Industries, Inc.（アイオワ州の電力会社，以下「IES 社」という。)[2] は 1991 年及び 1992 年の両年において，権利確定日直前に American Depository Receipts（米国預託証券，以下「ADR」という。)[3] を購入し，権利付き最終売買日後の権利落ちした当該株式を直ちに売却して配当を受領する権利を確定するが，

---

2) Ibid., 253 F. 3d 350, note 2, p. 351.
　　Alliant Energy Corporation が IES の持分を引き継いだが，関連当事者及び地裁が IES を本事案の納税義務者としているので，控訴裁判所も IES 社を納税義務者としている。

3) 　ADR とは，米国の預託銀行に預託した外国法人の株式の所有権を表わす証書で，当該預託銀行によって1株又は複数株を1つの投資単位として発行されている。この ADR は，ニューヨーク証券取引所を含む，米国の証券取引所等で取引される外国株式の慣習的形式 (customary form) である。ADR の所有者は，当該 ADR に帰属する配当と譲渡所得を得る権利を有することになる。ADR に対する課税，課税権に関して，本事案の控訴裁判所は，その判決文において次のように記述している。
　　「ADR の所有者は，ADR に帰属する配当及び譲渡所得すべてを得る権利を有しているが，その所得金額は当該外国法人の居住地国において課税されることになる。ADR を発行している外国法人は，その配当を支払う前に，支払配当金額，権利確定日 (record date)，及び支払日を公表することになっている。配当金額は，その権利確定日の取引終了時点にその ADR を所有している者に支払われる。当該配当は，通常，その権利確定日から数週間以上経ってから支払われる。外国法人によって支払われる配当は，その外国法人が所得税を源泉徴収した後に，米国に送金される。本事案における ADR の配当は，英国，オランダ，及びノルウェーの法人から支払われた。米国とこれらの国々との租税条約の取決めに基づき，米国居住者に支払われる ADR の配当に対する源泉徴収税率は，15％である。従って，ADR の所有者は，当該配当金額の 85％分を現金で受領するが，米国ではその所得総額，つまり当該配当金額の総額が課税対象となる。但し，ADR の所有者は，15％の外国税額控除をドルベース (a 15% foreign tax credit, a dollar-for-dollar credit against U.S. taxes owned) で申告することができる。」(Ibid., 253 F. 3d 350, p. 351.)

購入価額と売却価額との差額である譲渡損失を人為的に発生させて，1989年及び1990年に発生した8,000万ドル超の譲渡所得と相殺し，海外で源泉徴収された配当課税に対して外国税額控除の控除枠を適用して租税回避を図った。

アイオワ州北部地区地方裁判所は，ADRを利用した一連の取引が，連邦所得税の軽減を目的とした見せかけの取引であったことを理由にその租税回避を否認した。しかしながら，第8巡回控訴裁判所は，地裁判決とは逆に，一連の取引には経済的実質と事業目的の双方を有していることを理由に，IES社の還付請求を是認した。

本判決は，同じ時期に同様の取引を実行したCompaq事案に対して，第5巡回控訴裁判所がその租税裁判所の判決を覆す上で，大きな影響を与えた判決である[4]。

(2) 事実関係[5]

1991年にTwenty-First Securities Corporation（ニューヨークの裁定取引[6]）に特化した証券会社で，Compaq事案においても，同様のADR取引を誘導した

そこで納税義務者は，配当付きのADRを購入して，その権利確定日後に配当落ちしたADRを売却することにより，作為的に譲渡損失を発生させる。この譲渡損失は，通常の所得と通算することはできないが，譲渡所得と相殺するために3年間繰り戻すか，又は5年間繰り延べることができる。納税義務者は，このように当時の税制の弱点をうまく利用することによって，租税の軽減を図ることができた。

4) これらの事案を始めとする同様の租税回避に対する対抗策として米国の議会（クリントン大統領政権下）は，Taxpayer Relief Act of 1997（1997年納税義務者救済法）を制定して，配当に対して支払った外国税に外国税額控除を適用するには，当該配当の権利確定日を含む30日間のうち，最低16日間ADRを保有しなければならない，とその保有期間を増した（IRC第901条(k)）。それ以降，納税義務者にとってADRを利用した本事案のような租税回避は，あまり魅力のあるものではなくなったようである。本事案の控訴審判決文の脚注5（Ibid., 253 F. 3d 350, p. 356）を参照。

5) この事実関係は，主に控訴審判決文の"I. IES's Appeal"からまとめた。Ibid., 253 F. 3d 350, pp. 351-356.

会社。以下「TF 証券」という。)[7]は，直近の課税年度に株式の売買で多額の譲渡所得を計上した IES 社に接触して ADR 取引を利用した税務対策を提案した。IES 社は ADR 取引に関する必要な調査・検討を終えた後で，TF 証券と契約を締結した。その契約に明記された TF 証券の職務は，配当を宣言した発行法人の ADR を検索して確定することであった。

1991 年及び 1992 年における，一連の取引の内容・経緯は次の通りであった。

IES 社は，権利付き最終売買日又は営業日 (with a settlement date, or effective trade date, before the record date) に ADR を購入したので，IES 社がその配当金を受領する権利 (cum dividend) を確保した。そこで IES 社は，権利確定日後を決済日として，当該 ADR を速やかに売却した。この購入と売却は，一般的に数時間内で終了するが，アムステルダム市場では，米国と欧州市場での取引終了から多少時間が掛かった。

ADR の売り主（本事案では，ADR の貸し手）は，年金基金を取り扱う免税事業者 (tax-exempt entities) であった。免税事業者には ADR の配当総額に課される 15％の外国税 (foreign tax) を支払う義務があるが，米国での課税が免除されているので，外国税額控除を申告することはできなかった。そこで，ADR を保有している免税事業者は，TF 証券が選択した取引相手 (counter party) に配当受領の権利確定日よりも前に，その ADR を貸与することにした。その取引相手は，IES 社に ADR を売却（短期間の売買を条件に，借用した財産を売却した。）ので，その時点で IES 社が，ADR の権利すべてを掌中に収めた事実上の所有者 (actual owner) となった。取引相手は，IES 社への配当が確

---

6) 裁定取引とは，異なる市場間（東京とニューヨーク，現物と先物など）での為替・金利の価格差を利用して，鞘取り（利鞘を稼ぐこと）を行う取引をいう。橋本光憲編『英和金融用語辞典』ジャパンタイムズ，1995 年，30 ページ。

7) TF 証券は，本事案における ADR を利用した外国税額控除による租税回避スキームを，後述する Compaq 事案での納税義務者にも提供していた。本事案での TF 証券，ACM 事案でのメリルリンチ等は，多額の譲渡所得を獲得した法人，個人に租税回避スキームを提供して報酬を得る経営戦略を積極的に展開していた。

定した後に，その ADR を買い戻すことになっていた。

　ADR の購入価格は，その市場価格（market price）に配当予想額の 85％分（つまり，当該 ADR の貸し手が外国税額を源泉徴収された後に受領する金額と同等の金額）を加算した金額とし，ADR の貸し手は，その手数料として当該 ADR の市場価格に 2％を上乗せした金額を現金（又は現金等価物）で受け取ることになっていた。IES 社は，ADR の売買に係る手数料を TF 証券に支払った[8]。TF 証券は，その受取手数料のうち，取引相手に謝礼として，当該売買に要した営業日数に 1 日当たり 1,000 ドルを乗じた金額を支払った。

　そこで IES 社は，配当権付き，又は配当付き（dividend rights attached, or cum-dividend）で ADR を購入した後に，配当落ち（ex-dividend）した ADR を購入価額よりも低い金額で売却して，人為的に譲渡損失を発生させた。IES 社は，1989 年及び 1990 年度に株式を売却して発生した譲渡所得と相殺するために，譲渡損失を繰り戻して，両年度に支払った譲渡所得税の還付を受け取るようにした（譲渡損失は，「通常」の所得と相殺することはできないが，譲渡所得と相殺するために 3 年間繰り戻しするか，又は 5 年間繰り延べることができる。）。

　IES 社は ADR の購入と売却の組合せ毎に譲渡損失を発生させたが，配当権付きにより，実際には譲渡損失を上回る結果となり，利益が発生してしまった。IES 社は，経常所得（ordinary income）として配当を計上すると共に，15％の外国税に対し外国税額控除を申告した。さらに IES 社は，TF 証券に支払った手数料，及び ADR を思惑買いした（purchased the ADRs on margin）ことによる支払利子 310 万ドルも損金計上した。

　そこで，1991 年度及び 1992 年度における本 ADR 取引に係る金額の合計額をまとめて表示すると，次のようになる（IES 社は，1989 年度及び 1990 年度に発生した譲渡所得を ADR 取引により生じた譲渡損失でその全額を相殺することができたので，1993 年以降，ADR 取引を一切行わなかった。）。

---

[8]　従って，IES 社の購入価額は，（市場価格 × 102％）＋（ADR の配当金額 × 85％）となる。この購入価額以外に IES 社は，TF 証券に売買手数料を支払ったことになる。

表5 ADR取引によるキャッシュフローと損益計算

(単位:万ドル)

① ADR取引によるキャッシュフロー		② ADR取引による損益計算	
ADRの配当純収入	7,730	ADRの配当収入総額	9,080
		(外国税額控除額	1,350)
譲渡損失[9]	8,270	譲渡損失	8,270
支払利息	310	支払利息	310
ネットキャッシュフロー	▲850	損益	+500

出所) IES事案に係る控訴裁判所の判決文にある "I. IES's Appeal"（351 – 352ページ）に明記された数字を基に作成した。

ここで注目すべき点は，「現金ベースで考えると，IES社は850万ドルの損失を生じたことになる」[10]が，外国税が配当収入総額から減額されなかったとした場合，本ADR取引により500万ドルの利益が発生したことになる点である。

IRSは，IES社の1991年及び1992年度の税務申告を調査して，申告された譲渡損失を否認し，それに伴って1989年度及び1990年度に繰り戻された譲渡損失を否認した。その上でIRSは，ADR関連の外国税額控除を否認し，申告された配当収入を削除した。しかしながらIRSは，ADRの取引に関連して支払われた利子及び手数料，さらに外国所得税の半額 (one-half of the foreign income tax) の控除[11]を是認した。

そこでIES社は，2,600万ドルの還付とその利子負担分を請求した。国側はその還付請求を拒否したので，IES社は地方裁判所に提訴した。

---

9) この譲渡損失により，1989年度及び1990年度に発生した譲渡所得を計画通りに相殺することができた。なお，譲渡損失の追加額56,643ドルは，1992年度に発生した譲渡所得により相殺された。
10) Connors, op.cit., p. 3.
11) IRSが，なぜ外国所得税の半額のみを是認したかについて，地方裁判所及び次の控訴裁判所の判決文には記述されていない。

(3) 各裁判所の判決

イ　アイオワ州北部地区地方裁判所の判決（国側勝訴）

地方裁判所は，Edward J. McManus 裁判官が審理に当たり，「この一連の取引は，IES 社に外国税額控除の申告を移転したことを除いて，IES 社の経済的状況（economic position）に変更をもたらしていないので，事業実体から促された，経済的実質を有する多数の関連当事者による真正な取引ではなかった（no genuine multi-party transaction with economic substance compelled by business realities）[12]，と判示した。さらに，本事案に関連して発生した利子，手数料，及び外国税は，見せかけの取引と不可分であったので，これらの費用は，当然のことながら否認されるべきである，と判示した。」[13]

しかしながら，本判決において Shriver 事案[14] を参照し Frank Lyon 事案を引用しているにもかかわらず，本判決文には，この一連の取引がなぜ見せかけであったと判断したかの理由づけが具体的に明示されていない，という欠陥があった。この点が控訴裁判所で問題とされ，逆転判決が下されることになる。

ロ　第 8 巡回控訴裁判所の判決（納税義務者側勝訴）

控訴裁判所の Richard S. Arnold 裁判官，Bowman 裁判官，及び Richard H. Kyle 裁判官（ミネソタ州地方裁判所の裁判官）が審理し，Bowman 裁判官が判決文を執筆した。

控訴裁判所は原審を取り消した。その理由として，「IES 社が，この一連の

---

12) この文章（但し，"no" を除く）は，本地裁が Frank Lyon 事案での最高裁の判決文から引用したものである。Frank Lyon, op. cit., 435 U.S. 561, pp. 583-584.
13) IES , op. cit., 1999 U.S. Dist. LEXIS 22610, "OVERVIEW".
14) 本地方裁判所は，Shriver 事案の控訴裁判所の判決（899 F. 2d 724, 725（8th Cir. 1990）を参照している。Shriver 事案とは，本書の「第 6 章 3．」で検討した通り，Rice's Toyota World 事案と同様に，コンピュータをセール・アンド・リースバックして，契約当初の数年間に加速度償却し，多額の減価償却費を損金計上して租税回避を図ったが，見せかけの取引としてその租税回避が否認された事案である。

取引に慎重に取り組み,リスクを最小限にしたという事実[15]により,本取引は見せかけとはならない。また,従業員に対する内国税と同様に,外国税が源泉徴収されただけであるので,IES 社は法解釈上,配当金全額を受領したのであって,税引き後の手取り分だけを得たのではない。従って,IES 社は,実際に利益を得たのであって,本取引には経済的な目的があった」[16],として,IES 社の本事案に係る租税回避を是認した。

---

15) IES 社がリスクを最小限にする努力をしたことを証明するものとして,控訴裁判所は,その判決文の 355 ページに次のように記述しているが,果たして,下記の行動が,事業目的である利益を獲得できる見込みという要件を満たしたのか疑問である。

「弁論趣意書(briefs)によると,リスクの度合いは,この一連の取引を実行する IES 社の主観的意図によるものと想定して,両当事者は,その取引固有のリスクを検討した。この一連の取引には,損失のリスクが全くないことを理由に,見せかけであると特徴づけられる,と政府は主張した。当裁判所の意見はそれとは異なる。そのリスクはかなり低かったかもしれないが,それは,IES 社が本取引を実行する前に下調べ(homework)をしていたことに由来する。IES 社の役員達は,<u>TF 証券の代表者等と 2 回会合を持ち</u>,提供された資料を丹念に検討した。その後,IES 社は,本取引の合法性及び租税の軽減額を再確認するために社外の会計士及び証券コンサルタントに相談した。Cf. Compaq Computer Corp. v. Comm'r. 113 T.C. 214, 224-25(『数百万ドルの取引を実行するのに,納税義務者の財務課長が TF 証券と 1 回だけ会合を持ち,その後,TF 証券に委託するために訪問し,提案された取引開始を任せたのはビジネスらしからぬ行為であるので』そこには事業目的が全く存在しなかったと結論づけた)。IES 社が株主登録日に法的所有者として,ADR の配当を受領できる法的権利を有する実体であるということは,その配当が支払われなかった場合のリスクも同様に負っていた。そのリスクを検討し,自ら下調べした後に,<u>TF 証券が提案した ADR 案件のいくつかを IES 社は断っていた。Cf. id.at 223(納税義務者は,ADR 取引を徹底的に調査せず,又はそのリスクを分析しなかったことに留意すべきである)</u>。購入から売却までの合間に,ADR の市場価格が大きく変動するリスクを回避し,本取引を不成功に終わらせるような第三者の介入を防ぐために,米国株式市場の取引が終了した後に,IES 社は一部の取引を実際に実行したこと,それが本来のビジネス判断力を行使したことを証明することになった。」(下線は筆者)

16) IES, op. cit., 253 F. 3d 350, "OVERVIEW".

確かに，上記の表5「②ADR取引によるキャッシュフローと損益計算」に示した通り，キャッシュフロー上はマイナスであっても，外国税額控除額分を配当収入総額から控除しなければ500万ドルの利益を発生させたことになる。しかしながら，この利益は，本スキームの租税軽減目的である外国税額控除を含めた上での利益であるので，果たして，この一連の取引が，経済的実質という要件を満たしたのか，はなはだ疑問である。

(4) 本控訴裁判所の判決の影響と見せかけの取引に係る判断基準
イ　控訴審判決の影響

本事案に対する第8巡回控訴裁判所の判決の影響が大きかったことの1つは，同時期に租税裁判所が経済的実質の欠如を理由に，納税義務者が行った租税回避を否認した事案を，控訴裁判所が逆転判決を下した3事案[17]のうちの1つであったことである。

本判決のさらなる影響は，同様の租税回避行為をしたCompaq事案に対して，1999年11月18日に租税裁判所がIRSの主張を認める判決をしたにもかかわらず，本控訴裁判所がIES事案に係る判決を2001年6月14日に下した影響を受けて，その半年後の2001年12月28日に第5巡回控訴裁判所がCompaq社のADR取引による租税回避を是認するという判決に表れた。

ロ　見せかけの取引を判断するための2要件

1978年のFrank Lyon事案に対する最高裁判決以来，納税義務者が実行した取引が，見せかけであるか否かを判断するために，2段階査定（又は二分肢テスト）を適用して，その取引の中に，事業目的又は経済的実質が欠如している

---

[17] 2001年において，納税義務者が控訴裁判所によって逆転勝訴した事案としては，IES事案以外に，下記の2事案を挙げることができる。
　　United Parcel Service of America Inc. v. Commissioner, No. 00-12720 (11th Cir. June 20, 2001).
　　Winn-Dixie Stores Inc. v. Commissioner, No. 00-11828 (11th Cir. June 28, 2001).

かの分析をしてきた。従って,「ある取引が租税目的上,見せかけであるかを判断する際に,第8巡回控訴裁判所は,Rice's Toyota World, Inc. v. Commissioner, 752 F.2d 89, 91-92 (4th Cir. 1985) に記述された2段階査定 (two-part test) をこれまで適用してきた」[18]ようである。このことについては,前章で検討したShriver事案での第8巡回控訴裁判所の判決文[19]においても,Rice's Toyota World事案[20]での第4巡回控訴裁判所が,Frank Lyon事案での最高裁判決の中からこの2段階査定が義務づけられた,と記述している。

「本査定を適用して,ある取引が,『租税上の成果以外に経済的な目的によって動機づけられていないこと (not motivated by any economic purpose outside of tax considerations)』(事業目的査定,business purpose test) が判明し,さらに,『その取引に利益を獲得できる現実的な可能性が全く存在しないので,経済的実質に欠けること (without economic substance because no real potential for profit exists)』(経済的実質査定,economic substance test) が判明した場合に,その取引は見せかけの取引とみなされることになる。」[21]

ここで注意すべきは,Shriver事案から引用された文章ではあるが,"business purpose test" では "business" を使用しているが,本文では "any economic purpose" と敢えて "economic" に置き換えている点である。しかし,その基となるRice's Toyota World事案での第4巡回控訴裁判所の判決文の91ページでは,"motivated by no business purposes" として "business" が使用されている。またFrank Lyon事案での最高裁判所の判決文では,"business purpose" という言葉は全く使われていないが,それに相応する用語として

---

18) IES, op.cit., 253 F. 3d 350, p. 353.
19) Shriver, op.cit., 899 F. 2d 724, pp. 725-726.
20) このRice's Toyota World事案での控訴裁判所の判決文 (752 F. 2d 89) の91ページには,次のように記述されている。
   「ある取引が,租税目的上,見せかけであるかを判断するために2段階査定を義務づけている (mandate a two-pronged inquiry),と (本事案に係る) 租税裁判所は,Frank Lyon事案の最高裁判決から解釈した。」(括弧内は筆者加筆)
21) IES, op.cit., 253 F. 3d 350, p. 353.

"business realities" として "business" が使用されている。そもそも、この用語の発端となった Gregory 事案での最高裁判決（第3章の脚注35に示したように、控訴審判決と混同している論文がある。）では、「事業目的又は法人の目的を全く持たない活動（an operation having no business or corporate purpose）[22]」と明記していた。

控訴裁判所の用語変更の意図は、ESD を事業目的と経済的実質の2要件とするのではなく、経済的実質を重視して、「主観的な経済的実質（subjective economic substance）」と「客観的な経済的実質（objective economic substance）」の2つに分けることにあった、と推考する。そのことが、「換言すれば、事業目的査定は、主観的な経済的実質査定（subjective economic substance test）である。」[23]として表れている。

本 IES 事案での控訴審判決では、「Shriver 事案のように、Rice's Toyota World 事案での2段階査定が、2段階の分析を義務づけているかを、当控訴裁判所は判示しない。なぜならば、本 ADR 取引は、経済的実質及び事業目的の双方を兼ね備えているからである。」[24]と断言した。

そこで、本事案における事業目的と経済的実質には具体的にどのような事実があったかを検討することにする。

(5) IES 事案における事業目的と経済的実質の内容

IES 事案での控訴裁判所は、上述の通り2段階査定に対してあまり肯定的な意見を表明していないが、「地方裁判所は、見せかけの取引の問題を軽く取り扱い、Shriver 事案において繰り返し述べられていた Rice's Toyota World 事

---

22) Gregory, op. cit., 293 U.S. 465, p. 469.
　　本書の「第3章 事業目的の法理を判断基準とした判例」の40-41ページに記述している。また、拙稿、前掲論文「事業目的の原理を確立したとされる Gregory 事案について」、12ページにも詳述している。
23) IES, op. cit., 253 F. 3d 350, p. 355.
24) Ibid., 253 F. 3d 350, pp. 353-354.

案での2段階査定を適用もせず,否,その査定についてさえも言及しなかった。」[25]と批判した。その上で,本取引には,経済的実質も事業目的も欠如しているのか (Rice's Toyota World 事案での2段階査定の手順と逆であるが)[26]を次のように検討した。

イ　経済的実質（利益を獲得できる合理的な可能性）の存在
CIR の主張は,次の2つに絞られた。
- 一連の ADR 取引は,その取引の唯一の根拠である租税上の優遇措置がなければ,予め計画した通りに (as pre-planned) 経済的な損失を出すことになること。
- IES 社は本取引により,税引き前の配当金 (gross dividend) ではなく,税引き後の配当金 (net dividend) を受け取る権利を購入したこと。

これに対して,控訴裁判所は,CIR の主張を退け,次の点において IES 社の主張に同意した。
- IES 社にとっての経済的便益 (economic benefit) は,外国税を控除する前の配当金であって,たとえ85％しか現金を受領できなくても,IES 社にとっての所得は,その ADR の権利確定日に確定した配当金の総額となる。

---

25)　Ibid., 253 F. 3d 350, p. 354.
26)　この見せかけの取引に係る2段階査定が,Rice's Toyota World 事案において,最初に事業目的を査定し,次に経済的実質を査定するとされたが,経済的実質を最初に査定する判決文が多々ある。この点に関して,岡村教授は,「経済的実質の審理は,一般には第2番目の分析要素とされてきたが,実際には,経済的実質の審理は,殆どの取引において決定的なものである。」（岡村忠生,前掲論文「税負担回避の意図と二分肢テスト』,23ページ」と下記の論文を引用して述べている。

　　Thomas H. Steele, Sham in Substance: The Tax Court's Emerging Standard for Testing Sale-Leasebacks, 14 J. Real Est. Tax'n 3 (1986), at 9.
　　租税回避を否認する上で,経済的実質が決定因子であって,事業目的が副次的な因子であることを再確認することができた。

- ADR を発行した外国法人によって，外国税が源泉徴収されて支払われるので，IES 社は配当金の 85％しか受領しなかったという事実は，IES の税金債務になんら影響を及ぼさないことになる。
- その外国法人が源泉徴収して，IES 社に代わってその税金を支払うことは，雇用者が源泉徴収して，従業員の連邦所得税を国に支払うのと全く同じである。この場合，税引き前の給与総額が従業員の所得とみなされる。

このように考察してくると，ADR による配当金総額が IES 社の所得となるので，本 ADR 取引は利益，つまり IES 社にとっての経済的便益（500 万ドル）をもたらしたこととなる（「(2) 事実関係」で示した表5の②を参照）。

しかしながら，経済的実質の査定では，租税上の優遇措置（本事案の場合は外国税額控除）以外に利益を獲得できる現実的な可能性があることと定義されていることを考慮すると，控訴裁判所の見解は誤りで，ネットキャッシュフローで判断することが確立された判断基準であった，と思料する。

ロ 事業目的（利益を獲得できる見込み）の存在

Rice's Toyota World 事案においては，納税義務者がその取引を実行する動機として，税負担を軽減する目的以外の目的，つまり「利益を獲得できる見込み」があったかによって，事業目的の査定がなされた[27]。本控訴審では，Shriver 事案での控訴審判決を引用して，「納税義務者は，租税上の成果（tax considerations）だけを期待して投資を委ねたか，又は租税軽減以外の動機若しくは合理的な利益の獲得という動機（legitimate profit motive）から行われたか」[28] を適切に査定しなければならない，「換言すると，事業目的査定とは主観的な経済的実質査定である。」[29] と解釈された。

事業目的の査定ではまず，本事案の取引を遂行するに当たり，IES 社が負う

---

27) Rice's Toyota World 事案の控訴審判決（752 F. 2d 89）の 92-94 ページ。
28) Shriver, op. cit., 899 F. 2d 724, p. 726.
29) IES, op. cit., 253 F. 3d 350, p. 355.

ことになるリスクの度合いを問題とした。CIR は，本取引には損失のリスクが全くないので，本取引は見せかけの取引であった，と主張した。

しかしながら，控訴裁判所は，次の事項を挙げて CIR の主張を棄却した。
- IES 社の役員は，本取引を実行する前に，TF 証券の代表者と 2 度会合を持ち，ADR 取引に関連する資料を丹念に検討した。
- IES 社は，本取引の合法性，及び租税の軽減額（tax consequences）を再確認するために外部の会計士と証券コンサルタントに相談した。
- IES 社が ADR の配当を受領する法的権利を得たということは，配当が支払われなかった場合の責任も持つことになるので，TF 証券が推奨した ADR 案件すべてを受け入れずに，独自の調査をして，そのいくつかの ADR の売買を断っていた。
- IES 社は，ADR の買いと売りの合間に，その市場価格が変動するリスクを回避し，第三者がその取引に介入しないようにするために，米国市場の取引が終了した後にも ADR 取引をした。

控訴裁判所は，これらの事項により，IES 社が適切な経営判断（good business judgment）を実行したことを立証するものであるとし，その上で，同時期に同様の取引を実行した Compaq Computer Corporation（以下「CC 社」という。）に対して判決を下した租税裁判所の次の判決文を引用して，その相違点を明確にした。
- CC 社は，数百万ドルもの取引（multimillion-dollar transaction）を行うのに，TF 証券とたった 1 回の会議，その説明書に関する質問を電話の応答だけで済ませたので，その取引には，事業目的が欠けている。
- CC 社は，ADR 取引に関する徹底的な調査又はそのリスク分析を全くしなかった。

従って，「本取引が過大なるリスク（excessive risk）を単に含んでいなかったからといって，租税目的上，見せかけであるというラベルを貼るようなことはできない」[30]，として CIR の主張を否定した。

さらに重要な点として，本取引が IES 社に代わる別法人又は本 ADR 取引の

ためだけに設立された新設法人（alter-egos of IES or straw entities）によって実行されたものではなく関連当事者すべてが，IES 社と本取引をする以前からそれぞれの事業に従事していて，その後もその事業を継続している法人との取引，いわゆる独立当事者間取引（arm's-length transaction）であったことである。

要するに，IES 社が分別ある経営主体として，ADR 取引を実行する前に徹底的な事前調査をした上で，負うべきリスクを極力低くするように努力して，独立当事者間で取引（たとえ事前に打ち合わせた取引であっても）を行ったことが，事業目的の要件を満たしているので「見せかけの取引」に該当しない，と控訴裁判所が判断した結果である，と思料した。

(6) 小 括

IES 事案での地方裁判所は，Rice's Toyota World 事案で要求された2段階査定を適用もせず，さらに事業目的及び経済的実質を何ら例示せずに「見せかけの取引」であった，との判決を下した。第8巡回控訴裁判所は，この地裁の審理を批判した後に，2段階査定を義務づけたとの解釈に疑問を呈しつつも，IES 社が行った一連の取引には，経済的実質（例：外国税額控除額を控除する前の配当総額を所得として認識し，利益が獲得されたことを確認）及び事業目的（例：ADR 取引実行前の調査・検討，リスク回避のための対処，独立当事者間での取引）があることを具体的に列挙して，納税義務者の租税回避を是認した。そこには，ESD が上記2要件ではなく，経済的実質だけで十分とする傾向が窺われた。

しかしながら，控訴裁判所が例示した経済的実質及び事業目的には，既に確立された判断基準，つまり，利益を獲得できる現実的な可能性，及び利益を獲得できる見込みを査定していないので，控訴審判決に疑念を抱かせる面もある。但し，ADR 取引に係るリスク負担を極力低くするために，何度も TF 証券と積極的に交渉し，すべての取引を TF 証券に任せっきりにせず，IES 社が経営判断をしたことを考慮に入れると，そこには，事業目的という要件を満た

---

30) IES, Ibid., 253 F. 3d 350, p. 355.

した，とみることもできる。この点が，IES 事案での控訴裁判所も批判したように，たった1回の会議で ADR 取引を実行することを決定し，一連の取引をTF 証券にすべて委託した Compaq 事案との重大な相違点である，と思料する。

IES 事案での本控訴裁判所が原審を取り消した判決が，同様の取引を同時期に訴訟していた Compaq 事案の控訴審判決に直接影響を与え，Compaq 事案の原審も取り消された。その判決が果たして適切であったのかについて，次に検討する。

2. Compaq 事案 [31]

先の IES 事案と同時期に同じ証券会社が仕組んだ取引形態で，Compaq 事案を審議していた第5巡回控訴裁判所は，その半年前に IES 事案の原審を取り消す判決を下した第8巡回控訴裁判所の影響を受けて，租税裁判所の判決を覆して，納税義務者の主張を認める判決を下した。

(1) 概　要

Compaq Computer Corporation and Subsidiaries（コンパック・コンピュータ社とその子会社が原告。1982 年以降，パソコンをデザインし，製造加工し，さらに販売する事業に従事していた。以下「CC 社」という。）は，ある上場会社の株式の売却により生じた巨額の長期譲渡所得を相殺するために，外国法人の配当権付き

---

31) Compaq Computer Corporation and Subsidiaries, v. Commissioner of Internal Revenue, United States Tax Court, 113 T.C. 214, September 21, 1999, Filed. 国側勝訴。

Compaq Computer Corporation and Subsidiaries, v. Commissioner of Internal Revenue, United States Court of Appeals for the Fifth Circuit, 277 F. 3d 778, December 28, 2001, Decided. 納税義務者側勝訴。

本事案については，渕圭吾「前掲論文「アメリカにおける租税回避否認法理の意義と機能 (1)」，113-116 ページ，矢内一好，「米国税法における経済的実質原則 (3)」，(『商学論纂』第 54 巻第 5 号，2013 年 3 月)，535-543 ページ等で紹介されている。

ADRを購入して，配当落ち後のADRを売却して譲渡損失を出した。そこでCC社は，1992年度の税務申告において，この取引によって発生した譲渡損失を計上して上記譲渡所得と相殺すると共に，配当所得を計上して，ADRに係る配当から源泉徴収された外国税に対して，外国税額控除を申告した。

CIRは，その取引には，経済的実質が欠けていることを理由に，更正処分すると共に，第6662条（a）に基づき，CC社には正確性に関するペナルティー（accuracy-related penalty，過少申告加算金のことであるが，本書では「加算税」という。）[32]を負う法的義務がある旨の通知を交付した。

よって本事案の争点は，CC社がADRを購入して，売却した取引には，経済的実質を有していたか否か，及びCC社には，第6662条（a）の規定に従って，加算税を支払う義務があるか，である。

(2) 事実関係

CC社が，長期間保有していた株式の売却により生じた譲渡所得を相殺する目的で，人為的に譲渡損失を発生させる仕組みを明らかにするために，租税裁判所の判決文にある「事実認定（FINDINGS OF FACT）」（215－220ページ）を参照して，日付順にまとめると次のようになる。

1992年7月　　　CC社は，以前から所有していたConner Peripherals, Inc.（CC社の非関連の上場会社，以下「CP社」という。）の株式を売

---

[32] 1989年改正の「6662条（a）によれば，納付された税額に不足額があり，その一部が懈怠または故意による法令・通達の無視（(b)(1)），所得税の何らかの実質的な過少申告（(b)(2)），歳入法典第1章のもとでの実質的な評価の申告の誤り（(b)(3)），年金債務の何らかの実質的な過大申告（(b)(4)），または贈与税・遺産税の評価の何らかの実質的な過少申告（(b)(5)）による場合には，その納税不足額のうちこれらの事由による部分の20パーセントの額の罰則金が課せられることとされている。」佐藤秀明著『脱税と制裁：租税制裁法の構造と機能』，弘文堂，1992年，169ページ。本規定は，その該当する部分に対して，20％の加算税を課すが，適切に開示していない，経済的実質を欠いている取引については，2010年のESDの法定化により，40％に重課された。

却して，2億3,168万ドルの長期譲渡所得を計上した。

1992年8月13日 Twenty-First Securities Corporation（裁定取引に特化した証券会社で，IES事案においても，同様のADR取引を誘導した会社。以下「TF証券」という。）は，CC社がCP社の株式の売却により長期譲渡所得を取得したことを知り，TF証券のブローカー，Steven F. Jacoby（以下「J氏」という。）は，CC社に配当再投資裁定プログラム（Dividend Reinvestment Arbitrage Program，以下「DRAP」という。）等を利用したADR裁定取引による税務戦略を提供したい旨の手紙を送付した。

1992年9月15日 James J. Tempesta（CC社のアシスタント・トレジャラー，以下「T氏」という。）と John M. Foster（CC社のトレジャラー，以下「F氏」という。）は，J氏及びRobert N. Gordon（TF証券の社長，以下「G氏」という。）と会い，TF証券からの上述の手紙に書かれているDRAP戦略とADR裁定取引について約1時間にわたって討議した。

1992年9月16日 T氏とF氏は，Darryl White（CC社の主席財務担当役員，以下「W氏」という。）と討議した結果，ADR取引を選択することに決め，T氏は，この決定[33]をTF証券に連絡した。Joseph Leo（TF証券のADR売買取引の実務担当者，以下「L氏」という。）は，CC社のためにADRの買いと売りを実行

---

33) 租税裁判所の判決文216ページには，① CC社が投資を決定する場合には，通常，キャッシュフローを重要視してきたが，今回のADR取引の実行に際してT氏は，キャッシュフロー分析を全く行わなかったこと，② T氏が行ったTF証券とADR取引に関する調査は，概して，TF証券が作成した説明書の内容を電話で確認し，J氏が作成したADR取引分析のスプレッドシートを検討するだけであったこと，そして③ T氏は，ADR取引を実行した1年後に，このスプレッドシートをシュレッダーにかけて，廃棄してしまったことを記述している。

従って，CC社には，本ADR取引を開始するに当たり，租税を軽減することのみに関心があって，事業目的も経済的実質もないことが明らかである。

する担当者となった。Bear Stearns & Co.（以下「Bブローカー」という。）は，CC社のADR取引の清算ブローカー（clearing broker）として関与し，Royal Dutch Petroleum Company（1992年当時，ニューヨーク証券取引所を含む全世界で21の証券取引所で売買が行われていた。以下「RDP社」という。）のADR株式を選定した[34]。

TF証券のL氏は，RDP社のADR取引毎の売買数量を決める際に，1株当たりの購入株価がその売却株価に税引き後の配当金を加算した金額と同額になるようにするために，売買の株価と数量との組合せに専念した。従って，J氏は，本取引に関する株価及びその規模を，CC社に全く相談することなしに実行していた[35]。L氏は，RDP社のADR株式をArthur J. Gallagher and Company（1985年から投資戦略及びADR株式の購入担当としてTF証券と取引を開始した会社。以下「G社」という。）から購入することを決めた。T氏は，G社がTF証券の取引先であること以外，何も知らなかった。

L氏は，ABD-N.Y., Inc.（以下「ABD」という。）に指示して，G社からCC社名義でRDP社のADR株式1,000万株を購入した。L氏は，その買い取引が終了した後，直ちに，購入したRDP社のADR1,000万株をG社へ売却するようにABD

---

[34] 租税裁判所の判決文の217ページには，① CC社は本ADR取引を実行する前まで，RDP社について，通常入手可能なマーケット情報以外に知っていることは全くなかったこと，② T氏がRDP社に関して調べたことは，RDP社が配当を公表したという記事をWall Street Journalで読んだことと，RDP社のADRの市場価格の動向を観測したことだけであったことが記述されている。

このことからも，CC社が，租税を軽減すること以外に全く関心がなく，事業目的に欠けていることが容易に読み取れる。

[35] 控訴裁判所は，これらの事実を認識していた。
Compaq Computer, op. cit., 277 F. 3d 778, p. 780.

に指示した。この買い取引は，NYSEルール64に準拠して，「翌日」決済（つまり，1992年9月17日）として，1取引当たり約45万株のADRを23回にわたって相対取引を実行した[36]。購入総額は，配当権付きで8億8,755万ドル（内，SEC手数料3万ドル）であった。

　　　ABDは，G社に売り戻すために買い取引を終了した後，直ちに，売り取引を23回実行した。その結果，それぞれの売り取引と買い取引は，一般の取引が開始される前に終えることができた。売り取引は，通常の5日後の決済（つまり，1992年9月21日）で行われ，その売却総額は，配当落ちで8億6,841万ドル（内，SEC手数料3万ドル，支払利子46万ドル，TF証券への手数料100万ドルで合計149万ドル）であった。これら23回にわたる売却に係る相対取引に掛かった時間は約1時間[37]で，その取引価格は，市場価格で行われた[38]。

1992年9月18日　この日が，RDP社のADR株式1,000万株に対する配当の権利確定日であるので，CC社は2,255万ドルの配当を受領する権利を獲得した。

1992年10月2日　RDP社は，米国居住者であるCC社へ配当を支払うに当た

---

36) 「特別に翌日決済とすることと，ADRの大量売買は，第三者が本相対取引に割って入る可能性を最小限に抑える効果があった。」Compaq Computer , op. cit., 113 T.C. 214, p. 224.

37) 「従って，価格変動が生じるリスクが，事実上，全くなかった。」Ibid., 113 T.C. 214, p. 224.

38) 「本相対取引が市場価格で行われたので，他のトレーダーがこの取引に割って入るリスクが全くなかった。外部流出するキャッシュフローのリスクが全くなかった。」Ibid., 113 T.C. 214, p. 224.
　　「ニューヨーク証券取引所で実行されたこの買い取って売り戻す取引には，他の第三者が介入する機会はあったが，当該取引が市場価格で執り行われたために，何人も介入しなかった。」Compaq Computer, op. cit., 277 F. 3d 778, p. 780.

り，米蘭租税条約に基づき15％の源泉税（338万ドル）を徴収した後の配当金額1,916万ドルを振り込んだ。

1992年度連邦所得税の申告において，CC社は，下記の計算により，RDP社ADR売買に係る短期譲渡損失2,065万ドルを計上して，CP社の株式譲渡益2億3,168万ドルの一部相殺に充当した。

調整後の基準額（Adjusted basis，譲渡原価）	8億8,853万ドル
実現した金額（Amount realized，譲渡収入）	8億6,788万ドル
譲渡損失	2,065万ドル

さらにCC社は，2,255万ドルの受け取り配当額を計上すると共に，オランダ政府に支払った源泉税338万ドルに対し，外国税額控除の申告をした。

(3) 各裁判所の判決

イ　租税裁判所の判決（国側勝訴）

租税裁判所のMary Ann. Cohen裁判官は，本ADR取引が次の3点により見せかけの取引であったことを理由に，CC社の外国税額控除を否認し，正確性に係る罰則として加算税を支払う義務がある，と判示した。

- 本取引は，CC社とTF証券が所定の成果をもたらすことを目的として，本ADR取引の売買に係るあらゆる経済的リスク及び市場外の勢力から影響を取り除くために，入念に打ち合わせて計画を立てた（deliberately predetermined and designed）ADR取引であった。
- CC社は，予定した連邦所得税の軽減以外に，本ADR取引から合理的な利益を獲得できる可能性（reasonable possibility of a profit）を全く考慮していなかった[39]。
- RDP社のADRを購入して売却することに関して，CC社は既に実現した譲渡所得を相殺する一方で，外国税額控除という方式により連邦所得税の優遇措置を得ること以外になんら事業目的（business purpose）を有して

いなかった[40]。

　租税裁判所は，先例判例を丹念に分析した結果，上記の判決に至ったと思われる。

　まず，本書でも取り上げた，Frank Lyon 事案における最高裁判決の次の判決文を引用して，経済的実質を有する真正な取引は，租税目的上，尊重しなければならない[41]，と述べている。

　「事業実体若しくは法規制の実在により強いられ，又は促されて，経済的実質を有する，多数の関連当事者による真正な取引である場合には，租税の軽減以外の成果があり，・・・租税回避のみを目的とする特性を形成しない。」[42]

　これまでの多くの判例は，(1) 租税を最小限にするために真実の経済的損失 (real economic loss) を被る取引又は税務上の優遇措置を得ることが予定されている事業取引を策定すること (arranging a contemplated business transaction in a tax-advantaged manner) と (2) 関連性の全くない所得に係る租税の軽減を図る

---

39) この点に関して，1992 年 9 月 16 日の事実認定を基に，租税裁判所は判決文の 223-224 ページにおいて，「CC 社は，本 ADR 取引にはリスクがつきものである，と主張したが，CC 社の T 氏をはじめ，他の責任者も ADR 取引に関する分析・調査に関心がなかった。マーケットリスクが全くない取引は，経済的実質のある取引とはいえない。従って，その取引は，税務上の単なる策略に過ぎない。Yosha 事案 (861 F. 2d 494, 500-501 (7th Cir. 1988) を参照)。租税軽減を動機として行われた取引形態は，通常，経済的実質の欠如を示している。Sheldon 事案 (94 T.C. 738, 766, 769 (1990) を参照)。」と記述している。

40) この点に関して，事実認定を基に，租税裁判所は判決文の 224-225 ページにおいて，「何十億もの取引を行うのに，CC 社は，TF 証券とたった 1 回の会議と TF 証券の説明書に対する質問を談話だけで了解していた。全体として，これらの取引記録が示しているように，CC 社は，ADR 取引により期待される租税上の優遇措置を得ることに動機づけられただけで，その他の事業目的というものは全く存在しなかった，と結論づけた。」と記述している。

　この点が，前述した IES 事案での取引交渉と異なる点である。

41) Ibid., 113 T.C. 214, p. 220.

42) Frank Lyon Co., op. cit., 435 U.S. 561, pp. 583-584.

ために損失の発生を仕組んだ取引を実行することとを区別してきた。

　前者の取引の範疇に入るのが，Cottage Savings 事案[43]，Esmark, Inc. 事案（90 T.C. 171（1988））であり，後者の取引の範疇に入るのが，ACM partnership 事案，Goldstein 事案[44]である，と判別した。

　さらに，租税裁判所は判決文の225ページにおいて，「議会は，所定の事業活動を促進するために，控除及び税額控除を創設し，他方，そのような事業活動に従事する納税義務者は，それに伴う優遇措置を享受できる。例えば，Leahy 事案（87 T.C. 56, 72（1986）），Fox 事案（82 T.C. 1001, 1021（1984））を参照。外国税額控除は，国際的二重課税を防止し，もって国際的な事業活動を促進することにある。本事案のように真正な事業（bona fide business）ではない取引で，外国税額控除を単に米国での租税軽減を達成するための操作手段とする ADR のような取引を，議会が促進，又は許容したとは，当裁判所は到底思えない。」との判断も明示した。

　ところで租税裁判所が CIR の主張を認めた根拠には，本 ADR 取引から外国

---

43) Cottage Savings Association（規制対象の貯蓄貸付機関,以下「ＣＳＡ」という。）は，利子率が上昇した折りに低利の長期債権を保有したことから生じた税務上控除可能な損失を計上するために，Federal Home Loan Bank Board の R-49 に準拠する，他の貯蓄貸付組合と種々の譲渡抵当権に係る持分（participation interests）を交換した。IRS は，この損失の控除を否認した。租税裁判所はこの控除を許容したが，控訴裁判所は否認した。移送命令令状を受け，最高裁判所は，譲渡抵当権（mortgages）が異なる抵当権設定者によって所有されていること，当該譲渡抵当権が異なる抵当不動産によって担保されていることから，当該債権は，法律上，全く異なった権利であることからして，実質的に異なっているものと判断した。従って，当該持分の交換の結果，ＣＳＡは第1001条に規定する損失を認識することができる。当該取引が実際に実行され，その取引は真正なものであったので，第165条（a）の意図する真正な損失（bona fide losses）が実際に発生した，と最高裁判所は判示して，控訴裁判所の判決を覆した。本事案については，「第6章4.」にて詳細に検討している。

44) Kapel Goldstein , op. cit., 364 F. 2d 734.
　　本事案の概要については，本書の第1章の脚注30にて記述している。

税額控除という優遇措置を除けば，予め計画した経済的損失を発生させることができることを，次の算式により証明したことが挙げられる。

表6　CC社のADR取引による正味経済的損失

ADRの買い取り額	(8億8,758万ドル)	
ADRの売却額		8億6,841万ドル
ADR取引による現金流入		▲1,917万ドル
RDP社からの配当総額	2,255万ドル	
オランダでの外国税額	▲338万ドル	
配当による現金流入		1,917万ドル
正味キャッシュフロー		▲0.1万ドル
諸経費		▲149万ドル
正味経済的損失（Net Economic Loss）		149万ドル

このCIRの主張に対して，CC社は，本取引には，経済的実質があり，適用される制定法及び規則に従っているので，外国税額控除を申告する権利があること，及びESDが，外国税額控除を否認するために適用されるべきでないことを主張した。さらに，CC社が本ADR取引を実行した目的は，節税とか租税上の優遇措置を得ることではなく，利益を獲得することであり，実際に次のような利益を獲得した，とCC社は再三にわたって主張した。

表7　CC社のADR取引による損益

ADRの買い取り額	(8億8,758万ドル)
ADRの売却額	8億6,841万ドル
譲渡損失	▲1,917万ドル
RDP社からの配当総額	2,255万ドル
（外国税額控除額）	338万ドル）
諸経費	▲149万ドル
税引き前利益	189万ドル

つまり，源泉税としてオランダに338万ドルを支払い，189万ドルの「税引き前利益」を申告して，約64万ドルの連邦税（CC社が仮に計算した税額）を支払った，というのがCC社の理論的根拠である。この根拠が，次の控訴裁判所

で是認され，CIR が上告しなかったために，納税義務者の勝訴が確定することになる。

ロ　第5巡回控訴裁判所の判決（納税義務者側勝訴）

控訴裁判所の Edith Jones 裁判官，Smith 裁判官，及び DeMoss 裁判官が審理し，Jones 裁判官が判決文を執筆した。

控訴裁判所は，本 ADR 取引により発生した所得，税額控除，及び損失に関して CC 社が立証を試みたことを否認した租税裁判所が法律上，誤っていた，と判断して，租税裁判所の決定を棄却した。

控訴裁判所は，(1) 本 ADR 取引には，真の損失リスクを伴う合理的な利益を獲得できる可能性と租税の軽減以外の事業目的の双方を有し，本取引が単に形式的又は人為的なものではなく，実際に利益をもたらしたことを挙げ[45]，かつ，(2) 当該取引が，CC 社の経済的権利及び租税軽減以外の事業上の権利に影響を及ぼしたので，たとえ租税を軽減したいという動機があったからといって，否認されるべきではない，と判示した。

控訴裁判所は，租税裁判所が支持した前述の CIR の正味経済的損失の計算方法を次のように批判した。

「租税裁判所は，次の『珍妙な (curious)』な計算方法を用いて，この結論を導いた。租税裁判所は，当該取引から CC 社の正味『キャッシュフロー』というものを計算して，当該取引の税引き前の利益性も税引き後の利益性もない，と査定した。租税裁判所は譲渡損失 2,065 万ドルを，配当総額 2,255 万ドルから差し引くのではなく，手取りの配当収入である 1,917 万ドルから控除している。租税裁判所は，さらに，CC 社が主張しているオランダの源泉税 338 万ドルに対応する同額の外国税額控除をわざと無視した (ignored)。別な言い方をすれば，この ADR 取引には利益性があったかを判断するのに，租税裁判所は，オランダの源泉税を本取引のコストと取り扱ったが，そ

---

45) Compaq, op. cit., 277 F. 3d 778, p. 788.

れに対応する米国での外国税額控除を本取引の便益として取り扱わなかった。この税引き前の半分と，税引き後の半分にした結果が，約 1.5 百万ドルの正味経済的損失になった。」[46]

(4) 小　括

　Compaq 事案での租税裁判所は，本 ADR 取引による租税回避の本質を適確に分析して判決を下したにもかかわらず，第 5 巡回控訴裁判所は，同様の租税回避事例である IES 事案に対する控訴裁判所がその半年前に判示された原審破棄の判決をそのまま受けて，納税義務者の租税回避を是認した。その判決は，租税の優遇措置である外国税額控除を益金に含めた上で計算された税引き前利益に依拠して，本 ADR 取引は経済的実質を有するとしたのであった。

　しかしながら，Compaq 事案と IES 事案とは，同じ ADR 取引を利用した租税回避事案ではあったが，両社の経営主体性は，その事実関係から判断して，似て非なるものであった。つまり，IES 事案では，IES 社は TF 証券と 2 度会合を持ち，ADR 取引を丹念に検討し，その合法性に関して専門家に相談し，株価変動によるリスクを回避する方策をしたが，Compaq 事案では，次の点で相違すると，その租税裁判所の判決文を参照して，IES 事案での控訴裁判所（判決文の 355 ページ）が明記している。

- ・　CC 社は，何十億ドルもの取引を行うのに，TF 証券とたった 1 回の会議，その説明書に関する質問を電話の応答だけで済ませたので，その取引には，事業目的が欠けている。

---

46) Ibid., 277 F. 3d 778, p. 782.
　矢内教授によると，Harinton 弁護士はこの控訴裁判所の見解を支持し，Shaviro 教授と Weisbach 教授は批判をしている。矢内一好，前掲論文，539-541 ページ。
　確かに，「租税回避濫用防止の公理の適用における税引き前利益の解釈であるが，税引き前利益に関する議論は，現実的ではなく，外国税額控除を考慮した金額が重要」（矢内一好，前掲論文，540 ページ）であり，租税裁判所が指摘した 3 点から CC 社が実行した租税回避を否認すべきであったと思料する。

第7章　経済的実質の法理の判断基準に疑念を抱かせた2つの判例と妥当な判断基準に戻した判例　295

・　CC社は，ADR取引に関する徹底的な調査又はそのリスク分析を全くしなかった。

　正に，矢内教授が指摘しているように，Compaq事案の「高裁が租税裁判所判決を逆転した理由に先例法を引用しているとはいえ説得力が感じられないのである。高裁も，上記の経済的事実関係を直視すれば，経済的実質の存在を是認する論理が不明瞭に感じられる。」[47]そして，国側は，これら両事案の控訴審において逆転敗訴という結果を受けたので，「同時期，ESD制定法化の法案が議会に提出されており，両者の間に何らかの関連があるのではないかという推定」[48]に著者も同意する。

　いずれにしても，このようなADR裁定取引を用いて租税回避を実行することは，1997年度の税法改正により，納税義務者にとってあまり魅力のあるものではなくなったようである（本章の脚注4を参照）。

3. CM Holdings事案[49]

(1) 概　要[50]

　通常の生命保険は，生命保険業者が保険契約者から，その生命保険契約期間中に保険料を受領し，その保険料の大半は保険価額（policy value, 保険金額とも

---

47)　矢内一好，前掲論文，542-543ページ。
48)　矢内一好，前掲論文，543ページ。
49)　Internal Revenue Service, v. CM Holdings, Inc., United States District Court for the District of Delaware, 254 B.R. 578, October 16, 2000, Decided.　国側勝訴。
　　本事案の原告が，通常と異なりIRSであるのは，CM Holdingsが破産申立てをしたので，IRSが提訴したからである。
　　Internal Revenue Service, v. CM Holdings, Inc., United States Court of Appeals for the Third Circuit, 301 F. 3d 96, August 16, 2002, Filed.　国側勝訴。
50)　この事案の概要，保険内容等については，本事案に係る控訴裁判所の判決文が地裁の判決文を簡潔に記述しているので，それを基にまとめた。

いう。）として積み立てられる。但し，その所定の金額は，当該保険証券の管理運営に要する予測経費（projected costs of administering the policy）に充当されることになっている。この予測経費には，リスク回避目的上，一定のマージン（margin）を見込んだ金額を含めているので，経費実額（actual expense）よりも若干上回るのが常であるが，その超過額は，経費実額が算定される年度末に調整されることになっている。

保険価額は通常，次の2要因により，時の経過とともに増額される。
・ 保険業者が受け取った年間保険料が，その累計額に加算される。
・ 保険業者が設定した適用年利率（rate specified by the insurer）[51]によって算定された利子が，その保険価額に加算される。

この保険価額は，保険業者からの借入れ，一般に保険担保ローン（policy loan）といわれる借入れの担保として利用することもできる。その保険がたとえ担保として利用されたとしても，保険業者はその保険価額に利子を積み立てることになっている。

また，生命保険証券（life insurance policies）は，次の2点により，優遇税制（tax-favored）商品といわれている。
・ 保険金受取人（beneficiary，受益者ともいう。）は，被保険者が死亡した場合，連邦所得税を支払うことなく保険支払金を受け取ることができる。
・ 適用年利率により発生した利子所得は，その保険金額に積み立てられる（つまり，内部積立（inside build-up）といわれる。），その利子所得に対する課税は繰り延べられる。

多くの法人がこの生命保険の特長を活用して，その従業員を被保険者として保険契約を締結し，保険担保ローンを設定することにより，上記の優遇税制以外に，発生した支払利子を所得から控除して租税の軽減を図るようになった。

被告人であるCM Holdings, Inc.（以下「CMH」という。）の子会社，Camelot

---

51) この利子率は，通常，"crediting rate"という。デラウェア地方裁判所の判決文 "1. Whole Life Insurance" を参照した。

Music, Inc.（以下「CM 社」という。）[52]は，その従業員 1,430 名のために Mutual Benefit Life Insurance Company（保険業者，以下「MBL」という。）から法人用生命保険証券（Corporate-Owned Life Insurance Policies，以下「COLI」という。）[53]の第 8 版（以下「COLI VIII」という。）を購入した。CM 社は，自社を本証券の保険金受取人とするよう指示した。MBL の COLI 事業は後に，Hartford Life Insurance Company（以下「HLI」という。）によって買収された。

被告人である CM 社がチャプター 11 による破産申立れをした後に，原告である IRS は，調査対象課税年度である 1991 年度，1992 年度，1993 年度，及び 1994 年度における法人所有の生命保険証券の保険担保ローンに関して，CM 社が支払った利子の控除を否認するために提訴した。CM 社は不服申立てをした。

(2) COLI VIII の概要

COLI VIII プランの目的は，初年度からプラスのキャッシュフローを達成す

---

[52] 本事案での被告人は CMH であるが，本事案に係る決定の多くが Camelot Music, Inc. によってなされているので，簡便化のために，両当事者を「CM 社」と呼称することにする。地方裁判所の判決文の 582 ページ，及び控訴裁判所の判決文の脚注 1 を参照した。

[53] この生命保険証券は，法人がその役員及び従業員の生活を保障することを目的とする生命保険で，法人が契約者で，その保険料の支払者であるとともに，COLI 保険の受益者でもある。COLI は，生命保険業者（life insurance entrepreneur）である Henry F. McCamish によって 1985 年に開発され，キーパーソンの死亡時保障の援助，及び役員の繰延報酬（executive deferred compensation），退職金の補填，その他の福利厚生計画の資金援助を目的として，かなり以前から普及していた。

保険担保ローンの利息控除額が，被保険者 1 人当たり 5 万ドルを上限とする 1986 年度改正が制定されたのに伴って，その保険料の改正がなされた。さらに同年度に施行された IRC 第 7702 条 A に準拠して，死亡時の補償金額が 1,000 ドルを限度るように減額されたので，その保険料の見直しがなされた。このような法改正に準拠した生命保険証券が COLI VIII である。CM Holdings, op. cit., 254 B.R. 578, pp. 586-588.

ることにあった。これを達成できるか否かは，IRC 第264条のセーフハーバーにかかっていた。そのためには，生命保険証券自体を担保とする借入資金（proceeds of a loan whose collateral is the policy itself）により，その生命保険料を支払うことにするが，この支払い方法は，継続する7年間のうち3年分しか利用できないことになっていた[54]。この制約に対応するためにCM社は，初年度から3年間に関する，いくつかの重要な事柄を当該保険契約の締結日に（on the first day of the policy year）一括して処理した（CM Holdings, 254 B.R. 578, pp. 592-593）。

- CM社は，保険価額を1,400万ドルにするべく，約1,400万ドルの保険料を支払った。
- CM社は，保険料を支払った保険証券を担保に，1,300万ドルの保険担保ローンを組んだ。
- 1,300万ドルのローンにより，1,400万ドルの保険料支払い分の，ほぼ全部を充当することができた。そして，

---

[54] IRC 第163条（a）は，「借入金（indebtedness）に対して，課税年度内に支払った又は発生した利子すべてを控除することができる」と規定している。

しかしながら，第264条では，「(3) 生命保険契約の解約返戻金（cash value）の増加分の一部又は全部を直接又は間接であろうと，計画的に借り入れることを意図した購入プランに基づいて，生命保険契約を購入し又は運用するために，取り組んだ又は継続した借入金に対して支払った又は発生した金額」に対して，その控除は全く認められない，と規定している。この部分の規定について，川田教授は，「生命保険契約の貨幣価値増加分の全部または一部の直接又は間接の計画的借入を意図した購入プランに基づいて行われた，かかる保険契約の購入又は維持に際して支払われ若しくは発生したすべての額，又は行われ若しくは継続した借入。」と訳している。川田，前掲書，143ページ。

但しその例外として，第264条（d）では，「7年間（その計画に関連する契約で，初回の保険料の支払日から始めて）に支払わなければならない年間保険料のうち，4年分の支払いについて，上記計画に基づく借入金によって支払われていない場合」，つまり7年間のうち3年分又はそれより少ない期間に限り，その控除を認める，というセーフハーバーを設けている。

・CMHは，この資金調達により，現金100万ドルの正味支出だけで済ませることができた。

　保険担保ローンで保険料を支払うということは，奇想天外な考え（chimera）ではあるが，第264条（d）の規定により，4年分の保険料支払いが保険担保ローンにより支払われていない限り，残り3年分の保険料をこの支払方式で支払うことが認められている。この支払方式を利用して，当初の3年間は，その年間保険料の支払総額と当該ローンの未払利子の合計額（1,400万ドル）の90％強を保険担保ローンにより資金調達して相殺取引を行った結果，CM社は，その差額分100万ドルの現金払いだけで賄えた。この支払方式は，1950年代後半から一般に行われている方式とされている[55]。

　それに続く4年間の保険料の支払いは，当該保険に積み立てられる「積立配当金」（loading dividend）[56]を充当することにした。この4年間については，各年の保険期間が始まる初日に次の相殺取引を同時に実行した（Ibid., 254 B.R. 578, p. 593）。

・CCM社は，年間保険料と未払利子の合計額を支払った。
・MBLは，その経費分として年間保険料の約95％分を取得し，残り5％

---

[55] この方式が一般的であったので，控訴裁判所は後述するように，この方式により保険料を支払った当初3年間の取引には，経済的実質があるとして，地裁の判決と異なる判断を下した。この件に関しては，地裁の判決文の602ページに次のように記述されている。

「初年度の初日のローンが，かなり以前より，保険料の資金調達手段として一般的な方法であったことが，多くの証拠資料により裏付けられている。保険料の支払いを履行するために，当初3年間の各年に保険担保ローンをする保険契約者が一般的である，とBossen氏は証言した。Bossen, Tr. 2128-29. この種の保険契約は，1950年代後半から存在していた最低限の貯蓄保険（minimum deposit insurance）であった，とBossen氏は述べた。」

[56] 川田教授は，"loading dividend" を「先払い配当」と訳している。川田剛，前掲書，141ページ．なお，"loading" には，「付加保険料」という訳もあるが，「先払い」に相当する訳を見つけることができなかった。日本生命は，「積立配当金」という用語を用いているので，ここでもその用語を使用する。

分は，保険価額として加算された。
- 上記経費分の約 5～8％は，MBL の経費実費を補填するために引き当てられた。
- 上記経費分の約 92～95％は，直ちに「積立配当金」として CMH に払い戻された。
- CM 社は，当該ローンの未払利子の約 99％に相当する金額を保険価額の一部払戻金（partial withdrawal）として受領した。
- 積立配当金と一部払戻金の合計額は，年間保険料と当該ローンの未払利子の支払合計額に充当された。
- CM 社は，上記の差額を現金で支払った。

従って，当該プランの全体像は，保険担保ローンによる資金を1年目から3年目までの保険料の支払いに充当し，その後の4年目から7年目までの保険料と未払利子については，積立配当金と一部払戻金が充当された，といえる。

MBL からの保険担保ローンに適用される利率は，CM 社が利用しようとする支払利子の控除額に大いに影響を及ぼすので，CM 社は，選択肢として利用できる利率のうち，最も高い利率を常に選択した[57]。従って，CM 社の目的は，このような複雑な操作を駆使して，COLI VIII 契約の当初3年間のうちに多額の支払利子を計上して，最大限の租税軽減を図ることであった，と容易に理解できる。

(3) 事実関係

控訴裁判所の判決文に記述されている事実関係には，実行された日に曖昧なところがあったので，地方裁判所の判決文と照らし合わせて，次のように日付順にまとめた。

---

[57] 地方裁判所判決文「3. Loan Interest Rate and Differential Crediting Rates」の595ページには，Moody's の格付け Baa に対する固定金利による場合と変動金利による場合との金利が一覧で表されている。CM 社は，変動金利を選択し，さらに，Loaned Crediting Rate として「Baa + 1％」という最も高いローン金利を選択した。

1987年7月　　　The Newport Group, Inc.（保険のブローカー，以下「NG社」という。）の James Campisi（以下「JC氏」という。）は，CM社のCFOである Jack Rogers（以下「JR氏」という。）と面談した後，同年7月6日付けの手紙で，従業員の医療保険資金対策として MBL の COLI を紹介し，「この保険の主たる魅力（key factor）は利子の控除を受けられることにある（being able to absorb the interest deductions）」と力説した。また，本 COLI 保険の契約者にとって保険担保ローンの利率をより高くすることによるメリットがどれほどあるか，を示した図表も添付した。

その後，1989年末まで，JR氏とJC氏とは数回会議を持ち，医療保険資金対策について検討を重ねた。

1989年12月22日　JC氏は JR氏に宛てて，1,294人の被保険者に対して1人当たり1.6万ドルの年間保険料で40年満期のCOLI VIII（初年度から3年間の保険料を保険担保ローンで支払い，4年目からの4年間を配当金と一時払戻金で保険料を支払うことをベースに算定）を実行した場合の予想財務成績（projected financial performance）を示した図表2種類（初年度に死亡者を見積もった場合とゼロとした場合）を添付書類として送付した。

JR氏は，この資料に基づいて税務担当役員と検討を重ねた。

1990年2月16日　CM社のJR氏が前渡し金契約書等に署名をし，27.8万ドルの小切手をJC氏に渡した。

JR氏は，「COLIの要約」と題する覚書に，下記の起こり得るリスクを認識した上で，本契約を推し進める旨の署名をした[58]。

　・遡及的な税法の改正が実行されること。

---

58) CM Holdings, op. cit., 254 B.R. 578, p. 590, and 301 F. 3d 96, p. 101.

	・ CM 社が数年間連続して課税所得を生み出せないこと。
	・ IRS が調査攻撃すること。
1990 年 4 月 11 日	CM 社は COLI VIII の仕様を最終決定するために会議を開催した。その会議に参加した JC 氏は，COLI VIII が契約期間中，プラスのキャッシュフローを生み出すであろうと記した「財務面での節税戦略（financial tax-advantaged strategy）」という資料を配布した。
1990 年 4 月 30 日	CM 社は，MBL に保険料約 1,400 万ドルを支払うために，MBL から約 1,300 万ドルの保険担保ローンを受けて充当し，差額約 100 万ドルを現金で支払った[59]。（2 年目及び 3 年目の初日において，CM 社は，年間保険料と未払利子の合計額の支払いに充てるために，年間保険料の 90％分と未払利子の合計額に相当する分を保険担保ローン，残り 10％分を現金で支払うという，相殺取引が行われた。）
1990 年 5 月 3 日	JC 氏は，向こう 20 年間の COLI VIII の財務成績を予想した図表を作成して JR 氏に手渡した。
1996 年 8 月 9 日	CM 社は，デラウェア州地方裁判所に連邦破産法 11 条（いわゆる，チャプター11）の適用を申請した。当該地方裁判所は，破産裁判所（Bankruptcy Court）にその手続きを委託した。
1997 年 11 月	IRS は，440 万ドルの税金，180 万ドルの破産申立てまでの利子，及び 135 万ドルの加算税の請求書を提出した。

---

[59] 地方裁判所の判決文の脚注 17 及び 18 によると，現金による支払残 70.8 万ドルを含めて，これらの取引は，実際のところ 1990 年 4 月 30 日に実行されたが，前渡し契約書の締結日である，1990 年 2 月 16 日に実行されたようになっていた。

(4) 各裁判所の判決

イ 地方裁判所の判決（国側勝訴）

地方裁判所はまず，一般的な生命保険，本事案に係る COLI VIII の商品開発から CMH の購入経緯，購入資金調達，保険料の支払方法，キャッシュフローの状況等を把握した。その後に，地方裁判所は，IRC 第 163 条による利子の控除可能性について，見せかけの取引の法理を適用して実に詳細に検討した。

「この見せかけの取引の法理は，Gregory 事案での最高裁判決（293 U.S. 465, 79 L. Ed.596, 55 S. Ct. 266 (1935)）がその起源であった。Gregory 事案での最高裁は，納税義務者が控除した，法人の組織再編成で発生した損失及び経費を否認した CIR の処分を支持した。その納税義務者は，IRC が要請した組織再編成に必要な各ステップを遵守して行ったが，当該取引が『予定された計画を遂行（consummation at a preconceived plan）』するための『単なる策略（mere device）』であったこと，及び当時の IRC が意図した範囲内の組織再編成でなかったことを理由に，最高裁はその損金性を否認した（Id. at 469)。その取引は，その法形式とは対照的に，経済的実質を欠いており，『制定法が意図したもの（the thing which the statute intended）』ではなかった。」[60]

先例判例である ACM 事案等での「見せかけの取引の法理は，その対象取引の実質がその形式に一致しているかを裁判所が判定するために，その取引の各段階だけでなく，取引の全体像も徹底的に調べることを要請している。(See ACM Partnership v. Comm'r, 157 F.3d 231, 246 (3d Cir. 1998), cert. denied, 526 U.S. 1017, 143 L. Ed. 2d 348, 119 S. Ct. 1251 (1999) ; Weller, 270 F.2d at 294.)」[61]，Knetsch 事案等での「取引の形式が IRC の控除可能性に係る要件を満たしていても，その取引が事実上の又は経済的な実質（factual or economic substance）を欠いていれば，その取引に関連して発生した経費又は損失は控除することはできない。(See Knetsch, 364 U.S. at 365-66; Wexler, 31 F.3d at 122; Lerman v. Comm'r, 939

---

60) CM Holdings, op. cit., 254 B.R. 578, p. 598.
61) Ibid., 254 B.R. 578, p. 598.

F.2d 44, 45 (3d Cir. 1991), cert. denied, 502 U.S. 984, 116 L. Ed. 2d 615, 112 S. Ct. 590 (1991) ; Kirchman v. Comm'r, 862 F.2d 1486, 1490 (11th Cir. 1989).)」[62]等を参照して、「裁判所は、見せかけの取引に関する2つの基本形態、つまり、事実において見せかけと実質において見せかけ、を認めるようになった。(See ACM, 157 F.3d at 247 n.30 (citing Kirchman, 862 F.2d at 1492).)」[63]

そこで本事案の一連の取引が見せかけの取引に該当するか否か判断するために、地方裁判所は、まず事実において見せかけであったかを検討し、次に実質において見せかけであったかを詳細に検討した。

その結果、当該利子の控除は、次の2つの理由により否認されるべきである、と地方裁判所が判断し、IRS の主張を全面的に認容した。

① この利子の控除が、事実上の見せかけ（factual sham）[64]であった取引により創出されており、よって、IRC 第264条に係る保険担保ローンの利子控除に対するセーフハーバーの適用範囲内に該当しなかったので否認されるべきであった。

② この利子の控除が、実質において見せかけであった取引により創出されていたので、利子は、IRC 第163条（a）の規定に基づき控除可能でなかった。

ロ　第3巡回控訴裁判所の判決（国側勝訴）

控訴裁判所では、Sloviter 裁判官、Nygaard 裁判官及び Ambro 裁判官が審議に当たり、Ambro 裁判官が主文理由を執筆した。

CM 社は、COLI の保険料を支払うために充当した積立配当金が、事実上、見せかけであり、当該取引は、全体として、経済的実質に欠けている、とした

---

62)　Ibid., 254 B.R. 578, p. 598.
　　　Kirchman 事案の概要については、本書の第6章の脚注49において記述している。
63)　Ibid., 254 B.R. 578, p. 598.
64)　本地方裁判所の判決文では、"factual sham" を使用しているが、Kirchman 事案での控訴裁判所が用いた "sham in fact" と同じ意味である、と思料する。

地方裁判所の判決に異議を申し立てた。そこで，地方裁判所が行った本事案の一連の取引の詳細な分析を検討した結果，控訴裁判所はまず，CM社が当該保険証券を購入しても，その経済的状況に何ら影響を及ぼさなかったので，客観的な経済的実質を欠いていると判断した。次に控訴裁判所は，この保険証券の購入に関して妥当な事業目的が全くなかったので，主観的な目的にも欠けている，と判断した。従って，この取引は全体として経済的実質を欠いているので，経済的な見せかけであるとした地方裁判所の判決は適切であった，と控訴裁判所は判示した。さらに，控訴裁判所は，CM社の申告所得が不正確であるとして，地方裁判所が査定した加算税も容認した。

その具体的な手続きとして控訴裁判所は，本事案での取引が経済的実質を有しているかを判断するために，ACM事案で実行された取引の経済的分析の2つの側面，つまり，当該取引の客観的な経済的実質とその取引の背後にある主観的な事業上の動機[65]を検討した。但し，客観的な経済的実質の方が，主観的な事業上の動機よりも重要であることを次のように述べている。

「当控訴裁判所は，主観的な分析が重要であることに代わりはないが，客観的な分析の方がより重要である，とそれとなく言及した。Id. at 248 n. 31（『取引が，当該納税義務者の正味経済状況（net economic position），法的な関係，又は租税軽減以外の事業利益（non-tax business interests）に客観的に影響を与えるならば，当該取引がたとえ租税上の成果に動機づけられていたからといって，当該取引を否認することはできないであろう。』）」[66]

---

[65]　「しかしながら，この経済的な見せかけに関する査定の2つの側面は，『厳密な2段階分析』という別々の要件からなるというよりは，当該取引による租税の軽減とは別に，税務目的の観点から，その取引が十分な実質を有しているかどうかの分析をそれぞれが特徴づけているかということができる。」ACM Partnership, op. cit. 157 F. 3d 231, p. 247.

[66]　CM Holdings, op. cit., 301 F. 3d 96, p. 102.
　つまり，その取引が租税を軽減したいという動機から実行されたとしても，客観的な経済的実質を有する取引であれば，その租税回避は容認されるということを確認している。

(イ) 客観的な経済的実質の欠如

　控訴裁判所は，本事案には客観的な経済的実質に欠ける，として次の具体例を挙げている[67]。

(a) 　地裁が指摘したように，COLI VIII の 20 年間のキャッシュフローは，利子の控除が得られない限り，1,900 万ドルの損失が出ることになっているので，税前利益が発生する可能性は全くなかった。

(b) 　多くの非課税保険 (main nontax benefits insurance plans) は，死亡給付金が非課税であり，非課税利子が積み立てられるので，死亡したときに，その便益者に利得が生じる。しかし，CM 社にとって死亡給付金は税前利益にはならず，CM 社は実際，想定外の死亡給付金 130 万ドルを受領したが，利子の控除があって初めて，利益が発生するように組まれていた。

(c) 　保険料の支払いを最小限にするために，MBL が各年度末に持分が増えないように自動的に調整する，ゼロネットエクイティ (zero net equity) を仕組んでいた。

(d) 　CM 社は，Gregory 事案 (新設法人を設立した目的が達せられたら即時に解散した組織再編成計画)，Knetsch 事案 (年利 2.5% の年金貯蓄債券を購入するのに，年利 3.5% のノンリコース型手形により資金調達，年金額が 1,000 ドルと「極めて少額」)，Wexler 事案，及び Lerman 事案を挙げて，これらの事案のように「一時的で，筋の通らない投資 (fleeting and inconsequential investments)」に比べ，COLI VIII は，長期の投資であった，と主張した。しかし，控訴裁判所は，「存続期間だけでは，経済的実質を欠く取引を正当化することはできない。適切な審理とは，その取引が短期とか長期ではなく，当該納税義務者に財務上の成果をもたらしたかにある」にもかかわらず，この一連の取引は，「ACM の財務状態に何ら正味成果をもたらさず，それぞれが相殺している」ことに問題があり，本事案においても，保険料の支払いと配当を相殺して繰り返しゼロネットエクイティにしたことに問題があった，

---

67) 控訴裁判所の判決文の 103-105 ページを参照している。

と言及した。

(ロ) 主観的な事業目的の欠如

　CM社は，COLI VIIIの取引には，客観的な経済的効果があったので，地裁がこれ以上に分析する必要もないにもかかわらず，地裁は，本取引を経済的な見せかけであったと決定するために，主観的な分析を用いるという過ちを犯した，と主張した。この主張に対し，控訴裁判所は，「Gregory事案での『道理にかなった事業目的（rational business purpose)』の分析をして以来，裁判所は，取引が経済的実質を有するかを判断する場合に納税義務者の目的を評価してきた。」[68]として，CM社の本法律に対する見解は間違っている，とした。その上で，控訴裁判所は，本事案の取引に事業目的が欠けている理由を次のように述べている[69]。

(a) 議会がある活動を促進することを目指し，そして，納税義務者がその活動を実行する手段として租税を回避することを望む場合，租税回避の主観的な動機づけは容認される。しかし，制定法の目的でない活動で，単に租税を回避することだけを目的とする活動に携わることは，経済的な見せかけ (economic sham)[70]を実行していたとみなされる。

　IRC第264条に規定する7年間のうちの4回分のセーフハーバーは，「節税をする目的以外」のために，保険を担保に借り入れることの重要性を認識して特別措置を講じたものであった。S. Rep. No. 830（1964)，reprinted in 1964 U.S. C.C.A.N 1673, 1750. しかし，議会はこの控除をする機会をかなり限定していて，4年目から7年目における積立配当金は，法律の文言には従っているが，明らかに法律の趣旨を欺く抜け道であった。

(b) CM社の動機づけが正に租税軽減にあったとする別な要因は，保険担保ローンの金利として，できるだけ高い利率をわざと選んだことである。

---

68) Ibid., 301 F. 3d 96, p. 106.
69) 控訴裁判所の判決文の106-108ページを参照。
70) 控訴裁判所の判決文では，"economic sham"を使用しているが，地方裁判所が用いた"sham in substance"と同じ意味である，と思料する。

(c) NG 社は,「この保険の主たる魅力 (key factor) は利子の控除を受けられることにある」と CM 社に紹介し,「CM 社の課税所得の見込額に沿うように」プログラムを変更すると申し出ていた。

(ハ) 事実上の見せかけ

控訴裁判所は,地裁が本事案の取引が全体として経済的実質に欠けるので,経済的な見せかけであるとしたことを,明らかに正しいとしながらも,その取引が事実上の見せかけであったのか,経済的な見せかけであったのかを明白にすべきであるとして,次のように判示した。

(a) 事実上の見せかけとは,実際には全く発生していない取引と定義されるが,保険料の支払いとローンの実施とは同時に発生して相殺されているので,事実上の見せかけとはならない。

(b) さらに,1年目から3年目に実施された相殺という支払方法は,一般に行われている支払方法であるので,経済的実質を有する取引といえる。

(c) 4年目から7年目の積立配当金で保険料と相殺することも,「実際に発生していた」ので,事実上の見せかけとはならない。

(d) しかしながら,この積立配当金で保険料を支払うことが商慣行となっていないので,経済的な見せかけとなる。

(5) 小 括

本事案での地方裁判所は,この複雑に仕組まれた COLI VIII の一連の取引に対して経済的実質の法理を適用し,74 ページにわたって詳細に分析して判決を下した。さらに控訴裁判所は,その判決を再度分析して,「経済的実質の法理」とは何かをこれまでの先例判例を基にまとめあげたことにその意義があった,と思料する。

裁判所は Gregory 事案,Knetsch 事案の判決に準拠して,納税義務者の法形式だけでなく,その取引の実質について分析しなければならない。Lerman 事案により,税務上の優遇措置を認める IRC の規定を適用する前提として,経済的実質が存在していること,この経済的実質の存在が国側の切り札であ

る,と控訴裁判所は認識していた。つまり,たとえ取引が,その優遇措置を得るのに必要なすべての要件を確実に満たしていても,その取引に経済的実質が備わっていることを立証することができなければ,租税法の目的上,その控除は否認されることになることを明示した。

そこで,その取引が経済的実質を有しているか否かを判断するために,ACM 事案で実行された取引の経済的分析の2つの側面,つまり,当該取引の客観的な経済的実質とその取引の背後にある主観的な事業上の動機（この分析も重要な要件であることを明記して）を検討して,その双方に欠けていたことを確認した。

また,取引には2種類の基本形態,つまり,事実上の見せかけ,もしくは事実において見せかけ（factual sham or shams in fact）と,経済的な見せかけ,もしくは実質において見せかけ（economic sham or shams in substance）があることを控訴裁判所は改めて確認し,本取引には「事実上の見せかけ」はなかった,と結論づけた。

但し,1年目から3年目に実施された相殺という支払方法に経済的実質があると判断したものの,一連の取引を全体として検討した結果,本取引は経済的実質に欠けると判断したことが,これまでの先例判例と異なる判決であった。この最終判決を出すのに,2002年8月21日,2002年8月23日,及び2002年9月3日と3回にわたって修正せざるを得なかったのも,そのような状況が基因したのかもしれない。

第 8 章　米国の一般否認規定の創設とその意義

　米国は，10 年以上の歳月を費やして，2010 年に経済的実質の法理 (Economic Substance Doctrine，本書では ESD と略してきた。) 及び加算税の法定化を実現することができた。それに伴い，IRC 第 7701 条 (o) に ESD の明確化 (clarification) という規定が新たに制定されたことにより，一般否認規定が制定されたといわれている。但し，この規定は，コモンローから生成された ESD を単に確認しただけである，と位置づけるのが大方の見解であろう。しかしながら，ESD の法定化に尽力してきた財務省，両院合同課税委員会等の報告書，当該条文の文言の変遷を具に調べてみた結果，今般の IRC に規定された ESD とコモンローから生成された ESD は，似て非なる ESD であり，第 7701 条 (o) という規定は，同条で定義された経済的実質を欠いている取引 (transaction lacking economic substance or noneconomic substance transaction) に対する加算税に関する条項（第 6662 条 (6)，第 6662A 条，第 6664 条，及び 6676 条）の制定を伴った「創設規定」であると著者は推考した。財務省がコモンローと異なる ESD をなぜ制定せざるを得なかったのか，その背景と意義について本章で検討することにする。

1.　概　要

　世界各地に拠点を保有する多国籍企業に代表されるように，IT の一層の進化により，事業活動がさらにグローバル化し，資本の移動の加速度化と共に，国際的な租税回避が可能となり，実際にそのような事件が報道されている。例えば，2012 年の後半には，スターバックス，グーグル，アップル等の租税回避が政治問題化した。主要国の課税当局は，国際的な二重課税をいかに排除していくかに重点を置きすぎた結果，「源泉地国にも居住地国にもどちらにも税

金が落ちていない，この2ヵ国からみたら，二重非課税（double non-taxation）のような弊害が出てきている。」[1]OECDは，このような二国間の租税法が異なることを利用して両国からの課税を免れるハイブリッド・ミスマッチ取引の効果を否認する規定の策定，無形資産，リスクと資本及び他の租税回避の可能性の高い取引に係る移転価格税制の策定等を含む15項目からなるBEPS（Base Erosion and Profit Shifting，税源浸食と利益移転。）行動計画を2013年7月に公表した。この行動計画は，同年9月に開催されたG20サミットが全面的に支持したことから，各国の課税当局の協力体制が促進され，OECDの勧告に基づいて各国が国内法を改正し，あるいは租税条約を改定していくのでは，と期待される。その1つの実績としてOECDは，多国籍企業が，納税額をできるだけ低く抑える目的で低課税国に利益を移転させる租税回避策を防ぐために，移転価格税制を強化して，「企業グループ内の国境を越えた取引について，税務当局へ年1回報告することを義務づける」[2]国際ルールを2014年9月16日にまとめた。

「OECDをはじめとして多くの国は，増加傾向にある租税回避に関する事案に対する対策に苦慮しているが」[3]，複雑・巧妙な租税回避（例えば，上述した「ハイブリッド・ミスマッチ取引」を利用した租税回避取引）を個別否認規定で否認できないため，GAAR（General Anti-Avoidance Ruleの略語であるが，英国では，第4章で検討したように"General Anti-Abuse Rule"としている。通常，一般否認規定，一般的否認規定，包括否認規定，又は包括的否認規定ともいわれているが，本書では「一般否認規定」とする。）を導入して，そのような租税回避に対抗しようとしている。

第4章の「3．英国の租税回避事案への米国判例の影響及び英国のGAARの

---

1) 財務省総括審議官でOECD租税委員会議長である浅川政嗣氏の「OECDにおける最近の議論―BEPSを中心に」（『国際税務』Vol. 34, 2014年1月, 36ページ）での見解である。
2) 2014年9月17日付けの日本経済新聞朝刊。
3) 矢内一好「一般否認規定の諸外国の比較（第1回），一般否認規定の各国比較の概要」（『税務事例』（vol. 46 No. 4), 2014年4月), 79ページ。

導入」で述べたように，租税回避に対する否認規定（anti-avoidance rules）は，租税回避に対する個別否認規定以外に，「一般（general）」と「特定（specific）」と大きく分類することができる。

　「GAARとは，予期した租税回避（perceived avoidance of tax）に対抗するために，国内法にて広義の原則をベースにした規定（broad principles-based rules）である。GAARは，租税上の便益を獲得する以外に商業上の実質又は目的（any commercial substance or purpose）を有しない取引又は取決め（arrangements）であると判断された場合に，その取引に係る租税上の便益の享受を否認することを課税当局に付与する法律上の概念である。」[4]

　一方，特定の取引に関して（particular transactions of concern）制定された租税法は，SAARs（Specific Anti-Avoidance Rules，以下「限定的租税回避否認規定」という。）又はTAARs（Targeted Anti-Avoidance Rules，以下「目的限定型否認規定」という。）という用語が使用される[5]。

　英国が2013年7月に導入したGAARは，一般的な"General Anti-Avoidance Rule"よりも「対象を狭めたGAAR（narrowly focused General Anti-Abuse Rule）」であったことを第4章で確認した。

　では，米国の状況はどうかというと，Ernst & Youngの報告書によると「米国には，GAARはないが，GAARに類似する，コモンローから生成された法理がある。」[6] その法理が，ESD，つまり「経済的実質の法理」であり，タック

---

4) Ernst & Young, GAAR rising, Mapping tax enforcement's evolution, February 2013, p. 2. (http://www.ey.com/Publication/vwLUAssets/GAA_rising/$FILE/GAAR_rising_1%20Feb_2013.pdf#search='GAAR%2CE%26Y')（2013年12月1日ダウンロード）。

5) Ernst & Young, op. cit., p. 2.
　矢内教授は，SAARsを「限定的租税回避否認規定」と訳して，日本の同族会社の行為計算否認規定（法人税法第132条）は，上記の分類からすると，SAARに近い」（矢内一好，前掲論文，80ページ）としている。一方，「連結納税，組織再編及びPE帰属所得に係る行為計算否認は，TAARとして分類できるものと思われる。」（矢内一好，同上論文，80ページ）としている。

6) Ibid., p. 84.

スシェルターを防止することを目的に ESD を法定化したのが 2010 年のことである。その意味からすると，米国の ESD の法定化（IRC 第 7701 条 (o)）は，一般にいわれる GAAR そのものではないかもしれないが，その 1 類型である TAARs に相当すること[7]を後述する。

今般の ESD の法定化に関して岡村教授は，「一言で言えば，これまで判例法の中で集積してきた『実質主義（Economic Substance Doctrine）』といわれる考え方を確認したものです。それだけに過ぎません。」[8]と主張している。この主張に対して，本書では，

① 今般の ESD の法定化が，タックスシェルターの防止等を目的とした「創設規定」であるので，コモンローから生成された ESD とは似て非なる規定であること，

② 従前の二分肢テストの要件である，事業目的と経済的実質とは異なる一段と厳しい 2 要件を満たさなければならない，結合的二分肢テストになったこと，

③ 上記①及び②の相違により，同一事案でも，その租税回避が否認される場合と容認される場合が起こりえること，

を示すことにより，今般の ESD の法定化が，タックスシェルターに対する加算税の強化（経済的実質を欠いている取引の場合には 20%，さらに，開示されていなかった同取引に対しては 40% に重課）と相まって，相当意義のある施策であったことを明示する。

---

7) 矢内一好，「米国税法における経済的実質原則 (3)」（『商学論纂』(中央大学) 第 54 巻第 5 号，2013 年 3 月)，557 ページ。

8) 岡村忠生「米国の新しい包括的濫用防止規定について」（『第 62 回租税研究大会（東京大会）第 2 日報告 2』，2010 年 9 月 16 日)，139 ページ。岡村教授は，"Economic Substance Doctrine" をここでは「実質主義」と訳しているが，同論文の 143 ページ以降では，「経済的実質主義」と訳している。

2. 米国のタックスシェルターに対する目的限定型否認規定の創設とその背景

(1) タックスシェルターに対する個別否認規定による対処の限界

　1970年代から1980年代初頭においては，高い累進税率が課される富裕層を始めとする個人の所得税及び法人の連邦所得税を回避するために，パートナーシップ等を利用して人為的に損失を創出して所得を繰り延べる課税逃れ商品，「タックスシェルター」を用いるケースが米国において横行していた。本書で検討した，Hilton 事案（パートナーシップを利用して，支払利子と減価償却を控除），Grodt & McKay Realty 事案（牧畜プログラムへの投資による税額控除及び減価償却の控除），Holladay 事案（パートナーシップの損失すべてを納税義務者に配分），さらに，Rice's Toyota World 事案と Shriver 事案（両事案とも同じリース会社から中古コンピュータをリースバックすることにより支払利子と減価償却を控除）等では，タックスシェルターを利用して租税上の便益（tax benefit）を享受しようと図ったが，裁判所が，事業目的に欠け，かつ，経済的実質を有しない取引であると判示して，それらの租税回避を否認した。

　1980年後半からは，デリバティブ取引，非課税法人を介在させたＡＤＲ取引等の巧妙な金融手法を開発した大手会計事務所，投資銀行等が多額の譲渡所得を有する納税義務者に，国内のみならず軽課税国を介在したタックスシェルターを売り込み，名目上の損失を計上して譲渡所得を繰り戻す方法により国際的な租税回避を幇助する事案が目立つようになった。本書では，その典型的な事案としてＡＣＭ事案（外国法人とパートナーシップを設立し，納税義務者の持分比率を設立当初より大きめに変更することにより名目上の損失と譲渡所得とを相殺した事案），並びに IES 事案と Compaq 事案（非課税法人から配当権利確定日直前に株式を購入後，権利落ちした当該株式を売却することにより人為的に譲渡損失を発生させて既存の譲渡所得と相殺し，さらに外国税額控除の控除枠を利用して租税回避を図った事案）を検討した。しかしながら，後者の2事案での取引には，2要件である事

業目的及び経済的実質があるとして，それぞれの控訴裁判所は原審を取り消して，その租税回避を容認した。この敗訴を受けて課税当局は，1997年納税義務者救済法（Taxpayer Relief Act of 1997，以下「1997年法」という。）の制定により，受取配当に対して支払った外国税に外国税額控除を適用するには，当該配当の権利確定日を含む30日間のうち，最低16日間当該株式を保有しなければならない，とその保有期間を増す対処策を講じた（IRC第901条（k））。1997年法の個別規定の制定以降，権利落ちした株式を利用した租税回避は，納税義務者にとって魅力のある租税回避スキームではなくなったようである。

　財務省，IRSは，第269条（所得税を脱税又は租税回避（evade or avoid income tax）するために実行される買収），第446条（会計処理方法に関する一般規則），及び第482条（納税義務者間の所得と控除の配分）により財務長官の権限を強化し，租税回避に対する個別否認規定を必要に応じて制定してきた。例えば，ACM事案の影響を受けて，割賦販売方法が租税回避の手段として利用されないようにするために，財務長官は必要な又は妥当な規則を定めることができるとするIRC第453条（j）を制定した。しかしながら，租税法の網を潜り抜けた複雑かつ巧妙な手法があたかも「逃げ水」の如く編み出されてきたために，個別否認規定だけでは的確なる対処が困難になってきた。

　そこで財務省，IRSは，コモンローから生成してきたESDを法定化する必要性を認識し，その法理の法定化によりタックスシェルターの防止等を目的とする限定型否認規定とすべく，その実現に尽力することになる。従って，米国のESDの法定化は，OECD加盟国をはじめとして，多くの国が導入しているGAARとは異なる租税回避否認規定であるといえる。そのことを明らかにするためにも，ここではまず，財務省，IRSが個別否認規定の制定により租税回避に対応してきた歴史的背景を検討することにする。

1978年　タックスシェルター対抗策として，個人及び税法上の閉鎖法人（closely held corporation）が一定の事業活動等から生じた損失は，納税義務者がその活動に対してリスクを負担した総額を限度に控除するこ

とができるとするアット・リスク・ルール（at-risk rules, IRC 第465 条に規定する危険負担の原則。）を導入した。

1981 年　レーガン政権は，Economic Recovery Tax Act of 1981（1981 年経済再建税法，以下「1981 年法」という。）において多額の減税措置を講じたが，その措置がかえってタックスシェルターを大流行させるきっかけを作ってしまった[9]。また，第 6659 条（所得税の目的上，評価額の過大申告（valuation overstatements）の場合に加算)[10]を制定した。

1982 年　納税義務者がタックスシェルターに投資して税務上の便益のみを享受しようとする行動に対して，第 183 条（利益獲得の目的上，関連性のない活動（activities not engaged in for profit））が修正され，1986 年税制改革法では第 183 条（d）（推定）も修正された。この「推定」とは，「対象課税年度に終了する，5 課税年度のうち 3 課税年度以上の期間の活動からもたらされた総所得が，その活動に基因する控除額」を上回らなければ，タックスシェルターへの投資とみなされて，その取引に係る控除は否認されることになる。

第 6700 条（濫用的タックスシェルター等の促進活動，Promoting abusive tax shelters, etc.）を制定し，パートナーシップ，投資計画等を組成する者を対象に，所定の要件に抵触した場合に加算税を賦課することにした。第 6221 条（パートナーシップ段階で決定される課税処理，Tax treatment determined at partnership level）及び第 6662 条（加算税（過少申告加算金）の賦課，Imposition of accuracy-related penalty，但し，第 6664 条（c）により，合理的な理由があれば免除）を制定した。

1984 年　IRS は，タックスシェルターの定義を設けて（第 6111 条（c）），濫用的

---

9)　中里実著『タックスシェルター』有斐閣，2002 年，14 ページ。
10)　1989 年 12 月 31 日以降は第 7721 条に変更された。

タックスシェルターになりうるものを企画する者，又は投資家に販売する者（any person who organizes any potentially abusive tax shelter, or sells any interest in such a shelter）に対して，第6111条にタックスシェルターを識別する情報，タックスシェルターの租税上の便益に関する情報，財務長官が定めるその他の情報についての登録制度（registration of tax shelters），第6112条に投資家リストを7年間保存する義務等を設けるとともに，それらの義務に違反した者に対する加算税に関する条項（第6707条及び第6708条）を導入した。

1986年　IRSは，1978年にアット・リスク・ルールを制定したが，その後も新たなタックスシェルターが開発され，増殖し続けていたので，議会は1986年税制改革法（Tax Reform Act of 1986）により，この消極的事業活動による損失（passive activity loss）と事業所得，給与所得，配当所得等との通算を認めないとする，消極的事業活動による損失制限ルール（IRC第469条）を制定した。これ以外に，加速度償却に対しては収益予想償却法の適用，また，1969年に導入されたミニマム税を修正した代替ミニマム税（alternative minimum tax）も導入された。

1993年3月15日　第6巡回控訴裁判所は，Pasternak事案（タックスシェルターを利用して投資減税と控除を他の所得と通算した租税回避事案）に対して，経済的実質も利益獲得の動機づけも欠けているので見せかけであったとした，租税裁判所の判決を支持した[11]。

---

11) Frank C. Pasternak v. Commissioner of Internal Revenue, United States of Appeals, Sixth Circuit, 990 F. 2d 893, Decided April 8, 1993.
　本事案の概要は次の通りである。
　F. C. Pasternak, J. Pasternak, A. J. Cutaia, 及びD. G. Koehlinger（原告）は，プロモーター（Barbret氏等3名とデトロイトの法律事務所）が設立した4つの有限組合（limited partnerships）の事業であるマスター・レコーディング・リーシング・プログラム（master recording leasing programs）に投資をした。

1997 年　クリントン大統領の政権下，Taxpayer's Relief Act of 1997（1997 年納税義務者救済法，以下「1997 年法」という。）を制定し，外国税額控除を受けるための株式の最低保有期間（IRC 第 901 条（k）），タックスシェルターの定義をタックスシェルター等の「主要な目的（principal purpose）」から「重要な目的（significant purpose）」への変更（第 6662 条（d）），総額 10 万ドルを超える手数料を受領するプロモーターも登録の対象とすること（第 6111 条（d）（1）（C））等が制定された。

第 6662 条（d）によると，タックスシェルターとは，(I) パートナーシップ若しくはその他の事業体，(II) 投資計画若しくは投資の取決め（any investment plan or arrangement），又は (III) その他の計画若

Pasternak 氏等は，1981 年度及び 1982 年度において IRC162 条の規定に基づき，この事業に係る投資減税と事業経費を計上し，他の源泉から得た所得と通算して税務申告書を提出した。しかしながら，歳入庁長官は，当該取引は経済的実質を全く有していないこと，及び当該取引が予測した税務上の便益を得るためにのみ実行されたことを理由に原告らの投資に係る控除及び税額控除を否認した。

租税裁判所は国側の主張を認めて，原告が申告した控除と投資減税を否認すると共に，加算税の賦課を認めた。

第 6 巡回控訴裁判所は，1981 年度の一連の取引には，経済的実質も利益獲得の動機づけも欠けているので見せかけであったとした，租税裁判所の判決を支持した。また，過少申告に対する加算税及び濫用的タックスシェルターに対する 1986 年 IRC 第 6621 条（c）（1）に規定する「租税軽減に動機づけられた取引による（attributable to tax motivated transaction）」相当なる過少納付に対する法定利率の 120％の利率を賦課することも支持した。

この控訴審の判決は，経済的実質を有せず，かつ利益獲得の動機づけも欠けているので，2 段階査定の 2 要件を満たしていないとする結合的テスト（conjunctive analysis）により，その租税回避が否認された判例として，JCT の報告書で紹介されている。Joint Committee on Taxation, "Technical Explanation of the Revenue Provisions of the "Reconciliation Act of 2010," as amended, in combination with the "Patient Protection and Affordable Care Act"(JCX-18-10), March 21, 2010, p. 143.

後述するように，本事案に係る納税義務者は，プロモーターに対して損害賠償を請求する訴訟を起こした。

しくは取決めで，その重要な目的（significant purpose）が連邦所得税の回避又は脱税（avoidance or evasion）であると定義されている。

1998年　IRSの一部職員の税務調査に行き過ぎがあり，納税義務者の権利が侵害されているとの批判が起こったことにより，「IRS組織改革法」が成立した。同法の成立後，IRSによる税務調査率が急激に低下することになるが，これに反比例してプロモーター（大手会計事務所，大手法律事務所，投資銀行を含む）が，タックスシェルター等の租税回避スキームを連携して売り込むという結果をもたらした[12]。

1999年　財務省は2月に2000年度の予算案[13]において，法人向けタックスシェルターを利用した租税回避取引から得られる租税上の便益の否認，加算税の強化等を提案したが，ESDの法定化については全く触れなかった。

(2) タックスシェルターに対する目的限定型否認規定の創設までの沿革

米国における大規模法人の法人税の負担割合（法人の法人税額を税引き前利益で除した割合）が1994年に32％であったが，1998年から2000年の3年間を除き逓減的に低下し，2004年には22.8％へと10％ポイントも落ちた[14]。この法人税収の低下は，景気の動向によって大きく影響されるが，大方の見解によると，米国の大規模法人，特にIT関連の法人が法人税の優遇措置（投資減税，外国税額控除等）を最大限に利用してきたこと，タックスヘイブンを含む軽課

---

[12] 野本誠・荻原貞孝「米国における『不確実な税務上の取扱い』の申告書上開示義務の導入決定」（『国際税務』Vol. 31 No. 3, 2011年3月），42ページ。

[13] Department of the Treasury, "General Explanations of the Administration's Fiscal Year 2000 Revenue Proposals", February 1999.

[14] 森信茂樹「米国の法人タックスシェルター問題とわが国へのインプリケーション」（『国際税制研究』No. 15, 2005年12月），24ページ。

税国に例えば販売・研究開発拠点を形式的，又は実質的に設置して，本国の利益を計画的に移転してきた[15]，といわれている。販売・研究開発拠点が米国から軽課税国等に分割・移転[16]するということは，米国内の利益の移転と共に優秀な人材の流出，雇用の減少，それに伴う地域経済の衰退，治安の不安定等を招くことになる。法人税収が恒常的に減少するということは，公共サービスを堅持することが困難となるので，その対応策として「所得課税から消費課税へ」という税制改革議論を促すことにもなる[17]。

米国議会は，このような財政の悪化を引き起こしているタックスシェルター等の租税回避に対して，単に手を拱いているだけではなく，その対処策として税制改正により租税回避に対する個別否認規定を前述のように設定してきた。それにもかかわらず，目に見えるような効果を発揮させることができなかったので，財務省はESDに基づく法定化の導入を提案したが，その成果を得るには10年もの期間を要することになる。2000年の財務省のESDの法定化に関

---

[15] その具体的な1例は，拙稿「軽課税国を利用した費用分担契約─米国ソフトウェア開発会社ザイリンクス社（Xilinx Inc.）に焦点を当てて─」（『企業研究』第18号，2011年3月），29-50ページにて紹介している。

[16] 2014年に入ってからは，オバマ政権が行っている租税回避への対抗措置を回避するために，軽課税国の法人を買収して，その国に米国本社を移転するという多国籍企業が現れてきた。例えば，2014年3月にバナナ大手のチキータがアイルランドの同業者を買収，同年7月に製薬大手のアッヴィがアイルランドの特殊医薬品大手のシャイアーを買収，同年8月にファーストフード大手のバーガーキング・ワールドワイドがカナダのコーヒー・ドーナツチェーンを買収して本社を移転する予定である。また，同年4月には，医薬品大手のファイザーが英国の中堅医薬品メーカー，アストラゼネカを買収して本社を英国に移転する計画が公表されたが，翌月にはこの買収を断念した。（2014年8月29日付けの日本経済新聞。）米国政府は2014年9月22日に，法人税の負担軽減を目的とする海外企業の買収を制限する措置を発表したので，このような動向は当面下火になったようである。（2014年9月30日付けの日本経済新聞。）米国の上場会社が，企業会計上の利益を高める一方，税務申告では租税上の便益を利用して利益を圧縮し，企業価値を高める経営方針を採っているので，このような大胆な租税回避策が現実問題となっている。

[17] 森信茂樹，前掲論文，25ページ。

する提案，2001年の濫用的タックスシェルターの法案，2003年に倒産したエンロン社に関する報告書，2005年のJCTの報告書，2010年のJCTの報告書等を研究することにより，コモンローから生成されたESDの2要件のうち，「経済的実質」を格上げして，タックスシェルターを利用する納税義務者，それを販促するプロモーター等に対して，一段と厳しいハードルを設定せざるを得なかった状況が判明してくる。

　財務省，IRSが，タックスシェルターに対する目的限定型否認規定の創設を実現するまでの紆余曲折の道のりを示すと，下記の通りである。

1999年6月17日　1999年濫用的タックスシェルターのシャットダウン法案の提出

　　　　民主党下院議員Doggett氏等が"Abusive Tax Shelter Shutdown Act of 1999（1999年濫用的タックスシェルターのシャットダウン法，法案名：H.R. 2255，以下「1999年法」という。)[18]"を下院に提出した。本法案は，① 経済的実質の要件を満たさない取引による優遇措置を否認し，経済的実質又は事業目的に欠ける取引による過少申告に対する加算税を回避できるような条文を廃止することによって，濫用的タックスシェルターを排除することを目的とし，② 1986年内国歳入法典第7701条に新たに第7701条（m）として経済性のない租税の優遇措置の否認（Disallowance of Noneconomic Tax Attributes）条項[19]を設け，さらに③ 上記②により否認された場合の加算税を20%から40%に増加さ

---

18)　106th Congress 1st Session, H. R. 2255, "Abusive Tax Shelter Shutdown Act of 1999", June 17, 1999.
19)　第7701条（m）の経済性のない租税の優遇措置の否認の内容は，次の通りである。
　　(1) 一般規則，―サブタイトル（A）において租税に係る債務を決定する際には，経済性のない租税の優遇措置は認められない。
　　(2) 経済性のない租税の優遇措置，― 本サブセクションの目的上，経済性のない租税の優遇措置とは，次の取引による以外の成果に関連して申告された控除，損失，又は税額控除をいう。

第8章 米国の一般否認規定の創設とその意義 323

せること(但し,開示要件を満たした場合には加算税の重課をしない)をその内容としていた。但し,脚注19に記述したように,第7701条(m)(経済性のない租税の優遇措置)の定義が曖昧で,ESDとの関連が明白でなかったことが欠陥であった,と思われる。そのためか,JCTは,正当な事業活動との区別が困難であるとして,第7701条(m)の導入を勧告しなかった[20]。

1999年7月 財務省による法人向けタックスシェルターに関する報告書の公表

　　財務省,JCTも,激増している法人向けタックスシェルターへの対抗措置を公式文書において立て続けに表明し[21],法人向けタック

(A) その取引が,(連邦所得税による効果とは別に)何らかの意義を持って,納税義務者の経済的状況を変えること,かつ,

(B) (i) その取引から得られる合理的に予測された潜在的所得の現在価値(及び納税義務者が被るその取引からの損失のリスク)が,申告した租税上の便益の現在価値に比してかなり高いこと,又は (ii) その取引が実質的に資金を借り入れ,若しくは金融資本の取得(acquisition of financial capital)である場合には,それぞれの期間での取引に関して申告された控除が,その資金を貸与した者,又はその金融資本を提供した者がそれぞれの期間に実現した経済的利回りを大幅に上回っていないこと。

なお,一高教授は,"Noneconomic Tax Attributes"を「非経済的租税属性」と訳しているが,上記条文の定義を考慮して「経済性のない租税の優遇措置」と意訳した。一高龍司,前掲論文「タックス・シェルターへの米国の規制と我が国への応用可能性」,76ページ。

20) 一高龍司,同上論文,76ページ。
21) Department of the Treasury, "The Problem of Corporate Tax Shelters (Discussion, Analysis and Legislative Proposals), July 1999, Joint Committee on Taxation, "Study of Present-Law Penalty and Interest Provisions as Required by Section 3801 of the Internal Revenue Service Restructuring and Reform Act of 1998 (Including Provisions Relating to Corporate Tax Shelters) (JCS-3-99)", July 22, 1999, Joint Committee on Taxation, "Description and Analysis of Present-Law Tax Rules and Recent Proposals Relating to Corporate Tax Shelters (JCX-84-99)",

スシェルターの弊害を周知させる努力を惜しまなかった。

　特に，財務省が同年7月に公表した"The Problem of Corporate Tax Shelters（法人向けタックスシェルターの問題）"では，その対抗措置の必要性として，①法人向けタックスシェルターが短期的な税収減のみならず，タックスシェルターを利用している者も，その利用者以外の者で不公平を感じている者にとっても，現行の税制に不信を抱かせる結果になっていること，②濫用的タックスシェルターに対抗するために，過去数年間だけで約30もの条項を制定してきたが，それに伴いIRCが複雑化したこと，③法人側及び政府機関側双方がタックスシェルターという非経済的な活動に多大なる資源を費やしていること（その具体例として，連邦政府がACM事案の訴訟に200万ドルも費やした事例）等を挙げている[22]。財務省は，この対抗措置を遂行するために，租税回避取引（tax avoidance transaction）によりもたらされた控除，税額控除等を否認する権限が与えられることを2000年度の予算案で提示した[23]。

　財務省の本報告書は，財務省の提案に対する各界，例えばThe American Bar Association（米国弁護士協会，以下「ABA」という。），The New York State Bar Association（ニューヨーク州弁護士協会，以下「NYSBA」という。），American Institute of Certified Public Accountants（米国公認会計士協会，以下「AICPA」という。）からのコメントを掲載している。その中で本書に関連して最も興味のある事項は，租税回避取引及び租税上の便益（tax benefits）に対する定義とともに，財務省が「経済的実質基準（economic substance standard）が，納税義務者の意図（taxpayer's intent）を反映しないので，コモンロー

November 10, 1999.

22) Department of the Treasury, op. cit., "The Problem of Corporate Tax Shelters", Executive Summary, iii – v.

23) Ibid., p. 94.

の法理として最も客観的なものである、と一般的に考えられている。」[24]と言及したことである。この点に関連して、NYSBA は、「財務省が提示した定義では、動機又は事業目的を対象外としているが、その理由としては、それが主観的であり、納税義務者の操作の対象となりやすいからではないか。」[25]、と指摘している。

因みに、財務省が定義した租税回避取引[26]とは、取引から得られると合理的に予測された税前利益（取引費用と経費として外国税額を算入した後（after taking into account foreign taxes as expenses and transaction costs）[27]の現在価値ベースで算定）が、その取引から得られると合理的に予測された租税上の便益の正味額（reasonably expected net tax benefits、つまり、現在価値ベースで算定して、その取引から生じる税金債務を超える租税上の便益額）と比較して大差ない（insignificant）取引[28]をいう。さらに、租税回避取引とは、経済的利益（economic income）に課される租税の不当な排除又は租税の大幅な減少をもたらす取引を隠すこと（to cover transactions involving the improper elimination or significant reduction）とも定義している。

また、租税上の便益とは、租税の軽減、非課税（exclusion）、租税回避若しくは繰り延べ、又は還付金の増額を含むものとするが、議会の目的にかなう IRC の規定が予定している租税上の便益は否認の対象から除かれると定義している[29]。

---

24) Ibid., p. 95.
25) Ibid., p. 97.
26) Ibid., p. 95.
27) 第 7 章で検討した外国税額控除を利用した IES 事案及び ACM 事案において、国側が敗訴した経験から明記したものと思われる。
28) NYSBA は、この財務省の定義に対して、経済的には損失を認識していながら、租税目的上その損失を認識していなかった事案、例えば Cottage Savings 事案を濫用的タックスシェルターと取り扱うのかが不明である、と指摘している。Ibid., pp. 97-98.

2000年2月　財務省によるESDの法定化に関する提案

　　財務省は，前年度に引き続き2001年度の予算案において，法人向けタックスシェルター等（corporate tax shelters）の問題を再提起した上で，「ESDの法定化（Codify the economic substance doctrine）を提案した。」[30]その背景と理由が，前回よりも，より具体的，明確に記述されている。

① 法人向けタックスシェルターによる租税回避の激増

　　合理的に予測された税引き前の経済的利益（reasonable expected pre-tax economic profit）又は損失のリスクがほとんどない，若しくは全くない一連の取引により，その参加法人等に多額の租税上の便益をもたらすように企てられた法人向けのタックスシェルターが激増している。当該参加法人とそのアドバイザーはIRCの諸規定を文言通りに解釈して，その租税上の便益の申告を否認する法理（司法により生成された経済的実質，実質優先，段階取引，見せかけの取引及び事業目的等の法理）を無視して租税回避している。

② IRCの個別否認規定の改正による対処の限界

　　法人向けタックスシェルターは，明文化された現行法のIRCの規定が予定していない，曲解した方法（unintended and distortive ways）を適用して儲けている（thrive）。租税法の濫用に対処すべくIRCの個別否認規定を改正するだけでは，法人向けタックスシェルター等に対抗することは不可能に近く，また賢明な方法でもない。法人向けタックスシェルターは，種々異なる様式を用いて，種々異なるIRCの条項を駆使してきた。特定のタックスシェルターに対処するためにIRCの個別否認規定を改正しても，その改正は事後的なアプローチ（after-

---

29) Ibid., p. 95.
30) Department of the Treasury, "General Explanations of the Administration's Fiscal Year 2001 Revenue Proposals", February 2000, pp. 124-126.

the-fact approach）であって，その改正案を目論んで一連の取引を早めに終わらせよう（rush to complete transactions）とする納税義務者とプロモーターを時として資する結果となり，IRC 自体がより複雑になり，未だ確認していない取引（unidentified transactions）を阻止することもできず，さらにその改正が別のタックスシェルターを生み出す糧（fodder）になりかねない。

③　司法による判断の非効率性及び不統一性

　法人向けタックスシェルターを阻止するための訴訟というものは，非効率的で事後的な手段（after-the-fact method）である。なぜならば，その取引事案を訴訟に持ち込めるのは，その事案が発生してから数年後であるからである。また，裁判所は事案毎に判決を下し，全般的な租税政策を考慮した上で判断するようになっていないので，司法上の法理の適用が裁判所によって異なってしまう。

　従って，法人向けタックスシェルターに立ち向かうには，広義の立法的措置による解決（broad-based legislative solution）が必要であることはいうまでもなかった。そこで財務省は，納税義務者が法人向けタックスシェルターを利用することに慎重になり，事前に思い止まって（before-the fact determination）誠実な取引をするように仕向ける必要があった[31]。財務省はその解決案として，ESD の法定化を提案し

---

31)　正にこの思考方法が，タックスシェルターに対抗するための「目的限定型否認規定」の特徴である，と思料する。つまり，病気を患った後に服用する「治療薬」ではなく，病気を患わないようにするために服用する「予防薬」又は「予防医療」と同じ役割を果たすのが，租税回避否認規定（anti-tax avoidance rule）の特徴である，と考える。財務省は，これ以降，何度となく ESD を明確にして法定化しようと上程した。その草案を作成する JCT が，経済的実質の適用の「明確化がなされていないために，その法理が予防効果（prophylactic effect）を発揮するどころか，不公正を生み出す結果」となる，と言及していた。Joint Committee on Taxation, "Options to improve Tax Compliance and Reform Tax Expenditures" (JCS-02-05),

た。ESD を前面に出した理由には，次の3つがある[32]。
① 濫用的な取引による租税上の便益を否認するために，裁判によって形成されてきた法理のうち，最も客観的な法理（the most objective of the judicially-created doctrines）が ESD である。
② 納税義務者及び IRS が最も容易に，客観的に，かつ一貫して適用できるのが ESD である。
③ 正当な事業取引（legitimate business transaction）に悪影響を及ぼさないのが ESD の法定化である。

　財務省は，今回の提案においても，前年度の予算案と同様に「租税回避取引」を判断基準にして租税上の便益を否認することとした。
　財務省が今回新たに追加提案した取引は，次の金融取引（financing transactions）についてである。
　「金融取引に関して，資金の提供を受ける納税義務者の租税上の便益の現在価値が，資金を提供する者の税前利益又は利回り（return）の現在価値を大幅に（significantly）超過する場合には，その租税上の便益は否認される。」[33]
　また財務省は留意事項として，取引が実行される以前に納税義務者に経済的に発生していた損失又は控除を否認するものではないこと，及び既存の司法上の法理又は濫用防止ルールを変更し，又は取り替える意向がないこと，を挙げている[34]。

　　January 27, 2005, p. 20.
32)　Department of the Treasury, op. cit., "General Explanations of the Administration's Fiscal Year 2001 Revenue Proposals", p. 125.
　　この基本的思考が，ESD を 2010 年に法制化するまで貫かれている。
33)　Ibid., p. 126.
34)　Ibid., p. 126.
　　この考え方は，2010 年法第 7701 条(o)(5)(C)（法理の適用の決定には影響を与えない）に反映されている。

財務省は，ESD の法定化の提案以外に，法人向けタックスシェルターに係る「報告義務のある取引（reportable transactions）」として，会計帳簿と税務申告との大幅な差異（book/tax difference in excess of a certain amount），秘密契約（confidentiality agreement）等の開示を提案する[35]と共に，この「報告義務のある取引」を遵守しなかった場合の法人による相当な過少申告に対しては，その加算税を20％から40％に引き上げる提案[36]をした。

さらに財務省は，法人向けタックスシェルターの魅力を削ぐために，それを利用した納税義務者に加算税を課するだけでなく，その供給者であるプロモーター及びアドバイザーが受領した報酬に25％のペナルティー消費税（25-percent penalty excise tax on fees）を課すること[37]，及び非課税業者（tax-indifferent parties，その例として，外国人，免税団体）が法人向けタックスシェルターに関与した場合の所得に対して課税すること[38]も提案した。

タックスシェルターに関する手続的規制のための暫定規則と規則案が公表され，若干の改訂を経て，徐々に正式な規則となった。

財務省は，タックスシェルターに対抗するためにIRSのLarge and Mid-Size Business Division（大規模及び中規模事業部門）内にOffice of Tax Shelter Analysis（タックスシェルター分析局，以下「OTSA」という。）を設置した。OTSAの職務としては，タックスシェルターの開示規則をプロモーター，納税義務者等に遵守させ，現場の職員にタックスシェルターに参画している納税義務者の情報を与え，タックスシェルターの対抗方法等を支援することであることを公表した[39]。

---

35) Ibid., pp. 122-123.
36) Ibid., pp. 123-124.
37) Ibid., pp. 126-127.
38) Ibid., pp. 127-128.
39) IRS. Announcement 2000-12, 2000-1 C.B. 835.

2001年7月17日　2001年濫用的タックスシェルターのシャットダウン法案を提出し，ESDの明確化，経済的実質の新たな定義と客観的な指標を提案

　　民主党下院議員Doggett氏等が"Abusive Tax Shelter Shutdown Act of 2001（2001年濫用的タックスシェルターのシャットダウン法，法案名：H.R. 2520，以下「2001年法」という。）[40]"を下院に提出した。今回の2001年法は，2年前に提出された1999年法を大幅に変更して，IRC第7701条（m）に「経済的実質の法理の明確化等（clarification of economic substance doctrine, etc.）」と称して，ESDを全面に押し立てる改正[41]を施して，議会に提出した。このことにより，ESDの法定化が

---

40)　107th Congress 1st Session, H. R. 2520, "Abusive Tax Shelter Shutdown Act of 2001", July 17, 2001.

41)　2001年法は，①ESDの明確化，②加算税（過少申告に対する加算税の増額，経済的実質を有しない租税回避戦略を供給したプロモーターに対する加算税），及び③既存の損失の移転制限から構成されている。その内，ESDの明確化で提案された第7701条（m）の内容は下記の通りである。
第7701条（m）経済的実質の法理の明確化等
（1）一般規則（General rules）
（A）概論（In general）。── 経済的実質の法理を適用するに当たり，取引が経済的実質を有するかの判断は，本パラグラフの規定に基づいてなされる。
（B）経済的実質の定義。── サブパラグラフ（A）の目的上，
　（i）概論。──
　（I）その取引が，（連邦所得税上の効果とは別に（apart from Federal income tax effects））何らかの意義を持って，納税義務者の経済的状況（economic position）を変え，かつ
　（II）納税義務者が，当該取引を実行することについて租税以外の実質的な目的（substantial nontax purpose）を有すると共に，当該取引がそのような目的を遂行する上で，合理的な手段である場合に限り，
　　その取引は経済的実質を有するものとする。
　（ii）納税義務者が潜在的利益（profit potential）に依拠している場合の特則（special rule）。──
　（I）その取引が仮に実行された場合に（if the transaction were respected），その

実質的に始まったといわれる[42]。

　本法案の特徴は，NYSBA 等からのコメント，財務省の「2001 年度の予算案」を反映して，最も客観的な判断基準である「経済的実質の定義 (Definition of Economic substance)」を第 7701 条 (m) に新たに設けて，取引が「経済的実質」を有すると判断されるための 2 要件を同条 (m)(1)(B) で明確化したことであって，「経済的実質の法理」の 2 要件を定義したのではないことである。従って，同条 (m)(1)(B) に規定された「経済的実質」と同条 (m)(3)(A) における「経済的実質」とは，似て非なるものであると考える。それが故に，

　　取引から得られる合理的に予測された税前利益の現在価値が，予測された租税上の便益の正味額の現在価値と比較して実質的 (substantial) であること，かつ，
(II) その取引から得られる合理的に予測された税前利益が，リスクのない投資利回りを上回ること (exceeds a risk-free rate of return)
　　がなければ，利益獲得の潜在性があることを理由に経済的実質を有するものとして，その取引は取り扱われない。
(C) 手数料と外国税 (foreign taxes) の取扱い。— パラグラフ (B)(ii) における税前利益を決定する場合に，手数料及びその他の取引費用並びに外国税 (Fees and other transaction expenses and foreign taxes) は，経費 (expenses) とみなされる。
(2) 非課税業者 (tax-indifferent parties) との取引に係る特則 (Special rule)。—
　　……
(3) 定義及び特例。— 本サブセクションの目的上，
(A) 経済的実質の法理。— ……
　　「経済的実質の法理」という用語は，取引が経済的実質を有しない又は事業目的を欠いている場合に，その取引に係るサブタイトル A (所得税) に規定する租税上の便益が認められないというコモンローの法理を意味する。
(B) 非課税業者。—
(C) 個人の個人的な取引に対する例外。— ……
(D) 賃貸人での取扱い。
(4) その他のコモンローの法理には影響を及ぼさない。— ……

42) 矢内一好「米国等における Tax Amnesty と Economic Substance Doctrine の動向」『租税研究』第 741 号，2011 年 7 月，199 ページ。

同条 (m)(1)(B)(II) に規定されている2番目の要件が, 取引を実行するに当たり, 単に「事業目的がある」のではなく,「租税以外の実質的な目的 (substantial nontax purpose) を有すると共に, 当該取引がそのような目的を遂行する上で, 合理的な手段 (reasonable means) である。」と, より客観的な要素を加えている。その客観的な指標が, 同条 (m)(1)(B)(ii) に規定した潜在的利益の要件である, (I) 合理的に予測された税前利益の現在価値が予測された租税上の便益の正味額の現在価値よりも実質的に高いこと, かつ (II) 合理的に予測された税前利益がリスクのない投資利回りよりも高いこと, として計算可能な指標にした。「実質的な目的」を「事業目的」に代えて挿入したことにより, 本法案の対象取引が濫用的タックスシェルターであることを包含している。この基本理念が後述する2010年法にも表れていることに留意する必要がある。

さらに, コモンローによる要件を満たさない場合の過少申告に対する加算税の増額及びその供給側であるプロモーターに対する加算税等を明確に提示し, 情報の開示, 加算税の強化を図ったこともその特徴として挙げられる。

2001年12月2日　2000年度の年間売上高1,110億ドルで全米第7位であったEnron Corp.（以下「E社」という。）は, 巨額の不正経理, 不正取引（その中には, 相当過激な租税回避スキームが含まれていたことから, IRSによる規制強化が図られるようになる。）により負債総額が400億ドル超となり破産に追い込まれた。

また, 翌年の7月21日には, 電気通信事業の大手, WorldComが粉飾決算によりE社の負債総額を超える410億ドルで連邦倒産法チャプター11の適用を申請したので, 大型倒産が続いた。両社の会計事務所であったArthur Andersonも閉所した。

2002年1月14日　IRSは，第6662条の加算税に対する免除プログラムを実施し，タックスシェルター等の取引に参加している納税義務者が2002年4月23日までにその取引内容を報告すれば，同条の加算税を免除すると公示した[43]。

2002年3月19日　JCTは，上院財政委員会 (Senate Committee on Finance, 以下「SCF」という。) での公聴会資料として，"Background and present law relating to tax shelters (タックスシェルターに関する背景と現行法)" と題する報告書[44]をまとめた。

　本報告書の「I. 背景」では，Michael Graetz教授がタックスシェルターを定義して「非常に賢明な者によって考え出された取引であるが，租税の見返りがなければ，非常に愚かな取引となろう。」[45]と発言したことをまずその報告書の脚注で引用した。そのすぐ後に，1934年のGregory事案での控訴審判決でL. Hand裁判官が，納税義務者には租税を極力低く抑えるように調整する権利がある[46]と明記して以降，合法的な「タックスプランニング」と，容認できない「タックスシェルター」との境界線をどこで引くかで，関連当事者，専門家の

---

43) Announcement 2002-2, 2002-1 C.B. 304.
44) Joint Committee on Taxation, "Background and present law relating to tax shelters (JCX-19-02)", March 19, 2002.
45) Ibid., p. 2.
　このGraetz教授の発言は，森信教授が引用している。森信茂樹，前掲論文，27ページ。
46) 本報告書で引用されたL. Hand裁判官の発言は，第3章でも引用している，次の有名な文章である。
　「納税義務者は，『租税を可能な限り低く抑えるように自らの業務を調整する (arrange his affairs) ことができる。最大限の税金を支払わせるような財務省お勧めの雛型を選択する必要もない。いわんや，自らの税金の支払いをわざわざ増額する，という愛国主義的な責務を果たす必要もない。』」Gregory, op. cit., 69 F. 2d 809, p. 810.

間で議論百出の状況を示した上で，本報告書の目的がタックスシェルターを分析することにあるのではなく，その現況をまとめることにある，としている。

2003年2月　上院のSCFの要請を受けて，JCTは，2001年12月に倒産したE社に関する報告書（E社とその関連事業体の連邦税と報酬についての問題に関する調査報告及び政策提言で，報告書と2種類の付属書の3部構成から成っている。)[47]を公表した。本報告書は，特に (1) E社によるタックスシェルターの取決め（arrangements），オフショアの事業体（off-shore entities），特定目的事業体（special purpose entities）の活用，及び (2) 適格退職計画等を含むE社の従業員との報酬の取決めに焦点をおいて，E社が租税及び会計上，有利な取扱いを享受するために事業目的に欠ける取引を積極的かつ意図的に実行してきた実態を詳細に報告している。

---

47) Joint Committee on Taxation (At the Request of Senator Max Baucus and Senator Charles E. Grassley of the Senate Committee on Finance), "Report of investigation of Enron Corporation and related entities regarding Federal Tax and compensation issues, and policy recommendations, Volume I : Report", (JCS-3-03), February 2003.
　本報告書に関しては，本庄教授が下記の論文にて詳細に紹介している。
　本庄資「エンロンの利用した租税動機取引の分析と米国の対抗措置（その1）」（『税経通信』，2003年7月），143-165ページ，本庄資「エンロンの利用した租税動機取引の分析と米国の対抗措置（その2）」（『税経通信』，2003年8月），101-115ページ，本庄資「エンロンの利用した租税動機取引の分析と米国の対抗措置（その3）」（『税経通信』，2003年9月），145-154ページ，本庄資「エンロンの利用した租税動機取引の分析と米国の対抗措置（その4）」（『税経通信』，2003年10月），121-129ページ，本庄資「エンロンの利用した租税動機取引の分析と米国の対抗措置（その5）」（『税経通信』，2003年11月），179-193ページ，本庄資「エンロンの利用した租税動機取引の分析と米国の対抗措置（その6・終）」（『税経通信』，2003年12月），147-163ページ。

E社の租税軽減に動機づけられた取引（tax-motivated transaction，以下「租税軽減目的取引」という。）のために大手会計事務所，金融機関等が挙って開発・販売したタックスシェルターは，資料3に示した通りに，当初は株式の売却により実現した譲渡所得に対する課税を軽減させるために，人為的に譲渡損失を発生させるスキーム（例えば，Project Steele[48]）であった。しかし，E社の本業での業績の悪化に伴い財務諸表上の利益を直ちに享受できるスキーム（例えば，Project Tammy

---

48) Ibid., JCS-3-03, pp. 135-146.
　上記報告書によると本 Project Steele は，1997年から2001年の期間に連邦所得税の正味控除額として約112百万ドルを発生させ，さらに同期間中に財務報告目的上の正味利益（net earnings for financial reporting purposes）として65百万ドルを発生させた租税軽減目的取引であった。この一連の取引を概説すると次のようになる。1997年10月27日にE社の100%子会社3社（以下「E子会社」という。）がリミテッドパートナーシップ ETC Investing Partners（以下「ETC」という。）を組成した。1997年10月29日に ETC は E社の100%子会社である Enron North America, Inc.（以下「ENA」という。）から51.2百万ドルを短期ベースで借り入れ，その翌日，ETC は借り入れた金額全額を用いて，Bankers Trust（E社の非関連業者で，本取引の財務アドバイザー，以下「BT」という。）から格付けの高い社債を購入した。1997年10月30日と31日の2日間においてE社の株主3名が，現金48百万ドル，Enron Liquids Holding Corporation の優先株93.5百万ドル，及び所定の航空機リースの受益権（beneficial interest，公正な市場価値が42.6百万ドルであるが，税務ベースでは0ドルの受益権を42.6百万ドルの債務負担付きで拠出した。）を ETC に拠出した。これらの資産と交換にE社は，ETCの約95%の持分を取得した。1997年10月31日に BT は，その2つの事業体を経由して，4.4百万ドルの現金と Real Estate Mortgage Investment Conduit（住宅ローンを担保に，その満期だけでなく，リスク度も異なる複数のローンを束にして発行した証券で不動産担保証券の一種，以下「REMIC」という。）の残余持分（residual interests，その公正な市場価値が7.6百万ドルであるが，税務ベースでは233.8百万ドル。）を ETC に拠出したので，BT の2事業体はＥＴＣの優先株の持分約5%と ETC の債務証券4.5百万ドルを取得した。そこで ETC は，同日に ENA から借り入れた51.2百万ドルのうち50.5百万ドルを返済した。
　この一連の取引により E 社は，ETC をその連結納税グループに組み込み，BT から拠出された含み損のある資産（built-in loss assets）を実現損失として，課税所得

I[49]）に移行していった。これらの取引は，確かに厳密な文理解釈による租税法及び行政法の要件（technical requirements of the tax statutes and administrative rules）を満たしてはいるが，その取引の目的は，連邦所得税上の便益若しくは財務諸表上の利益を得ることであって，そ

と相殺した。一方，BT が取得した ETC 株式の税務ベースは，拠出した資産の含み損を参照して決定されるが，BT の当該株式の税務ベースがその公正な市場価値を著しく上回っているので，BT が少なくとも 2002 年まで保有すれば，その含み損を計上することができるようになる。そこで BT は，その損失の実現を遅らせるための対価として，当該損失の遅延に伴う現在価値分を E 社に請求した。その結果，E 社と BT それぞれが当該損失を控除することができることになる。本庄資，同上論文（その 1），151-155 ページ参照。

この一連の取引のアドバイザーである BT は，その報酬として 8.65 百万ドルを受領し，2 種類の意見書（REMIC に係る損失が第 269 条の事業目的の法理，及び財務省規則 1.1592-13（h）のステップ取引の法理を理由に否認されるべきではないとする意見と，加算税（第 6662 条）とタックスシェルター開示要請（第 6111 条）の対象外であるとする意見が 1997 年 12 月 16 日付けの書面に資料（III. Tax Opinion Letters relating to Project Steele）として添付されている。）を提出した Akin, Gump, Strauss, Hauer & Feld, L.L.P.（テキサス州の有限責任組合の弁護士。）は 1 百万ドルを受領し，Arthur Andersen は 49,600 ドルを受領した。なお，本 Project Steele の手数料総額は，11 百万ドルであった（資料 3 を参照）。

以上の事実が本報告書により判明したことから，翌年の 2004 年に米国雇用創出法による税制改正では，濫用的なタックスシェルターを利用した納税義務者のみならず，そのアドバイザーに対する加算税の増額が定められるきっかけとなった，と考えるのも自然であろう。

49) E 社は，多額の含み益（significant unrealized built-in gains）のある自社の南ビル及びその他の償却資産を新たに組成したパートナーシップに拠出した後，E 社はその持分を E 社の関連法人に譲渡した。そのパートナーシップは，拠出された資産を第三者に売却して譲渡益を実現させ，獲得した資金を価値の低い償却資産の購入，E 社の優先株の購入等に充てた。その後，当該パートナーシップは解散して，価値の低い償却資産をその持分の償還に充てた。唯一の残存資産となった E 社の優先株は，課税所得の認識を回避する戦略に使われる予定であった。しかしながら E 社の倒産により，Project Tammy I で予定していた財務上及び租税上の便益を実現させる可能性は消え失せてしまった。Ibid., JCS-3-03, pp. 221-229. 本庄資，同上論文（その 2），112-115 ページ参照。

れ以外の目的が全くない（又はほとんどない）取引であった。そこで，ＪＣＴは，このような複雑・巧妙な租税軽減目的取引に対抗できる確固たる租税回避否認規定を設けるべきであると認識し，次のように提言している[50]。

- 租税軽減以外の事業目的又は経済的実質に欠ける取引に従事する納税義務者の経費を増大させるために，より厳しい措置（例えば，相当懲罰的な加算税を賦課すること）が必要である。
- 連邦所得税の節約（Federal income tax savings）のみだけで達成された財務諸表上の便益（financial statement benefits）は，連邦所得税の目的上，妥当な（valid）事業目的に相当しない[51]。
- 従業員，コンサルタント，又はアドバイザーからなる accommodation parties（融通関係の当事者，慣れ合い当事者，つまり，納税義務者が連邦所得税の便益を享受できるようにさせるために，取引又は取決めを融通しあう当事者のこと）を利用することに対して，租税法は，厳格なる加算税を賦課すべきである。
- 納税義務者の申立てが事実に反して妥当でない，不完全である，又は相反していることを知りながら，意見書（opinions）[52]を提出

---

50) Ibid., JCS-3-03, p. 17.
51) この提言は，2010年に経済的実質の法理を法定化したIRC第7701条(o)(4)（財務会計上の便益）として条文に組み込まれている。その1つの要因は，Project SteeleのアドバイザーであったAkin, Gump, Strauss, Hauer & Feld, L.L.P.が1997年12月16日付けでE社に送付した意見書（Ⅲ. Tax Opinion Letters relating to Project Steele, C-93）において，Frank Lyon事案での最高裁がリースバックしたビルの購入資金として長期借入をして，固定資産の計上と相殺し，さらに加速度減価償却により税務上の便益を得たにもかかわらず，その取引には事業目的がある，と判決したことを引用して，本Projectの提案に対するE社側の不安を払拭したことも影響しているのではないか，と思料する。
52) 意見書を提出する者に対しては，2004年12月に「対象意見書に関する要請（§10.35 Requirements for covered opinions, 31 CFR 10.35）」が発布されて，2005年6月20日から適用されることになった。

したアドバイザーに対して，財務省及びIRSが広範囲にわたる制裁措置を課する権限を持つべきである。
- 多くの納税義務者が，主として財務会計上の便益を獲得するために取引に従事しているので，税務会計に関する規則の変更がなされるべきかを，会計基準を公布する責任のある者は検討すべきである。
- 納税義務者が租税軽減目的取引に関与する多種多様の事業体を活用することは，その取引自体の複雑さとその租税上の便益を認識する時期の遅れと相まって，IRSがその取引を適時に識別できず，かつ適切に査定する機会を失うことになる。よって，租税軽減目的取引が直ちに税務申告に影響を及ぼすか否かに関係なく，納税義務者

ここでいう対象意見書（§10.35 (b)(2)(i)(c), (b)(3), (b)(4), (b)(5), (b)(6), and (b)(7)）とは，(A) アドバイスがなされた時点において，IRSがすでに租税回避取引であると決定し，公表したガイダンスによって指定取引と認定した取引と同一のもの，又は実質的に同じ取引，(B) IRSによって課される租税の回避又は脱税をその主要な目的（the principal purpose）とするパートナーシップ若しくは他の事業体，投資計画若しくは投資の取決め（any investment plan or arrangement）等，又は(C) IRSによって課される租税の回避又は脱税を重要な目的（a significant purpose）とするパートナーシップ若しくは他の事業体，投資計画若しくは投資の取決め等から得られる連邦所得税対策（one or more Federal tax issues）に関して，専門家（practitioner）が書面（電子的な書面を含む）でアドバイスをしたものをいう。但し，その書面によるアドバイスが（1）納税義務者にとって有利となる重要な連邦所得税対策に関して所定以上（約50％超）の信頼性をもたらす意見書（reliance opinion），（2）1人以上の納税義務者に対して，パートナーシップ若しくは他の事業体，投資計画若しくは投資の取決め等を販促し，マーケティングし，又は勧誘するのに用いられると当該専門家が知っている，又は知るべく理由があった場合の意見書（marketed opinion），（3）その利用者に対して，当該取引の税務処理又は税務対策の開示を制限し，その開示制限が当該専門家の税務戦略の秘密を保護するという条件を付けていること（subject to conditions of confidentiality），又は（4）目論んでいた租税軽減を達成できなかった場合に，納税義務者が当該専門家に支払った手数料の全額又は一部を払い戻せる権利を有することを条件としていること（subject to contractual protection）のいずれかに該当する場合に限っている。

が，その取引の詳細なる開示を適時に行うことが求められる。

　JCT はこの報告書においても，タックスシェルターを利用して租税の軽減を図った納税義務者のみならず，その供給者に対する加算税の強化，さらに不適切な意見書を提出したアドバイザーに対しても制裁措置を課すことを提言している。

2003年5月8日　上院による "Jobs and Growth Tax Act of 2003（2003年雇用及び成長に係る税法）" 法案が上程された。本法案に関する JCT の説明書[53]には，タックスシェルターの規制強化案として，ESD の明確化，経済的実質に欠ける取引に基因する過少申告に対する加算税等，及び "Enron-Related Tax Shelter Related Provisions（エンロン関連のタックスシェルターに係る規則）"[54] として，E 社が用いたタックスシェルターに対抗するための法改正等の趣旨説明が記述されている。しかしながら，ブッシュ大統領が2003年5月28日に署名した "Jobs and Growth Tax Relief Reconciliation Act of 2003（2003年雇用及び成長に係る租税軽減法）"[55] では，その承認事項から外された。このことから，ESD の法定化に対する反対意見が強かったことが窺われる。

　因みに，JCT の上記報告書（10-13ページ）では，ESD の明確化の提案理由として，裁判所が経済的実質分析を採用する際の現行法の基準を変更するものではないし，裁判所の権限を変更するものでもないが，経済的実質に係る統一的な定義を提供することにある，と明記し

---

53) Joint Committee on Taxation (Scheduled for Markup by the Senate Committee on Finance), "Description of the Chairman's Modification to the Provisions of the "Jobs and Growth Tax Act of 2003" (JCX-44-03), May 8, 2003.
54) Ibid., JCX-44-03, pp. 42-52.
55) 108th Congress (Public Law 108-27), "Jobs and Growth Tax Relief Reconciliation Act of 2003", May 28, 2003.

ている。2001年法第7701条（m）と同様の内容であるが、ESDの要件を満たすための取引は、結合的分析（conjunctive analysis）、つまり、主観的査定（subjective inquiry, 納税義務者が、取引を実行することについて連邦所得税の軽減以外の実質的な目的を有していなければならないこと。さらに、当該取引が、そのような目的を遂行する上で、合理的な手段（reasonable means）であること。）だけでなく、客観的査定（objective inquiry, その取引が、租税上の成果とは別に、何らかの意義を持って納税義務者の経済的状況を変えなければならないこと。）という2つの査定を満たさなければならない、とJCTは具体的に述べている。このようにESDを明確化することにより、①ESDを適用する際に、控訴裁判所間に存在する不均衡（disparity）が解消され、②控訴裁判所がESDを適用する際に、経済的実質、又は租税の軽減以外の事業目的のいずれか一方（その双方を有する必要はない）があれば、ESDの要件を満たすという判断に変更を加えることになる。

2003年11月24日　上院に提案された"Tax Shelter Transparency and Enforcement Act（タックスシェルターの透明化施行法）"[56]は、ESDの明確化、各種加算税の強化を図ったが廃案となった。

2004年10月22日　米国雇用創出法成立によるタックスシェルター関連の加算税強化

　　1986年以来の大規模な税制改正となった"American Jobs Creation Act of 2004（2004年米国雇用創出法、以下「2004年法」という。）"[57]が上院と下院により可決された後に、ブッシュ大統領の署名を得て成立

---

56)　108th Congress 1st Section, S. 1937, "Tax Shelter Transparency and Enforcement Act", November 24, 2003.

57)　108th Congress (2003-2994) H.R. 4520, "American Jobs Creation Act of 2004", October 22, 2004.

し，IRC 第 6662 A 条（報告義務のある取引に係る過少申告に対して，加算税の賦課），第 6664 条（d）（合理的な理由による免除），第 6707 A 条（報告義務のある取引に関する情報漏れに対する加算税）等が新たに立法され，タックスシェルターによる租税回避に対する加算税が強化された。

2004 年法の成立により新たに立法された主な加算税は，次の通りである。

- 第 6662 A 条により，指定取引[58]及びそれ以外の報告義務のある取引でその主要な目的が連邦所得税の回避又は脱税である場合には，その過少申告に対して，取引が開示されているときは 20％（但し，一定の場合には免除可能）の加算税が賦課され，取引が開示されていないときは 30％の加算税（免除不可能）が賦課される（SEC への報告義務を有する法人が 30％の加算税の対象になった場合，その旨を SEC に報告しなければならない（第 6707 A 条（e）））。

- 第 6664 条（d）により，報告義務のある取引による過少申告に対して，合理的な理由があり，かつ，納税義務者が誠実に（in good faith）行動し，さらに，①第 6011 条に基づく開示が適切に行われ，②その取扱いに関する相当の根拠があり，③そのような取扱いがどちらかといえば（more likely than not）適切な取扱いであったと納税義務者が分別ある判断をしていた（reasonably believed）場合に限り，第 6662 A 条に基づく加算税は免除される。

- 第 6707 A 条により，報告義務のある取引のうち，指定取引に関する情報に漏れがあった場合には，自然人（natural person）に対しては 1 件に付き 10 万ドル，その他の者に対しては 20 万ドルの加算税が賦課され，指定取引以外の取引で情報の漏れがあった場合に

---

[58] 「指定取引」は「右肩上がりに増加し，2003 年には 30 前後にまで達したが，最近では，新たに追加された取引もある一方で，『指定取引』のリストから削除されるものも出てきていることから，2004 年度以降も 30 前後で推移している。」松田直樹，前掲書『租税回避行為の解明―グローバルな視点からの分析と提言―』，81 ページ。

は，自然人に対しては1件に付き1万ドル，その他の者に対しては5万ドルの加算税が賦課されるようになった。

また，2004年法により強化された主な加算税には，次のものがある。
- 第6111条（報告義務のある取引の開示）の改正により，①報告義務のある取引を組成し，管理し，促進し，実行し，保証し若しくは履行することに関して重要な援助，補助，又はアドバイスをする者で，かつ，②そのアドバイスや補助に対して所定の金額（自然人に対する場合は租税上の便益が5万ドルで，その他の場合はその便益が25万ドル）を超える総所得を得る者である，Material Advisor（重要なアドバイザー，以下「MA」という。）は，該当取引の内容，その取引から得られる租税上の便益の見込額等の情報を申告しなければならなくなった。
- 第6112条（報告義務のある取引に係るMAは，顧客のリスト等を保持しなければならない。）の改正により，MAとして該当取引に関与した顧客毎に，財務省長官が規定により要請している情報を含めたリストを原則として7年間保管しなければならない。
- 第6700条（a）（濫用的なタックスシェルター等の販促活動）に対して，加算税が賦課されるような活動をした者は，その活動から得られた総所得の50％に相当する金額を加算税として支払う条項が追加された。
- 第6707条（報告義務のある取引に関する情報の提供の不履行）の改正により，登録義務違反に対して，投資額の1％又は500ドルのいずれか大きい方を加算税として賦課してきたことから，所定の期限までに申告をしなかった者は，指定取引の漏れに対して20万ドル又は該当取引によって得られた総所得の50％（意図的な不履行に対しては75％）のいずれか大きい方の加算税を支払うように変更され，指定取引以外の漏れに対して5万ドルの加算税を支払うようになっ

た。

- 第6708条（顧客リストの保持義務に対する加算税）の改正により，該当リスト保持義務者は，顧客1人当たり50ドル，但し上限を10万ドルとしていた従前の加算税を変更して，財務省長官の書面による要請を受けた日から20日間の営業日を経過しても提出されなかった場合には，20日間経過した日後，1日当たり1万ドルの加算税（但し，合理的な根拠がある場合免除可能）を支払わなければならなくなった。

2005年1月27日　タックスシェルターの特徴を有する取引形態へのESD適用の明確化

　　規定に厳密に依拠した税制（strictly rule-based tax system）では，想定しうるあらゆる取引形態を規制することには限界があった。「従って，多くの裁判所は，議会が意図する目的を達成するためにESDのような租税回避否認基準（anti-avoidance standards）で現税制を補塡する必要性をかなり以前から認識していた。それ故に，タックスシェルターの特徴（characteristics of tax shelters）を有する取引形態へのESDの適用を明確化することは，想定外の判決による混乱を防止して（at deterring unintended consequences），効率性の向上を図ることができ，判決の統一性（uniformity）を促すことになる。」[59]と，JCTは本提案書で記述している。

　　つまり，今般のESDの法定化の目的は，個別否認規定では対抗できないタックスシェルターに対して，裁判所が統一的に判示できるようにすることを目的としている。その背景として現行法では，ESDの適用が明確でないために裁判所によってESDの適用がかなり異なることになり，タックスシェルターに対して予防効果（prophylactic

---

59) Joint Committee on Taxation, "Options to improve Tax Compliance and Reform Tax Expenditures" (JCS-02-05), January 27, 2005, p. 18.

effect）を発揮するどころか，反って不公正を生み出す（produces unfairness）結果となっている。この不公正感は，昨今，加算税の増額が図られたことにより，さらに増幅している，との批判に応えなければならなかったようである[60]。

　裁判所が適用した ESD には，統一性が欠けている，と JCT が指摘しているのは，これまで①経済的実質（客観的な要件）と事業目的（主観的な要件）の2要件（二分肢）があることを立証しなければならないとする結合的テスト（conjunctive test），②事業目的又は経済的実質のいずれかがあれば十分とする非結合的テスト（disjunctive test），又は③その取引が租税上の便益を得る以外に実務的な経済効果を有するかを判断する際に「検討すべき簡潔でより正確な要素（simply more precise factors to consider）」として経済的実質と事業目的がある，と位置づける3つの異なる判例[61]があったからである。ESD の適用を明確にするための法定化は，これまでの判決の不統一性による税負担の不公平感を是正するためにも必要であった。

　その上，前年の2004年に IRS が，タックスシェルターを利用した

---

60) Ibid., JSC-02-05, p. 20.
61) 本提案書では，上記①の判例として，「まず当該取引が経済的実質を有しているかを検討し，その結果，それを有しているならば，その納税義務者が当該取引を実行する際に利益を獲得しようと動機づけられていたかを検討することになる。」とした Pasternak 事案（Pasternak v. Commissioner, 990 F. 2d 898（6th Cir. 1988）を引用し，②の判例として，「取引を見せかけと取り扱うためには，その取引を実行する際に，租税上の便益以外に全く事業目的から動機づけられていなかった，ということを最初に確認し，次に，利益を獲得する合理的な可能性が全く存在しないので，その取引には経済的実質を全く有していないことを確認しなければならない。」とした Rice's Toyota World 事案（Rice's Toyota World v. Commissioner, 752 F.2d 89, 91-92（4th Cir. 1985）を引用し，③の判例として，「代わりに，事業目的と経済的実質の双方の考察は，・・・を検討すべき簡潔でより正確な要素である。この方式は『厳密な2段階分析』として用いられない，と裁判所は再三にわたって，慎重に言及してきた。」とした ACM 事案（ACM Partnership v. Commissioner, 157 F.3d at 247）を引用している。Ibid., JSC-02-05, pp. 15-16.

Black & Decker 事案[62]では地方裁判所で，Coltec 事案[63]では連邦請求裁判所で非結合的テストにより立て続けに敗訴したことも ESD

---

[62] Black & Decker Corp. v. United States, U.S. District Court for the District of Maryland, 340 F. Supp. 2d 621, 2004.

The Black & Decker Corporation, v. United States of America, United States Court of Appeals, Fourth Circuit, 436 F.3d 431, Decided February 2, 2006.

松田直樹，前掲書，63-64 ページ，68-70 ページ。

納税義務者は，1998 年に，その 3 事業を売却したことにより約 3 億 300 万ドルの譲渡所得を実現した。納税義務者は，この譲渡所得に課される莫大な連邦所得税の支払いを回避するために損失を創出して通算する方策を練っていた。そこで納税義務者は，Deloitte & Touche accounting firm が開発した税務戦略，つまり，納税義務者の従業員の健康管理機能を遂行する法人を設立し，その法人の株式と交換に現金及び従業員等に対する健康保険請求に係る将来債務を肩代わりさせた。納税義務者は，交換により取得した株式を約 1 ヶ月後に第三者に低額譲渡して譲渡損失を発生させて，既存の譲渡所得と通算すると共に，還付請求もした。

地方裁判所は，当該法人が従業員の健康管理機能を実際に遂行しているので，経済的実質があるとして納税義務者の主張を容認する判決を下した。

第 4 巡回控訴裁判所（Rice's Toyota World 事案の判決を下した裁判所）は，その低額譲渡は認めたものの，2 段階査定の結果，この一連の取引は見せかけの取引であると判示して，原審を破棄して差し戻した。

[63] Coltec Industries, Inc., v. United States, United States Court of Federal Claims, 62 Fed. Cl. 716, October 29, 2004, Filed.

Coltec Industries, Inc., v. United States, The United States Court of Appeals, Federal Circuit, No. 05-5111, July 12, 2006. Decided.

松田直樹，同上書，62-63 ページ，68-70 ページ。

納税義務者は，1996 年にその子会社を売却して，約 2 億 4,090 万ドルの譲渡所得を得た。そこで納税義務者は，税務アドバイザーである Arthur Andersen LLP から当該譲渡所得を相殺する方法の指導を受けた。

この一連の取引とは，①納税義務者が所有する休眠子会社を特定目的会社に組み替えし，②その特定目的会社に財産と不確定条件付債務（アスベスト訴訟に係る偶発債務）を移転し，それらとの交換に当該会社の株式 10 万株を受領し，③その全株式を 50 万ドルで銀行 2 行に譲渡する，という 3 段階から構成されていた。

納税義務者は，この一連の取引により創出した約 3 億 7,870 万ドルの譲渡損失と既存の譲渡所得とを相殺して還付請求した。内国歳入庁は，当該損失を否認し，追徴税を課した。

の法定化に影響を及ぼしたようである。

これらの過去の苦い経験から財務省，IRS は，「対象取引（applicable transaction）」に対する ESD の適用を明確にし，かつ，その適用の重要性を高めるために，下記の新たな要件の制定を提案した。従って，ESD が当初から対象取引とならない取引に対しては，現行法をそのまま適用することになる。さらに，ある取引の成果が IRC のあらゆる規定の射程範囲内であり，その規定の目的に沿うものである，と納税義務者が立証した事案に対しては，本提案を適用しない，とも明記している[64]。

新たに制定する 2 要件とは，ESD が対象取引に関連していると裁判所が決定した場合に，JCT の 2003 年の報告書（JCX-44-03）の要件と同じであるが（但し，2001 年法の第 7701 条 (m)(1)(B)(i)(II) の「合理的な手段」の文言は削除），①その取引が，（連邦所得税上の成果とは別に (apart from Federal income tax consequences)）何らかの意義を持って，納税義務者の経済的状況を変えること（changes in a meaningful way the taxpayer's economic position），及び②納税義務者が，当該取引を実行することについて租税軽減以外の実質的な目的を有すること（has a substantial nontax purpose）とした。そこで納税義務者が，これら①及び②の要件の存在を立証した場合に限り，当該取引には経済的実質がある（従って，ESD を満たしたことになる）と JCT は明記した[65]。つまり，対象取引に経済的実質があると認められるためには，①の客観的

連邦請求裁判所は非結合的テストにより，第 357 条（b）に規定する租税軽減以外の事業目的が有ったという事実によって（ipso facto），ESD を満たしているので，納税義務者への全額還付を認める判決を下した。

連邦巡回控訴裁判所は，確かに納税義務者が申告した譲渡損失は文理解釈では合法であるが，株式の高額ベースを創出した取引には経済的実質に欠けているので租税の目的上，否認されなければならない，と判示した。

64) Joint Committee on Taxation, op. cit., JCS-02-05, p. 18.
65) Ibid., JCS-02-05, p. 19.

分肢（objective prong）と②の主観的分肢（subjective prong）の双方を満たさなければならないとしている[66]。これらの2要件自体は，ESDの2要件と同様であるが，ESDの適用の重要性を高めたことにより，納税義務者が本条に規定する「経済的実質」を充足するためには，次のように一段と厳しいハードルをクリアしなければならなくなった。

本提案書は，①の要件である客観的分肢において，敢えて「納税義務者の経済的状況に意義のある変化」を要求しており，その具体例として，次のような例を挙げている。

「資金（又はその他の資産若しくは負債）が一巡したとしても，当該納税義務者又は他の当事者の財務的な支出の大半がリスクを被らないように保障されており，当該取引が終了したときに，その資金が当事者又はその関連当事者のもとに戻ってくるものと合理的に想定できる場合には，この判断基準に抵触することになる。」[67]

この取引は，まさにステップ取引を例示したものであり，当該取引は，当事者の財務状態に何ら変化を及ぼさないタックスシェルターの典型である。

また，本提案書は，②の要件である主観的分肢において，単なる「目的」の代わりに，敢えて「実質的な目的」を要求する理由について，次のように述べている。

対象取引の租税以外の目的が，その納税義務者の通常の事業活動又は投資活動と合理的に関連する目的でなければならず，財務会計上の利益を達成する目的が，所得税の軽減のみによって得られる利益を目的とする場合は，その対象外となる[68]。

財務省，IRSは，この見解を基にESDの法定化を図っているので，

---

66) Ibid., JCS-02-05, p. 21.
67) Ibid., JCS-02-05, p. 22.
68) Ibid., JCS-02-05, pp. 21-22.

　　　　　本規定は、コモンローから生成されたESDの単なる確認ではなく、
　　　　創設規定であると考える。

2005年11月18日　ESDの適用に関する定義等が上院で可決されたが未実現
　　　　上院は、"Tax Relief Act of 2005（2005年租税軽減法）"[69]を上程し、
　　　　その第511条（租税回避又は脱税を仕組んだ取引を査定するに当たり、ESD
　　　　の適用に関する定義と規則）、第512条（経済的実質に欠ける取引に基因す
　　　　る過少申告に対する加算税をその過少申告額の40％に増加）、及び第512条
　　　　（経済的実質に欠ける取引による過少申告に係る支払利子の所得控除を否認）
　　　　を可決した。しかしながら、共和党議員の大多数がESDの法定化に
　　　　反対していたので、下院の法案ではこれらの条項を盛り込まなかっ
　　　　た[70]。

2007年12月12日　"AMT Relief Act of 2007（2007年AMT緩和法）"が上程さ
　　　　れたが、ESDの法定化は実現されず、加算税の重課も先送りとなっ
　　　　た[71]。
　　　　　JCTの本報告書（JCX-113-07）では、2005年の報告書（JCS-02-05）
　　　　に記述された適用可能な取引の定義と同じであるが、「(すなわち、
　　　　ESDを満たす)」を省いた。

2007年12月14日　"Food and Energy Security Act of 2007（2007年食品及び
　　　　エネルギー保障法）"（H.R. 2419）のパートⅡに「経済的実質の法理

---

69)　Summary: S. 2020-109th Congress (2005-2006), Tax Relief Act of 2005.
70)　松丸憲司「租税回避に対する法人税法132条等の行為計算否認規定のあり方」(『税大論叢』51号、2006年6月)、432ページ。
71)　Joint Committee on Taxation, "Technical Explanation of the "AMT Relief Act of 2007" as introduced in the House of Representatives on December 11, 2007"(JCX-113-07), pp. 19-33.

§12521 経済的実質の法理の明確化」が上院に上程されたが，先送りとなった。ESD の法定化には反対論が多く，「政府は『経済的実質』の法理を法定化する規定に反対し，最終法案から本規定を削除するように議会に働きかけた。ESD については，裁判所が適切な事案に適用できるようにそのままにしておくことが司法上のルールである。」[72]との意見に押さえ込まれたようである。

2008 年 9 月 15 日　米国第 4 位の巨大証券会社・投資銀行であった Lehman Brothers Holdings Inc.（以下「LB 社」という。）が，連邦倒産法チャプター11 の適用を連邦裁判所に申請し倒産した。ＬＢ社は，1999 年頃からサブプライム・ローンの証券化を推進し，住宅バブルでハイリターンを獲得することができたが，2008 年初頭の住宅バブルの崩壊によるローンの焦げ付きというハイリスクを負う結果となり，世界的な金融危機を招くことになった。

2009 年 9 月　JCT は，"The President's Fiscal Year 2010 Budget Proposal（米国大統領の 2010 年度予算案）" の歳入増対策として，これまで上程されてきた「経済的実質の法理の法定化」をまとめた報告書（JCS-3-09）[73]を作成して提出した。

　本報告書では，「本提案は，(i) 取引が，（連邦所得税上の効果とは別に）何らかの意義を持って，納税義務者の経済的状況（economic position）を変え，かつ (ii) 納税義務者が，その取引を実行することについて（連邦所得税上の効果とは別に）実質的な目的を有している場

---

72) Office of Management & Budget, Executive Office of the President, Statement of Administration Policy: H.R. 2419 –Food and energy Security Act of 2007, p. 2.
73) Joint Committee on Taxation, "Description of Revenue Provisions contained in the President's Fiscal Year 2010 Budget Proposal, Part Two: Business Tax Provisions"(JCS-3-09), September 2009, pp. 34-71.

合に限り，その取引は経済的実質の法理を満たしている，と明確にしている。その取引から得られる合理的に予測された税前利益の現在価値が，連邦税上の便益の正味額（net federal tax benefits）の現在価値と比較して大差がないような利益の見込額だけでは，経済的実質を有するものとして取り扱うことはできないことも，その提案は明示している。」[74]と変更している。さらに，本提案は，ESD を満たすために実質的な目的と意義のある経済的状況の変化の双方を有することを納税義務者に要求する，結合的「二分肢」テスト（conjunctive, "two prong" test）を採用している [75]，と明記している。

2010年3月30日　ESD 及び加算税の法定化が，"Health Care and Education Reconciliation Act of 2010（2010年ヘルスケア及び教育調整法，法案名：H.R. 4872, 以下「2010年法」という。)"[76]の一部に組み込まれて成立した。

このESDの法定化に関連してJCTは，IRC 第 7701 条（o）では，コモンローから生成された ESD に対する控訴裁判所間の不統一性を解消するために，結合的テストによる「経済的実質」を満たさなければならない，と説明している。

「本規定は，経済的実質の法理が結合的テストを要件としていることを明確にしている。つまり，結合的テストでは，取引を実行する際に納税義務者の主観的な動機づけを査定するだけでなく，その取引による納税義務者の経済的状況への客観的な成果をも査定しなければならない。この規定に基づき，取引は，結合的テストを満たさなければならない。つまり，その取引は経済的実質を有していると取り扱われるためには，その取引が，（連邦所得税上の効果とは別

---

74) Ibid., JCS-3-09, p. 40.
75) Ibid., JCS-3-09, p. 41.
76) 111th Congress 2nd Session, H. R. 4872, "Health Care and Education Reconciliation Act of 2010", March 30, 2010.

に）何らかの意義を持って，納税義務者の経済的状況を変え，かつ，納税義務者が，その取引を実行することについて連邦所得税の軽減以外の実質的な目的（substantial non-Federal-income-tax purpose）を有していなければならない。このように規定で明確にすることにより，経済的実質の法理を適用するに当たって，巡回控訴裁判所間に存在する不均衡が解消されることになるし，さらに，その取引が2要件を有していない場合において，ESDを満たすためには，経済的状況の変化，又は租税軽減以外の事業目的のいずれを満すべきか，という法理の適用上の難しさが緩和されることになる。」[77]

さらに，本事項に関して，コモンローのESDについて，重要な註釈を加えている。

「本規定は，取引が経済的実質を有していない又は事業目的を欠いている場合に，その取引に関してサブタイトルA（所得税）に規定する租税上の便益が認められないという『経済的実質の法理』を，コモンローの法理として定義している。従って，この定義では，経済的実質を欠いている，事業目的を欠いている，又はその双方を欠いている場合に，租税上の便益を否認する法理すべてを含めていることになる。」[78]

この註釈から明らかなように，ある取引が「経済的実質を有してい

---

[77] Joint Committee on Taxation, "Technical Explanation of the Revenue Provisions of the "Reconciliation Act of 2010," as amended, in combination with the "Patient Protection and Affordable Care Act" (JCX-18-10), March 21, 2010, pp. 153-154.

[78] Ibid., note 353, p. 154.
　原文は，次の通りである。
"The provision defines "economic substance doctrine" as the common law doctrine under which tax benefits under subtitle A with respect to a transaction are

ない又は事業目的を欠いている場合」以外に、「その双方を有していない場合」も含めているので、コモンローから生成された ESD と、第 7701 条 (o)(1) に今般新たに制定された ESD とは、異なる定義であり、それに伴って、租税回避を否認する判断に相違をきたすことになる。この点については、次の「(3) ロ」にて詳述する。

　以上の経緯から判明することは、財務省、IRS は、主として濫用的なタックスシェルターによる租税回避への対抗策として、納税義務者に報告義務 (例、指定取引、帳簿と税務申告との差異取引) を課するだけでなく、タックスシェルターのプロモーター等に対しても報告義務を課し、さらに、その規則を遵守しない者に対してかなり多額の加算税を賦課するという規定を制定してきた。しかしながら、タックスシェルターを始めとする租税回避は、その予防策である ESD に基づく目的限定型否認規定の法定化を実現することができなかった。財務省は、2004 年法によってタックスシェルターを多用した E 社の大型倒産を反映した加算税の重課を諮ることはできたが、ESD の法定化は財務省が 2010 年までに再三にわたって議会に上程し続けた結果、漸く達成されることになる。

(3) タックスシェルターに対する目的限定型否認規定の内容
イ　ESD の法定化の実現

　米国財務省の念願であった ESD の法定化は、十数余年をかけ、正に紆余曲折を経て 2010 年 3 月 30 日にオバマ大統領が 2010 年法に署名したことにより実現した「創設規定」である。従って、本規定は、2010 年法が制定された 2010 年 3 月 30 日後に実行された取引、並びにその日後に実行された取引に係る過少納付、過少申告、及還付請求から適用される[79]ことになっ

---

not allowable if the transaction does not have economic substance or lacks a business purpose. Thus, the definition includes any doctrine that denies tax benefits for lack of economic substance, for lack of business purpose, or for lack of both."

た。この法案に対しては，従前より実務界，法曹界，税務専門家，学界等から慎重論，反対論があがっていたが，この成果は，オバマ大統領が2008年の大統領選挙において公約として掲げていた医療保険制度改革に伴う歳出増を補填する手段として格好の時機であったようである[80]。JCTは，ESDの法定化及び過少納付に対する加算税の賦課により，2010年からの5年間で18億ドル，10年間で45億ドルの歳入増になると予測した[81]。

　米国のESDは，本書で検討したGregory事案での判決を根源として，数々の判例を経て発展してきた法理であるESDを基盤としながらも，本章の（2）で検討したように，タックスシェルターの防止を主たる目的とした租税回避否認規定である。このコモンローにおける法理を基盤としたESDの法定化は，2010年法の第1409条ESD及び加算税の法定化（Codification of Economic Substance Doctrine and Penalties）により実現され，IRC第7701条（o）ESDの明確化（Clarification of Economic Substance Doctrine）という規定及び同条（o）の適用の射程範囲内（within the meaning of section 7701 (o)）にある経済的実質を欠いている取引に対する加算税に関する条項（第6662条(6)，第6662A条，第6664条，及び第6676条）が創設された。

　このIRC第7701条（o）が創設されたことに対して岡村教授は，「一言で

79）　本規定が遡及規定でないことからも「創設規定」であるといえる。原文は下記の通りである。
　　"The provision applied to transactions entered into after the date of enactment and to underpayments, understatements, and refunds and credits attributable to transactions entered into after the date of enactment of the Act (March 30, 2010).
　　Joint Committee on Taxation, "General Explanation of Tax Legislation enacted in the 111th Congress", (JCS-2-11), March 2011, p. 382.
80）　Joint Committee on Taxation, op.cit., JCS-3-9, p.34.
　　本報告書の34ページには，"II. Revenue Raising Proposals（歳入増対策）"の最初の提言として，"A. Codify Economic Substance Doctrine（ESDの法定化）"が記述されている。
81）　Joint Committee on Taxation, Estimated Revenue Effects of the Amendment in the Nature of a Substitute to H.R. 4872 (JCX-17-10), March 20, 2010, p. 3.

言えば,これまで判例法の中で集積してきた『実質主義 (Economic Substance Doctrine)』といわれる考え方を確認したものです。それだけに過ぎません。したがって,立法したからどうなるのだ,何が変わるのだ,といわれると,(ほぼ)何も変わらない,ということになります。」[82]と主張しているが,果たしてこの見解は適切であろうか。確かにESDは判例から発展してきた法理であるが,裁判所によっては異なる解釈をし,それが同じ事案に対して同法理を適用しても見解の相違により異なる判決が下されることもあった。その統一性の欠如による混乱を回避するために,財務省は,ESDの法定化の沿革で確認したようにESDそのものではなく,ESDの1つの要件であった「経済的実質」を格上げして,ESDと同様に2要件を明確に定義づけると共に,「経済的実質を欠いている取引」に対する加算税を重課することにより,タックスシェルターの対抗措置としたのである。つまり,岡村教授が述べている「これまで判例法の中で集積してきた『実質主義』」とは似て非なる定義であるので,IRC第7701条(o)が,コモンローから生成されたESDの確認規定ではなく,「経済的実質」を新たに定義した創設規定であることをもう少し掘り下げて論究する。

　ESDの法定化に関する提言と経済的実質を理解する上で,これまでもJCTが公表した種々の報告書を参照してきたが,本章では,前記の報告書(JCS-3-09)及びJCTが新たに作成した報告書(JCX-18-10)[83]を基にESD及びESDに係る加算税の内容を検討することにする。

ロ　目的限定型否認規定の特徴
　(イ)　経済的実質の定義と経済的実質を欠いている取引に対する加算税
　　　第7701条(o)(ESDの明確化)は,その表題からも自明であり,ESD

---

82)　岡村忠生,前掲論文「米国の新しい包括的濫用防止規定について」,139ページ。
　　岡村教授は,"Economic Substance Doctrine" をここでは「実質主義」と訳しているが,同論文の143ページ以降では,「経済的実質主義」とも訳している。
83)　Joint Committee on Taxation, op. cit., JCX-18-10, pp. 142-156.

を新たに制定することにあるのではなく,「経済的実質に関する統一的な定義 (uniform definition of economic substance) を規定する一方で,裁判所の柔軟性 (flexibility of the courts) に関与するものではない」[84]ことを明確にしている。このことをまず確認しておかないと,本条によるESDの明確化の意味を誤解することになるであろう。

今般のESDの明確化の主たる目的は,第7701条 (o) により「経済的実質を有する取引」の2要件を明確にし,「経済的実質を欠いている取引」に対しては,厳格なる加算税を課すことによって,タックスシェルターを始めとする租税上の便益のみを目的とする一連の取引の発生を抑制することにある。それがために,加算税に係る規定 (第6662条,第6662A条,第6664条及び第6676条) を整備すると共に,歳入減の大きな要因であるタックスシェルター (2001年12月に倒産したエンロン社が利用した法人向けタックスシェルターもその法定化の必要性を再認識させた。) による租税回避に対する加算税の厳格化が図られている。つまり,取引が「経済的実質」を満たすための2要件 (従前のESDの2要件とは似て非なるもの) の明確化 (第7701条 (o)(1)) と,経済的実質を欠いている取引に基因する過少申告 (第6662条 (6)) を新たに規定し,その条項に該当する場合の加算税の厳格化 (加算税は原則として20%であるが,申告していない場合は40%に重課)[85]を同時に制定したことに創設規定としての2010年法の特徴がある。

(ロ) ESDの法定化の内容
(a)　ESDの明確化の構成

2010年法における第7701条 (o)(ESDの明確化) は,「資料2」に記述しているように,次の項目から構成されている。

---

84) Ibid., JCX-18-10, p. 152.
85) この点については,岡村教授も注意を促している。岡村忠生,前掲論文,139-140ページ。

・サブパラグラフ（1）法理の適用
・サブパラグラフ（2）納税義務者が潜在的利益に依拠している場合の特則
・サブパラグラフ（3）州税及び市町村民税の便益
・サブパラグラフ（4）財務会計上の便益
・サブパラグラフ（5）定義及び特則

　本2010年法の第7701条（o）の構成及び内容は，1999年にDoggett議員等がESDの法定化に関する法案H.R.2255の第7701条（m）で「経済性のない租税の優遇措置（noneconomic tax attributes）の否認」に焦点をおいた内容から大幅に改善されている。しかしながら，その2年後の2001年に同じDoggett議員等が議会に上程した2001年法（法案H.R.2520）の第7701条（m）では，そのタイトルも2010年法と類似する「ESDの明確化等」であり，その内容も一部を除いて2010年法とほぼ同じ内容（本章の脚注41）になっている。

(b)　ESDの適用時期
　ではESDがいつの時点で適用されるかという関係当事者にとっては最も関心の深い事項について，第7701条（o）(1)（法理の適用，Application of doctrine）[86]は，次のように規定しているだけである。
　「ESDが関連する（the economic substance doctrine is relevant）取引の場合には，
（A）その取引が，（連邦所得税上の効果とは別に）何らかの意義を持って，納税義務者の経済的状況（economic position）を変え，かつ（and）
（B）納税義務者が，その取引を実行することについて（連邦所得税上の効果と

86）原文には，上述の通りに"the doctrine"と"the"が付けられていない。しかしながら，ESDの提案理由を説明しているJCTの提案書（JCX-18-10）の152ページには，"the application of the economic substance doctrine"と明記しているので，「経済的実質の法理の適用」を意味すると解することができる。

は別に）実質的な目的（substantial purpose）[87]を有している，ときに限り（only if），そのような取引は経済的実質を有するものとして（as having economic substance）取り扱われる。」（下線は筆者）

　この第7701条（o）(1)の内容は，ESDが関連する取引であると裁判所が決定した場合に，その取引が要件（A）及び（B）を満たしているときに限り，経済的実質（ESDではない）を有するものとして取り扱われる。つまり，(A)及び(B)を満たす[88]とESD＝経済的実質ではないが，ESD≒経済的実質とみなされて，その取引に係る租税上の便益は容認（「否認」ではない）されることになる。この相違については，後述するが，ここでは，上記2要件が「否認」されないための必須要件であることを明示する。

　この内容では，本条のタイトルが「法理の適用」になっているにもかかわらず，経済的実質を有するとみなされるための要件を規定しているだけで，ESDが「いつ」適用されるかが明確でない。冒頭に「ESDが関連する取引の場合」と規定しているので，議会が容認した税額控除，例えば低額所得者向住宅税額控除（第42条），新規市場開拓税額控除（第45D条），修復支出税額控除（第47条）エネルギー税額控除（第48条）等を除いた取引で，議会が予定していない税額控除を伴う取引が行われた場合に，ESDが適用されることになるのであろう[89]。

(c)　2001年法との相違点

　2010年法では，上記第7701条（o）(1)の（A）に対しては変更を加えていないが，上記（B）では，（A）の括弧書きの「連邦所得税上の効果とは別

87）　なお，岡村教授は，「相当の目的」と訳している。岡村忠生，前掲論文，145ページ。
88）　この2要件を満たす場合を「結合的テスト」といい，いずれかの1要件を満たす場合を「非結合的テスト」という。これらの分析については後述する。
89）　Joint Committee on Taxation, op. cit., JCX-18-10, note 344 p. 152.

に」を挿入して統一性を図り，その代わりに "nontax" を削除して "substantial purpose" に変更している[90]。

　さらに，ESD を適用する際の判断基準に客観性を持たせるために，同条(o)(2) に特則を設けて，取引が上記（A）及び（B）の要件を満たしているかの判断をする際に，その取引の潜在的利益（potential profit）が考慮され，取引から得られる合理的に予測された税前利益の現在価値が，その取引が仮に実行された場合に，予測された租税上の便益の正味額の現在価値と比較して相当（substantial）に高い場合に限って，潜在的利益がある，と客観的な指標を示したことに意義がある。

　裁判所は租税上の便益のみを得ることを目的とする一連の取引（a series of transactions）[91]に係る租税回避を否認するために，第 1 章で記述した 5 種類の法理（見せかけの取引の法理，事業目的の法理，実質優先の法理，ステップ取引の法理及び経済的実質の法理）を生成してきたが，その適用に関しては必ずしも統一性（uniformity）が保たれていなかった。しかしながら，それらは概念的に相関関係にあり，時を経るに従って ESD を主体とし，その法理を導き出すための方策，手段となってきたようである。ESD を法定化するに際して，JCT が ACM 事案の租税裁判所の下記の判決文を引用していることから判断して，その変更の真意は，主観的な動機であるが故に曖昧さが残る「事業目的」という用語の使用を避けたのではないか，と推考する（本章の脚注 90 を参照）。

　「しかしながら，その意図した一連の取引が，租税の軽減のみによって達成された経済的便益から明確に切り離された経済的実質（economic substance separate and distinct）を有していることを租税法は要求している。納税義務者が租税を軽減する目的以外に，経済的目的に全く資さない

---

90) この "substantial purpose" は，本来の "substantial non-tax business purpose" から "non-tax" と "business" が意図的に省略されている。JCT, op. cit., JCX-44-03, p. 11.
91) 2010 年法第 7701 条 (o)(5)(D) の規定により，「取引」には一連の取引が含まれる。

(serve no economic purpose) 一連の取引によって，議会が想定していない税務上の便益を請求する (seeks to claim tax benefits, unintended by Congress) ときは，ESD が適用されることになり，司法上の後押しも得られることになる (a judicial is warranted)。」[92]

以上の JCT の報告書の説明により，第7701条 (o) が，コモンローから生成された ESD とは異なる，創設規定であることが確認できた。

(d) コモンローによる ESD と二分肢テスト（又は2段階査定）

岡村教授は，今般の ESD の法定化がこれまで判例法の中で集積してきた ESD という考え方を確認しただけで，立法したからといって何も変わらない[93]，と主張している。しかしながら，今般の ESD の法定化が，タックスシェルターの防止等を目的とした「目的限定型否認規定」であるが故に，二分肢（2要件）である（A）経済的状況の変化，かつ（B）実質的な目的の存在を満たす場合に，対象取引は「経済的実質を有する」ものとみなして，ESD を適用する，と規定している。従って，コモンローによる ESD とは，形態は同じでも，中身が異なる，謂わば「似て非なるもの」であることをここで詳述する。

さらに，二分肢テストと結合的テストが「ふたつの要件のいずれもが満たされなければならないというテスト」[94]であるとすると，その識別が不明瞭であり，なぜ IRS が「結合的二分肢テスト (conjunctive two prong test)」を選択したかも明確にされていないので，この点についても検討する。

---

92) Joint Committee on Taxation, op. cit., JCX-18-10, p. 143.
　「司法上の後押し」ということは，その取引による租税回避は「否認」されることを意味する。
93) 岡村忠生，前掲論文，139ページ。
94) 岡村忠生，同上論文，145ページ。

(A) コモンローによる ESD との相違点

一方，コモンローから生成された ESD については，第 7701 条（o）(5)(A)（経済的実質の法理）に次のように規定している。

「『経済的実質の法理』という用語は，取引が経済的実質を有していない又は (or) 事業目的を欠いている場合に，その取引に関するサブタイトル A（所得税）に規定する租税上の便益が認められない（are not allowable）というコモンローの法理を意味する。」（下線は筆者）

この定義は，①コモンローによる ESD，②租税上の便益の否認，及び③その否認の理由として，経済的実質を有していない又は事業目的を欠いている，という 3 要素から成り立っている。従って，コモンローによる ESD は，第 7701 条（o）(1) の定義と明らかに異なり，ESD イコール「経済的実質」ではないことになる。

コモンローから生成された ESD では，経済的実質を欠いている（客観的な要件），事業目的を欠いている（主観的な要件），又はその双方を欠いているか[95]を分析して，この 2 要件を満たしていればその租税回避は当然に否認されるが，その 2 要件のうち，経済的実質，又は事業目的のいずれかを有していれば，その租税回避は容認される可能性があることになる。このような判断基準を明示したのは，Rice's Toyota World 事案での租税裁判所の判決文であり，その判決を容認した第 4 巡回控訴裁判所の判決文である[96]。

しかしながら，新たに制定された第 7701 条（o）(1) では，（A）経済的状況の変化（客観的な経済的実質）かつ（B）実質的な目的（主観的な経済的実質）という 2 要件を満たす場合に限り，その取引は「経済的実質を有する」と取り扱われて，その租税回避は「容認」される。従って，本条文の ESD（法文上は，

---

95) このような解釈が妥当であることは，本章の「2. (2)」に記述した 2010 年 3 月 30 日付けの JCT の note 353 によって裏付けられている。本章の脚注 78 を参照。

96) Rice's Toyota World, Inc., op. cit., 81 T.C. 184, Note 17, p. 203.
　　Rice's Toyota World, Inc. op. cit., 752 F. 2d 89, pp. 91-95.

経済的実質）とコモンローによる ESD とは形態は同じであるが，その中身は異なっている。その大きな相違は，IRC が ESD を使用する代わりに，「経済的実質」を重視して，客観的な経済的実質と主観的な経済的実質（実質的な目的（substantial purpose））の 2 要件としたことである。この「実質的な目的」の中身には，「実質的な事業目的」[97]ということを意味しているので，納税義務者が「事業目的」という単なる主観的な目的を立証するだけでは不十分で，その実質を示す合理的な予測税前利益を立証しなければならないように財務省は修正したと推考する。2001 年の法案以来，「事業目的（business purpose）」と記述する代わりに「実質的な目的」としたのは，既述の通り，第 7701 条 (o)(1) の規定の目的がタックスシェルターの防止であることに由来している。従って，第 7701 条 (o) は，「創設規定」であって，岡村教授が，本条 (o)(5)(A) を取り上げて「経済的実質または事業目的を欠いた場合に租税利益（tax benefit）を与えないというコモン・ロー上の原則（the common law doctrine）」[98]であると解釈して，単に判例法を確認しただけであるので，今般の第 7701 条 (o)(A) という規定がなくても変わらない，との主張[99]は，適切ではないと思料する。

　以上のようにコモンローによる ESD と異なることに関連して，第 7701 条 (o)(5) に敢えて (C)（法理の適用の決定には影響を与えない（Determination of application of doctrine not affected））を設けて，次のように規定している。

「本経済的実質の法理がある取引に関連するかどうかの決定は，本サブセクションが制定されていなかった場合と同じ方法で行われる。」

　この "not affected" に関して岡村教授は，「実質主義というドクトリンの適用に関して，本条は影響を与えないとわざわざ規定をしているわけです。」[100]と述べている。しかも，上記の第 7701 条 (o)(5)(A)（経済的実質の法理）の文言

---

97) IES 事案の控訴審において，「換言すれば，事業目的査定は，主観的な経済的実質査定（subjective economic substance test）である。」と記述している。IES Industries, Inc., and Subsidiaries op. cit., 253 F. 3d 350, p. 355.
98) 岡本忠生，前掲論文，143 ページ。
99) 岡本忠生，同上論文，143 ページ。

から判断して,「このことからも,この法規定がなくても変わらないと考えられます。」[101]と結んでいる。しかしながら,財務省がこの規定を挿入せざるを得なかった理由には,例えば2004年10月に連邦請求裁判所がColtec事案において,制定法の要件すべてを満たしている取引に対して,「経済的実質の法理」を理由に租税回避を否認することは,三権分立に反するという趣旨の判決[102]から影響されたのであろう,と著者は推測する。岡村教授も「三権分流の考え方から,議会がどこまで裁判所に口を出せるか」[103]と述べているように,この措置は1つの方策であったのであろう。但し,この措置により,別な弊害が起こりうる。つまり,ESDの適用に対して,第7701条 (o)(1) により「仮に行政規則でこうだと決めたとしても,裁判所が実質主義によってそれをさらに上書きし,行政規則ではセーフだけれども,やはりアウトだ…というかもしれません。」[104]その危険性は確かにあるが,今般のESDの法定化がタックスシェルターの防止等を目的とした「目的限定型否認規定」であることからして,コモンローのESDの定義と異なる規定にした,と思料する。このことに加えて,JCTの2005年1月の提案書にも言及されていたように,「多くの裁判所は,議会が意図する目的を達成するためにESDのような租税回避否認基準 (anti-avoidance standards) で現税制を補填する必要性をかなり前から認識していた。」[105]従って,一部の裁判所による判決ではそのような齟齬をきたすかもしれないが,その可能性はかなり低くなるのではないか,と思料する。いずれにしても最高裁判所がどのような判断を下すか待たれるところである。

(B) 二分肢テストと2段階査定

コモンローによるESDは租税回避否認に係る法理であるが,その判断基

---

100) 岡村忠生,同上論文,143ページ。
101) 岡村忠生,同上論文,143ページ。
102) Coltec Industries, op. cit., 62 Fed. Cl. 716, p.756.
103) 岡村忠生,前掲論文,145ページ。
104) 岡村忠生,同上論文,149ページ。
105) Joint Committee on Taxation, op. cit., JCS-02-05, p. 18.

準として「見せかけの取引」であるか否かを，二分肢テスト[106]により事業目的に欠けていること，かつ経済的実質を有していないことを査定しなければならない，と第6章で検討した Rice's Toyota World 事案での控訴裁判所がその判決文に明記している[107]。

この査定を実施して，①事業目的を欠いていること，かつ，②経済的実質を有していないことの2要件が満たされれば，対象取引は見せかけの取引であると判断され，ESD（Rice's Toyota World 事案当時の定義）を満たしているので，当該取引に係る租税上の便益は否認されることになる。さらに，同控訴裁判所は，租税裁判所の判決文の脚注17[108]に従って，見せかけの取引であるか否かを査定する手続を示した。つまり，見せかけの取引と判断するためには，①その取引が事業目的を欠いているか否かをまず査定して，それを欠いていると判断した場合には，次に②その取引が経済的実質も欠いているかを査定し，それも欠いていると判断されて初めて，「本取引は，見せかけの取引である」と判断され，ESDが適用されることになる。この査定手続を図示したのが，「第6章2.（4）」の図2である。

このように取引が，見せかけの取引（ESDの判断基準）であるか否かを段階的に査定することから，本書では二分肢テストに代えて，「2段階査定 (two-step analysis)」[109] と称してきた。しかしながら第7701条 (o) の規定により，客観的要件と主観的要件が並列になったことから，これ以降は，岡村教授が使用されている「二分肢テスト」という用語を使用することにする。

---

106) 岡村教授は，「二分肢テストというのは，要するに，納税者の主観的な税負担回避の意図と，取引の客観的な課税前利益獲得可能性の欠如について審理を行い，両者の要件が満たされた場合にはじめて否認を行うという判例法である。」と論じている。岡村忠生，前掲論文「税負担回避の意図と二分肢テスト」，13ページ。
107) Rice's Toyota World, op. cit., 752 F.2d 89, pp. 91-92.
　　　第6章の213-214ページを参照。
108) Rice's Toyota, op. cit., 81 T.C. 184, p. 203.
　　　第6章の212-213ページを参照。
109) この "two-step analysis" という用語は，ACM事案の控訴裁判所の判決文で使用

(C) 二分肢テストと結合的テストとの関係

　岡村教授は,「二分肢テスト (two prong test) こそが 7701 条 (o) の中心」[110]であり,「二分肢テストとは,ふたつの要件のいずれもが満たされなければならないというテスト」[111]としている。この「ふたつの要件」とは,改めていうまでもなく同条 (o) の (A) の経済的状況の変化 (客観的な要件) と (B) 実質的な目的 (主観的な要件) のことである。一方で岡村教授は同ページにおいて,「このふたつの要件は,どちらもが満たされねばならない,これを英語で Conjunctive」,つまり「結合的」であると言及している。この説明だけでは,二分肢テストと結合的テスト (conjunctive test or analysis)[112]との相違を理解することができないので,その重要性に鑑み,以下に検討することにする。

　二分肢テストは,既述の通り,納税義務者が実行した一連の取引が「見せかけ (岡本教授は「虚偽」としている)」の取引に該当するか否かを判断するための基準であり,Rice's Toyota World 事案の控訴裁判所で判示された。

　ところが,その後の裁判,例えば IES 事案の控訴裁判所は,この二分肢テストを厳密に (rigid) 適用する必要性がない,との見解を示した。その控訴審では,"business purpose" に代えて "economic purpose" とし,従来の二分肢テストの事業目的と経済的実質という 2 要件に代えて,その 1 要件である経済的実質を重視して「主観的な経済的実質 (subjective economic substance)」と「客観的な経済的実質 (objective economic substance)」の 2 要件に分けるとの見解も提示した。この新たな見解が,2001 年法の第 7701 条 (m) (B) に「経済的実質の定義」と規定される動機になった,と推考す

　　されている。第 6 章 6. (5) の 261 ページを参照。
110)　岡村忠生,前掲論文,144-145 ページ。
111)　岡村忠生,同上論文,145 ページ。
112)　"conjunctive test" 又は "conjunctive analysis" として,"test" 又は "analysis" が同じ意味合いで使用されている。ここでは,非結合的テストの "disjunctive test or analysis" と同様に,「テスト」と訳すことにする。

る。この段階から「二分肢テスト」という用語は同じでも，中身が異なる使い方になってきた。

　このような状況下，見せかけの取引を判断する上で，2要件を満たす必要があるのか，又は1要件だけで足りるのか，裁判所によりその見解が分かれるようになった。対象取引が ESD を満たしているかの司法上の精査（judicial scrutiny）には，これまでの判例によると納税義務者がその取引に，①経済的実質（つまり，客観的な要素（objective component））と事業目的（つまり，主観的な要素（subjective component））の双方の存在を立証しなければならない結合的テスト [113]，②事業目的又は経済的実質のいずれか一方の存在を立証すれば足りるとする非結合的テスト（disjunctive test）[114]，及び③租税上の便益以外に実務的な経済的効果（practical economic effects）を有するかを決定する際に，「単により正確な検討要素（simply more precise factors to consider）」として経済的実質と事業目的を考慮するという第3のアプローチ [115] が

---

[113]　JCT は説明書（JCX-18-10）の143ページの脚注304に，結合的テストの判例として Pasternak 事案を挙げ，その控訴審判決の次の文言を引用している。
　「申告された事業経費の控除と3年以上の耐用年数を有する償却資産の税額控除は，二分肢テスト（two-part test）の2要件を満たさなければならない。最初の査定は，その取引が経済的実質を有するかである。経済的実質を有していることが判れば，次は，その納税義務者が当該取引に参画する際に利益を得るという動機付けがあったかが問題となる。」Frank C. Pasternak, op. cit., 990 F. 2d 893, p. 1386.
　Pasternak 事案に加えて，JCT は Klamath 事案の第5巡回控訴裁判所の判決文を引用している。
　「たとえ納税義務者が利益を獲得するという動機を有していたとしても，実際のところ，現実的な利益を獲得する可能性がその取引になく，さらに，その資金調達に何らのリスクもなかったならば，その取引は無視される。」Klamath Strategic Investment Fund v. United States, 568 F.3d 537, (5th Cir. 2009).

[114]　JCT は説明書（JCX-18-10）の143ページの脚注305に，この非結合的テストの判例として Rice's Toyota World 事案を挙げ，その控訴審判決の次の文言を引用している。
　「ある取引を見せかけであるとみなすためには（to treat a transaction as a sham），納税義務者が取引を実行する際に，税務上の便益を得ること以外に，事業

あり，統一性に欠けていると JCT は指摘している[116]。

以上の通り，ESD の適用において，3つの見解に判例は分かれていたが，巧妙なタックスシェルターを利用した ACM 事案以来，裁判所の判決は結合的テストを採用しつつも，客観的な要件である経済的実質を重視し，主観的な事業目的は経済的実質を補完する要件という位置付けに収斂してきた。その理由としては，巧妙なタックスシェルターの一連の取引には事業目的があると主張する納税義務者に対して，それが主観的な要件であるが故に，IRS が反証することができずに敗訴する事案が散見されるようになったからである，と思料する。

JCT が 2009 年 9 月に発行した報告書（JCS-3-09）の 41 ページには，一般的にいって，2 要件のうち，いずれか一方の要件を立証すれば ESD が適用されない非結合的テストは納税義務者にとって有利である[117]，と記述している。IRS が，配当落ちの ADR を利用して人為的に損失を創出した IES 事案及び Compaq 事案での控訴審において逆転敗訴したことから，ESD の法

目的から何ら動機づけられていないこと，かつ，利益を獲得できる合理的な可能性が全く存在しないので，その取引には経済的実質を何ら有していないことを裁判所は見抜かなければならない。」Rice's Toyota World v. Commissioner, 752 F.2d 89, 91-92（4th Cir.1985）。

この引用文は，「第 6 章 2. Rice's Toyota World 事案の（4）」の 213-214 ページにて検討している。

115) JCT は説明書（JCX-18-10）の 144 ページの脚注 306 に，このアプローチの判例として ACM 事案を挙げている。「第 6 章 2.（5）」の 261 ページに記述した，「この経済的な見せかけに関する査定の異なる側面が，『厳格な 2 段階分析』という別々の要件からなるというよりは，当該取引による租税の軽減とは別に，租税目的の観点から，その取引が十分なる実質を有しているかどうかの分析をそれぞれが特徴づける関連要素ということができる。」と引用している。しかしながら，見せかけの取引であっても，その取引に経済的実質があれば，それに係る控除だけを認めるという判決をした最初の判例が，第 6 章で検討した Rice's Toyota World 事案であったことには，本報告書は全く触れていない。

116) Joint Committee on Taxation, op. cit., pp. 143-144.

定化には，より厳しい結合的二分肢テスト（conjunctive two prong test）に依拠する規定にすべきとの働きかけがあったのでは，と推考する。この結合的二分肢テストとは，第7701条(o)(1)に規定する「経済的実質」を満たすために，その取引には経済的状況の変化と実質的な目的の双方を有していることを納税義務者に要求する査定である。

(D) コモンローによるESDとは似て非なる定義

本章，特にJCTが2010年3月に作成した説明書（JCX-18-10）で検討したように，2010年法の第7701条(o)(1)では「法理の適用」と規定して，取引が（A）経済的状況の変化，かつ（B）実質的な目的の2要件（二分肢）を満たした場合に限り，その取引は「経済的実質を有する」ものとみなされて，ESDが適用されることになる。この場合，その取引は，納税義務者にとってコモンローのESDよりも一段と高いハードルの2要件を満たしていることから，その租税上の便益の享受は，いうまでもなく容認されることになる。従って，第7701条(o)(1)は，「容認規定」であるといえる。

一方，コモンローによるESDは，「経済的実質を有していない」，「事業目的に欠けている」，又は「その双方を有していない」場合には，ESDを満たしているので，対象取引の租税上の便益は否認される，という「否認規定」である。このような解釈が適切であることの裏付けは，既述の2010年3月21日付けのJCTによる説明書の脚注353に記されている。

「本規定は，取引が経済的実質を有していない又は事業目的を欠いている場合に，・・・・・・コモンローの法理として定義している。従って，この定義では，経済的実質を欠いている，事業目的を欠いている，又はその双方を欠いている場合に，租税上の便益を否認する法理すべてを含めていることになる。」[118]

---

117) 松田直樹，前掲書，59-60ページを参照。
118) Joint Committee on Taxation, op. cit., JCX-18-10, March 21, 2010, note 353, p.

このように，IRC の ESD とコモンローの ESD とは，要件の構成は同じでも，その中身が微妙に異なっている。この相違点を明確に示すために，IRC（第 7701 条（o）(1)），（第 7701 条（o）(5)），及び JCT の諸報告書，特に JCX-18-10 を参照して表にしたのが，下記の表 8 である。

表 8：納税義務者側から見た，内国歳入法典（第 7701 条（o）(1)）とコモンロー（第 7701 条（o）(5)）との相違

例	（A） 経済的状況の変化 （経済的実質）	（B） 実質的な目的 （事業目的）	租税回避	
			内国歳入法典 （第 7701 条(o)(1)）	コモンロー （第 7701 条(o)(5)）
①	有	有	○	○
②	有	無（有）	X	○
②'	無（有）	有	X	○
③	無（有）	無（有）	X	X（○）

注）　上記の表 8 のうち，
　　「有」と「無」は，内国歳入法典及びコモンローの要件を満たしているか否かを示し，
　　「(有)」とは，ハードルの低いコモンローの要件のみを満たしている場合を示し，
　　「○」は，その取引による租税回避が「容認」される場合を示し，
　　「X」は，その取引による租税回避が「否認」される場合を示している。

これらの事項を前提に表 8 が，具体的に何を意味しているのかを検討する。

上記の例①は，結合的二分肢テストと称される最も厳格な査定である。IRC で新たに規定された（A）の「経済的状況の変化」と（B）の「実質的な目的」の 2 要件（二分肢）を満たしているので，「経済的実質がある」とみなされて，その取引による租税回避は，容認される。コモンローにおいても，（経済的実質）と（事業目的）の 2 要件を満たしているので，その取引による租税回避は当然，容認されることになる。

例②は，非結合的二分肢テストと称される査定である。IRC では，（B）の

154.　ここに引用した原文については，本章の脚注 78 に記述している。

実質的な目的が欠けているので，その取引による租税回避は，否認される。しかしながら，コモンローでは，（経済的実質）よりも厳しい（A）の「経済的状況の変化」があるので，その取引による租税回避は容認されるであろうし，たとえ（B）の「実質的な目的」を有していなくても，主観的な（事業目的）があれば，その租税回避は容認される可能性がある。

その次の例②'は，例②と同様に非結合的二分肢テストと称される査定である。IRCでは，（A）の「経済的状況の変化」がないので，その取引による租税回避は，否認される。しかしながら，コモンローでは，（事業目的）よりも厳しい（B）の「実質的な目的」を有しているので，その取引による租税回避は容認されるであろうし，たとえ（A）の「経済的状況の変化」がなくても，（経済的実質）があれば，その租税回避は容認される可能性がある。

例③は，（A）の「経済的状況の変化」と（B）の「実質的な目的」の2要件を満たしていないので，IRC及びコモンローにおいても，その取引による租税回避は否認されることになる。但し，コモンローにおいては，その取引がIRCよりもハードルが低い（経済的実質）か（事業目的）のいずれかを有していれば，その租税回避は容認される可能性がある。

以上の通り，IRCが第7701条（o）に新たに定義した「経済的実質」と，コモンローから発展した「経済的実質の法理」とは，似て非なるものであり，タックスシェルターに対抗するために制定された第7701条（o）は，タックスシェルターを対象とした目的限定型否認規定として，今般制定された創設規定であると思料する。IRCがこのような一段と厳格な要件を納税義務者に要求することになった理由としては，納税義務者が「事業目的」という主観的要件を満たしている，と法廷で主張することに対して，それを反証することの困難さ，不確実さを解消したい，との考えから結合的二分肢テストを選択した，と推考できる[119]。

---

119) Joint Committee on Taxation, op. cit., JCS-02-05, pp. 20-22 and Joint Committee on Taxation, op. cit., JCS-3-09, pp. 41-42.

IRSは，その告示（Notice 2010-62）において，第7701条（o）(1)に規定した結合的二分肢テストを適用してコモンローのESDに関連する判例法に引き続き依拠する旨を，次のように説明している。

「取引が第7701条（o）(1)(A)の要件（requirements）を十分に満たす位に納税義務者の経済的状況に影響を与えているかを判断する際に，IRSは，コモンローのESD（第7701条（o）(5)(A)に基づく定義）を各事案に適用して，その取引がESDの経済的実質の分肢（prong）を満たしていないことを理由に，その取引に係る租税上の便益を否認することになる。同様に，取引が第7701条（o）(1)(B)の要件を十分に満たす位に租税軽減以外の目的を有しているかを判断する際に，IRSは，コモンローのESDを各事案に適用して，その取引が事業目的を欠いていることを理由に，その取引に係る租税上の便益を否認することになる。」[120]

果たして，今後の裁判において，IRSが主張する結合的二分肢テストが容認されるか否かは現時点では定かでない。しかしながら，コモンローによる判例を盾に，第7701条（o）(1)(A)の納税義務者の経済的状況の変化（又はコモンローの経済的実質の存在），又は第7701条（o）(1)(B)の実質的な目的（又はコモンローの事業目的の存在）のいずれか1つの要件を満たすことにより，その取引は経済的実質を有するものとして扱われるべきである，と主張する納税義務者と戦う（challenge），と敢えてIRSは力説している[121]。

いずれにしても，ESDを立証する責任が，英国と異なり，米国では納税義務者にあるので，この結合的二分肢テストの適用は納税義務者にとって，より厳しいものとなったといえる。但し，ESDの法定化の主たる目的がタックスシェルターの防止にあることを鑑みると，財務省及びIRSの立場としては当

---

120) Internal Revenue Service, "Interim Guidance under the Codification of the Economic Substance Doctrine and Related Provisions in the Health Care and Education Reconciliation Act of 2010. Notice 2010-62", September 13, 2010, p. 4.
121) Ibid., p. 4.

然の施策であったと考える。なぜならば，タックスシェルターによる一連の取引全体を精査すれば，その取引には租税軽減以外に，経済的実質も事業目的（実質的な目的）もないことが露呈するからである。租税回避の抑止力としては，相当に意義のある施策であると考える。

なお，岡村教授も指摘している，いわゆる Angel List（不適用取引のリスト，つまり，ESD がどのような取引と関連するか，又はどのような取引が第7701条（o）の要件を満たすことになるのかに関するガイドライン）の公表が求められていたが，IRS は，そのような文書を公表する意向はない，と同告示において言及している[122]。よって，納税義務者は，経済的実質を欠いている取引に抵触する可能性のある取引を行う際には，後述する，より厳しくなった加算税と租税上の便益とを天秤にかけて，適切な意思決定をする必要性が出てきたことになる。

(e) 加算税の厳格化

(A) 過少納付及び過少申告に対する加算税の改正

ESD は，Gregory 事案以降，数々の判例を経て発展してきた法理であるが，その適用には本書でも検討したように，必ずしも統一性があるものではなかった。同じ事案に対しても裁判所により異なる判決をもたらす判例が目立ち，法的安定性に疑問を持たれる状況になってきた。このような状況下では，IRS が二分肢テストに基づいて ESD を適用して，租税回避を否認して加算税を賦課しても，同様な事案に対して，ある裁判所で勝訴しても別の裁判所では敗訴するということも起こり得る。それ故に，過少申告による加算税の軽減措置を講じざるを得なかった，と推考する。

財務省は2010年法により ESD を法定化して，その適用を明確化すると共に，主にタックスシェルターに対する従前からの加算税に対する規定を整備し，タックスシェルターに対する軽減措置を削除し，経済的実質を欠いている取引に対してはさらに重課する改正をした。この改正は，事後的な処理に

---

[122] Ibid., p. 7.

人，物，金そして情報を費やすことを抑制して，予防措置に重点を移行しようとするものである[123]。この両輪により，タックスシェルターの供給又は需要が減少することが期待される。

　2010年法の制定に関連する加算税に関する条項は，第6662条（過少納付に対する加算税の賦課），第6662A条（報告義務のある取引で，過少申告があった場合の加算税の賦課），第6664条（定義及び特則），及び第6676条（還付又は税額控除に関する誤請求（erroneous claim for refund or credit））であった。

　本制定に係る納税義務者に対する加算税に関する条項の翻訳は，資料2に記述しているが，その主な条項の体系を下記に示す。

加算税に関する条項

　　a　過少納付……原則として20％の加算税（第6662条 (a)）。

　　　　　　但し，評価額が重大なる虚偽申告（misstatement）の場合は40％の加算税（第6662条 (h)(1)）。

　　・適用対象：本条は，下記のいずれかに該当する場合に適用する（第6662条 (b)）。

　　　　(1) 規定又は規則の懈怠若しくは無視。

　　　　(2) 所得税の相当なる過少申告が正しい税額の10％又は5千ドルのいずれか大きい方の金額を超える場合（法人の場合は，適正な税額の10％（又は1万ドルよりも大きい金額）又は1千万ドルのうち，いずれか小さい方の金額を上回る場合）。

　　　　(3) 評価の相当なる虚偽申告（過少納付額が5千ドルを超え

---

[123] 既述の通り，連邦政府（Federal Government）は，ACM事案の訴訟費用として200万ドル超も注ぎ込んだといわれている。

　Department of the Treasury, "The Problem of Corporate Tax Shelters Discussion, Analysis and Legislative Proposals", July 1999, Executive Summary III. Reasons for Concern.

る場合)。

(4) 年金債務の相当なる過大申告。

(5) 相当なる不動産税若しくは贈与税の過少評価申告。

(6) 経済的実質を欠いている取引（第7701条(o)の適用の範囲内）又はこれに類する規定の要件を満たさない取引であることを理由に，申告した租税上の便益を否認[124]。

(7) 開示されなかった国外の金融資産の過少申告。

・軽減措置：過少申告の金額 (the amount of understatement) は，タックスシェルターの場合を除き（第6662条(d)(2)(C)）[125]，次の場合に軽減される (be reduced)[126]（第6662条(d)(2)(B)）。

(I) 税務上の取扱いに相当な根拠[127]がある，若しくはあった場合，又は

(II) その項目の税務上の取扱いに係る関連事実が申告書

---

124) 2010年法により新たに制定された。
125) 「このようにタックス・シェルターに係る金額を一律に減額の対象外としたのは，2004年法によるものである。」岡村忠生，前掲論文「租税回避行為の規制について」，200ページ。
　2010年法の改正においても，その主たる改正目的がタックスシェルターの防止であるので，軽減措置の対象外として継続することは当然のことである。
126) 岡村教授は，「増差税額については，罰則金が免除されます。」（岡村忠生，前掲論文「米国の新しい包括的濫用防止規定について」，151ページ）と既述しているが，原文が "be reduced" であるので「軽減される，又は減額される」の方が適切であろう。現に，岡村教授の前掲論文では「一律に減額の対象外」としている。また，「免税」に対しては，通常 "exemption"，又は第6664条(c)(1) の "no penalty shall be imposed" が使用されている。
127) 弁護士，税務専門家等が提出した意見書が「相当な根拠」として利用されてきたが，「1970-80年代の個人タックス・シェルターでは，オピニオン・レターが濫用気味に使われたといわれています。そのことから，タックス・シェルターであれば，まず，法人については上記の軽減免除の適用はありません。また，個人についても，(ii) 開示の方の免除は適用されず，また，(i)「相当の根拠」による免除についても，

に適切に開示されていて，かつ納税義務者による，その項目の税務上の取扱いに関して合理的な論拠がある場合。

ここでいうタックスシェルターとは（I）パートナーシップ若しくはその他の事業体，（II）投資計画若しくは取決め，又は（III）その他の計画若しくは取決めであって，その重要な目的（significant purpose）が連邦所得税の回避又は脱税である場合をいう（第6662条(d)(2)(C)(ii)）。

・免税措置：税務申告書が提出された場合で，過少納付に係る金額（any portion of an underpayment）[128]に対して，合理的な理由があり，当該納税義務者がその金額に関して誠意を持って対処した場合，加算税は賦課しない（no penalty shall be imposed）（第6664条(c)(1)）。

b　過少申告……原則として20％の加算税（第6662A条(a)）。

但し，報告義務のある取引で，開示されなかった指定取引等に係る過少申告は30％の加算税（第6662A条(c)）。

・適用取引：指定取引（財務省長官（the Secretary）[129]が租税回避取引として特に認定した報告義務のある取引又は実質的に報告義務のある取引と認定した取引（第6707A条(c)(2)）。

それが認められる可能性が50％を超えると合理的に確信したことが要求されることになっています。」岡村忠生，前掲論文「米国の新しい包括的濫用防止規定について」，151ページ。

128）岡村教授は，この"underpayment"を「過少申告」と訳しているが，「過少申告」に当たる英語には，"understatement"という用語が使用されている。岡村忠生，同上論文，161ページ。

129）岡村教授は，「歳入庁長官」が「指定取引」及び「要報告取引」を指定する権限があるように記述しているが，原文では"Commissioner"ではなく，"Secretary"となっているので，「財務省長官」とすべきであろう。岡村忠生，同上論文，161ページ。

指定取引以外の報告義務のある取引（財務省長官が租税回避又は脱税の可能性があると決定した類型（type）にその取引が当てはまる場合に，その取引の情報を税務申告書又はその添付書類に記載されることが求められる取引（第6707 A条 (c)(1)）。

・免税措置：合理的な理由があり，当該納税義務者がその金額に関して誠意を持って対処した場合，第6662 A条に係る加算税は賦課しない（第6664条 (d)(1)）。

・不履行に対する加算税：報告義務のある取引情報を開示しなかった場合，(A) 指定取引の場合は20万ドル（自然人の場合は10万ドル），又は(B) その他の報告義務のある取引の場合は5万ドル（自然人の場合は1万ドル）を超えないものとし（第6707 A条 (b)(2)），最低金額は1万ドル（自然人の場合は5千ドル）とする（第6707 A条 (b)(3)）。

・加算税の撤回権限：内国歳入庁長官は，(A) その違反が指定取引以外の報告義務のある取引に関するもので，かつ，(B) その加算税を撤回することが，この権限による要請の遵守と効果的な税務行政に寄与すると考えられる場合，本条による加算税の全て又は一部を撤回することができる（第6707 A条 (d)(1)）。

・SECへの報告義務：SECへの報告義務を有する法人が，上記の第6662 A条 (c) により30％の加算税を支払うことになった場合には，その旨をSECに報告しなければならない（第6707 A条 (e)）。

(B) 経済的実質を欠いている取引による過少申告に対する新たな加算税

第7701条 (o) で定義された経済的実質を欠いている取引（又は，これに類する規定の要件を満たしていない取引）により，申告した租税上の便益の否認

に伴って発生した過少納付に対して,新たな加算税が第6662条に追加規定された(第6662条(b)(6))。

経済的実質を欠いている取引(transaction lacking economic substance or non-economic substance transaction)に対する加算税
a 過少納付……原則として20%の加算税(第6662条(a))。
但し,納税義務者が租税上の取扱いに関する重要な事実が税務申告書,又は当該申告書に添付する書類にも適切に開示していない,経済的実質を欠いている取引に該当する場合は,40%の加算税(第6662条(i)(1)及び(2))[130]。
・免税措置の不適用:過少納付に対する合理的な理由及び誠意ある対処による例外規定の適用はない(つまり,加算税の免除はない[131]。)(第6664条(c)(2))。
経済的実質を欠いている取引で,報告義務のある取引に係る過少申告額には例外規定の適用はない(第6664条(d)(2))。
b 還付又は税額控除に関する誤請求(erroneous claim)……その誤請求額が過大な金額であった場合,その金額の20%に相当する金額を加算税として加算(第6676条(a))。
・免税措置の不適用:経済的実質を欠いている取引(noneconomic substance transaction)に対しては,合理的な根拠及び誠意ある対処による例外規定を適用しない。(第6676条(c))。

---

130) 今回の改正により,第6662A条に基づく30%の加算税は賦課されない(第6662A条(e)(2)(b))。
131) その取引が,経済的実質を欠いている取引(又は,これに類する規定の要件を満たしていない取引)であったと判断された場合,第三者の意見書又は企業内分析書(outside opinions or in-house analysis)は,加算税の賦課に関して納税義務者の防護壁にはならない。Joint Committee on Taxation, op. cit., JCX-18-10, p.155.

以上の加算税は納税義務者に対する罰則であるが，IRS は，プロモーター，申告書の作成者等に対しても第 6700 条　濫用的タックスシェルター等の販促活動，第 6701 条　税金債務の過少申告を支援し幇助することに対する加算税（Penalties for Aiding and Abetting Understatements of Tax Liability），第 6707 条　報告義務のある取引に関する情報提供の不履行（failure to furnish information），第 6708 条　報告義務のある取引に係る顧客リスト保持義務違反を設けて，所定の違反をした者に加算税を賦課してきた。この加算税に関する条項は，米国内でタックスシェルターの販売，開発をしてきた業者にとって，場合によっては事後に加算税を支払う偶発債務として影響を及ぼすことになる。

　ハ　タックスシェルター・マルプラクティスに対する訴訟事件の増加

　最近の傾向として，納税義務者が，租税専門家の助言に従ってタックスシェルターに投資したところ，その取引に係る租税上の便益が IRS の課税処分により否認され，不測の損害を被ったとして，当該租税専門家を相手取って損害賠償請求訴訟を提起する事件が多くなってきた，と酒井教授が指摘している[132]。米国では，このような「訴訟における租税専門家責任の問題については，タックスシェルター・マルプラクティス（節税商品過誤，Tax Shelter Malpractice）として議論されて」[133]いて，その件数増加の要因の 1 つとして，「課税庁が Tax Shelter に対して積極的に否認攻勢をかけていること」[134]を挙げている。このタックスシェルター・マルプラクティスの発生原因には，大きく分けて①節税効果のないものを売りつけられたというケースと②課税庁からの否認により節税効果が減殺されたことに基因するケース，の 2 つの類型に分類できるとしている。酒井教授が，①のケースの判例

---

132)　酒井克彦「米国におけるタックスシェルター・マルプラクティス（上）―節税商品取引における租税専門家の役割―」（『税経通信』，2004 年 11 月号），187 ページ。
133)　酒井克彦，同上論文，187 ページ。
134)　酒井克彦，同上論文，187 ページ。

として「Tax Shelter のパンフレットに掲載されていた法律事務所の税務上の見解についての妥当性を争った Pasternak v. Sagittarius Recording Co. 事件」[135)] を挙げているが，その訴訟原因となった裁判が，まさに本章の脚注11及び61に判例として挙げた Pasternak 事案である。既述のように，第6巡回控訴裁判所は租税裁判所の判決を支持して，納税義務者の租税回避を否認し，過少申告に対する加算税及び濫用的タックスシェルターに対する1986年内国歳入法典第6621条(c)(1)に規定する「租税軽減に動機づけられた取引による (attributable to tax motivated transaction)」相当の過少納付に対する法定利率の120％の利率を賦課することも支持した[136)]。

　Pasternak 事案は，濫用的タックスシェルターに対する第6621条(c)(1)が適用され，加算税が賦課された事案であった。2001年以降，幾度か ESD の法定化の試みがなされた後に，漸くその法定化が2010年に実現し，さらに加算税に関する条項が重課されると共に整備されたことが，タックスシェルター等を利用して租税回避を試みようとする納税義務者，租税専門家，プロモーター等に抑制力としてかなりの影響を及ぼしている，と思料する。その意味で，2010年法による ESD の法定化と経済的実質を欠いている取引に対する新たな加算税に関する条項の制定はかなり意義のある方策であった，といえる。

(4) 小　括

　米国財務省は，2000年度の予算案に引き続き2001年度の予算案において，法人向けタックスシェルター等の問題を提起した上で，ESD の法定化を初めて上程したが，採択されなかった。その後，再三にわたって，必要な修正を施して上程した結果，2010年3月に「ESD 及び加算税の法定化」として制定された。

---

135)　酒井克彦，同上論文，188ページ。
136)　Pasternak, op. cit., 990 F.2d 893, p.954.

このESDの法定化に関して岡村教授は,「これまで判例法の中で集積してきた『実質主義(Economic Substance Doctrine)』といわれる考え方を確認したものです。それだけに過ぎません。」[137]と主張している。この主張に対して,本章では,
　① 今般のESDの法定化が,タックスシェルターの防止等を目的とした「創設規定」であるので,コモンローから生成されたESDとは似て非なる規定であること,
　② 従前の二分肢テストの要件である,事業目的と経済的実質の存在とは異なる,「経済的実質を有すること」を満たさなければならない一段と厳しい2要件の充足を納税義務者に要請する結合的二分肢テストになったこと,
　③ 上記①及び②の相違により,同一事案でも,IRC上,その租税回避が否認されても,コモンロー上は容認される場合が起こりえること,
を表8により,その相違点を明示することができた。
　その背景と理由は,次の3点であった。
　① 法人向けタックスシェルターによる租税回避の激増。
　② IRCの個別否認規定の改正による対処の限界。
　③ 司法による判断の非効率性及び不統一性。
　従って,法人向けタックスシェルター等に立ち向かうには,広義の規定の立法化による解決(broad-based legislative solution)が必要であることはいうまでもなかった。
　そこで財務省は,納税義務者が法人向けタックスシェルター等を利用することに慎重になり,「事前に思い止まって誠実な取引」をするように仕向ける必要があった。財務省はその解決案として,ESDの法定化が次の3つの理由から必須であると提案した。
　① 濫用的な取引による租税上の便益を否認するために,裁判によって形成されてきた法理のうち,最も客観的な法理がESDである。

---

137) 岡村忠生,前掲論文「米国の新しい包括的濫用防止規定について」,139ページ。

② 納税義務者及びIRSが最も容易に，客観的に，かつ一貫して適用できるのがESDである。

③ 正当な事業取引に悪影響を及ぼさないのがESDの法定化である。

この基本的な思考方法を軸にESDの法定化を実現したのが，2010年法である。

納税義務者が「事前に思い止まって誠実な取引」をするように仕向ける予防薬としては，ESDの法定化以外に2つの抑制剤が必要である。

1つ目の抑制剤が，納税義務者に対する加算税の強化である。まず2004年法により約30の指定取引を明示して，納税義務者が事前に申告することを義務づけたことである。例えば，報告義務のある取引で開示されなかった指定取引等に係る過少申告には30％加算の加算税を賦課してきた。さらに，2010年法の加算税に関する条項の改正では，新たに「経済的実質を欠いている取引」による過少納付に対する加算税を制定して，その取引を開示していない場合には免税措置を適用せずに，40％に重課する規定にした。

2つ目の抑制剤が，プロモーター，申告書の作成者等に対する加算税の賦課である。プロモーター等が，濫用的タックスシェルター等の販促活動での不正，過少申告の支援及び幇助，報告義務のある取引に関する情報提供の不履行，報告義務のある取引に係る顧客リスト保持義務違反をした場合に加算税が賦課されることになる。さらに，プロモーター等が納税義務者に販促したタックスシェルターが，裁判においてその租税回避を否認された場合には，納税義務者からタックスシェルター・マルプラクティスに対する訴訟を起こされる可能性が多くなってきた。従って，米国内でタックスシェルターの販売，開発をしてきた業者にとって，タックスシェルターが，場合によっては事後に加算税を支払う偶発債務となってきた。

結合的二分肢テストによるESDの法定化，経済的実質を欠いている取引に対する加算税の賦課，プロモーター等に対する加算税の賦課，このトライアングルによる租税回避否認規定は，タックスシェルター防止等を目的とした「創設規定」であるといえる。この新たな規定は，目的限定型否認規定（TAARs

と位置づけられて，経済的実質を欠いている取引による税収減の抑止策になることが期待される。

　但し，本章で指摘したように，IRC 第 7701 条 (o)(1) の「法理の適用」での 2 要件を満たす結合的二分肢テストと，IRC 第 7701 条 (o)(5)(A) のコモンローによる「経済的実質の法理」の 2 要件のうち，いずれか 1 つを満たす非結合的テストとの相違点が今後の裁判にどのように影響するのであろうか。特に最高裁判所がどのような判断を下すのかに，大方の関心が注がれている。

終 章

　2010年3月30日に成立した2010年ヘルスケア及び教育調整法（Health Care and Education Reconciliation Act of 2010）[1]の第1409条経済的実質の法理及び加算税の法定化（Codification of Economic Substance Doctrine and Penalties）により，米国財務省は，長年の念願であった経済的実質の法理（Economic Substance Doctrine）[2]とそれに関連する加算税の賦課の法定化を実現することができた。それに伴って，内国歳入法典（Internal Revenue Code）[3]第7701条（o）ESDの明確化（clarification）が，タックスシェルターに対抗する一般否認規定[4]として，次のように新たに制定された。

　IRC第7701条（o）の（1）では，

　「経済的実質の法理が適用される取引の場合には，

（A）　その取引が，（連邦所得税上の効果とは別に）何らかの意義を持って，納税義務者の経済的状況を変え，<u>かつ（and）</u>

（B）　納税義務者が，その取引を実行することについて（連邦所得税上の効果とは別に）実質的な目的を有している

ときに限り，そのような取引は<u>経済的実質を有するもの（having economic substance）</u>として取り扱われる。」（下線は筆者），

と規定されている。

---

1)　本書では「2010年法」と略している。
2)　本書では「ESD」と略している。
3)　本書では「IRC」と略している。
4)　本書では，IRC第7701条（o）が，一般にいわれる一般否認規定（GAAR, General Anti-Avoidance Rule or General Anti-Abuse Rule）そのものではないかもしれないが，その1類型であるTAARs（Targeted Anti-Avoidance Rules）に相当すると位置づけて，目的限定型否認規定と訳している。

さらに、同条 (o) の (5)(A) では、コモンローから生成された ESD について、次のように規定されている。

「『経済的実質の法理』という用語は、取引が経済的実質を有していない<u>又は (or)</u> 事業目的を欠いている場合に、その取引に関するサブタイトル A（所得税）に規定する租税上の便益が認められない (are not allowable) というコモンローの法理を意味する。」（下線は筆者）

これら2つの規定を盛り込んだ第7701条 (o) に対して、大方の見解は、判例法の中で集積してきた ESD を確認した規定である[5]、と位置づけている。

しかしながら筆者は、同条 (o)(1) に棒線を引いた「経済的実質を有するもの」と同条 (o)(5)(A) の「経済的実質の法理」とは内容が異なる点、及び「かつ (and)」と「又は (or)」との相違点に着目し、上記の見解に疑問を抱いた。

そこで、ESD とは何かをまず理解するために、本書では、文理解釈を重視した1900年代初頭の Pinellas Ice 事案等の判例から検討し始めた。次に、納税義務者が実行した租税回避に対して、個々の取引の法形式よりも、一連の取引全体から得られる実質に依拠して判断した Gregory 事案での控訴審判決、その判決を支持した最高裁判決を精査した。その後、納税義務者が実行したセール・アンド・リースバック取引には、「経済的実質」を有するので、「租税回避のみを目的とする取引」ではない、と最高裁が判示した Frank Lyon 事案を検討した。さらに、控訴裁判所が、租税の軽減目的以外に事業目的と経済的実質の2要件（二分肢）を有しない一連の取引は見せかけの取引であるとして、その減価償却とノンリコース型手形の支払利子の控除を否認したが、リコース型手形に係る支払利子には経済的実質がある、と判示した Rice's Toyota World 事案、及びタックスヘイブンを組み込んだ巧妙な租税回避取引に対し

---

[5] 例えば、岡村忠生教授が、前掲論文「米国の新しい包括的濫用防止規定について」、139ページにて記述している。

て，最高裁が，関連条文に事業目的の要件が明示されていない場合であっても，人為的に発生させた利子には経済的実質がないとして，その租税回避を否認した ACM 事案により，事業目的という要件が ESD の副次的，補完的な要件へと移変してきたことを認識した。このように数々の租税回避に関する事案を事実認定に重点を置いて検討を重ねた結果（「序章」で記述した Frank Lyon 事案での最高裁判決の教えに従ったアプローチ），コモンロー上，租税回避否認の法理として ESD に収斂してきたこと，さらに，その2要件のうち「経済的実質」がコモンローのみならず，課税庁側にとっても最も重要な要件であると認知されるようになってきたことが判明した。従って，財務省は，この ESD 又は経済的実質をそのまま活かして，租税回避事案に係る裁判に対処すればよく，従前通りに必要に応じて個別否認規定を制定し続ければ，なにも ESD を法定化する必要はないのでは，と思われた。しかしながら，財務省は，ESD を法定化せざるを得ない理由があることを 2000 年の説明書[6]等で明らかにしていた。

① 法人向けタックスシェルターによる租税回避の激増

コモンローにより生成された法理を熟知した大手の会計事務所，金融機関等が 1990 年以降，IRC の関連規定の抜け穴を探し出して開発した法人向けのタックスシェルターを販促するようになり，それらの租税回避事案（例えば，IES 事案，Compaq 事案）の裁判において，国側が立て続けに敗訴した。

② IRC の個別否認規定の改正による対処の限界

財務省が，特定のタックスシェルターに対処するために IRC の個別否認規定を改正しても，その改正は事後的なアプローチであって，根本的な解決策とはならず，IRC 自体がより複雑化するだけで，常に「逃げ水」を追いかけている状態に陥っていることを明らかにした。さらに財務省は，納税義務者に報告義務（例えば，指定取引，帳簿と税務申告との差異取引）を課するだけ

---

6) Department of the Treasury, op. cit., "General Explanations of the Administration's Fiscal Year 2001 Revenue Proposals", pp. 124-126.

でなく，タックスシェルターのプロモーター等に対しても報告義務を課し，その規則を遵守しない者に対してかなり多額の加算税を賦課するという規定を制定してきたが，根本的な解決策にはならなかった。
③司法による判断の不統一性及び不経済性

　法人向けタックスシェルターを阻止するための訴訟というものは，その事案が発生してから数年後に始まるので，事後的で不経済な対処法（例えば，連邦政府は ACM 事案の訴訟に 200 万ドル超も費やした。）であった。また，裁判所は事案毎に判決を下しているので，必ずしも全般的な租税政策を理解した上での判示ということにはならず，司法上の法理の適用が裁判所によって異なるという弊害をもたらした。

　従って，法人向けタックスシェルター等に立ち向かうには，広義の立法的措置による解決が必要であるとの認識に至った。規定に厳密に依拠した税制 (strictly rule-based tax system) では，想定しうるあらゆる取引形態を規制することに限界があった。「多くの裁判所は，議会が意図する目的を達成するために ESD のような租税回避否認基準 (anti-avoidance standards) で現税制を補填する必要性をかなり以前から認識していた。それ故に，タックスシェルターの特徴を有する取引形態への ESD の適用の明確化は，想定外の判決による混乱を防止して，効率性の向上を図ることができ，判決の統一性を促すことになる。」[7]と，JCT（両院合同課税委員会）はその提案書で訴えた。

　そこで財務省は，納税義務者が法人向けタックスシェルター等を利用することに慎重になり，事前に思い止まって真正な取引をするように仕向ける必要があった。正にこの思考方法が，タックスシェルターに対抗するための GAAR の1類型である「目的限定型否認規定」の特徴である，といえる。このような状況は，「第4章　3.　英国の租税回避事案への米国判例の影響及び英国の

---

[7]　Joint Committee on Taxation, op. cit., "Options to improve Tax Compliance and Reform Tax Expenditures" (JCS-02-05), p. 18.

GAAR の導入」で検討したように，2013 年に GAAR を制定した英国の状況と大方同じである。つまり，病気を患った後に服用する「治療薬」ではなく，病気を患わないようにするために服用する「予防薬」[8]と同じ役割を果たすのが，一般否認規定の特徴で，法の安定性，法の公平性を図ることができ，経済的でもある，と推考した。

さらに，財務省が租税回避に係る訴訟で勝訴する確率を高めるためには，大半の人が納得できるような客観的な事実認定が必須であり，その為には，コモンローから生成された ESD の 2 要件又は二分肢（つまり，事業目的と経済的実質）のうち，特に経済的実質を前面に出した法定化が，タックスシェルターに対抗する有効な解決案になるであろうと財務省が考察したことは，本書が過去の判例を検討して辿り着いた結果と符合する。財務省は次の 3 つの理由を挙げて，議会に再三再四 ESD の法定化を上程してきた[9]。

① 納税義務者及び IRS（内国歳入庁）が最も容易に，客観的に，かつ一貫して適用できるのが ESD であった。

② 正当な事業取引の遂行に悪影響を及ぼさないのが ESD の法定化であった。

③ 複雑・巧妙なタックスシェルターを利用した一連の取引による租税上の便益を確実に否認するためには，コモンローにより生成された法理である ESD の 2 要件のうち，より客観性のある経済的実質の要件自体を高めると共に，その補足的な要件である事業目的自体も高めてハードルを厳しくする必要があった。その上で，それら 2 要件が満たされることを条件とす

---

8) この予防薬としての役割について，JCT は「予防効果（prophylactic effect）」（Joint Committee on Taxation, op. cit., JCS-02-05, p .20），英国の Aaronson 委員長は「盾（shield）」（The GAAR Study Group, op. cit., "GAAR STUDY, Reported by Graham Aaronson QC", paragraph 5.48, p .39.）と表現している。

9) Department of the Treasury, op. cit., "General Explanations of the Administration's Fiscal Year 2001 Revenue Proposals", p. 125.
　この基本的思考が，ESD を 2010 年に法制化するまで貫かれている。

る結合的二分肢テスト（conjunctive two-prong test）を採用する必要があった。

このような財務省の経験則により成文化されたのが、上記の第7701条（o）(1) であり、(A) 経済的状況の変化、かつ (B) 実質的な目的の2要件を満たした場合に限り、「経済的実質」を有する取引として取り扱われて、その取引に係る租税上の便益の享受が容認されることになる。しかしながら、租税上の便益のみを得ることを目的とするタックスシェルターは、概して、この厳しくなった2要件を満たすことが難しく、その場合には「経済的実質」を有していない取引、換言すると「経済的実質を欠いている取引」として取り扱われて、その租税回避は否認されると共に、納税義務者は最高40％の加算税を支払うことになる。

一方、コモンローによるESDは、「経済的実質を有していない」、「事業目的に欠けている」、又は「その双方を有していない」場合には、ESDの要件を満たしているので、対象取引の租税上の便益は否認され、最高30％の加算税を支払うことになるであろう。この考え方が適切であることの裏付けは、2010年3月21日付けのJCTによる説明書に記述された脚注353である[10]。

「本規定は、取引が経済的実質を有していない又は事業目的を欠いている場合に、その取引に関してサブタイトルA（所得税）に規定する租税上の便益が認められないという『経済的実質の法理』を、コモンローの法理として定義している。従って、この定義では、経済的実質を欠いている、事業目的を欠いている、又はその双方を欠いている場合に、租税上の便益を否認する法理すべてを含めていることになる。」

このように、IRCのESDとコモンローのESDとは、要件の構成は同じようでも、その中身が異なっている。この相違による判決への影響を明確に示す

---

10) Joint Committee on Taxation, op. cit., "Technical Explanation of the Revenue Provisions of the "Reconciliation Act of 2010," as amended, in combination with the "Patient Protection and Affordable Care Act" (JCX-18-10), March 21, 2010, note 353, p. 154.

ために, IRC（第7701条 (o)(1), 第7701条 (o)(5)), 及びJCTの説明書等, 特にJCX-18-10を参照して表にしたのが, 第8章の「表8：納税義務者側から見た, 内国歳入法典（第7701条 (o)(1)) とコモンロー（第7701条 (o)(5)）との相違」である。

IRC が要求する,（A）の「経済的状況の変化」, かつ（B）の「実質的な目的」の2要件（二分肢）を満たして初めて「経済的実質がある」とみなされる結合的二分肢テストは, 納税義務者にとって最も厳しいハードルであるので, コモンローの2要件, つまり「経済的実質」と「事業目的」を確実に満たしていることになる。従って, その取引の取扱いには齟齬を生じることなく, その租税回避は容認されることになる。

しかしながら, IRC が要求する,（A）又は（B）のいずれかがその要件を満たしていない非結合的二分肢テストの場合に, 裁判所が第7701条 (o) に準拠して判断を下すとすれば, その租税回避は, IRCにより確実に否認されるが, コモンローでは,「経済的実質」よりも厳しい（A）の「経済的状況の変化」がある, 又は「事業目的」よりも厳しい（B）の「実質的な目的」を有しているので, その租税回避は容認される可能性がある。

一方, IRC の（A）と（B）の2要件を満たしていない取引の場合には, IRC 及びコモンローにおいても, その租税回避は否認されることになる。但し, コモンローにおいては, その取引が「経済的実質」か「事業目的」のいずれかを有していれば, その租税回避は容認される可能性がある。

以上の通り, IRC が第7701条 (o)(1) として新たに定義した「経済的実質」と, コモンローから生成した「経済的実質の法理」とは, 似て非なるものであること, 及び同条で定義された経済的実質を欠いている取引に対する加算税の条項（第6662条 (6), 第6662A条, 第6664条, 及び6676条）が新たに制定されたことから, IRC 第7701条 (o) は「創設規定」である, と思料した。これに加えて, タックスシェルターに対抗するために新たに制定された第7701条 (o) 及び経済的実質を欠いている取引に対する加算税の賦課は, 遡及適用されずに2010年3月30日後に実行される取引から適用されることからも「創設規

定」であるといえる。IRC がこのような一段と厳格な要件を納税義務者に要求することになった理由としては，立証責任のある納税義務者が「事業目的」という主観的要件を満たしている，と法廷で主張した場合に，それを反証することの困難さ，不確実さを解消したい[11]，との考えから結合的二分肢テストを選択した，と推考した。

　以上の通り，財務省は 2010 年法により ESD を法定化して，その適用を明確化すると共に，従前からの加算税に関する規定を整備し，タックスシェルターに対する軽減措置を削除し，経済的実質を欠いている取引に対しては加算税をさらに重課するという改正をした。JCT は，ESD 及び過少納付に対する加算税の賦課の法定化により，2010 年からの 5 年間で 18 億ドル，10 年間で 45 億ドルの歳入増になると予測している[12]。このような財政上のメリット以外に，ESD の法定化は，裁判所がより高いハードルの要件に準拠した判決を下しやすくなるので，納税義務者及びタックスシェルターのアドバイザー等の租税回避に抑制効果をもたらすことが考えられる。その一方で，この法定化により，コモンローとの相違による複雑さが増し，課税庁側の税務調査が長引き，正当な事業活動に支障をきたすというデメリットが起こりえる。

　2010 年法が「創設規定」であることを認識することは，日本に GAAR を導入しようとしている課税庁はもちろんのこと，米国に進出している約 4,000 社の日本企業[13]も注意する必要がある。なぜならば，米国に進出している日本企業が，2010 年法のタックスシェルターに対する規制を適切に理解していないと，余剰資金を活用（いわゆる財テク）した積もりでも，IRS の調査を受けて，高額の加算税を請求されるリスクを負うことになるかもしれないからである。

---

11) Joint Committee on Taxation, op. cit., JCS-02-05, pp. 20-22.
12) Joint Committee on Taxation, "Estimated Revenue Effects of the Amendment in the Nature of a Substitute to H.R. 4872" (JCX-17-10), March 20, 2010, p. 3.
13) 『海外進出企業総覧』編集部が発行した週刊東洋経済（2012 年 7 月 7 日号）の記事による。

日本を除く先進諸国では，すでに，タックスシェルターを初めとして濫用的な租税回避に対する対抗策として，いわゆる GAAR を導入している状況である（第4章を参照）。米国の状況については，本書で検討したように，コモンローから生成された ESD を基盤とした目的限定型否認規定を 10 年以上の年月をかけて 2010 年に導入し，2013 年には英国が GAAR を導入した。先進各国が GAAR を制定したことにより，従前通りの商売をすることが難しくなったタックスシェルターのプロモーター等は，その活路をわが国に求めるというよりは，すでに相当数のタックスシェルターを販売して，かなりの利益を享受しているかもしれない。わが国が，まず早期に租税回避スキームの開示制度を導入し，次に米国の経済的実質を欠いている取引に的を絞って加算税を課する目的限定型否認規定，又は英国の濫用的な租税上の取決めに標的を絞り，監視委員会を設置して，特別の加算税を課さない一般否認規定を参考にして，1 日も早く日本型 GAAR を制定することを期待する。

資料 1：本書で取り上げた判例一覧
（対象課税年度順）

事案名	対象課税年度	裁判所	判決記号	判決日	判決
Isham 事案	1868 年度〜1871 年度	SC	84 U.S. 496	1873 年 12 月 22 日	納税者側勝訴
Cortland Specialty 事案	1925 年度	BTA	22 B.T.A. 808	1931 年 3 月 19 日	国側勝訴
		第 2 CCA	60 F.2d 937	1932 年 7 月 29 日	国側勝訴
		SC	288 U.S. 599	1933 年 1 月 16 日	国側勝訴確定
Pinellas Ice 事案	1926 年度	BTA	21 B.T.A. 425	1930 年 11 月 24 日	国側勝訴
		第 5 CCA	57 F.2d 188	1932 年 3 月 29 日	国側勝訴
		SC	287 U.S. 462	1933 年 1 月 9 日	国側勝訴
Gregory 事案	1928 年度	BTA	27 B.T.A. 223	1932 年 12 月 6 日	納税者側勝訴
		第 2 CCA	69 F.2d 809	1934 年 3 月 19 日	国側勝訴
		SC	293 U.S. 465	1935 年 1 月 7 日	国側勝訴
Chisholm 事案	1928 年度	BTA	29 B.T.A. 1334	1934 年 2 月 28 日	国側勝訴
		第 2 CCA	79 F.2d 14	1935 年 7 月 8 日	納税者側勝訴
		SC	296 U.S. 641	1935 年 11 月 11 日	上告却下（納税者側勝訴確定）
Minnesota Tea 事案（1 回目）	1928 年度	BTA	28 B.T.A. 591	1933 年 6 月 30 日	国側勝訴
		第 8 CCA	76 F.2d 797	1935 年 3 月 25 日	納税者側勝訴
		SC	296 U.S. 378	1935 年 12 月 16 日	納税者側勝訴
Minnesota Tea 事案（2 回目）	1928 年度	BTA	34 B.T.A 145	1936 年 3 月 18 日	納税者側勝訴
		第 8 CCA	89 F.2d 711	1937 年 4 月 7 日	国側勝訴
		SC	302 U.S. 609	1938 年 1 月 17 日	国側勝訴
Westminster 公爵事案	*1929 年度〜1932 年度*	高等法院	*[1935] All ER Rep 259, 51 TLR 467, 19 TC 490*	N.A.	国側勝訴
		控訴院		N.A.	納税者側勝訴
		貴族院		*1935 年 5 月 7 日*	納税者側勝訴
Lazarus 事案	1930 年度及び 1931 年度	BTA	32 B.T.A. 633	1935 年 5 月 17 日	納税者側勝訴
		第 6 CCA	101 F.2d 728	1939 年 2 月 16 日	納税者側勝訴
		SC	308 U.S. 252	1939 年 12 月 4 日	納税者側勝訴

du Pont 事案	1931 年度	デラウェア州 DC	22 F. Supp. 589	1938 年 2 月 21 日	国側勝訴
		第 3 CCA	103 F.2d 257	1939 年 3 月 28 日	納税者側勝訴
		SC	308 U.S. 488	1940 年 1 月 8 日	国側勝訴
Gilbert 事案	1948 年度	TC	15 T.C.M. 688	N.A.	国側勝訴
		第 2 CCA	248 F.2d 399	1957 年 9 月 26 日	原審差し戻し
		TC	N.A.	N.A.	国側勝訴
		第 2 CCA	262 F.2d 512	1959 年 1 月 14 日	国側勝訴
Knetsch 事案	1953 年度及び 1954 年度	カリフォルニア州南部地区 DC	Civil No. 577-57 WM	1958 年 11 月 5 日	国側勝訴
		第 9 CCA	272 F.2d 200	1959 年 11 月 16 日	国側勝訴
		SC	364 U.S. 361	1960 年 11 月 14 日	国側勝訴
Goldstein 事案	1958 年度	TC	44 T.C. 284	1965 年	国側勝訴
		第 2 CCA	364 F.2d 734	1966 年 7 月 22 日	国側勝訴
Keith Owens 事案	1964 年度及び 1965 年度	TC	64 T.C. 1	1975 年 4 月 2 日	国側勝訴
		第 6 CCA	568 F.2d 1233	1977 年 12 月 20 日	国側勝訴
Estate of Franklin 事案	1968 年度	TC	64 T.C. 752	1975 年 7 月 30 日	国側勝訴
		第 9 CCA	554 F.2d 1045	1976 年 11 月 1 日	国側勝訴
Frank Lyon 事案	1969 年度	アーカンソー州東部地区 DC	memorandum, 1975	1975 年	納税者側勝訴
		第 8 CCA	536 F. 2d 746	1976 年 5 月 26 日	国側勝訴
		第 8 CCA	536 F. 2d 746	1976 年 8 月 6 日	50 万ドルの投資に係る判断を差し戻し。
		SC	435 U.S. 561	1978 年 4 月 18 日	納税者側勝訴
Hilton 事案	1969 年度及び 1970 年度	TC	74 T.C. 305	1980 年 5 月 19 日	国側勝訴
		第 9 CCA	671 F.2d 316	1982 年 3 月 8 日	国側勝訴
Holladay 事案	1970 年度〜 1973 年度	TC	72 T.C. 571	1979 年 6 月 24 日	国側勝訴
		第 5 CCA	649 F.2d 1176	1981 年 7 月 9 日	国側勝訴
Moodie 事案	1970 年度〜 1976 年度	高等法院	[1990] 1 WLR 1084, [1990] STC 475, 65 TC 610	1990 年 5 月 4 日	国側勝訴
		控訴院	[1991] STC 433, [1991] 1 WLR 930, 65 TC 610	1991 年 4 月 30 日	納税者側勝訴

資料1：本書で取り上げた判例一覧（対象課税年度順） 395

		貴族院	[1993] 2 All ER 49, [1993] STC 188, 65 TC 610	1993年2月11日	国側勝訴
Dawsow 事案	1971年度～1972年度	高等法院	[1982] STC 267	1981年12月18日	納税者側勝訴
		控訴院	[1983] 3 WLR635	1983年5月27日	納税者側勝訴
		貴族院	[1984] AC 474	1984年2月9日	国側勝訴
Ralph Cherin 事案	1972年度～1978年度	TC	89 T.C. 986	1987年11月23日	国側勝訴
Burmah Oil 事案	1972年度	スコットランド民事控訴院	[1982] STC 267, 53TC324	1981年12月18日	納税者側勝訴
		高等法院	[1983] 3 WLR635	1983年5月27日	納税者側勝訴
		貴族院	[1984] 1AC474	1984年2月9日	国側勝訴
Ramsay 事案	1972年～1973年度	高等法院	[1978] STC 253	1978年3月2日	納税者側勝訴
		控訴院	[1979] STC 582	1979年5月24日	国側勝訴
		貴族院	[1982] AC 300	1981年3月12日	国側勝訴
Cottage Saving Association 事案	1974年度～1980年度	TC	90 T.C. 372	1988年3月14日	納税者側勝訴
		第6 CCA	890 F.2d 848	1989年12月4日	国側勝訴
		SC	499 U.S. 554	1991年4月17日	納税者側勝訴
Grodt & Mckay Realty 事案	1976年度及び1977年度	TC	77 T.C. 1221	1981年12月7日	国側勝訴
Rice's Toyota World 事案	1976年度, 1977年度及び1978年度	TC	81 T.C. 184	1983年8月29日	国側勝訴
		第4 CCA	752 F.2d 89	1985年1月7日	一部を除き国側勝訴
Kirchman 事案	1975年度～1980年度	TC	N.A.	N.A.	国側勝訴
		第11 CCA	862 F.2d 1486	1989年1月11日	国側勝訴
White 事案	1976年度～1977年度	高等法院	[1985] 3 All ER 125	1985年5月24日	納税者側勝訴
		控訴院	[1987] 3 All ER 27	1987年3月24日	納税者側勝訴
		貴族院	1988 N.R. LEXIS 1629; 103 N.R. 35	1988年7月21日	納税者側勝訴
Rose 事案	1979年度及び1980年度	TC	88 T.C. 386	1987年2月5日	国側勝訴
		第6 CCA	868 F.2d 851	1989年2月27日	国側勝訴

Shriver 事案	1980 年度及び 1981 年度	TC	T.C. Memo 1987 - 627	1987 年 12 月 30 日	国側勝訴
		第 8 CCA	899 F.2d 724	1990 年 3 月 28 日	国側勝訴
Ensign Tankers 事案	1980 年度	高等法院	[1989] 1 WLR 1222	1989 年 7 月 14 日	納税者側勝訴
		控訴院	[1991] 1 WLR 341	1991 年 1 月 30 日	国側勝訴
		貴族院	[1992] 1 AC 655 146 N.R. 16	1992 年 3 月 12 日	納税者の一部の償却容認
Pasternak 事案	1981 年度～ 1982 年度	第 6 CCA	990 F.2d 893	1993 年 4 月 8 日	国側勝訴
Georgia Cedar 事案	1981 年度, 1982 年度及び 1983 年度	TC	T.C. Memo 1988 - 213	1988 年 5 月 12 日	国側勝訴
Westmoreland 事案	1988 年度～ 1990 年度	貴族院	[2001] UKHL 6, [2003] 1 AC 311	2001 年 2 月 8 日	納税者側勝訴
ACM 事案	1989 年度及び 1991 年度	TC	T.C. Memo 1997-115	1997 年 3 月 5 日	国側勝訴
		第 3 CCA	157 F. 3d 231	1998 年 10 月 13 日	一部を除き国側勝訴
		SC	526 U.S. 1017	1999 年 3 月 22 日	上告却下（国側勝訴確定）
ASA Investerings Partnership 事案	1989 年度～ 1992 年度	TC	T.C. Memo 1998-305	1998 年 8 月 20 日	納税者側勝訴
		コロンビア地区 CCA	201 F. 3d 505	2000 年 2 月 1 日	納税者側勝訴
O'Flynn 事案	1991 年度～ 1992 年度	アイルランド SC	[2011] IESC 47, 264/06	2011 年 12 月 14 日	国側勝訴
IES Industries Inc 事案	1991 年度及び 1992 年度	アイオワ州北部地区 DC	1999 U.S. Dist.	1999 年 9 月 22 日	国側勝訴
		第 8 CCA	253 F.3d 350	2001 年 6 月 14 日	納税者側勝訴
		アイオワ州北部地区 DC	2002 U.S. Dis.	2002 年 7 月 22 日	納税者側勝訴
Compaq 事案	1992 年度	TC	113 T.C. 214	1999 年 9 月 21 日	国側勝訴
		第 4 CCA	277 F.3d 778	2001 年 12 月 28 日	納税者側勝訴
CM Holdings 事案	1991 年度～ 1994 年度	デラウェア州 DC	254 B.R. 578	2000 年 10 月 16 日	国側勝訴
		第 3 CCA	301 F.3d 96	2002 年 8 月 16 日	国側勝訴

資料1：本書で取り上げた判例一覧（対象課税年度順）

Coltec Industries 事案	1996 年度	連邦請求裁判所	62 Fed. Cl. 716	2004 年 10 月 29 日	納税者側勝訴
		連邦巡回控訴裁判所	No. 05 - 5111	2006 年 7 月 17 日	国側勝訴
Black & Decker 事案	1998 年度	メリーランド州地区 DC	340 F. Supp. 2d 621	2004 年	納税者側勝訴
		第 4 CCA	436 F.3d 431	2006 年 2 月 2 日	国側勝訴
Mayes 事案	*2003 年～2004 年度*	特別委員会	*[2009] STC (SCD) 181*	*2008 年 12 月 15 日*	国側勝訴
		高等法院	*[2011] STC 1*	*2009 年 10 月 8 日*	納税者側勝訴
		控訴院	*[2011] EWCA Civ 407*	*2011 年 4 月 12 日*	納税者側勝訴

略語：
BTA：国税不服審判所（United States Board of Tax Appeals）
TC：　租税裁判所（United States Tax Court）
DC：　地方裁判所（District Court）
CCA：巡回控訴裁判所（Circuit Court of Appeals）
SC：　最高裁判所（Supreme Court of the United States）
N.A.：不明（Not Available）
なお，イタリック体で記入した判例は，英国における判例である。

資料2：本書に係る内国歳入法典の条文

1918年歳入法典（Revenue Code）

第202条（a）(1)[1]
　1913年3月1日前に取得した財産の場合は，その日の公正な市場価格を原価とすること，その後に取得した財産は，原価又は棚卸による価値で評価し，棚卸による価値は第203条の規定によることとする。

第202条（b）
　財産が他の財産と交換された場合，交換により受領した財産は，その公正な市場価値（its fair market value）があるときは，その市場価値と同額の現金を受領したものとして損益を計算する[2]。但し，法人の組織再編成，合併，又は統合に際して，その者が所有していた株式又は有価証券との交換により新規に受領した株式又は有価証券の額面金額の合計額が，その者が所有していた株式等の額面金額の合計額を超えない場合（a person receives in place of stock or securities owned by him new stock or securities of no greater aggregate par or face value）には，その交換により何らの損益は発生しなかったもの（no gain or loss shall be deemed to occur from the exchange）とし，その新規に受領した株式又は有価証券は，交換した株式，有価証券，又は財産に代わるものとして扱われる。

---

1) Minnesota Tea事案。
2) 水野教授は，同規定を「財産が他の財産と交換される場合には，その交換により取得した財産は損益の決定の目的のためにはその公正な市場価額につき現金と等しく扱うものとする」（水野忠恒著『アメリカ法人税の法的構造―法人取引の課税理論―』有斐閣，1988年，27ページ）と訳している。

1921年歳入法典

第202条（c）[3]

　本規定の適用上，財産（所有権，property），不動産（real），動産又はそれらの混成（personal or mixed），その他の財産の交換においては，交換によって受領した財産が，容易に実現し得る市場価値（a readily realizable market value）を有する場合を除いて，損益を認識しない。但し，交換によって受領した財産が，容易に実現し得る市場価値を有するとしても，‥‥の場合には，損益を認識しない。

第202条（c）(2)[4]

　1又はそれ以上の法人（one or more corporations）の組織再編成において，ある者が所有していた株式又は有価証券と交換に，この組織再編成に関連する一方の当事者又はこの組織再編成に基因する当事者の株式又は有価証券（stock or securities in a corporation a party to or resulting from such reorganization）をその者が受領した場合。本規定で使用されている「組織再編成」という用語には，合併又は統合（一方の法人によって，他方の法人の議決権株の少なくとも過半数を取得し，かつ，議決権株以外のあらゆる種類の発行済株式総数の少なくとも過半数を取得すること，又は他方の法人の財産の全てを実質的に（substantially）取得することを含む），資本構成の変更（recapitalization），若しくは法人の主体，形態，又は事業所の所在地の単なる変更（mere change in identity, form, or place of organization of a corporation）も含まれる。

---

3)　Minnesota Tea 事案。
4)　Gregory 事案。

1924 年歳入法典（第 203 条が初めて規定された）[5]

第 203 条（a）

　財産の売買又は交換に関し，第 202 条で決定された利得又は損失の総額（the entire amount of the gain or loss）は，本条（本セクション）で次に規定する場合を除いて，・・・認識される。

第 203 条（b）(1)

　事業の用に供するため（for productive use in trade or business）又は投資のために保有した財産（棚卸資産又は主として販売目的に保有したその他の財産も，また，株券，債券，手形，無体資産（choses in action）[6]，信託又は受益権証書（certificates of trust or beneficial interest），債務又は所有権に係るその他証券又は証拠物件（other securities or evidences of indebtedness or interest）をも含まない。）が，事業の用に供するため又は投資のため，いずれかのために保有された財産又はそれに類するもののみと交換される場合，又は，法人の普通株式が同一法人の普通株式のみと交換される場合，又は，法人の優先株式が同一法人の優先株式のみと交換される場合，何らの利得又は損失も認識されない。

第 203 条（b）(2)（現行法第 354 条（a）(1) とほぼ同じ内容）

　組織再編成に関連する一方の当事者である法人の株式又は有価証券が，組織再編成の計画に基づき（in pursuance of the plan of reorganization），当該法人又は当該組織再編成に係る当事者である他方の法人の株式又は有価証券のみ（solely for stock or securities in such corporation or in another corporation a party to

---

5)　Minnesota Tea 事案。
6)　現時点では所有せず，訴訟などの法的手段ではじめて入手できる動産，債権，株券，債務証書，手形など（ジーニアス英和大辞典より）。

the reorganization) と交換される場合，何らの利得又は損失も認識されない（No gain or loss shall be recognized）。

第203条 (b)(3) 組織再編成に係る損益不認識（現行法第361条 (a) とほぼ同じ内容）[7]

　組織再編成に関連する一方の当事者である法人が，組織再編成の計画に基づき，その財産を当該組織再編成に係る当事者である他方の法人の株式又は有価証券のみ（solely for stock or securities in another corporation a party to the reorganization）と交換する場合，何らの利得又は損失も認識されない。

第203条 (b)(4)

　財産が，法人の株式又は有価証券との交換のためのみに，1又はそれ以上の者によって（by one or more persons）当該法人へ移転され，かつ，その交換後直ちにその者又は複数の者（such person or persons）が当該法人を支配する場合，何らの利得又は損失も認識されない。但し，2人又はそれ以上の者による交換の場合（in the case of an exchange by two or more persons），本条項は次の場合にのみ適用される。つまり，それぞれの人が受領する株式又は有価証券の金額は（the amount of the stock and securities received by each），実質的に，当該交換以前のその財産の所有権（持分）（his interest in the property prior to the exchange）に比例していなければならない。

第203条 (b)(5)

　財産（全体若しくは一部の破壊，窃盗若しくは強奪，又は徴用若しくは収用の執行，又は脅迫若しくはそれに伴う危険の結果として）が，転換された財産に係る役務提供若しくは利用において，同等又は関連する財産へ，ないしは，財務省長官の承認の下（with the approval of the Secretary），CIRによって制定された規定に

---

7) Pinellas Ice事案，Cortland Specialty事案。

従って，転換された財産に係る役務提供若しくは利用において，同等又は関連する他の財産の取得に，若しくは他の財産を所有する法人の支配権の取得に，若しくは代替基金の創設のために，信義に基づいて即時に費消された金銭に強制的若しくは非自発的に転換される場合，何らの利得又は損失も認識されない。当該金銭が，あまり費消されない場合で，残額があれば，利得は認識されるが，その金額は，その費消されなかった金銭の額を限度とする。

第203条（e）（1928年内国歳入法典第112条（d），現行法第361条（b）(1)(A) とほぼ同じ内容）[8]
株式または有価証券に加えて，現金等が受領された場合 [9]

　ある交換が第203条（b）(3)の規定の適用の射程範囲内である場合において，その交換により受領した財産が，利得の認識なしに受領されたもので，同規定によって認められた株式又有価証券だけであった，ということが事実でなく，他の財産又は現金も含まれていたとき，‥‥
(1) 　上記の他の財産又は現金を受領する当該法人が，組織再編成の計画に基づき，当該他の財産又は現金を分配する場合，当該法人は，その交換から何らの利得も認識しない。但し，
(2) 　上記の他の財産又は現金を受領する当該法人が，組織再編成の計画に基づき，当該他の財産又現金を分配しない場合において，当該法人にとってなにがしかの利得があるときは，利得を認識するが，その利得金額は，受領したが分配しなかった現金と他の財産の公正な市場価値との合

---

8) Pinellas Ice 事案。
9) 「第203条（e）に係る一般規定に対する例外規定が適用されるためには，第一に交換であるということが明白でなければならない。制定法の適用射程範囲内の組織再編成に相当するか否かに関係なく，又は，制定法の他の規定を満たしていたか否かに関係なく，この絶対要件は満たされなければならない。財産が売却された場合には，当該取引は，交換規定の適用射程範囲内にないことは明白である。」Pinellas Ice & Cold Storage Co., v. Commissioner of Internal Revenue, United States Board of Tax Appeals, 21 B.T.A. 425, November 24, 1930, p. 431.

計額を超えない部分の金額とする。

第203条（h）[10]（1928年内国歳入法典第112条（i），現行法第368条（a））

本条並びに第201条及び第204条で使用されているように，・・・

 (1)「組織再編成」という用語は，(A) 吸収合併又は新設合併 (a merger or consolidation)[11]（一方の法人による，他方の法人の議決権株式の少なくとも過半数を取得し，かつ，議決権株式以外のあらゆる種類の発行済株式総数の少なくとも過半数を取得すること，又は他方の法人の財産のすべてを実質的に取得することを含む），又は (B) 一方の法人の資産のすべて又はその一部を他方の法人へ移転した後，直ちに，当該移転人又はその株主又はその双方が，それらの資産が移転された他方の法人に支配される場合のその法人による他方の法人への当該資産の移転 (a transfer by a corporation of all or a part of its assets to another corporation if immediately after the transfer the

---

10) Pinellas Ice 事案。本事案の最高裁判決は，第203条 (h)(1)(A) にいう合併を通常の意味に限るとした下級審の解釈は狭すぎるとして否定し，同条項括弧書きによって，組織再編成とされる合併の範囲が（通常の意味よりも）拡大されたことを認めた (287 U.S. at 469-470)。
Cortland Specialty 事案。

11) 原文の "merger" を「合併」，"consolidation" を「統合」と訳すべきかもしれないが，それぞれを「吸収合併」「新設合併」と訳した。その根拠は，Pinellas Ice 事案での控訴審判決文 HN2 において，それぞれの用語の解釈を次のようにしている。「法人に適用されるように，『吸収合併』及び『新設合併』という用語の法律上の意味は，一般に知れ渡っている。その結果は，いずれの事象においても実務的には同じものであるが，次のような差異がある。吸収合併においては，一方の法人が他方の法人を吸収し，他方の法人は解散されるが，一方の法人は存続し続ける。新設合併においては，新しい法人が創設され，統合する諸法人は消滅する。いずれの事象においても，その結果として存続する法人は，解散した諸法人が保有していた財産，諸権利，及び営業権すべて (all the property, rights, and franchises of the dissolved corporations) を取得し，それら諸法人の株主は，存続法人の株主となる。」
Pinellas Ice & Cold Storage Co., v. Commissioner of Internal Revenue, Circuit Court of Appeal, Fifth Circuit, 57 F.2d 188, March 1932, p. 190.

transferor or its stockholders or both are in control of the corporation to which the assets are transferred），又は（C）資本再構成（recapitalization），又は（D）実効性ある法人組織の主体，形態，若しくは所在地の単なる変更（a mere change in identity, form, or place of organization, however effected）を意味する。

(2)　「組織再編成に係る当事者（a party to a reorganization）」という用語には，組織再編成に基因する法人を含み，一方の法人によって，他方の法人の議決権株の少なくとも過半数を取得し，かつ，議決権株以外のあらゆる種類の発行済株式総数の少なくとも過半数を取得された場合のこれら双方の法人を含む。

1926年歳入法典

該当条文に変更なし。

1928年歳入法典

第203条は，第112条（利得又は損失の認識）に変更された。

第112条（c）現物のみによらない交換による利得（Gain from exchanges not solely in kind）
(1)　交換が本条の（b）(1)，(2)，(3)，又は（5）に規定する射程範囲内である場合で，交換で取得した財産が，利得の認識なしに取得されるものと規定により容認された財産だけでなく，その他の財産又は金銭である場合において，その受領者にとって利得があるときは，それを認識するが，その金額は，その金銭とその他の財産の公正な市場価値の合計額を超えないものとする。
(2)　組織再編成の計画に基づく分配が本条（c）(1)の規定の射程範囲内で

あるが，課税対象となる配当金の分配に影響を及ぼす場合には，分配を受けるそれぞれの者に対し配当金（当該法人の1913年2月28日以降に累積された未分配の税務上の配当可能利益に対する持分相当分を超えない部分を本条(c)(1)の規定により認識された利得相当額）として課税される。本条(c)(1)の規定により認識された利得のうち，その残額がある場合には，当該財産の交換により生じた利得として課税される。

第112条(d)　法人の利得（1924年歳入法典第203条(e)と同じ）[12]

　ある交換が第112条(b)(4)の規定の適用の射程範囲内である場合において，その交換により受領した財産が，利得の認識なしに受領されたもので，同規定によって認められた株式又有価証券だけであった，ということが事実ではなく，他の財産又は現金も含まれていたとき，・・・

(1)　上記の他の財産または現金を受領する法人が，組織再編成の計画に基づき，その財産又は現金を分配する場合，当該法人は，その交換から何らの利得も認識しない，但し

(2)　上記の他の財産または現金を受領する法人が，組織再編成の計画に基づき，その財産又は現金を分配しない場合で，当該法人にとってなにがしかの利得があるときは，それを認識するが，その金額は，受領したが分配しなかった現金と他の財産の公正な市場価値との合計額を超えない部分の金額とする。

第112条(g)　組織再編成に係る株式の分配（現行法第355条とほぼ同じ）[13]

　組織再編成の計画に従って，組織再編成の一方の当事者である法人の株主に対して，当該法人又は組織再編成の当事者である他方の法人の株式若しくは有価証券が分配された場合に，当該株主が当該法人の株式若しくは有価証券を手

---

12)　Minnesota Tea 事案。
13)　Gregory 事案。

資料2：本書に係る内国歳入法典の条文　407

放さない限り (without the surrender by such shareholder of stock or securities in such a corporation)¹⁴⁾，その株式若しくは有価証券の分配を受けた者は，その受領により利得を認識することはない。

第112条（i）組織再編成の定義¹⁵⁾

本セクション並びに第113条及び第115条で使用されているように——

(1) 「組織再編成」という用語は，(A) 吸収合併又は新設合併（一方の法人によって，他方の法人の議決権株の少なくとも過半数を取得し，かつ，議決権株以外のあらゆる種類の発行済株式総数の少なくとも過半数を取得すること，又は他方の法人の財産の全てを実質的に取得することを含む），又は (B) 一方の法人の資産の全て又はその一部を他方の法人へ移転した後，直ちに，当該移転をした法人又はその株主又はその双方が，それらの資産が移転された他方の法人を支配している場合のこの法人による他方の法人への移転，又は (C) 資本再構成 (recapitalization)，又は (D) 実効性ある法人

---

14)　"surrender"を「手放す」と訳しているが，その意義には，株式又は有価証券を手元から放すことを意味し，売却，譲渡，処分，放棄等を含んでいる。
　　金子教授は，「・・・法人の株式又は社債が発行された場合には，その株主がその法人の株式を放棄していない限り，」と訳している。金子宏「租税法と私法—借用概念及び租税回避について—」（『租税法研究』，第6号，1978年10月），21ページ，なお，金子教授は，"securities"を「社債」と訳しているが，1933年証券法では"securities"を「手形，自己株式，社債，無担保社債，債務証書」等と定義している。よって，ここでは「有価証券」と訳すことにする。
　　「・・・分配されるときには，株主がそれと引換えに従来の株式を放棄しなくても，」と訳している。渡辺徹也著「企業取引と租税回避：租税回避行為への司法上および立法上の対応」中央経済社，2002年，138ページ。
15)　Gregory事案，Minnesota Tea事案。
　　現行法では，第368条 (a)(1)(A) から (G) までの7つの異なる組織再編成の形態，及び第368条 (a)(2) に特例として追加形態を設けている。現行法では，本第112条 (i)(1)(A) を第368条 (a)(1)(A) に，いわゆるA型組織再編成として「吸収合併又は新設合併」を規定し直し，第112条 (i)(1)(B) を第368条 (a)(1)(D) に，いわゆるD型組織再編成として株式分配要件を追加して規定し直している。

組織の主体，形態，若しくは所在地の単なる変更（a mere change in identity, form, or place of organization, however effected）を意味する。

第115条（c）清算での分配

　一方の法人の完全清算（complete liquidation）で分配された金額は，その総額が株式との交換で取得されたものとされ，一方の法人の部分的清算で分配された金額は，その一部の金額又は総額が株式との交換で取得されたものとされる。このような交換により生じた分配受領者に係る利得又は損失は，第111条（利得又は損失の決定）により決定されるが，第112条（利得又は損失の認識）に規定する範囲内でのみ認識される。部分的清算で分配された金額（組織再編成に関連した株式又は有価証券に係る第112条（h）（組織再編成における株式の分配—将来の分配による影響）に規定する分配を除く）の場合において，資本勘定に適切に賦課できる分配に対しては，当該法人によるその後の分配に係る課税可能性（taxability of subsequent distributions）を決定するために，第112条（b）（単なる現物との交換）に規定する射程範囲内における税法上の可能利益（earnings or profits）の分配とはみなさない。

第115条（g）株式の償還

　法人が，課税対象となる配当金の分配と実質的に同等な物の全額又は一部を分配及び消却又は償還する時点及び方法で，その株式（その株式が株式配当として発行されたものであるか否かにかかわらず）を消却又は償還する場合において，当該株式の償還又は消却により分配された金額（1913年2月28日以後に累積された税務上の配当可能利益の分配に相当する金額に限る）は，課税対象となる配当金とみなす。株式配当として発行されなかった株式の消却又は償還については，本条は，当該消却又は償還が1926年1月1日以後に実施された場合に限り適用される。

　第112条（i）(1)(A) 法人の組織再編と第112条（i)(1)(B)は，1924年歳

入法と変更なし。

1932 年歳入法典

第 1211 条（a）
　法人の資本資産の販売または交換から生じた損失は，その販売または交換から利得を得られる場合に限り，計上できる。

1939 年内国歳入法典（Internal Revenue Code）

第 23 条（b）[16]
　負債に対して，課税年度内に支払った，又は発生した利息すべてを控除することができる。

1954 年内国歳入法典

第 453 条
　不動産が，1 年超にわたる割賦で，売買した年に受領した金額がその売買価額の 30% 未満である場合，納税義務者は，割賦ベースの売り上げを選択して，その年に受領した金額に見合う利得をその課税年度の所得に算入することができる。

第 162 条　事業経費（trade or business expenses）
(a)　一般規則 ── 事業を遂行する上で，当該課税年度に支払った，又は発生した通常要しかつ必要性のある費用すべて（all the ordinary and necessary

---

16）　Knetsch 事案。

expenses)[17]は控除することができる。

第163条（a）利息（1939年内国歳入法典第23条（b）と同じ内容）[18]
　負債に対して，課税年度内に支払った，又は発生した利息すべてを控除することができる。

第165条　損失（Losses）[19]
(a)　一般規則
　　課税年度中に被った損失のうち，保険等で補填されていない損失は，所得控除として計上することができる。
(b)　控除金額 ── (a)の目的上，損失に係る控除金額を決定する基準は，財産の売却又はその他の処分から生じた損失の決定に関する第1011条に規定する調整税務基準額（adjusted basis）とする。
(c)　個人の損失に関する制限 ── 個人の場合には，(a)に規定した控除は，次の損失に限る。
　(1)　事業（trade or business）で発生した損失，
　(2)　事業に関連しない場合でも，利益を獲得しようとした取引（any transaction entered into for profit）から生じた損失，及び
　(3)　(h)に規定する場合を除き，その損失が火災，暴風雨，難破，若しくはその他の災害，又は盗難により生じた場合等，事業又は利益を獲得しようとした取引に関連しない財産の損失。

―――――――――
[17]　Keith Owens事案，Pasternak事案。「通常要する費用とは，金額に合理性があり，稼得される所得と合理的かつ直接の関連がある費用をいい」，「必要性ある費用とは，納税者の事業に充当されまた役立つ費用」をいう。「通常要しかつ必要性のある費用」には，公序良俗に反する支出（例えば，賄賂，罰課金，反トラスト法による制裁金，違法な麻薬売買で生じた費用）は含まれないので，控除することはできない。（伊藤公哉，前掲書，189ページ。）
[18]　Knetsch事案，Frank Lyon事案，CM Holdings事案。
[19]　Kirchman事案，Cottage Savings Association事案。

第 167 条　減価償却[20]
(a)　一般規則
(1) 営業又は事業の用に供した財産，又は (2) 所得稼得に係る製造用に保有する財産の減耗，及び消耗 (exhaustion, wear and tear)（正当な陳腐 (obsolescence) に対する引当も含む）による正当な引当 (reasonable allowance) を減価償却として控除することができる。

第 264 条[21]
(a)　一般規則　次に該当する控除はすべて認められない。
(1)　納税義務者が直接又は間接に生命保険証券 (life insurance policy)，養老基金，あるいは年金契約の受取人である場合，それらの保険料。
(2)　一時払いの生命保険，養老基金，若しくは年金契約 (single premium life insurance, endowment, or annuity contract) を購入する又は保有するための負債を支払った金額又はその負債が発生した金額。
(3)　生命保険契約の解約返戻金 (cash value) の増加分の一部又は全部を直接又は間接であろうと，意図的に借り入れることを目論んだ購入計画に基づいて，生命保険契約を購入し又は運用するために，調達した又は継続した借入金 (indebtedness) に対して支払った又は発生した金額。
　但し，(2) については，1954 年 3 月 1 日後に購入した年金契約に限って適用される。
(d)　例外[22]
　本条 (a)(3) で記述した計画に関連して，調達した又は継続した借入金で，課税年度内に納税義務者が支払った又は発生した金額に対して，本条 (a)(3) は適用しない。
(1)　7 年間（その計画に関連する契約で，初回の保険料の支払日から始めて）に支

---

20)　Frank Lyon 事案，Estate of Franklin 事案。
21)　Knetsch 事案，CM Holdings 事案。
22)　CM Holdings 事案。

払わなければならない年間保険料のうち，4年分の支払いについて，上記計画に基づく借入金によって支払われていない場合。

第269条　所得税を脱税又は租税回避（evade or avoid income tax）のために行われる取得

(a) 概論。——
(1)　何人も法人の支配権（control of a corporation）を直接若しくは間接的に1940年10月8日以降に取得し，又は取得した場合，又は
(2)　一方の法人が他方の法人（買収する法人又は買収する法人の株主による取得直前において，直接又は間接的に支配されていない）の財産を・・・直接若しくは間接的に1940年10月8日以後に取得する，又は取得した場合で，かつその取得を実行した主たる目的（principal purpose）が，控除，税額控除又はその他の引当の便益（このような取得を実行しなかった個人又は法人にとって享受できない便益）を利用して，連邦所得税を脱税し，又は連邦所得税を回避する場合には，財務長官は，その取得から得られた控除，税額控除又はその他の引当の便益を否認することができる。

第446条　会計処理方法（method of accounting）に関する一般規則
(a)　一般規則。——　納税義務者は，会計帳簿に記帳して定期的に所得を計算し，その所得をベースに会計処理方法に基づいて課税所得が計算される。
(b)　例外。——　納税義務者により定期的に採用されている会計処理方法が全くない場合，又はその会計処理方法が所得を明瞭に反映していない（does not clearly reflect）場合には，財務長官の見解に基づき（in the opinion of the Secretary），所得を明瞭に反映するような会計処理方法により課税所得が計算される。

第6902条　(a) 被譲渡人に対する特別適用規定：立証責任[23)]
　租税裁判所で審議する場合，財務長官には，原告が納税義務者の資産の被譲

渡人として法的責任があることを明らかにする立証責任があるが，当該納税義務者がその税金に対して法的責任があることを明らかにする責任はない。

1954年財務省規則 §1.761-1[24]

(a) パートナーシップ

「パートナーシップ」という用語には，内国歳入法典が意図する法人，信託，又は財団ではないもので，事業活動，金融活動 (financial operation)，もしくは投機的活動を直接又は間接的に行うシンジケート，グループ，プール，ジョイント・ベンチャー，又はその他の法人格なき団体を含む。

主としてタックスシェルター対処策に関連する条文

1978年内国歳入法典

第465条 控除額はリスクを負担した金額に限定 (Deductions limited to amount at risk)[25]

(a) 一般規則。—

本条が適用される活動に従事する (A) 個人，及び (B) 第542条 (a) のパラグラフ (2)[26]の株主要件を満たすC法人の場合，当該課税年度において，その活動から生じた損失は，その納税義務者が当該課税年度終了時にそ

---

23) Keith Owens 事案。
24) Holladay 事案。
25) いわゆる，アット・リスク・ルール（危険負担の原則）といわれ，タックスシェルターを利用して生じた損失の控除に対して一定の制限を課することを目的としている。
26) 5人以下の個人 (not more than 5 individuals) により直接又は間接的に発行済株式の50％超を当該課税年度の下半期中所有されている人的所有会社 (personal holding company) をいう。

の活動に対してリスクを負担した総額（第465条（b）に規定する）の範囲内に限り控除することができる。

1982年内国歳入法典

第183条　利益獲得の目的に関わらない活動（Activities not engaged in for profit）

(a) 概論[27]。──
　　個人又はS法人が従事した活動において，その活動が利益獲得の目的に関わらないとき，本条に規定する場合を除き，その活動に基因する控除は認められない。

(b) 認められる控除。── 第183条（a）が適用される利益獲得の目的に関わらない活動の場合において，次の条件を満せば控除できる（省略）。

(c) 利益獲得の目的に関わらない活動とは。── 本条の目的上，「利益獲得の目的に関わらない活動」という用語は，第162条又は第212条の（1）若しくは（2）に規定する控除が，当該課税年度に認められる活動以外の活動を意味する[28]。

(d) 推定（Presumption）。── 対象課税年度に終了する，5課税年度のうち3課税年度以上の期間の活動からもたらされた総所得（gross income）が，その活動に基因する控除額を上回る場合（そのような活動が利益獲得の目的に関わっているか否かを考慮せずに決定），財務長官が反論を立証しない限り，その活動は本条の目的上，その課税年度に対して利益獲得の目的で行った活動であると推定される。

第453条（c）
　　割賦販売方法の定義。── 本条の目的上，「割賦販売方法」という用語は，

---

27) Cottage Savings Association事案。
28) 本条は，タックスシェルターの対抗措置と思料する。

資産の売却による，その課税年度に認識される所得が，契約総額（total contract price）にかかる総利益（gross profit）（支払いが完了したときに，実現した又は実現予定の）のうち，その課税年度に受領した支払額に比例して認識される方法を意味する。

第 453 条（j）
(1) 一般規則。— 財務省長官は本条を遂行する上で必要又は妥当な規則を定めることができる。

暫定財務省規則（Temp. Treas. Reg.）第 15 条 a. 453-1 (c)
　本規定は，「不確定払い販売（contingent payment sales）」に関する割賦販売の取扱いについて規定している。「不確定払い販売」とは，資産の販売又はその他の処分が発生したときに，その販売価格総額（aggregate selling price）が，課税年度終了時までに決定されない取引をいう。販売契約書に販売価格総額の最高限度額（maximum aggregate selling price）を規定していないが，当該支払いを受ける期間が規定されている場合，本暫定規則では，通常，当該販売資産の基準額の均等額（equal portion of its basis in the sale property）を，その支払いを受けるそれぞれの課税年度に配分することを販売業者に要求している。当該販売業者は，不確定払い販売に関し，課税年度毎に当該課税年度に受領した支払額がその課税年度に配分された基準額の均等額を上回る金額をその所得として算定する。

内国歳入法典第 1001 条（利得又は損失の金額の決定と利得又は損失の発生（recognition））[29]
(a) 利得又は損失の計算
　財産の売却又は財産の他の処分から生じた利得（The gain from the sale or

---

29) Cottage Savings Association 事案，ACM 事案。

other disposition of property) とは，利得の決定に関する第1011条で規定された調整税務基準額（adjusted basis）を上回って実現した金額の超過分をいい，財産の売却又は財産の他の処分から生じた損失とは，損失の決定に関する第1011条で規定された調整税務基準額が，実現した金額を上回った，その超過分をいう。

(b)　発生した金額

　　財産の売却又財産の他の処分から発生した金額は，受領した現金に，受領した（現金以外の）財産の公正な市場価値を加算した金額とする。発生した金額を決定する場合，

　(1)　その購入者に課されると第164条（d）で規定された不動産税の償還として受領した金額を除き，

　(2)　その購入者が不動産税として支払った場合に，その納税義務者に課されると第164条（d）で規定された不動産税に係る金額を加算する。

(c)　利得又は損失の発生

　　本サブタイトル（サブタイトルA，所得税に関連する）で定める場合を除き，財産の売却又は財産の交換（sale or exchange of property）により，本セクションで決定した利得又は損失の総額は，発生したものとする。

財務省規則§1001-1（利得又は損失の計算)[30]

(a)　一般規則

　　財産の現金での売却（conversion of property into cash），又は種類もしくは規模において実質的に異なる（differing materially either in kind or in extent）他の財産との交換により生じた利得又は損失は，サブタイトルAで定める場合を除き，所得として又は被った損失として取り扱われる。財産の売却又は財産の他の処分により取得した金額とは，受領した現金に，受領した（現金以外の）財産の公正な市場価値を加算した金額とする。財産の公正な市場価値には，事

---

[30]　Cottage Savings Association 事案，ACM 事案。

実上の問題（question of fact）があるが，希少かつ特殊な場合に限って，その財産には公正な市場価値がないものとみなす。

　財産の売却または他の処分が行われ，その納税義務者の基準価額が実現した価額を超える場合，サブタイトルAが他に定めるものを除き，その結果生じる損失は認識されるべきである。

1986年税制改革法

第55条　代替ミニマム税の課税（Alternative minimum tax imposed）[31]
(a)　一般規則。—　(1) 当該課税年度において試算したミニマム税（tentative minimum tax）が (2) その課税年度の通常の税額（regular tax）を超過する場合には，その超過額に相当する税額（本サブタイトルにより課された他の税額に加算して）を課する。

第469条　消極的活動による損失及び税額控除の制限（Passive activity losses and credits limited）[32]
(a)　否認。—
(1)　一般規則。—　ある課税年度において納税義務者が，パラグラフ (2) に該当する場合，当該課税年度における (A) 消極的活動による損失も，(B) 消極的活動による税額控除も認められない。
(2)　該当者（Persons described）。—　該当者とは次の者をいう。

---

31)　「1969年に議会は，代替ミニマム税の前身であるミニマム税（minimum tax）を導入し，その後，幾度の修正を重ねて現在に至っています。」伊藤公哉，前掲書，337ページ。

32)　1973年にアット・リスク・ルールを制定したが，その後も新たなタックスシェルターが開発され，増殖し続けていたので，議会は，この消極的活動による損失と事業所得，給与所得，配当所得等との通算を認めないとする本条を制定した。

（A）　個人，財団，又は信託
　　（B）　閉鎖 C 法人（any closely C corporation），及び
　　（C）　人的役務提供法人（any personal service corporation）。
（c）　消極的活動の定義。―　本条の目的上，
　（1）　一般原則。―　「消極的活動」とは，(A) 営業又は事業の管理（conduct of any trade or business）を含み，(B) 当該納税義務者が実質的に関与（materially participate）していない活動をいう。

1997 年納税義務者救済法

第 901 条（k）所定の課税に関する最低保有期間 [33]
（1）　源泉税
　（A）　一般規則。―
　　（i）　ある法人の株式の配当に係る権利確定日を含む 30 日間のうち，最低 16 日間当該株式を保有していない，又は
　　（ii）　その配当の受益者が所定の条件に該当する場合には，当該法人の株式に係る本条（a）に規定する外国税額控除は一切（In no event）認められない。

第 6662 条（d）(C) 所得税の重大なる過少申告
　　（iii）　タックスシェルター。―　本サブパラグラフの目的上，「タックスシェルター」という用語は，(I) パートナーシップ若しくはその他の事業体，(II) 投資計画若しくは取決め（any investment plan or arrangement），又は (III) その他の計画若しくは取決めで，その重要な目的（significant purpose）[34] が連邦所得税の回避又は脱税（avoidance or

---

33）　IES 事案及び Compag 事案。
34）　「1997 年法」が制定される以前では，「その重要な目的」の代わりに「その主要な

evasion）である場合を意味する。

内国歳入法典（2000 年 12 月 1 日現在）

第 269 条　脱税または租税回避のために行われる取得
(a)　一般規則
　(1)　一個人又は複数名が，1940 年 10 月 8 日以後に，ある法人の支配を直接的に，又は間接的に取得する，又は取得した場合，
　(2)　ある法人が，1940 年 10 月 8 日以後に，支配関係のない他の法人の財産を直接的に，若しくは間接的に，又は，その財産を取得する直前に法人を取得する若しくはその法人の株主から取得する，又は取得した場合において，取得側の法人の管理下にある財産の基準価（base）が譲渡側の法人の管理下にあった基準価を参照して決定し，その取得の主たる目的が，控除，税額控除，又はその他の引当（other allowance）等（そのような控除が確保されなければ当該個人又は法人は実行しなかったかもしれない）の便益を利用して（securing the benefit of），連邦所得税を脱税する，又は連邦所得税を回避することにあるとき，財務長官（the Secretary）は，その控除，税額控除，その他の引当等を否認することができる（may disallow）。上記 (1) 及び (2) の目的上，支配とは，あらゆる種類の議決権付株式に係る議決権総数の 50％以上の株式を所有する者，又は当該法人のあらゆる種類の株式の株式総額の 50％以上を所有する者を意味する。

第 446 条　会計処理方法に関する一般規則
(a)　一般規則
　納税義務者が定期的に帳簿を記帳して算出した所得をベースとした会計処理方法により，課税所得は算定される。

───────────

目的（principal purpose）」が用いられていた。

(b) 例外

　納税義務者が定期的に会計処理方法を全く使用してこなかった場合，又はその使用した方法が所得を明確に反映していない場合，財務長官の見解に基づき（in the opinion of the Secretary），所得を明確に反映するような方法により課税所得の算定が行われる。

第482条　納税者間での所得と控除の配分

　2つ以上の組織（organization）[35]，営業（trades）又は事業（business）（法人格を有するか否か，米国において設立されたものか否か，及び関連法人（affiliated）[36]であるか否かにかかわらず）が同一の利害関係者（the same interests）によって直接又は間接に所有され，又は支配されている場合には，財務長官は，脱税を防止するため，又は，当該組織，営業又は事業の所得を明確に反映するために

---

[35] 「組織」という用語は，1933年歳入法典の第45条に新たに追加された（矢内一好著『移転価格税制の理論』中央経済社，1999年，23ページ）。

[36] 羽床・古賀両氏は，この"affiliated"を「連結申告をする要件をみたしている」（羽床正秀・古賀陽子共著『移転価格税制詳解　平成16年度版』大蔵財務協会，2004年12月，695ページ，金子宏著『租税法［第10版］』弘文堂，平成17年4月，420ページ。）と訳している。しかしながら，米国においては，すでに1917年戦時歳入法典において連結申告の規定が定められており，連結という場合には，"consolidated"の使用が一般的である。内国歳入法典チャプター6においても，そのタイトルが，"consolidated returns"とされ，その第1501条では，"an affiliated group of corporations"として，所定の要件を満たした関連法人グループが連結申告の特権を有する旨の規定がある。さらに，第1504条(a)(1)(A)では，その関連法人グループの意義を「包含会社（an includible corporation）である共通親会社（a common parent corporation）と，株式所有を通じて結合された1つ又は複数の包含会社の系列網（1 or more chains of includible corporations）」と定めている。

　伊藤氏は，この「関連法人グループ」の共通親会社が，議決権と株式価値の両基準で80％以上を有していることを要件とし，さらに第1504条(b)に規定する所定の法人（非課税法人，保険会社等）を除外した関連法人グループのみが連結納税申告制度の適用を選択することができる，と記述している。（伊藤公哉，前掲書，519ページ。）

必要であると認めるときは，当該組織，営業又は事業間（between or among）[37]において，総所得（gross income）[38]，控除（deductions）[39]，税額控除（credits），又はその他の控除（allowances）[40]を割当て（distribute），振分け（apportion）又は配分する（allocate）[41]ことができる。無形資産[42]（§936（h）(3)(B)に掲げるものをいう）[43]の譲渡（transfer,)[44]（又はライセンスの供与（license））[45]がある場合

---

[37] つまり，組織，営業，事業の3者のうち，いずれか2者間又は3者間の組み合わせを想定しているようである。

[38] 内国歳入法典第61条（a）及び（b）によると，総所得とは，一定の除外事項（第101条から第139条に規定する項目）を除き，役務提供に対する報酬，事業から生じた所得等を含む，あらゆる所得（源泉がいかなるものであっても）を意味する，と規定している。伊藤公哉，前掲書，7ページを参照。

[39] 岡教授は，「経費控除」（岡直樹「移転価格税制における情報義務と独立企業間価格の証明方法に関する考察」（『税務大学校論叢』，59号），601ページ，金子宏，前掲書，420ページ。）と訳している。"deduction"は，「損金算入」とも訳せる。

[40] "allowances"は，「引当損」とも訳せるが，この文節では，「その他の控除」の方が用語の統一ができている。

[41] 羽床・古賀両氏は，「・・・を配分し，割当て又は振替える」と訳している。この "distribute" を「配分」，"allocate" を「振替える」と訳すことは，§1.482-1（a）(2) のタイトル "Authority to make allocations" を「配分を行う権限」と訳出していることと不整合を生じることになる。「振替える」という場合には，"transfer" が一般的であると思うが，本条文では，"transfer price" との混同を回避するために，あえてその使用を避けているのかも知れない。ここでは，「割当て，振分け又は配分する」と訳したが，これが本当に最適であるか否かについては，今後の課題とする。

[42] 金子教授は，"intangible property" を「無体財産権」と訳している（金子宏，前掲書，420ページ）。

[43] §936（h）(3)(B)に掲げる無形資産とは，個々人の役務とは別個の実質的な価値を有する次の資産をいう。
  (i) 特許，発明，製法（formula），工程（process），意匠，ひな型（pattern），又はノウハウ
  (ii) 文学作品，楽曲，又は芸術品の著作権
  (iii) 商標，商号，又はブランド名
  (iv) フランチャイズ，ライセンス，又は契約
  (v) 方法，プログラム，システム，手続，宣伝，調査，研究，予測，見積もり，

には，当該譲渡又はライセンスの供与に係る所得の金額は，当該無形資産に帰属すべき所得の金額に相応するもの（commensurate with income attributable to the use of the intangible）[46]でなければならない。

第702条　パートナーの所得と控除（Income and Credits of Partner）[47]

(a)　一般規則（general rule）

　パートナーの所得税を決定する上で，各パートナーは次のパートナーシップの事項に対しては，分配の持分率（distributive share）に応じて配分される。

(1)　6月を満たない期間，保有された資本資産（capital assets）の譲渡又は交換から生じた利得と損失，

(2)　6月以上の期間，保有された資本資産の譲渡又は交換から生じた利得と損失，

(3)　第1231条に記述された財産の譲渡又は交換から生じた利得と損失，

(4)　慈善寄付金（第170条 (c) で定義されている），

(5)　第116条で除外された受取配当金，又はサブチャプターBのパート

　　顧客リスト，技術データ；又は
　　(vi) その他の類似項目

44)　この場合の"transfer"は，文意から「移転」より「譲渡」「売買」「販売」の方が適切である。羽床・古賀両氏は，ここでは「譲渡」（羽床正秀・古賀陽子，前掲書，695ページ）と訳しているが，後述するとおり，§1. 482-1 (b)(2)(ii) では「資産の移転」と訳出している。但し，後述する §1. 482-7 (d)(2)(iii)(A)(1) では，同じ"transfer"を「転換」と訳している。なぜならば，ストック・オプションの権利を行使して，株式を取得する場合であって，譲渡（処分）には，"disposition"が使用されているからである。

45)　羽床・古賀両氏は「実施権の供与」（羽床正秀・古賀陽子，前掲書，695ページ）と訳している。

46)　矢内教授は，これを「所得相応性基準」と呼んでいる（矢内一好著，『移転価格税制の理論』中央経済社，1999年，24ページ）。

47)　この規定は，Holladay事案の調査対象課税年度（1971年から1973年まで）の条文であるが，(7) の条項が削除された以外，現在の規定と基本的に同じである。

VIII に基づく受取配当控除，

(6) 第 901 条で記述された外国で支払われた，又は発生した税額，

(7) 米国での債務に関し，部分的に非課税の利子，

(8) 財務長官又はその部下によって規定された，その他の所得，利得，損失，控除 (deduction)，又は税額控除 (credit)，そして，

(9) 課税所得又は損失（但し，本サブセクションの他のパラグラフで個別な計算を要する項目を除く）。

第 704 条　パートナーへの分配の持分率[48]
(a)　パートナーシップ契約の効果

所得，利得[49]，損失，損金，控除，又は税額控除のパートナーへの分配の持分率は，本セクションで規定する場合を除き，当該パートナーシップ契約により決定されるものとする[50]。

(b)　所得又は損失の比率によって決定される分配の持分率

所得，利得，損失，控除，又は税額控除のいずれの項目に対するパートナーへの分配の持分率は，次の場合，第 702 条 (a)(9) に規定しているように，当該課税年度における課税所得又は損失の当該パートナーシップへの分配の持分率に従って決定されるものとする。

(1) パートナーシップ契約が，上記の項目に対して，当該パートナーへの分配の持分率を規定していない場合，又は

(2) 上記の項目に対するパートナーへの分配の持分率を定めたパートナー

---

48) Holladay 事案。
49) 本庄教授は，"gain" を「収益」と訳している。本庄資著『アメリカン・タックス・シェルター――基礎研究―』税務経理協会，2003 年，39 ページ。
50) 「この条文は，1976 年 10 月 4 日に成立した税制改革法（Tax Reform Act of 1976, Pub Law 94-455）により，section という規定が現行と同じ chapter に改正されたのである。」矢内一好「米国税制における経済的実質原則 (2)」（『商学論纂』第 54 巻第 3・4 合併号，2012 年 12 月），537 ページの脚注 12。

シップ契約の規定の主たる目的が，本サブタイトルによって課される租税の回避又は脱税 (avoidance or evasion of any tax imposed by this subtitle)[51]にある場合。

1975年12月31日後に開始される課税年度に適用される第704条
(b) 分配の持分率の決定
　所得，利得，損失，控除，又は税額控除（又はそれについての項目）に対するパートナーへの分配の持分率は，次の場合，当該パートナーシップでのパートナーの持分 (interest) に応じて決定される（あらゆる事実関係と状況を鑑みて決定される）ものとする。

(1) 当該パートナーシップ契約が，所得，利得，損失，控除，又は税額控除（又はそれについての項目）に対するパートナーへの分配の持分率を規定していない場合，又は，
(2) 所得，利得，損失，控除，又は税額控除（又はそれについての項目）に対する当該パートナーシップ契約によるパートナーへの配分が，実質的な経済的効果 (substantial economic effect) を伴わない場合[52]。

第901条 外国税及び米国での保有に係る課税
第901条 (k) 所定の課税に関する最低保有期間[53]

第1001条　利得又は損失の金額の決定と利得又は損失の発生 (recognition)
(a)　利得又は損失の計算

---

51)　「この条文は，1976年10月4日に成立した税制改革法（Tax Reform Act of 1976, Pub Law 94-455）により改正され，『租税回避或いは租税のほ脱』という文言が削除されて，パートナーへの配分が実質的な経済的効果を持たない場合にパートナーの持分 (interest) に応じて分配額が決定されることを規定している。」矢内一好，同上論文，537ページの脚注13。
52)　Holladay, 事案。
53)　IES事案及びCompaq事案。418ページを参照。

財産の売却又は財産の他の処分から生じた利得（The gain from the sale or other disposition of property）とは，利得の決定に関する第1011条で規定された調整税務基準額（adjusted basis）を上回って実現した金額の超過分をいい，財産の売却又は財産の他の処分から生じた損失とは，損失の決定に関する第1011条で規定された調整税務基準額が，実現した金額を上回った，その超過分をいう[54]。

財務省規則第1001-1条　利得又は損失の計算
(a)　一般規則
　財産の現金での売却（conversion of property into cash），又は種類もしくは規模において実質的に異なる（differing materially either in kind or in extent）他の財産との交換により生じた利得又は損失は，サブタイトルAで定める場合を除き，所得として又は被った損失として取り扱われる。

2010年ヘルスケア及び教育調整法により法定化された経済的実質の法理（2010年法により改正された条項に焦点をおいて）[55]

2010年内国歳入法典

第7701条（o）経済的実質の法理の明確化（Clarification of economic substance doctrine）[56]
(1)　法理の適用（Application of doctrine）[57]。── 経済的実質の法理が関連す

---

54)　Cottage Savings Association 事案。
55)　"111th Congress 2nd Session, H. R. 4872, "Health Care and Education Reconciliation Act of 2010", March 30, 2010" も参照している。
56)　矢内教授がすでにこの条文を訳出されているので，本書もその訳出を参考にしている。矢内一好「米国税法における経済的実質原則（3）」（『商学論纂』第54巻第5号，2013年3月），547-548ページ。

る取引の場合には（In the case of any transaction to which the economic substance doctrine is relevant），
(A) その取引が，（連邦所得税上の効果とは別に（apart from Federal income tax effects））何らかの意義をもって，納税義務者の経済的状況（economic position）を変え，かつ
(B) 納税義務者が，その取引を実行することについて（連邦所得税上の効果とは別に）実質的な目的（substantial purpose）を有している，
ときに限り，そのような取引は経済的実質を有するものとして取り扱われる。
(2) 納税義務者が潜在的利益（profit potential）に依拠している場合の特則
(A) 概論（In general）[58]
取引が上記パラグラフ（1）のサブパラグラフ（A）及び（B）の要件を満たしているかの判断をする際に，その取引の潜在的利益が考慮される。潜在的利益があるとされるのは，取引から得られる合理的に予測された税前利益の現在価値が，その取引が仮に実行された場合に，予測された租税上の便益の正味額の現在価値と比較して相当（substantial）である場合に限られる。
(B) 手数料及び外国税の取扱い
サブパラグラフ（A）における税前利益を決定する場合に，手数料及びその他の取引費は，経費（expenses）とみなされる。財務長官は，該当する事案における税前利益を決定する場合に，外国税が経費として取り扱われるのに必要な規則を公布することになっている[59]。

---

57) 原文には，"the doctrine" と "the" が付けられていない。しかしながら，ＥＳＤの提案理由を説明しているＪＣＴの提案書（JCX-18-10）の152ページには，"the application of the economic substance doctrine" と明記しているので，「経済的実質の法理の適用」を意味すると解することができる。
58) 2001年法と異なり，2010年法では "(1) General rules" が省かれているので，ここでは「一般」に代えて「概論」と訳することにする。

資料2：本書に係る内国歳入法典の条文　427

(3) 州税及び市町村税の便益 (State and local benefits)。— パラグラフ（1）の目的上，連邦所得税の効果に関連する州又は市町村の所得税の効果は，連邦所得税の効果と同様に取り扱われる。

(4) 財務会計上の便益 (Financial accounting benefits)。— パラグラフ（1）(B) の目的上，財務会計上の便益の源泉 (origin) が連邦所得税の軽減によるものである場合，財務会計上の便益を達成することは，取引を実行することの目的とはみなされない[60]。

(5) 定義及び特則。— 本サブセクションの目的上 —
　(A) 経済的実質の法理。—
　　「経済的実質の法理」という用語は，取引が経済的実質を有していない又は事業目的を欠いている場合に，その取引に関してサブタイトル A（所得税）に規定する租税上の便益が認められないというコモンローの法理を意味する。
　(B) 個人の個人的な取引に対する例外 (Exception for personal transactions of individuals)。— 個人の場合において，パラグラフ（1）は，所得を生み出すために従事した営業若しくは事業又は活動に関連して実行された取引にのみ (only to transactions entered into in connection with a trade or business or an activity engaged in for the production of income) に適用される。
　(C) 法理の適用[61]の決定には影響を与えない (Determination of application of doctrine not affected)。— 本経済的実質の法理がある取引に関連するかどうかの決定は，本サブセクションが制定されていなかった場合と同

---

59) IES 事案及び Compaq 事案において国側が敗訴した一因である外国税の取扱いを明確にした，と推考する。
60) 従って，この場合には，事業目的に欠けていると判断されることになる，と思われる。JCT は，最高裁が Frank Lyon 事案で事業目的がある，と判決したこと，及びエンロン社の Project Steele でのアドバイザーの意見書に影響された，と記述している。Joint Committee on Taxation, op. cit., JCS-3-09, P.38.
61) 上記サブセクション（1）と同様に「法理の適用」と訳している。

じ方法で行われる。
(D) 取引。――「取引」という用語は，一連の取引（a series of transactions）も含む。

第6071条　申告書及びその他の添付書類の申告時期
(a)　概論
　特段の定めがないかぎり，財務省長官は，本条又は規則で要請する申告書，添付書類，その他の書類の提出時期について規則で定める。

第6111条　報告義務のある取引の開示[62]
　①報告義務のある取引を組成し，管理し，促進し，実行し，保証し若しくは履行することに関して重要な援助，補助，又はアドバイスをする者で，かつ，②そのアドバイスや補助に対して所定の金額（自然人に対する場合は租税上の便益が5万ドルで，その他の場合はその便益が25万ドル）を超える総所得を得る者である，重要なアドバイザー（material advisor）は，該当取引の内容，その取引から得られる租税上の便益の見込額等の情報を所定の様式によって申告しなければならない。（筆者要約）

第6112条　報告義務のある取引に係る重要なアドバイザーは，顧客のリスト等を保持しなければならない[63]
　重要なアドバイザーとして該当取引に関与した顧客毎に，財務省長官が規定により要請している情報を含めたリストを原則として7年間保管しなければならない。（筆者要約）

第6662条　過少納付に対する加算税（accuracy-related penalty）[64]の賦課

---

62) 2004年法により新たに制定された。
63) 2004年法により新たに制定された。

(a) 加算税の賦課

　本条により，申告書に記載されるべき税額に対して過少納付が適用された場合，本条が適用された過少納付額の20％に相当する金額をその税額に加算する。

(b) 本条が適用される過少納付

　本条は，次の項目のうち，1つ以上の項目に該当する過少納付に適用される。

(1) 規定又は規則の懈怠若しくは無視（negligence or disregard），(2) 所得税の相当なる過少申告（any substantial understatement），(3) チャプター1に規定した評価の相当なる虚偽申告（valuation misstatement），(4) 年金債務の相当なる過大申告（overstatement of pension tax），(5) 相当なる不動産税若しくは贈与税の過少評価申告（any substantial estate or gift tax valuation understatement）。

(6) 経済的実質を欠いている取引（第7701条(o)の適用の射程範囲内）又はこれに類する規定の要件を満たさない取引であることを理由に，申告した租税上の便益を否認[65]。

(7) 開示されなかった国外の金融資産の過少申告。

(c) 懈怠

(d) 所得税の相当なる過少申告

(1) 相当なる過少申告

　(A) 概論

　　本条の目的上，課税年度の過少申告額が，(i) 当該課税年度の申告書に記載されるべきであった税額の10％，又は (ii) 5,000ドルのいずれか大きい方の金額を超える場合に，当該課税年度において所得税の

---

[64] 本書では，"accuracy-related penalty"を「加算税」と訳している。矢内一好「米国税法における経済的実質原則 (3)」（『商学論纂』第54巻第5号，2013年3月），脚注17，546ページ参照。
　Compaq事案。

[65] 2010年法により新たに制定された。

相当なる過少申告があったものとする。

　(B)　法人に対する特則

　　　S法人[66]又は人的所有会社（personal holding company，第542条に規定する会社）[67]以外の法人に対しては，課税年度の過少申告の金額が，

　　(i)　当該課税年度の申告書に記載されるべきであった税額の10％（又は，1万ドルよりも大きい金額）又は(ii)1千万ドルのうち，いずれか小さい方の金額を上回る場合に，当該課税年度において所得税の相当なる過少申告があったものとする。

(2)　過少申告

　(A)　概論

　(B)　納税義務者の立場又は開示された項目による過少申告に対する軽減（reduction）[68]

　　　サブパラグラフ（A）に規定する過少申告の金額は，次の場合に軽減される。

　　(i)　その税務上の取扱いに相当な根拠が（substantial authority）ある，若しくはあった場合，又は

　　(ii)　その項目の税務上の取扱いに係る関連事実（relevant facts affecting the item's tax treatment）が申告書に適切に開示されていて，かつ納税義務者による，その項目の税務上の取扱いに関して合理的な論拠

---

66)　S法人とは，株主数が100人以内で，株主が個人，諸財団，特定信託であり，株主に非居住外国人がいない，1種類を超える株式を発行していない小規模事業法人をいう。伊藤公哉，前掲書，472-474ページを参照。S法人の場合には，法人税が法人段階で課されずに，当該法人の所得，利益，損失，控除等をその持ち株数に応じて各株主に割り当てられることを選択できる。

67)　人的所有会社とは，課税年度における調整後通常所得額の60％以上が利子，配当，ロイヤリティーであり，5人以下の個人株主により，発行済株式の50％超が直接・間接的に所有されている法人をいう。伊藤公哉，同上書，406-409ページを参照。

68)　この軽減措置の根拠は，「加算税」が適用されない取引に係る過少申告によるものであるから当然である，と思われる。

（reasonable basis）がある場合。
- (C) 軽減措置はタックスシェルターに不適用
  - (i) 概してサブパラグラフ（B）は，タックスシェルターに基因する項目には適用されない
  - (ii) ここでいうタックスシェルターとは，(I) パートナーシップ若しくはその他の事業体，(II) 投資計画若しくは取決め，又は (III) その他の計画若しくは取決めで，その重要な目的 (significant purpose) が連邦所得税の回避又は脱税である場合をいう。
- (3) 財務長官のリスト

(e) チャプター1に規定した評価の相当なる虚偽申告
  - (1) 概論
  - (2) 限度額
    ある課税年度において，チャプター1に規定した評価の相当なる虚偽申告に基因する過少納付が5,000ドル（S法人又は第542条に規定する人的所有会社以外の法人の場合は1万ドル）を超えない場合には，サブセクション (b)(3) を理由に加算税を賦課することはないものとする。
(f) 年金債務の相当なる過大申告
(g) 相当なる不動産税若しくは贈与税の過小評価申告
(h) 評価額の重大なる虚偽申告 (gross valuation misstatement) の場合の加算税の増額
  - (1) 概論
    本条が適用される過少納付が，1つ以上の評価額の重大なる虚偽申告に該当する場合，サブセクション (a) は，20％に代えて40％が適用される。
  - (2) 評価の重大なる虚偽申告（以下は，筆者が要約した条文）
    本条の目的上，次の場合には，チャプター1に規定した評価の重大なる虚偽申告があったものとする。

例えば第6662条（e）に規定する財産価値（value of any property）が150％以上ではなく200％以上である場合，移転価格に係る財産価額又は用役費（price for any property or services）が200％以上（若しくは50％以下）ではなく400％以上（25％以下）であった場合。

(i) 開示されなかった経済的実質を欠いている取引の場合の加算税の増額

(1) 概論

本条が適用される過少納付が，1つ以上の開示されなかった経済的実質を欠いている取引に該当する場合，サブセクション（a）は，20％に代えて40％が適用される[69]。

(2) 開示されなかった経済的実質を欠いている取引

本サブセクションの目的上，「開示されなかった経済的実質を欠いている取引」という用語は，租税上の取扱いに関する重要な事実が当該申告書にも，また当該申告書に添付する書類にも適切に開示されていない，サブセクション（b）(6) に記述された取引を意味する。

(3) 修正申告に対する特則[70]

財務省長官が申告書の調査について最初に納税義務者に連絡をした後に修正申告書が提出されたとしても，本条の目的上，その修正申告書は無かったものとする。（筆者要約）

第6662A条　報告義務のある取引で，過少申告があった場合の加算税の賦課

（Imposition of Accuracy-related Penalty on Understatements with respect to Reportable Transactions）[71]

(a) 加算税の賦課

納税義務者が，課税年度において報告義務のある取引に係る過少申告をした

---

69) 2010年法により追加規定された。
70) 2010年法により追加規定された。
71) 2004年法により新たに制定された。

場合，その過少申告額の20％に相当する金額をその税額に加算する。
(b) 報告義務のある取引に係る過少申告
 (1) 概論
 (2) 本条が適用される項目
     本条は，(A) 指定取引，及び (B) 指定取引以外の報告義務のある取引で，その取引の主要な目的が連邦所得税の回避又は脱税である取引に基因する項目に適用される。
(c) 開示されなかった指定取引及びその他の租税回避取引に対する加算税の重課
     第6664条 (d)(2)(A) の要件を満たさない，報告義務のある取引に係る過少申告がある場合には，サブセクション (a) の加算税は，20％に代えて30％が適用される。
(d) 報告義務のある取引及び指定取引の定義
   本条の目的上，報告義務のある取引及び指定取引の定義は，第6707A条 (c) にて規定されている。
(e) 特則
 (1) 他の過少申告に対する加算税との調整
 (2) 他の加算税との調整
   (A) 重加算税 (fraud penalty) との調整
   (B) 過少納付に対して重課した加算税との調整
       加算税の（賦課）率 (rate of the penalty) が第6662条の (h) 及び (i) の規定に基づいて決定される場合，本条は，加算税が第6662条により賦課される過少申告に対して適用しない。

第6664条　定義及び特則
(a) 過少納付
(b) 税務申告書が提出された場合にのみ適用される加算税
(c) 過少納付に対する合理的な理由による例外規定（reasonable cause

exception)

(1) 概論

過少納付に係る金額に対して，合理的な理由があり，当該納税義務者がその金額に関して誠意ある対処をした場合，第6662条又は第6663条[72]に係る加算税は賦課しない[73]。

(2) 例外規定

パラグラフ (1) の規定は，第6662条 (b)(6)[74]に規定する取引で，その1つ以上の取引に基因する過少納付額には適用されない。

(3) 一定の評価の過大申告に対する特則

(4) 定義

(d) 報告義務のある取引に係る過少申告で，合理的な理由による例外規定[75]

(1) 概論

報告義務のある取引に係る過少申告に対して，合理的な理由があり，当該納税義務者がその金額に関して誠意ある対処をした場合，第6662A条に係る加算税は賦課しない[76]。

(2) 例外規定

パラグラフ (1) の規定は，第6662条 (b)(6) に規定する取引で，その1つ以上の取引に基因する報告義務のある取引に係る過少申告額には適用されない。

(3) 特則

パラグラフ (1) の例外規定は，次の要件を満たさない限り，報告義務

---

72) 補脱（fraud）に対する加算税（補脱額の75%の加算税）を定めている。
73) 2010年法により改正された。
74) 第6662条 (b)(6) とは，「経済的実質を欠いている取引（第7701条 (o) ESDの明確化等の適用の射程範囲内）又はこれに類する規定の要件を満たさない取引であることを理由に，申告した租税上の便益を否認」に該当する場合をいう。
75) 2004年法により制定された。
76) 2010年法により改正された。

のある取引に係る過少申告に適用されない。

　（A）その項目の租税上の取扱いに関する関連事実が，第6011条に規定する規則に基づき適切に開示されていて，（B）その取扱いに相当な根拠があり，又はあった場合で，さらに（C）その取扱いがどちらかといえば（more likely than not）適切な取扱いであった，と納税義務者が分別ある判断をしていた場合。

　第6011条に基づいて適切に開示していない納税義務者は，そのような開示に対する加算税が第6707A条(d)で撤回された場合には，サブパラグラフ（A）の要件を満たしたものとみなされる。

(4)　合理的な信念に関する規定

第6676条　還付又は税額控除に関する誤請求 [77]

(a)　制裁金（Civil penalty）

　所得税に関して還付又は税額控除に関する誤請求が過大な金額でなされた場合，そのような過大な金額の請求について合理的な根拠を示すことができない限り，当該請求者は，その過大な金額の20％に相当する金額を加算税として賦課されることになる。

(b)　過大な金額

　本条の目的上，「過大な金額」とは，どの課税年度においても還付又は税額控除に関する請求金額が，その課税年度の本編（this title）で容認できる請求額を超える金額を意味する。

(c)　合理的な根拠がないものとして扱われる経済的実質を欠いている取引（noneconomic substance transaction）

　本条の目的上，第6662条(b)(6)に規定した取引に関連して発生した過大な金額に対しては，合理的な根拠はないものとみなす。

(d)　他の加算税との調整

---

77)　2010年法により改正された。

本条は，チャプター68のサブチャプターAのパートIIに基づいて賦課された加算税に係る還付又は税額控除に関する請求金額の過大な金額のいかなる部分にも充当されない。

第6700条　濫用的タックスシェルター等の販促活動 (promoting)
(a)　加算税の賦課
(1)　(A) (i) パートナーシップ若しくはその他の事業体，(ii) 投資計画若しくは取決め (any investment plan or arrangement)，又は (iii) その他の計画若しくは取決めを組成する者 (又はその組成を支援する者)，又は (B) サブパラグラフ (A) に記した事業体，計画，又は協定の持分の販売に (直接的又は間接的に) 参画する者で，かつ，
(2)　(A) その者が，(そのような組織づくり又は販売に関連した) 重要な事項について虚偽若しくは不正 (false or fraudulent) であることを知っている，又は知るべき根拠 (reason) があるにもかかわらず，その事業体の持分を保有すること，又はその計画若しくは取決めに参加することによって，控除若しくは税額控除の許容可能性 (allowability)，所得の免除可能性 (excludability)，又はその他の税務上の便益の獲得 (securing) に関する意見書，又は (B) 重要な事項につき評価額の重大なる過大申告書 (gross valuation overstatement) を作成すること，又は提供することを，他の者に働きかけた者 (any person who makes or furnishes or causes another person) は，パラグラフ (1) に記述した活動毎に，1千ドルに相当する金額又は，その者が1千ドルよりも少ないと立証した場合には，その活動から得られた (得ることになっている) 総所得全額を加算税として支払う[78]。・・・

---

78)　岡村教授は，「①虚偽であることを知り・・・旨の言明をし，または，他の者に言明をさせた場合，<u>および，</u>②大きな過大評価 (gross valuation overstatement) を行った場合に，①<u>千ドルまたは報酬額のいずれか少ない方を罰則金として課している</u>。」(下線は筆者) と記述しているが，原文に従って，「・・・言明させた場合」

本サブセクションで賦課される加算税に関係する活動が，パラグラフ(2)(A)に記述した意見書に含まれる場合，その加算税の金額は，当該加算税が賦課される者が上記の活動から得られた（又は得られることになっている）総所得の50％に相当する金額とする[79]。
(b)　評価額の重大なる過大申告に係る加算税に関する規定
　(1)　評価額の重大なる過大申告書の定義
　　　本条の目的上，「評価額の重大なる過大申告書」という用語は，(A)記載された財産又は用役の価値が正しい評価額であると決定された金額の200％を超える場合で，かつ，(B)その財産又は用役の価値が，いずれかの参画者の，チャプター1で容認されうる控除又は税額控除の金額に直接的に関連する場合における，財産又は用役の価値に関する申告書を意味する。
　(2)　放棄する権限
　　　財務省長官は，評価額の重大なる過大申告書に関して，その評価額に合理的な論拠があり，その評価額が誠実になされた場合には，サブセクション(a)に規定する加算税の全部又は一部を放棄することができる。
(c)　他の加算税に加算される加算税
　本条で賦課される加算税は，法律により規定された他の加算税に加算される。

第6701条　税金債務の過少申告を支援し幇助することに対する加算税（Penalties for Aiding and Abetting Understatements of Tax Liability）
　内国歳入庁長官は，他の者の過少申告を支援し幇助することを知っている者

　　又は「・・・過大評価を行った場合」のいずれかとし，さらに「その者が1千ドルよりも少ないと立証した場合」という条件を付け加えた。岡村忠生「租税回避行為の規制について」（『税法学』553号，2005年6月），203ページ。
　79)　この条項は，2004年法の改正で追加された。

に対して加算税を賦課することができる。その加算税は，自然人に対しては1千ドル（法人の税務申告と添付書類に対しては1万ドル）とする。（筆者要約）

第6707条　報告義務のある取引に関する情報提供の不履行（failure to furnish information）
（a）概論
　報告義務のある取引に関して，第6111条（a）に基づき税務申告書を申告すべき者が，(1) その提出日若しくはそれ以前にそのような申告をしていない，又は (2) 報告義務のある取引に関して虚偽若しくは不完全な情報（false or incomplete information）を申告している場合，その者はサブセクション（b）に定めた金額を加算税として支払わなければならない。
（b）加算税の金額[80]
　（1）概論
　　　パラグラフ（2）に規定した指定取引を除く不履行に対して，サブセクション（a）の規定により賦課する加算税は5万ドルである。
　（2）指定取引
　　　指定取引に対して，サブセクション（a）の規定により賦課する加算税は，(A) 20万ドル，又は (B) 税務申告書が第6111条に規定する提出日より以前に当該指定取引に対して提供した，支援，援助，又は助言により受領した総所得の50％のいずれか大きい方の金額とする。
　　　サブセクション（a）に規定した不履行又は行為が意図的な場合には，サブパラグラフ（B）は，「50％」に代えて「75％」が適用される。
（c）撤回の権限
　第6707A条（d）（加算税を撤回する歳入庁長官（Commissioner）の権限に関して）の規定は，本条により賦課される加算税に適用される。
（d）報告義務のある取引及び指定取引

80）2004年法で加算税の金額が増額された。

本条の目的上，報告義務のある取引及び指定取引の定義は，第6707A条(c)にて規定されている。

第6707A条　申告書に報告義務のある取引情報を記載しなかったことに対する加算税[81]
(a)　加算税の賦課
　第6011条により税務申告書又は添付書類に記載すべき報告義務のある取引に関する情報を記載していない者は，サブセクション（b）に定めた金額の加算税を支払わなければならない。
(b)　加算税の金額
　(1)　概論
　　　本条に別段の定めがない限り（except as otherwise provided in this subsection），報告義務のある取引についてサブセクション（a）に規定する加算税の金額は，当該取引を実行したことにより軽減できた税額（又は，当該取引が連邦税の軽減目的でなされたと仮定して，その取引から軽減できたであろう税額）の75％分となる。
　(2)　加算税の最高限度額
　　　報告義務のある取引についてサブセクション（a）に規定する加算税の金額は，(A)指定取引の場合は20万ドル（自然人の場合は10万ドル），又は(B)その他の報告義務のある取引の場合は5万ドル（自然人の場合は1万ドル）を超えないものとする。
　(3)　加算税の最低金額
　　　報告義務のある取引についてサブセクション（a）に規定する加算税の金額は，1万ドル以上（自然人の場合は5千ドル）とする。
(c)　定義
　本条の目的上：

---

81)　2004年法により新たに制定された。

(1) 報告義務のある取引

「報告義務のある取引」という用語は，第6011条（申告書，添付書類，又はリストに関する一般的な要請）に規定された規則により，財務省長官（The Secretary）[82]が租税回避又は脱税の可能性があると決定した類型（type）にその取引が当てはまる場合に，その取引の情報を税務申告書又はその添付書類に記載されることが求められる取引を意味する。

(2) 指定取引

「指定取引」という用語は，財務省長官が第6011条の目的上，その取引を租税回避取引として特に認定した報告義務のある取引そのもの又は実質的に報告義務のある取引と認定した取引を意味する。

(d) 加算税を撤回する権限（Authority to rescind penalty）

(1) 概論

内国歳入庁長官（The Commissioner of Internal Revenue）は，(A) その違反が指定取引以外の報告義務のある取引に関するもので，かつ，(B) その加算税を撤回することが，本編による要請の遵守と効果的な税務行政に寄与する（promote compliance with the requirements of this title and effective tax administration）と考えられる場合，本条により賦課される加算税の全て又は一部を撤回できる。

(2) 本条の決定は司法手続に影響を及ぼさない。（筆者要約）

(3) 加算税を撤回した場合には，歳入庁長官は，その決定に関して閲覧できるようにする。（筆者要約）

(e) SECへの報告義務を有する法人が，第6662A条 (c)（開示されなかった指定取引及びその他の租税回避取引に対する加算税の重課）により30％の加算税を支払うことになった場合には，その旨をSECに報告しなければならない。（筆者要約）

---

82) 岡村教授は，「歳入庁長官」が「指定取引」及び「要報告取引」を指定する権限があるように記述しているが，原文では "Commissioner" ではなく，"Secretary" と

(f) 他の加算税との調整（Coordination with other penalties）

本条で賦課される加算税は，本編（this title）により賦課される他の加算税に加算される。

第6708条　報告義務のある取引に係る顧客リスト保持義務違反（Failure to maintain lists of advisees）（筆者要約）

第6112条（a）の規定により，報告義務のある取引に係る重要なアドバイザーは顧客リストを保持しなければならない。

第6708条は，第6112条（a）に規定するリストを保持すべき者に対して加算税を賦課する。

財務省長官からの書面による要請を受けた日から20営業日以内にそのリストを提出しない重要なアドバイザーは，その提出期限経過後，1日当たり1万ドルの加算税を支払わなければならない[83]。

但し，上記提出期限内に提出できなかったことに対して，合理的な根拠がある場合には，当該加算税は適用されない。

2010年法は，2010年3月30日後に実行された取引，並びにその日後に実行された取引に係る過少納付，過少申告，及び還付請求から適用される。

なっているので，「財務省長官」と訳した。岡村忠生「米国の新しい包括的濫用防止規定について」（『第62回租税研究大会（東京大会）第2日報告2』，2010年9月16日），161ページ。

83) 2004年法により，顧客1人当たり50ドル，上限が10万ドルであった加算税が重課された。

資料 3　Enron の仕組み取引による利益と費用

単位：百万ドル

開始年度	プロジェクト名	2001年までの財務会計上の実現利益	財務会計上の当初予定利益	2001年までの連邦税の節税実額	連邦税の当初予定節税額	プロモーター	主たる税務担当者	プロジェクト費用
1995年	Tanya	66	66	66	66	AA	AA	0.5
1996年	Valor	–	82	82	82	AA	AA	0.1
1997年	Steele	65	83	39	78	BT	AGS	11
1997年	Teresa	226	257	△76	263	BT	KS	12
1998年	Cochise	101	143	–	141	BT	MN	16
1998年	Apache	51	167	51	167	CM	SS	15
1998年	Tomas	37	113	95	109	BT	AGS	14
1998年	Renegade	1	1	0	0	BT	–	–
1999年	Condor	88	328	0	332	DT	VE	10
2000年	Valhalla	16	64	0	0	DB	VE	–
2000年	Tammy I	–	406	0	414	DT	VE	9
2001年	Tammy II	–	369	0	370	–	–	–
合計	–	651	2,079	257	2,022	–	–	87.6

注1）AA: Arthur Anderson, BT: Bankers Trust, CM: Chase Manhattan, DT: Deloitte & Touche, DB: Deutsche Bank, AGS: Akin, Gump, Strauss, Hauer & Feld, KS: King & Spalding, MN: McKee Nelson, Ernst & Young, SS: Shearman & Sterling, VE: Vinson & Elkins.

注2）Tanya, Valor, Steele, Cochise の目的は損失の二重控除、Teresa, Tomas は減価償却資産への転換、Condor は減価償却資産の創出、Tammy I&II は減価償却費の増額、Apache は循環金融金利息損金算入、Renegade, Valhalla は節税報酬の受取。須戸和男「アメリカ企業のグローバルな租税回避戦略」（『北海道大学 経済学研究』57-3, 2007年12月）、37ページを参照。

参 考 文 献

（邦文文献）

秋山真也著『米国 M&A 法概説』商事法務，2009 年。

新井正男著『判例の権威―イギリス判例法理論の研究』中央大学出版部，1990 年。

大淵博義著『法人税法解釈の検証と実践的展開』税務経理協会，2009 年。

金子宏著『租税法（第 10 版）』弘文堂，2005 年。

金子宏著『租税理論の形成と解明　上巻』有斐閣，2010 年。

金子宏著『国際課税の理論と実務―移転価格と金融取引―』有斐閣，2012 年。

川田剛，ホワイト＆ケース外国法事務弁護士事務所編著者『ケースブック　海外重要租税判例』財経詳報社，2010 年。

経済産業省　経済産業政策局　企業行動課著『平成 23 年度　諸外国の法人課税改革に関する調査　調査報告書』，2004 年。

佐藤秀明著『脱税と制裁：租税制裁法の構造と機能』，弘文堂，1992 年。

酒井克彦著『ステップアップ　租税法―租税法解釈の道しるべ―』財経詳報社，2010 年。

酒井克彦著『フォローアップ　租税法―租税法解釈の道しるべ―』財経詳報社，2010 年。

酒井克彦著『ブラッシュアップ　租税法―判例学習の道しるべ―』財経詳報社，2011 年。

高柳賢三著『英米法原理論』有斐閣，1958 年。

中里実，神田秀樹編著者『ビジネス・タックス』有斐閣，2005 年。

中里実著『タックスシェルター』有斐閣，2006 年。

中里実，太田洋，弘中聡浩，宮塚久編著者『国際租税訴訟の最前線』有斐閣，2010 年。

本庄資著『アメリカン・タックスシェルター――基礎研究―』税務経理協会，2003 年。

本庄資編・著『国際課税の理論と実務　73 の重要課題』大蔵財務協会，2011 年。

松田直樹著『租税回避行為の解明―グローバルな視点からの分析と提言』ぎょうせい，2009 年。

水野忠恒著『アメリカ法人税の法的構造―法人取引の課税理論―』有斐閣，1988 年。

矢内一好著『米国税務会計史　確定決算主義再検討の視点から』中央大学出版部，2011年。

矢内一好著『現代米国税務会計史』中央大学出版部，2012年。

矢内一好著『英国税務会計史』中央大学出版部，2014年。

矢内一好著『一般否認規定と租税回避判例の各国比較―GAARパッケージの視点からの分析―』財経詳報社，2015年。

渡辺徹也著『企業取引と租税回避：租税回避行為への司法上および立法上の対応』中央経済社，2002年。

渡辺徹也著『企業組織再編成と課税』弘文堂，2006年。

浅川雅嗣「OECDにおける最近の議論―BEPSを中心に」(『国際税務』Vol.34 No.1, 2014年1月)，32-62ページ。

一高龍司「タックス・シェルターへの米国の規制と我が国への応用可能性」(『フィナンシャル・レビュー』財務省財務総合政策研究所，2006年7月)，63-83ページ。

今村隆「租税回避とは何か」(『税務大学校論叢　40周年記念論文集』，2008年6月)，13-60ページ。

岡直樹「GAAR STUDY：包括型租税回避対抗規定が英国税制に導入されるべきか否かについての検討　アーロンソン報告書（2011年11月11日）」(『租税研究』，2013年8月)，469-497ページ。

岡村忠生「タックス・シェルターの構造とその規制」(『法学論叢』136巻4，5，6号，1994年)，269-382ページ。

岡村忠生「税負担回避の意図と二分肢テスト」(『税法学』第543号，2000年6月)，3-30ページ，

岡村忠生「マッコンバー判決再考」(『税法学』546号，2001年12月)，48-68ページ。

岡村忠生「租税回避行為の規制について」(『税法学』553号，2005年6月)，185-217ページ。

岡村忠生「グレゴリー判決再考―事業目的と段階取引―」(『税務大学校論叢』40周年記念論文集，2008年)，83-133ページ。

岡村忠生「米国の新しい包括的濫用防止規定について」(『第62回租税研究大会（東京大会）第2日報告2』, 2010年9月16日), 138-169ページ。

金子宏「アメリカの連邦所得税における『株式配当』の取扱い」(『現代租税法の諸問題』第1号, 1973年10月), 107-144ページ。

金子宏「租税法と私法―借用概念及び租税回避について」(『租税法研究』第6号, 1978年10月), 1-32ページ。

金子宏「『無償取引』について」(『税研』No. 163, 2012年5月), 14ページ。

岸田貞夫「所得税法の諸問題―合衆国連邦租税法における争訟制度について」(『租税法研究』第3号, 1975年9月), 158-181ページ。

酒井克彦「なぜ租税回避は否認されなければならないか」(『税務弘報』, 2009年9月), 51-57ページ。

酒井克彦「米国におけるタックスシェルター・マルプラクティス（上）―節税商品取引における租税専門家の役割―」(『税経通信』, 2004年11月), 187-196ページ。

酒井克彦「米国におけるタックスシェルター・マルプラクティス（下）―節税商品取引における租税専門家の役割―」(『税経通信』, 2004年11月), 167-174ページ。

須戸和男「アメリカ企業のグローバルな租税回避戦略」(『北海道大学　経済学研究』, 57-3, 2007年12月), 29-59ページ。

中里実「課税逃れ商品に対する租税法の対応（上）」(『ジュリスト』No. 1169, 1999年12月15日), 116-126ページ。

中里実「課税逃れ商品に対する租税法の対応（下）」(『ジュリスト』No. 1171, 2000年2月1日), 86-95ページ。

中里実「租税回避の概念は必要か」(『税研』Vol. 22-No.1, 2006年7月), 83-88ページ。

野本誠・荻原貞孝「米国における『不確実な税務上の取扱い』の申告書上開示義務の導入決定」(『国際税務』Vol. 31 No. 3, 2011年3月), 42-47ページ。

袴田祐二「Gregory事件判決について（日米比較の視点から）」(『税大ジャーナル』, 2014年5月), 1-33ページ。

肥後治樹「租税法への課徴金制度導入の可能性について」(『筑波ロー・ジャーナル5号, 2009年3月』, 95-125ページ。

渕圭吾「アメリカにおける租税回避否認法理の意義と機能（1）」（『学習院大学　法学界雑誌』38巻2号，2003年3月），91-130ページ。

本庄資「エンロンの利用した租税動機取引の分析と米国の対抗措置（その1）」（『税経通信』，2003年7月），143-165ページ。

本庄資「エンロンの利用した租税動機取引の分析と米国の対抗措置（その2）」（『税経通信』，2003年8月），101-115ページ。

本庄資「エンロンの利用した租税動機取引の分析と米国の対抗措置（その3）」（『税経通信』，2003年9月），145-154ページ。

本庄資「エンロンの利用した租税動機取引の分析と米国の対抗措置（その4）」（『税経通信』，2003年10月），121-129ページ。

本庄資「エンロンの利用した租税動機取引の分析と米国の対抗措置（その5）」（『税経通信』，2003年11月），179-193ページ。

本庄資「エンロンの利用した租税動機取引の分析と米国の対抗措置（その6・終）」（『税経通信』，2003年12月），147-163ページ。

松丸憲司「租税回避に対する法人税法132条等の行為計算否認規定のあり方」（『税大論叢』51号，2006年6月），424-448ページ。

水野忠恒「設立された持株会社に対する自己株式の譲渡と，それに対する同族会社の行為計算否認規定の適用の可否に関する事例（IBM事件）」（『国際税務』Vol.34 No.11，2004年11月），72-93ページ。

宮武敏夫「国際的脱税および租税回避」（『国際租税法の諸問題』第10号，租税法研究，1982年9月），27-48ページ。

森信茂樹「米国の法人タックスシェルター問題とわが国へのインプリケーション」（『国際税制研究』No.15，2005年12月），24-37ページ。

矢内一好「国際税務の当面する諸問題」（『経理研究』，51号，2008年2月），165-177ページ。

矢内一好「米国内国歳入法典482条」（『経理研究』，54号，2011年2月）316-327ページ。

矢内一好「米国等におけるTax AmnestyとEconomic Substance Doctrineの動向」

(『租税研究』第 741 号，2011 年 7 月），198-210 ページ．

矢内一好「米国税法における経済的実質原則 (1)」(『商学論纂』第 54 巻第 1・2 合併号，2012 年 12 月），171-201 ページ．

矢内一好「米国税法における経済的実質原則 (2)」(『商学論纂』第 54 巻第 3・4 合併号，2012 年 12 月），529-555 ページ．

矢内一好「米国税法における経済的実質原則 (3)」(『商学論纂』第 54 巻第 5 号，2013 年 3 月），533-557 ページ．

矢内一好「租税回避対策に関する日米比較」(『企業研究』第 22 号，2013 年 2 月，57-77 ページ．

矢内一好「英国法人課税小史」(『企業研究』第 23 号，2013 年 8 月），3-21 ページ．

矢内一好「英国における一般否認規定の導入」(『国際税務』Vol.34 No. 2, 2014 年 2 月），105-115 ページ．

矢内一好「一般否認規定の諸外国の比較（第 1 回），一般否認規定の各国比較の概要」(『税務事例』(vol. 46 No. 4), 2014 年 4 月），79-83 ページ．

矢内一好・高橋里枝「英国における租税回避事案と一般否認規定 (1)」(『税務事例』Vol.46, No.5, 2014 年 5 月），61-62 ページ．

矢内一好・高橋里枝「英国における租税回避事案と一般否認規定 (2)」(『税務事例』Vol.46, No.6, 2014 年 6 月），67-70 ページ．

矢内一好「課税ベース浸食・利益移転（BEPS）に対する国際的取組み」(『税理』，2014 年 8 月），71-76 ページ．

矢内一好・新谷幹雄「米国における一般否認規定 (1)」(『税務事例』Vol.47, No.5, 2015 年 5 月），81-84 ページ．

矢内一好・新谷幹雄「米国における一般否認規定 (2)」(『税務事例』Vol.47, No.6, 2015 年 6 月），61-64 ページ．

山川博樹「『税源浸食と利益移転』の議論」(『国際税務　別冊』，2014 年 1 月），1-31 ページ．

渡辺徹也「租税回避否認原則に関する一考察（一）　—最近のイギリス判例を題材として—」(『民商法雑誌』第 111 巻第 1 号，1994 年 9 月），65-76 ページ．

渡辺徹也「イギリスにおける最近の租税回避事件とRamsay原則の動向」(『税法学』553号，2005年5月)，218-254ページ。

拙稿「軽課税国を利用した費用分担契約—米国ソフトウェア開発会社ザイリンクス社 (Xilinx Inc.) に焦点を当てて—」(『企業研究』第18号，2011年3月)，29-50ページ。

拙稿「事業目的の原理を確立したとされるGregory事案について」(『中央大学大学院論究』第44号，2012年3月)，1-13ページ。

拙稿「初期の米国における租税回避に関する一考察—事業目的の原理に焦点を置いて—」(『中央大学大学院研究年報』第42号，2013年2月)，83-86ページ。

拙稿「米国判例における租税回避の一考察—経済的実質を有するとされたセール・アンド・リースバック取引事例—」(『企業研究』第23号，2013年8月)，23-45ページ。

拙稿「Rice's Toyota World 事案における租税回避行為—経済的実質を中心として—」(『企業研究』第24号，2014年2月)，235-260ページ。

拙稿「外国税額控除を利用した租税回避に関する米国判例—IES Industries Inc 事案における経済的実質原則に焦点をおいて—」(『中央大学大学院論究』第45号，2014年2月)，8-14ページ。

拙稿「創設規定としての米国の経済的実質の法理について」(『税務事例』Vol.47, No.7, 2015年7月)，76-79ページ。

(外国文献)

Avi-Yonah, Reuven S., Nicola Sartori, and Omri Marian, "Global Perspectives on Income Taxation Law", Oxford University Press, 2011.

Sarry, William C. Warren, Paul, Hugh J. Ault, Federal Income Tax Case Materials Volume II, (The Foundation Press Inc. 1977).

Simpson, Edwin and Miranda Stewart, "Sham Transactions", Oxford University Press, 2013.

106th Congress 1st Session, H. R. 2255, "Abusive Tax Shelter Shutdown Act of 1999", June 17, 1999.

107th Congress 1st Session, H. R. 2520, "Abusive Tax Shelter Shutdown Act of 2001", July 17, 2001.

108th Congress (Public Law 108-27), "Jobs and Growth Tax Relief Reconciliation Act of 2003", May 28, 2003.

108th Congress 1st Section, S. 1937, "Tax Shelter Transparency and Enforcement Act", November 24, 2003.

108th Congress (2003-2004) H.R. 4520, "American Jobs Creation Act of 2004", October 22, 2004.

111th Congress 2nd Session, H. R. 4872, "Health Care and Education Reconciliation Act of 2010", March 30, 2010.

Connors, Peter J. "IES Industries Revisited" Tax Management Memorandum, 2001, pp. 1-16.

Department of the Treasury, "The Problem of Corporate Tax Shelters (Discussion, Analysis and Legislative Proposals), July 1999.

Department of the Treasury, "General Explanations of the Administration's Fiscal Year 2001 Revenue Proposals", February 2000.

Ernst & Young, GAAR rising, Mapping tax enforcement's evolution, February 2013, p. 2.(http:/www.ey.com/Publication/vwLUAssets/GAA_rising/$FILE/GAAR_rising_1%20Feb_2013.pdf#search='GAAR%2CE%26Y')（2013年12月1日ダウンロード。）

The GAAR Study Group, "GAAR STUDY, Reported by Graham Aaronson QC" The National Archives, 11 November 2011.

Gatley, Sarah, "Tax avoidance: the current UK approach" The In-House Lawyer, November 8, 2011, p.3.

HM Revenue & Customs, "Simplifying anti-avoidance legislation, A progress report on the anti-avoidance simplification review" 12 March 2008.

HM Revenue & Customs, "HMRC's GAAR Guidance- Consultation Draft, Part A, Scope of the GAAR Legislation", 11 December 2012.

Jensen, Erik M., "Legislative and regulatory responses to tax avoidance: Explicating and evaluating the alternatives", Saint Louis University Law Journal, Vol.57:1, 2012, pp. 1-60.

Joint Committee on Taxation, "Study of Present-Law Penalty and Interest Provisions as Required by Section 3801 of the Internal Revenue Service Restructuring and Reform Act of 1998 (Including Provisions Relating to Corporate Tax Shelters) (JCS-3-99)", July 22, 1999.

Joint Committee on Taxation, "Description and Analysis of Present-Law Tax Rules and Recent Proposals Relating to Corporate Tax Shelters (JCX-84-99)", November 10, 1999.

Joint Committee on Taxation, "Background and Present Law Relating to Tax Shelters (JCX-19-02)", March 19, 2002.

Joint Committee on Taxation (At the Request of Senator Max Baucus and Senator Charles E. Grassley of the Senate Committee on Finance), "Report of Investigation of Enron Corporation and Related Entities Regarding Federal Tax and Compensation Issues, and Policy Recommendations", February 2003.

Joint Committee on Taxation (Scheduled for Markup by the Senate Committee on Finance), "Description of the Chairman's Modification to the Provisions of the "Jobs and Growth Tax Act of 2003"(JCX-44-03), May 8, 2003.

Joint Committee on Taxation, "Options to Improve Tax Compliance and Reform Tax Expenditures"(JCS-02-05), January 27, 2005.

Joint Committee on Taxation, "Technical Explanation of the "AMT Relief Act of 2007" as introduced in the House of Representatives on December 11, 2007"(JCX-113-07).

Joint Committee on Taxation, "Description of Revenue Provisions contained in the President's Fiscal Year 2010 Budget Proposal, Part Two: Business Tax Provisions"(JCS-3-09), September 2009.

Joint Committee on Taxation, "Technical Explanation of the Revenue Provisions of the

"Reconciliation Act of 2010," as amended, in combination with the "Patient Protection and Affordable Care Act"(JCX-18-10), March 21, 2010.

Joint Committee on Taxation, "General Explanation of Tax Legislation enacted in the 111th Congress", (JCS-2-11), March 2011.

Keinan, Yoram, "The Many Faces of the Economic Substance's Two-Prong Test: Time for Reconciliation?" Journal of Law & Business, November 26, 2004. (http://www.law.bepress.com/cgi/viewcontent.cgi?article=2007&context=expresso)（2013年12月1日ダウンロード。）

Office of Management & Budget, Executive Office of the President, Statement of Administration Policy: H.R. 2419 – Food and energy Security Act of 2007.

Ruchelman, Stanley C. "Economic Substance Around the World: United States", American Bar Association-Section of Taxation, May 2004 Meeting, Washington D.C., May 8, 2004, pp. 79-94.

Sancilio, Philip, "Clarifying (or is it codifying?) The "Notably Abstruse"; Step Transactions, Economic Substance, and the Tax Code", Columbia Law Review, January 2013, pp. 138-180.

The Tax Law Review Committee, "Tax Avoidance", November 1997.

なお，本書で参考にした米国及び英国の判決文については，「資料1」にまとめている。

著者紹介

新谷幹雄（しんたに　みきお）

1947 年　東京都出身
博士（会計学）　中央大学，公認内部監査人（CIA）

［略歴］
1970 年　中央大学商学部商業貿易学科卒業
1973 年　青山学院大学大学院経営学研究科経営学専攻修士課程
　　　　修了，修士（経営学）
1976 年　駒澤大学大学院商学研究科博士課程商学専攻満期退学
1976 年～2012 年　外資系石油化学会社，外資系アパレル会社
　　　　に勤務
2006 年　中央大学大学院商学研究科商学専攻博士課程前期課程
　　　　修了，修士（商学）
2015 年　中央大学大学院商学研究科商学専攻博士課程後期課程
　　　　修了，博士（会計学）

［主要論文］
「軽課税国を利用した費用分担契約─米国ソフトウェア開発会社ザイリンクス社（Xilinx Inc.）に焦点を当てて─」（『企業研究』第 18 号，2011 年 3 月），「軽課税国を活用した事業再編─アドビ事案のもう 1 つの側面─」（『企業研究』第 20 号，2012 年 2 月），「米国判例における租税回避の一考察─経済的実質を有するとされたセール・アンド・リースバック取引事例─」（『企業研究』第 23 号，2013 年 8 月），「Rice's Toyota World 事案における租税回避行為─経済的実質を中心として─」（『企業研究』第 24 号，2014 年 2 月），共著「米国における一般否認規定（1）」（『税務事例』Vol.47，2015 年 5 月），共著「米国における一般否認規定（2）」（『税務事例』Vol.47，2015 年 6 月），「創設規定としての米国の経済的実質の法理について」（『税務事例』Vol.47，2015 年 7 月）

米国の一般否認規定の法定化とその意義に関する研究

2015 年 10 月 10 日　初版第 1 刷発行

著　者　新谷幹雄
発行者　神﨑茂治

郵便番号 192-0393
東京都八王子市東中野 742-1

発行所　中央大学出版部
電話 042(674)2351　FAX 042(674)2354
http://www2.chuo-u.ac.jp/up/

© 2015　Shintani Mikio

印刷・製本　㈱藤原印刷

ISBN 978-4-8057-3143-7